ちくま学芸文庫

精神現象学 上

G.W.F.ヘーゲル
熊野純彦 訳

筑摩書房

精神現象学 上【目次】

精神現象学　上

凡例

一、本書は、G. W. F. Hegel, *Phänomenologie des Geistes*（1807）を、ちくま学芸文庫のために訳し下ろしたものである。底本には、ホフマイスター版を使用したが、次項に挙げる各版本をも参照している。

一、本文の上欄に付した数字は、それぞれグロックナー版全集第二巻（II 11）ならびにホフマイスター版（9）の頁づけとの大まかな対応を示す。下欄に付した数字は、おのおのズールカンプ版全集第三巻（III 11）および大全集版（アカデミー版）全集第九巻（IX 9）の頁づけに応じている。

一、原文の強調（イタリック）の箇所は傍点によってあらわし、〔 〕内は訳者による補足のほか、簡単な説明を示す。訳註は各段落の末尾に置いた。

一、数段落ごとに置いた太字の「小見出し」は訳者が追加したもので、下巻末尾に「小見出し一覧」としてもまとめている。ヘーゲル自身の章立てだけではときとして辿りがたい、錯綜した本文を読みすすめる一助として頂ければ幸いである。

一、訳語の一部にルビをふり、ときに（ ）内に原語を示した。これはとりわけおなじ語を、規定されたもの（Bestimmtheit）、規定されたありかた《ベシュティムトハイト》、規定性《ベシュテイムトハイト》のように、前後で訳しわけている場合に多いが、またときに語の背景をあきらかにするために、たとえば原語がGeistであるとき精神《エスプリ》、原語Gemeinwesenに対して共同体《ポリス》などとルビを付した場合もある。

一、巻末の索引は「フレーズ索引」とした。ヘーゲル『精神現象学』中の、人口に膾炙した言いまわし、特徴的な表現などの箇所を挙げている。なお見出しは語句とし、項目の立てかたは訳文本文によらずに簡略化している。

序文

Ⅱ11
9

哲学書に「序文」は必要か？

著作といったものには、なんらかの説明が「序文」において習慣にしたがい先だって与えられているものである。それは、著者がその著作でくわだてた目的についてのものであるし、また著作の機縁や、対象をひとしくし、先行するほかの論考や、同時代のそれに対して、じぶんの著作が立っているものと念《おも》っている関係にかんしての説明であることもある。そうした説明は、哲学的な著作の場合にはよけいなものとなるばかりか、ことがらの本性からして不適切でさえあって、さらに目的に反するものであるかにも見える。というのも、なにをどのように、哲学をめぐって「序文」なるもののなかで語るのが適当であるとされようと——たとえば、傾向や立場、一般的な内容や帰結にかんする羅列《ヒストーリッシュ》的な論述であれ、あるいは真なるものをめぐってあれこれと述べたてられる主張や断言を繋ぎあわせることであったとしても——、そのようなものは、哲学的な真理が叙述されるべき様式や方式として、ふさわしいものではありえないからである。その理由はまた以下の点にある。哲学は本質的に普遍性という境位[*1]のうちで展開されるものであり、しかもその普遍性は特殊なものをうちにふくんでいる。そのかぎりで哲学にあっては、他のさまざまな学にもまして、目的や最終的な帰結のうちにこそ、ことがら自身が、しかもその完全な本質において表現されているものだ、という仮象が生まれやすい。この本質にくらべれば、実現の過程はほんらい非本質的なものである、とされるわ

Ⅲ11
Ⅸ9

けである。これに対して言われなければならないことがある。たとえば解剖学とは、生命を欠いて現にある存在という側面から考察された、身体のさまざまな部分にかんする知識といったものである。そうした解剖学をめぐっては、それが「なんであるか」という一般的な観念《フォアシュテルング》を手にしたところで、ことがらそのもの、つまり解剖学という学の内容をそれだけでは我がものとしているわけではなく、それにくわえてさらに特殊なものを手にいれるべく努力しなければならないというはこびを、ひとが疑うこともない。
II12 10 ——ちなみに解剖学などは知識の寄せあつめであって、学の名を与えられる権利をもたないけれども、そのようなものについては、〔「序文」にあって〕目的とか、それに類する一般的なことがらにかんしておしゃべりがなされるのが通例である。しかもそのおし
III12 ゃべりは、羅列的《ヒストーリッシュ》で概念を欠いたしかたでなされるが、内容そのものである、この神経やこの筋肉などについて語られるのもまた、そのおなじ方式においてなのである。哲
IX10 学の場合は、これに対して、そのようなやりかたが用いられれば不整合が生じるのであって、そのけっか、このような様式では真理が把握されえないことが、やはり哲学そのものによって指しめされるはこびとなるはずである。

*1　Element　ヘーゲルの場合はおおく、「要素」といった意味ではなく、なんらかのものがそのうちで「ところを得ている」場所といった意味あいで使用される。たとえば、魚にとっては水、鳥に対しては大気がその「エレメント」となる。

哲学的体系どうしの関係について

同様にまた、或る哲学的労作が、対象をおなじくするいくつかのべつの努力に対して立っていると信じられる関係を規定してみるとしよう。その場合でも種類をことにする関心が引きいれられて、真理を認識するさいに重要なことがらが冥がりに閉ざされてしまう。真なるものと偽なるものとの対立は固定されているとする思いなしがあるがゆえに、そうした思いなしによればまた、なんらかの現にある哲学的体系に対して賛成なのか、それと矛盾しているのか、〔その説明〕だけが期待されるのがつねとなる。こうして、そのような体系をめぐって説明をくわえようとしても、賛否のどちらかだけを見てとろうとするものなのである。そのような思いなしがあると、哲学的体系どうしの相違は、真理《ヴァールハイト》がしだいに発展してゆくすがたとして把握されずに、むしろそうした相違のなかにひたすら矛盾のみがみとめられることになる。つぼみは花弁がひらくと消えてゆく。そこでひとは、つぼみは花弁によって否定されると語ることもできるだろう。おなじように、果実をつうじて花弁は、植物のいつわりの現存在であると宣言される。だから、植物の真のありかた《ヴァールハイト》として、果実が花弁にかわってあらわれるのだ。植物のこれらの形式は、たんにたがいに区別されるばかりではない。それらはまた、相互に両立できないものとして、排除しあっている。しかしこれらの形式には流動的な本性があることで、それらは同時に有機的な統一の契機となって、その統一のなかでくだんの諸形式

は、たがいに抗争しあうことがない。そればかりか、一方は他方とおなじように必然的
なものとなる。そこで、このようにどの形式もひとしく必然的であることこそが、はじ
めて全体の生命をかたちづくるのである。いっぽう或る哲学的体系に対して矛盾してい
ることがみとめられる場合、ひとつには、その矛盾そのものがこうしたしかたではふつ
う把握されない。もうひとつには、意識がその矛盾をとらえたとしても、当の意識はつ
うじょう、矛盾をその一面性から解放し、あるいは自由なものとして保持することを知
II13 らない。さらには、あらそい、反対しあっているかに見えるものが採っている形態のう
ちに、たがいに対して必然的な契機を認識するすべも知らないのである。

11 右に挙げたような説明を要求することは、その要求を満足させることとならんで、本
質的なことがらに従事していることと見なされやすいものである。なんらかの哲学的著 III13
作について、その内奥にあるものは、当の著作の目的と帰結を措いて、それ以上にいっ
たいどこで表明されているというのか。さらには、そうした目的と帰結がはっきりと認
識されるのは、なによりも、同時代人たちがそうはいってもおなじ領域で生みだしたも
のとの相違をつうじてのことではないのか。〔ひとはそう主張するわけである。〕とはいえ、
このようなふるまいが、認識するにさいしてそのはじまり以上のものと見なされ、それ
がまた現実的な認識と見なされる、などというはこびとなったとしてみよう。その場合
には、じっさいには手管に数えいれられるべきものが生まれているのであって、それに

よってことがらそのものが回避される。そのうえ、ことがらをめぐって真剣に努力しているかのような外観と、当の努力を現実には省略すること、この両者がむすびあわされているのである。――そもそも、ことがらはそれが目的とするところで汲みつくされるのではなく、ことがらが実現されることで汲みつくされる。成果もまた現実の全体というわけではなく、その生成とともに全体となる。目的とは単独《フュール・ジッヒ》では生命を欠いた普遍的なものにすぎない。それは、傾向がたんなる駆動であって、その現実性をいまだ欠落させているのと同様である。たほう剝きだしの成果とは、傾向を背後に置きざりにした屍なのだ。――おなじく、相違とはむしろことがらの限界であって、相違が存在するところでは、ことがらはおわってしまっている。いいかえれば、相違とはことがらが「それではないもの」なのである。そのように、目的や成果に、同様にまた或るもの〔ひとつの哲学的体系〕とべつのものとの相違やそれらの評価にかかずらうとすれば、それは、だから、たぶん見かけよりもたやすい仕事なのだ。ことがらをとらえようとするかわりに、そうしたふるまいはつねにことがらを飛びこえてしまっているからである。つまり、ことがらのうちで足をとめて、そこに没頭するのではなく、そのような知識はいつでもなにかべつのものを追いもとめている。要するに、ことがらのもとにとどまって、これにみずからを捧げるというよりは、かえってじぶん自身のもとにありつづけようとするものなのである。――もっとも容易なのは、内実をそなえ、堅固なものを評価することだ。より困難なのはそれをとらえることであり、もっとも困難であるのは、そのふたつのことがらを統合することである。つまり、内実があり、堅固なものを叙述してみせることにほかならない。

教養のはじまりは、実体的な生からの離脱にある[*1]

II14 教養のはじまりとはつまり、実体的な生の直接的なありかたを離脱しはじめようとつ
とめることである。それがはじまるのはつねに、さまざまな一般的な原則と立場にかか III14
わる知識を手にすることによってであるほかはなく、なによりまずことがら一般にかん
して思考されたものへと向上しようとつとめることによってである。さらに、これにお
とらず、ことがらを支持するのにも反駁するのにも根拠をもってすること、具体的でゆ
12 たかに充実した内容を、その規定されたありかたにしたがい捉えること、くわえて、こ
の内容をめぐって正当な決定と厳粛な判断とを下しすべを知ることをつうじてなのであ
る。教養のこうしたはじまりは、しかしさしあたりは、充実した生の厳粛さに席をゆず
り、その厳粛さによって、ことがらそのものの経験へとみちびかれることになるだろう。
いっぽうまた、なおこの件が付けくわわって、概念の厳粛さがことがらの深みまで達す
ることになった場合でも、これまで語ってきたような知識や評価には、おしゃべりのな
かでは、なおもその恰好な場所が残されているしだいとなるだろう。

＊1 「教養 Bildung」とはみずからを形成することであるのに対して、「実体的な生 das substantielle Leben」とは、いまだ対立を知らない素朴な生のこと。「反省 Reflexion」がそこに対立をもちこみ、統一された生を分裂させることになる。

真理は学的な体系としてのみ実現される

真理が現実存在する、〔それじしん〕真なる形態は、ひとり真理の学的な体系以外にはありえない。哲学《フィロソフィー》〔愛知〕は学の形式へ、つまりその目標へと、より近づいてゆかなければならない。その目標とはつまり、「知への愛」というみずからのなまえを脱ぎすてることができ、現実に知となることなのだ。そのための努力に参加することこそが、私のくわだてたことがらなのである。その内的な必然性からして、知《ヴィッセン》は学《ヴィッセンシャフト》〔体系的知〕でなければならず、この件は知の本性のうちに存することがらである。しかもこの点にかんするじゅうぶんな説明は、ひとり哲学そのものを叙述することによってだけ与えられる。外的な必然性であっても、しかしそれが個々人とその個人的な機縁という偶然性をはなれて、普遍的なしかたで把握される場合、そのかぎりでは内的な必然性とえらぶところがない。すなわち時代が、この必然性の諸契機が現に存在するありかたを表象している形態にあってはおなじものである、ということだ。哲学を学まで高めるべき時代が到来している。この件をさし示すことによって、またそのことによってのみ、したが

って、その目的をいだく〔本書の〕こころみが真に正当化されることだろう。なぜなら IX 12
時代が証明しているのは、その目的が必然的なものであることであろうし、それればかりか同時に、時代はこの目的を実現するにいたるだろうからである。

直接知の立場が、このことに反対している

真理がそなえるべき真の形態は、このような学であること《ヴィッセンシャフトリッヒカイト》のうちに定立される。
II 15 あるいはおなじことであるけれども、真理にかんして、それはただ概念においてのみ、 III 15
みずからが現実存在するための境位《エレメント》を有するものと主張される。[*1] そのばあい私としても、このような主張が或る考えかた《フォアシュテルング》とその帰結とに矛盾しているかに見えるしだいは分かっている。その考えかたはしかも、当代のひとびとの確信にあって、ひろく行きわたっているとともに、きわめて尊大な僭越を生んでいるものなのだ。それゆえ、このような矛盾についていくらか説明しておくことが、よけいなこととは思われない。たとえその説明が、ここ〔序文〕では一箇の断言を超えるものではありえず、それは当の説明が立ちむかおうとするものとえらぶところがないとしても、この点にかんしてはうごかない。〔その考えかたによれば〕つまり、真なるものは、ただ以下のようなもののうちにのみ現実に存在し、あるいはむしろ、ひとりそのようなものとしてだけ現実存在する、とされる。そのものは、あるときは直観、べつの場合には絶対的なものにかんする直接

13 知、宗教、存在――しかも、神的な愛の中心における存在ではなく、かえってその中心そのものの存在――と称されるのだ。そうであるとすれば、ここからただちに哲学の叙述に対しても、概念による形式とはむしろ正反対のものが要求されるにいたる。すなわち、絶対的なものは概念的に把握されるべきではなく、感得され、直観されるべきである、ということである。絶対的なものの概念ではなく、かえってその感情と直観とが口をひらいて、その感情と直観が語りだされなければならないというわけである〔以上で念頭におかれているのは、ヤコービ、ならびにとりわけシュライエルマッハー〕。

＊1 「概念 Begriff」とは、ことがらの全体をその本質にあってとらえるものである。真理が知においてとらえられ、知の体系的全体である学のかたちで叙述されなければならないとすれば、真理を真理とする境位、あるいは場面は、この概念のうちにあることになる。通常たんに「とらえる、把握する」という意味でも用いられる begreifen という動詞をヘーゲルは、このような連関で、つよく概念という含意を強調して使用することがあり、そのような場合には「概念的に把握する」と訳しておく。

精神の現況はどのようなものであり、哲学になにが要求されているのか？

このような要求があらわれてきたことを、その要求を生んだより一般的な脈絡にしたがって把握し、自己を意識した精神が現在たっている段階に目を向けてみよう。そうすると精神は、実体的な生――精神はかつて思考の境位《エレメント》という点で、そのような生をい

となんでいたのだ――を超えでてしまっていることがわかる。つまり精神はみずからの
信仰が有していたこのような直接的なありかたを超え、確信したありかたに満足し、安
らっているありようを越えてしまっている。そのような確信を意識は、実在《ヴェーゼン》とじぶん
が宥和している[*1]ことについて、また実在の普遍的な、内的かつ外的な現在にかんして所
有していたのである。精神は、このような段階を超えて、実体を欠いてみずから自身の
うちへと精神が反省的に立ちもどる《レフレクシオーン》[*2]、もう一方の極へと越えでているばかりではない。
このような反省《レフレクシオーン》をも超えてしまっているのだ。じぶんにとって本質的な生が、精神
には失われている。それだけではない。精神はまた、この喪失を意識し、有限性がじぶ
んの内容となっていることをも意識している。〔かって存在していた実体的なありかたの〕
残りかすを舐めることをやめ、みずからが悪しき状態に置かれているしだいを告白し、
それを呪いながら、精神がいまや哲学に要求するにいたったところは、むしろ「精神と
はなんであるか」をめぐる知ではない。かえって、くだんの実体的なありかたと、存在
Ⅱ16 の堅固さとが、哲学によってふたたび恢復されるにいたることを望むのである。このよ Ⅲ16
うな要求に応じるために哲学がなすべきところは、したがってむしろ、実体の閉ざされ
たありかたを開示して、それを自己意識〔の次元〕まで高めることではない。つまり、 Ⅸ13
カオスをはらんだ意識を、思考を経た秩序と、概念という単純なありかたへと連れもど
すことではない。かえって、思考が分離したものを〔ふたたび〕攪乱し、区別だてをお

こなう概念を抑止して、実在《ヴェーゼン》をめぐる感情を再興すべきである。すなわち、洞察*3ではなく、むしろ信心をこそ与えるべきだ、というのである。美しいもの〔シラー〕、聖なるもの、永遠なもの〔シェリング〕、宗教と愛〔シュライエルマッハー〕といったところが、必要となる餌であって、それらによって喰らいつく快楽が喚起されるのだ。概念ではなく忘我《エクスターゼ》が、ことがらが冷然と進行してゆく必然性ではなく、むしろ滾《たぎ》りたつ霊感こそが、実体のゆたかさをささえ、それを不断に拡大してゆくものである、とされるのである。

＊1　Versöhnung. 他者との和解、共同体における調和、自然との和解、神との一致等々をふくむ、ヘーゲルの哲学的思考の課題のひとつ。「絶対知」にあって到達されるべき境位をしめす。

＊2　ヘーゲルが固有の意味で語りだす Reflexion は、たんなる主観的－認識論的ないとなみではなく、存在の構造をあらわす客観的－存在論的概念としても使用され、「反照」あるいは「反照的回帰」とも訳される場合がある。ここでの「反省」はむしろカント、フィヒテ的な（ヘーゲルによれば）主観性の立場をさしている。

＊3　*Einsicht.* 本書の「精神」の段階では、「信仰 Glaube」のまやかしを見とおす《アインゼーエン》「啓蒙」の立場を示すことになる。ここでの「信心」は *Erbauung.*

哲学に対するそのような要求の背後にあるもの

こういった要求に対応しているものが、張りつめた、ほとんど熱狂にも接し、いらだっているかにも見える努力であって、そのような努力によってひとびとを、感性的なもの、卑俗なもの、個別的なものへの惑溺《わくでき》から引きはがして、その視線を星辰へと振りむけさせようとするのである。それはあたかも、ひとびとが〔いまや〕神的なものをまったく忘れはて、塵と水とを与えられて、虫けらのように微小な一点で満ちたりたままであるかのようなのである。かつてひとびとには、思想と形象の大いなる富をともなう天界が与えられていた。存在するすべてのものは光の糸につながれて意義をもち、その光の糸によってあらゆるものが天界へとつなぎとめられていた、ということである。この光の糸をたどることで、この現在に立ちとどまることなく、視線は現在をこえて神的存在《ヴェーゼン》を振りあおぎ、いわば彼岸的な現在を仰ぎみていた。そのとき精神の眼を地上的なものに向けさせて、そこに縛りつけておくためには、むしろ強制が必要であったのである。だから、長い歳月をかけて、地上を超えたものだけが有していたあの明るみを、此岸的なもののそなえる感覚が置かれている、陰鬱と混乱のうちへみちびき入れ、現在的なものそのものへの注意——この注意が経験と呼ばれる——が関心を惹くもの、意味
Ⅱ17 をもつものとされる必要があったのだ。——いまや正反対のことがらが、必要なものと Ⅲ17
して現にあらわれているかのようである。つまり、感覚は地上的なもののうちにあまりに深く根を下ろしているので、そのような感覚をおなじく暴力をもって地上的なものから引きあげなければならない、ということである。精神が示しているすがたはあまりに

貧しく、精神はまるで砂漠をさすらう者のごとくただ一杯の水に焦がれるかのように、神的なもの一般をほんのすこしでも感じとって、みずからの英気を恢復しようと憧れているとでも言いたげなのだ。精神に満足を与えているこのささやかなものをもって、精神が喪失してしまったものの大きさが測られるべきなのである。

　受けとったものでかくて満足してしまうこと、あるいは与えることがかくも貧しいものであることは、しかし学にとって似つかわしいところではない。みずからが地上に現にあり、思考していることにふくまれている、多様なありかたを霧のうちに包みこんで、このふたしかな神性のさだかでない享受を追いもとめる者は、じぶんがどこでそれを見いだすのかを思ってみるがよい。そのような者であるならば、なにかに熱狂して、その或るもので得意になるすべを、じぶんでたやすく見いだすことになるだろう。IX14 哲学がみずから戒めなければならないのは、だが、信心ぶかくあろうとすることなのである。

　このようなもので満足してしまうことは、学を断念するしだいであって、そのような満足がましてこのような感激と混濁とをもって、学を超えたなにかより高きものであるとする要求におよぶことなど、あってはならないところである。そうした預言者めいた語り口は、まぎれもなく、〔ことがらの〕中心と深みとに佇んでいると思いこんでいるものであって、かくして〔ことがらの〕限定されたありかた（ホロス *Horos*）〔ギリシア語〕を、侮蔑をこめて見やって、概念とその必然性とから、わざと身を遠ざける。そういっ

たものは、ひとえに有限性をすみかとする反省にすぎないからだ。とはいえ、空虚《レール》なひ
ろがりといったものが存在するように、空々しい《レール》深みといったものもまた存在する。多
様であるとはいえ有限的なありかたへと流れでながら、それを総括する力を欠いた実体
の延長が存在する。おなじように、内実をともなわない強度も存在するのであって、そ
れはただの力であるにとどまり、ひろがりを欠いている。これはつまり、表面的である III18
ことにひとしい。精神の力が大きなものとなるのは、ただそれが発現《オイセルング》するのに応じての
ことであり、その深度が深まってゆくのはひとえに、精神がみずからを展開し、ひろが
りを増してゆくことで、じぶんを喪失するのに耐える度合いにひとしい。――これと同
時に、このように概念をともなわない実体的な知が、自己の固有なありかたを実在《ヴェーゼン》の
うちに沈めてしまい、真に神聖なしかたで哲学しているのだ、と称するとしよう。その
場合でもみずから隠していることがらがある。それは、この知は神に身をゆだねるので
II18 はなく、規準と規定とを軽蔑することで、むしろ或るときにはじぶん自身のうちに内容
の偶然性を、べつの場合には内容のなかにあるじぶん自身の恣意を放置しているという
ことだ。――こうした者たちは実体が制御を欠いて発酵してゆくのに身をまかせるのだ
から、じぶんが自己意識を包みかくし、悟性を手ばなすことで、「いとし子」〔旧約聖書、
詩篇一二七－二〕となり、じぶんには、眠っているうちに神から智慧が授けられるもの
と思いこんでいる。かれらがじっさいに眠りのなかで身ごもって産みだすものは、それ

ゆえにまた夢なのである。

私たちの時代は誕生の時代である

ちなみに、見てとるにかたくない消息がある。私たちの時代が誕生の時代であり、あらたな劃期へと移行する時代であるということだ。精神は、これまでの世界と、その現にあるありかた《ダーザイン》においても、そのとらえかた《フォアシュテレン》にあっても手を切って、それを過去へと沈めさり、みずからを改造する仕事に取りかかろうとしている。精神というものは、どのようなときでも静止することがなく、たえず前方へと歩をすすめる運動をつづけているのは、たしかなところである。けれども、〔ここで言おうとしているのは、それだけのことではない。〕子どもは、ながいあいだ静かに〔胎内で〕養われたのちに、〔胎外で〕最初の息を吸い、それまでのただしだいに量を増してゆくだけの進展がとつぜん途切れる。ここに質的な飛躍が生まれ、いまや子どもが誕生する。ちょうどそれとおなじように、みずからを形成する精神もゆっくりと静かにあらたな形態にむかって成熟してゆき、これまでのじぶんの世界という建築物の小部分をひとつずつ解体してゆく。そのばあい世界の動揺は、ひとえに個々の徴候をつうじて感知されるにすぎない。徴候というのはつ
16 まり軽薄さや倦怠感が、現存しているもののうちで蔓延《はびこ》ったり、未知なものへの不定型 IX15
な予感がひろがったりすることであるけれど、これらはなにかべつのものが近づきつつ

あることの前兆なのだ。ゆっくりとすすむこうした崩壊によっては、全体の相貌が変じ
ることがなかったとはいえ、そのゆるやかな崩壊は日の出とともに絶ちきられる。陽光 III19
が、一閃の光によって一挙に照らしだすものは、あらたな世界のすがたなのである。

登場してきたばかりの学には、避けがたく欠陥がある

しかしながら完全に現実的なありかたを、このあらたなものがそなえてはいないこと
については、たったいま生まれたばかりの子どもとえらぶところがない。この件は、本
質的にいって見すごされてはならない。それがはじめて立ちあらわれたときには、この
あらたなものはようやくその直接的なありかたを示しているにすぎず、いいかえればみ
ずからの概念であるにすぎない。建造物が完成したといえるのは、その基礎が置かれた
ときではないように、全体の概念に到達したからといって、その概念が全体そのもので
あるわけではない。一本の樫の木を、逞しい幹とひろがった枝、茂った葉をそなえたす
II19 がたで目にしたいと願っているときに、それにかえて樫の実をひとつ示されたとしても、
私たちとしては満足するわけにはいかない。それとおなじように学、精神の世界におけ
るこの王冠は、そのはじまりにあって完成されているわけではない。あらたな精神のは
じまりとは、多様な教養の形式が広範なしかたで変革されてきたことの所産であり、さ
まざまに入りくんだすじみちが辿られてきたことの賜物であって、おなじようにさまざ

まな緊張と努力との賜物である。そのはじまりは、〔多様なみちすじが〕つぎつぎと開け《ズクツェシオン》、ひろがってきて《アウスブライトゥング》、しかもそこからみずからに立ちかえってきた全体であって、つまり生成を経てきた全体がしめす単純な概念なのである。このような単純な全体が現実になりたつのは、いっぽう、〔いまや〕契機《モメント》となっているくだんの形態のさまざまがふたたびあらたに、しかも境位《エレメント》をもあらたにし、つまり生成してきた意味において展開され、形態を与えられるはこびをつうじてのことなのである。

一方では、あらたな世界がはじめてあらわれたときには、それはようやくみずからの単純なありかたのうちで蔽われた全体であり、あるいはその全体に対する一般的な根拠であるにすぎない。その場合〔あらたな世界に直面した〕意識にとっては、これに対して、先行する〔すでに過ぎ去った〕現にあるありかたがそなえていた豊かさが、いまなお想起[*1]のうちで現前している。そうした意識が、あらたにあらわれつつある形態をまえにすると、そこには内容のひろがりと特殊化が欠けているのを託《かこ》つしだいとなる。この件にもまして、しかしこの意識が嘆くのは、形式がなおその形成《アウスビルドゥング》をおえていないことである。そのような形式によってこそ、さまざまな区別が確実に規定され、それらの確乎たる関係へと整序されるからである。そうした形成をおえていないばあい学には一般的な理解可能性[*2]が欠けており、学が身にまとう外観は、それがいくらかの個人の秘教的な所有物にすぎないといったところとなる。――いま「秘教的な所有物」といったのは、学

Ⅲ20

17 がようやくその概念であるにとどまっているからであり、いいかえれば目のまえにあるものは学の「内なるもの」にすぎないからである。たほう「いくらかの個人の」とも語ったけれども、それは、学がなお展開されたしかたではあらわれていないかぎり、その現にあるありかたは個人にぞくするものであるからだ。かんぜんに規定されたものであってはじめて、同時に公教的となり、把握可能であって、学ばれ、したがって万人の所有物に帰することができる。学の理解可能《フェアシュテンディッヒ》で悟性的な形式が、すべてのひとに提供され、あらゆるひとに対してひとしく開かれた、学へといたるすじみちであって、悟性《フェアシュタント》を Ⅱ20 つうじて理性的《フェアニュンフティッヒ》な知へと到達しようとすることは、学へと近づこうとする場合、意識が正当に要求しうるところなのである。悟性とは思考することであり、純粋な Ⅸ16 〈私〉一般であって、悟性的に理解可能なこと《ダス・フェアシュテンディゲ》がらこそがすでによく知られているものであり、学と学に到達していない意識とに共通した場面だからである。その場面をつうじて、意識は直接に学へとすすむことができるのである。

＊1　Erinnerung. もしくは「記憶」。ヘーゲルはこの語を「内なる inner」という意味を強調して、「内化」と訳すべき意味でも用いる。

＊2　*Verständlichkeit.* 後出の「悟性 Verstand」という語をふくんでいることに注意。ヘーゲルは（カントと同様）悟性のうえに「理性 Vernunft」を置き、「悟性的 verständlich」であるとは、ヘーゲルにあってはしばしば貶価的な意味をもつが、当面の文脈では悟性的に理解可能なものをとおして、

理性の立場＝学の境位へといたることが主張されているわけである。

学は、それがようやく開始されたばかりで、したがってその細部については完璧ではなく、形式にかんしても完全なものとなっていない場合には、この点をめぐって批難にさらされることになる。とはいえ、この批難が学の本質《ヴェーゼン》にかかわるものであるなどというならば、それは不当なものであろう。他方おなじように、学を完全に形成することへの要求を承認しようとしないことも、許されないところだろう。このような対立がもっとも主要な結び目であって、その結び目をほどくために、学を形成しようとする努力が現在のところ奮闘しているのであり、しかもその件にかんしては、いまだ適切な理解がえられてはいないのだ。一方のひとびとは素材の豊かさと〔形式の〕理解しやすさ《フェアシュテントリッヒカイト》とを誇っている。他方のひとびとは、すくなくとも悟性的であること《フェアシュテントリッヒカイト》を軽蔑し、ただちに理性的であり、神的なものであることを誇示している。前者が——真理の力のみによってのことであるか、あるいはまた後者が喧噪をきわめているがゆえにであるかはべつとして——、沈黙を余儀なくされ、そのうえ、ことがらの根拠にかんしては圧倒されていると感じているとしても、かれらが、だからといってくだんの要求について満足させられているというわけではない。要求は正当であるのに、それが充足されていないからだ。前者のひとびとが沈黙しているとすれば、それはなかばは〔後者の〕勝利のゆえであるにすぎず、なかばは倦みはて、無関心になっているせいである。そうした倦怠と無関心は、たえず期待が喚起されるのに、約束の履行がともなわないばあい生じるのがならいなのである。

学の内容と形式をめぐるあらそい

内容にかんしていえば、後者のひとびとがときとして、いともたやすくやってのける III21
のは、多大なひろがりを手にすることである。かれらがみずからの地盤に引きいれるの
は大量の素材であって、それはつまりすでによく知られており、整理されたものなのだ。
18 その者たちがとりわけてかかずらっているのは、珍奇で好奇心をそそるものであるから、
かれらはそれだけに、それ以外のもの、知がそれなりにすでに片をつけてしまったこと
がらにかんしては〔いうまでもなくすでに〕所有しており、同時にまたまだ整理されてい
ないものも思いのままにすることができるかのように見える。こうして、そのひとびと
II21 はいっさいを絶対的理念のもとに従属させているかに見えるし、その理念がかくてまた、
すべてのもののなかで認識され、ひろがりをもって学にいたるまで成長しているかに見
えるのである。しかしより立ちいって、このひろがりなるものを考察してみよう。そう
すれば分かるとおり、そのひろがりがもたらされるのは、「一箇同一のもの」がみずか
ら自身にことなったしかたで形態を与えたことによるのではない。むしろそのひろがり

にあっては、「一箇同一のもの」が形態を欠いて反復されている。「一箇同一のもの」がさまざまな素材に対して外的に適用されているにすぎないかぎり、そこにふくまれているのは、相違をよそおう退屈な見かけだけなのである。ここには、たしかにそれだけで《フュール・》見れば《ジッヒ》真の理念があるのかもしれないが、その理念はじっさいにはただみずからの出発点にいつまでも停止しているほかはない。そこで展開がなりたっているのは、同一の定式がこのように反復されることを措いてほかにないからである。ただひとつの不動の形式が、知る主観によって目のまえにあるものに手あたりしだい適用され、素材がこの形式という静止した境位《エレメント》のうちに外から持ちこまれて、そこに漬される。このようなやりかたでは、内容にかんする恣意的な思いつきを挙げることにおとらず、要求されていることがらを充足することにはならない。要求されているのはつまり、さまざまな形態がじぶんから豊かなものを溢れださせ、みずから自身を規定して区別することであるからだ。ここにあるのはかえって、単調な形式主義であって、そうした形式主義によって素材の区別が到達されるとしても、それはひとえに区別がすでに準備されていて、よく知られているからにほかならない。

形式主義の批判——すべての牛が黒くなる夜

IX17
そのさい形式主義は、こうした単調なありよう、しかも抽象的に普遍的なありかたをもって絶対的なもの*1であると主張する。形式主義の断言するところによれば、この普遍性に満足することができないのは、能力が欠けていて、絶対的な立場を我がものとし、それを堅持することができないからなのである。かつてならば、或ることがらをべつのしかたでも考える《フォアシュテレン》ことができる空虚な可能性が存在するというだけで、なんらかの III22 考えかた《フォアシュテルング》を反駁するのに充分であった。そのうえ、このおなじたんなる可能性、一般的な思想であっても、現実的な認識という積極的価値のすべてをそなえていたのである。そうであるとしても、私たちが形式主義にあって同様に見てとるところもまた、非現実的なものでしかないこの形式をとった普遍的な理念に対して、いっさいの価値が帰せられていることである。そこでは区別されたもの、規定されたものが解体されてしまっている。あるいはむしろ、区別され規定されたものが、さらに展開されることなく、また空虚な深淵へと投げこまれ、そうすることがそれじしん正当化もされていない。このようなやりかたが、思弁的な考察様式とみなされているのだ。なにか或る現に存在するも
II22 19 のが、絶対的なもののうちでどのように存在するのか。この件を考察することが、形式主義にあっては、その現に存在するものにかんして、以下のように語ることにほかならない。すなわち、「いまこの現に存在するものをめぐって、それがなにか或るものであると語りだされることはたしかなところである。絶対的なもの、つまりA＝Aのうちでは、しかしながら、そうした或るものはまったく存在せず、むしろそこではいっさいが

「一」なのである」。絶対的なもののなかでは、いっさいがひとしい。このただひとつの知をもって、区別をともなって充実した認識、あるいは充実をもとめ、それを要求する認識に対して対抗している。ことばをかえれば、じぶんがいうところの絶対的なものは、そう語られるのがつねであるように、すべての牛を黒くする夜であるなどと公言されている。このようなことは、認識については空虚であることに由来する素朴さというものなのである〔以上、シェリングとその学派に対する批判〕。――形式主義については、最近の哲学がそれを見とがめ、軽んじるようになっている〔ヤコービとヘルダーによる批判〕。それでも、最近の哲学自身にあっても、形式主義はふたたび生みだされているのだ。形式主義が不充分なものであることがよく知られ、また感じられているにしても、学から形式主義がすがたを消すとすれば、それは絶対的に現実的なありかたを認識することが、その本性にかんしてかんぜんに明晰なものとなるはこびを待ってのことだろう。――一般的な構想《フォアシュテルング》が、それを実現《アウスフュールング》しようとするこころみであるものに先だって与えられれば、それがじっさいに遂行《アウスフュールング》されるさまを把握することを容易にする。その事情を考えてみると、その構想のあらましをここで暗示しておくことも一法である。それはまた同時に、この機会をとらえて、いくつかの形式を遠ざけておくことを意図するものであって、その形式とは、それが習慣となることで、哲学的な認識を妨げてしまうものなのである。

IX18

＊1 「絶対的なもの das Absolute」とは「真なるもの das Wahre」のこと。本書、一三二頁にあるとおり、ヘーゲルにあっては、絶対的なものだけが真なるものであり、真なるもののみが絶対的なものである。

Ⅱ23

真なるものは主体として把握され、表現されなければならない

私が見とおした《アインジヒト》ところは、ただ体系そのものを叙述することをつうじて正当化されなければならない。その洞察《アインジヒト》にしたがうならば、いっさいは、真なるものを実体としてではなく、むしろ同様に主体として把握し、表現することにかかっている＊1。同時に注意されなければならないことがある。それは実体的なありかたが、普遍的なもの、あるいは知そのものの直接性《ウンミッテルバーカイト》をふくんでいるとともに、知に対しての存在であり、もしくは知に対しての直接的なありかたである直接性《ウンミッテルバーカイト》をもふくんでいるということである。

Ⅲ23

――神をただひとつの実体として把捉すること〔スピノザ〕が、そのような規定が言明された時代、当時のひとびとを激昂させたことがある。ひとつにその理由は、そのように規定すれば、自己意識はただ没落するばかりであって、維持されることはない、というしだいが本能的に感じとられたことにある。いっぽうしかしその反対の見解、つまり思考としての思考に、すなわち普遍性そのものに固執する見解もまた〔カント、フィヒテ〕、おなじように単純なありかたに固執しており、区別をふくまず、動くこともない

実体的なありかたに陥っている。さらに第三に、思考が実体の存在をみずからと合一さ
20 せて、直接性あるいは直観作用を思考として把握する場合〔シェリング〕であっても、なお問題が残っている。つまり、こういった知性的な直観作用もふたたび惰性的で単純なありかたに立ちもどってしまい、現実的なありかた自身を非現実的なしかたで呈示するものとなるのではないか、ということなのである。

＊1 das Wahre nicht als *Substanz*, sondern ebensosehr als *Subjekt* aufzufassen und auszudrücken.
「むしろ同様に sondern ebensosehr」という表現は、「ばかりではなく nicht nur」を予想させるから、たんに「ではなく nicht」と語りだす、このヘーゲルの表現は異貌である。ヘーゲルはここで、破格な言いまわしを用いることで、いったんは、「真なるもの」は固定的な「実体」としてとらえられ、表現されてはならない、と語っていることになる。

生き生きとした実体とは、さらにいうなら、存在でありながら、その真のありかた《ヴァールハイト》においては主体であるものである。あるいはおなじことであるが、その存在が真に《イン・ヴァールハイト》現実的であるのは、ただ実体が自己自身を定立する運動であるかぎりにおいてにすぎない。いいかえれば、みずから他のものとなってゆくことでじぶん自身と媒介するかぎりにあってのことなのである。生き生きとした実体は、主体であるがゆえに純粋かつ否定的なありかたをともなっており、まさにその消息をつうじて単純なものでありながら、

ふたつに分化していることであり、[*1] あるいはふたつのものへと二重化して対立しつつ、[*2] 当の二重化がふたたび、このたがいに無関心な相違とその対立とを否定するはたらきなのだ。このように〔他のものから〕みずからを恢復してゆく〔自己〕同等性であり、いいかえるならば、他であることのうちでじぶん自身へと反省的に立ちかえること——つまり、根源的にもともと統一されたありかた《アインハイト》をしているのではなく、あるいはもともと直接的な統一性《アインハイト》であるわけでもないということ——、これこそが真なるものである。真なるものとはじぶん自身への生成であり円環であって、その円環はみずからのおわりをその目的として前提し、当のおわりをはじまりにおいて有している。だから真なるものは、ひとえにその目的を実現して、おわりへと到達することによってのみ、現実的なものとなるのである。

＊1　die Entzweiung des Einfachen. Entzweiung はつうじょう「分裂」という意味であるが、ヘーゲルのばあい文字どおり「ふたつに zwei」に分かれることというふくみももつ。
＊2　die entgegensetzende Verdopplung. 対立しあう二重化。

実在《ヴェーゼン》と、それをとらえる形式は不可分である

神の生命ならびに神的認識についていえば、それは、したがってたしかに〔神の〕「愛がみずから自身とたわむれること」〔スピノザの神の知的愛 *amor Dei intellectualis*〕で

Ⅲ24

Ⅱ24

あると言明されうることだろう。こうした観念は、しかし、ただの信心ぶかさ、そればかりか陳腐なものにすら成りさがってしまうことがある。それは、否定的なものが有する真摯さ、痛み、忍耐、さらには労苦がそこに欠落している場合なのだ。それ自体として（*An sich*）みるならば、神の生命は、みずから自身とひとしく、ひとつ《アインハイト》であることであって、そこに攪乱はない。この統一《アインハイト》されたありようにとっては、他であること*1は真摯に受けとめられるべきことがらではなく、異他的なものとなることも、この異他的となること〔そのもの〕を克服することも真摯に受けとめられてはいない。とはいえ、いま語りだされた「自体的なありかた」とは抽象的に普遍的なありかた《アルゲマインハイト》であって、当の自体的なありかた（*Ansich*）である普遍性《アルゲマインハイト》のうちでは、その本性からして、じぶんに対して存在することが、度外視されている。このじぶんに対して《フュール・ジッヒ》存在することが無視されているはこびによってまた、そもそも形式がみずから運動することも慮外に置かれているのである。「形式は実在と同等である」〔シェリング〕と言表される場合、まさにそれゆえひとつの誤解が生まれて、認識は「自体的なありかた《アンジッヒ》」あるいは「実在《ヴェーゼン》」で満足しうるのだから、いっぽう形式はどうでもよいと思いこまれてしまう――つまり、絶対的な根本命題〔フィヒテ〕あるいは絶対的な直観〔シェリング〕がありさえすれば、その命題を実現し、もしくは当の直観を展開することなど必要がない、というわけである。形式が実在にとって本質的であるのは、実在《ヴェーゼン》がじぶん自身にとって本質的なもの《ヴェーゼントリッヒ》であ

Ⅸ19

ることとひとしい。ほかでもないその理由からして、実在はたんに実在として、すなわ
21 ちひたすら直接的な実体あるいは神的なものの純粋な自己直観として把握され、表現されればよいというものではない。実在はむしろ同様に形式として、しかも展開された形式が有するゆたかさのすべてにおいて把握され、表現されなければならない。かくてはじめて、実在は現実的なものとして把握され、表現されるのだ。

*1 Entfremdung.〔みずからに〕疎遠なものとなること。疎外。

真なるものとは、自己展開してゆく全体である

真なるものは全体である。全体とはいっぽう、ひとえにみずから展開することをつうじて完成される実在のことにほかならない。絶対的なものにかんして語られなければならないところは、それが本質的にいって結果であり、おわりにあってはじめて、それが真にあるありかたで存在する、ということである。まさにこの点に、絶対的なものの本性がある。つまり現実的なものであり、主体であり、ことばをかえればじぶん自身《ジッヒゼルプスト》へと生成《ヴェルデン》してゆくものである、ということだ。「絶対的なものは本質的に結果として概念的に把握されなければならない」と語ると、それはひどく矛盾したものに聞こえるかもしれない。それでもすこし考えてみれば、この矛盾という見かけは匡《ただ》されるだろう。はじまり、原理[*1]とは、絶対的なものが、まずは直接的なかたちで言明されたものであって、

それはたんに普遍的なものにすぎない。たとえば私が「すべての動物」と言いはじめたところで、そのことばをもって動物学〔にぞくする言明〕とみなすわけにはいかない。これとおなじことで、たやすく気づかれるとおり、神的なもの、絶対的なもの、永遠なもの等々のことばを口にすれば、そこにふくまれていることがらを言明しているというわけではないのだ。こうしたことばが表現しているのは、じっさいには直接的なものとしての「直観」にすぎないのである。――そういったことば以上のものといえば、それがたとえひとつの命題へと移ってゆくだけのことであっても、そこにふくまれているのは他となることであって、この他となること《アンデルスヴェルデン》とは、そこから立ちもどってこなければならないものである以上、一箇の媒介である。この媒介こそが、しかし〔直接性を強調する立場からすれば〕忌みきらわれているところにほかならない。それはあたかも、媒介についてそもそも、「それは絶対的なものではまったくなく、絶対的なものにおいてはすこしも存在する余地がない」という以上のことを言おうものなら、絶対的な認識が、それだけで放棄されると言わんばかりなのである。

Ⅲ25

＊1　Anfang, Prinzip. Prinzip はラテン語の principium に由来し、principium とは prin-cipium, つまりはじめにつかまれたもの、はじまりのこと。ギリシア語にさかのぼるなら、アルケー。ちなみに「ヨハネ伝」冒頭の「はじめ（アルケー）にことば（ロゴス）があった」のラテン訳は In principio erat verbum.

II25 媒介がこのように忌みきらわれるのは、とはいえじっさいには、媒介と絶対的認識そ
のものの本性がよく知られていないことに発している。なんといっても、媒介とはみず
から運動しながらじぶん自身とひとしいありかたにほかならない。あるいは媒介とは、
みずから自身へと立ちかえってゆくこと《レフレクシオーン》であり、自立的に存在する《フュール・ジッヒ》〈私〉をかたちづく
る契機なのである。媒介はつまり、純粋に否定的なありかた《ネガティヴィテート》であって、この否定性《ネガティヴィテート》
を純粋に抽象へと引きおろして言いかえるなら、それは単純な生成なのだ。〈私〉ある
いは生成一般であるようなこの媒介作用は、それが単純なありかたをしていることから
いっても、直接的なありかたが生成することにほかならず、かくて直接的なものそれ自
身である。——それゆえ、理性を誤解することにつながるのは、反省《レフレクシオーン》を真なるもの
から排除して、それを絶対的なものにとって積極的な契機ととらえないことである。反
省とは真なるものを結果としてつくりだすものであり、いっぽう結果がその生成に対し IX20
て有する対立も、おなじく反省によって廃棄《アウフヘーベン》*1される。というのも、この生成は同様
22 に単純なものであって、したがって、真なるものが有する形式——これは結果において
単純なものとしてあらわれる——とことなるところがないからである。生成とはむしろ、
単純なありかたへとこのように立ちかえることにほかならない。——胎児はたしかにそ
れ自体としては人間である。胎児がしかしそれ自体として (*an sich*) 人間であるからと
いって、じぶん自身にとって (*für sich*) 人間であるというわけではない。自覚的に《フュール・ジッヒ》

胎児が人間となるのはただ、みずからを形成し〔教養をへ〕て理性となったときである。理性とは、みずからが自体的にはそれであるものへと、じぶんをかたちづくったものなのだ。そのようにかたちづくられることで、理性ははじめて現実的なものとなる。いっぽうこのように結果であるものは、それじしん単純で直接的なありかたをともなっている。というのも、結果〔としてここであらわれてくるもの〕とは自己意識をともなった自由であり、それはみずからのうちで安らっているからである。この自由はみずからに対立するものを一方の側に置いて、対立するものをそこに置きざりにすることがない。自己意識をともなった自由はかえって、対立するものと和解《フェアゼーネン》しているのである。

＊1　aufheben. 通常、とりわけてヘーゲル用語として——否定しつつ肯定する、廃棄しながら保存するというふくみで——「止揚する」「揚棄する」と訳されるこの語は、『精神現象学』にあってはなおその用法が流動的であって、おおむね「廃棄する」と訳しておく。

アリストテレスの「不動の動者」にことよせて

いま語ったことがらを言いなおして、「理性とは合目的なはたらきである」と表現することもできる。かつて自然が思いあやまられ、思考もあやまって認識されていたけっか、自然が思考の上位に置かれた。そのうえ手ぢかなところでは、外的な合目的性が追放されるはこびとなったけれども〔カント〕、この件によって目的という形式が総じ

Ⅲ26

て信用を失ってしまったのである。しかしながら、アリストテレスもまた自然を合目的的なはたらきと規定しているとおり、目的とは直接的なもの、安らっているもの、不動なものでありながら、この不動なものがじしん動者なのだ。つまり、それ〔アリストテレスのいう不動の動者〕は主体にほかならない。主体が動かす力とは、抽象的にいえば、自立的に存在すること（*Fürsichsein*）であり、あるいは純粋な否定性であることだ。結果がはじまりとおなじものであるのはひとえに、はじまりが目的であるからにほかならない。——ことばをかえれば、現実的なものがその概念であるものと同一である理由は、直接的なものが目的として、自己もしくは純粋に現実的なありかたをみずからのうちに有している点にある。実現された目的、いいかえるなら現に存在する現実的なものとは運動であって、生成が展開されたものである。生成というこの不安定なものこそが、ところで自己であり、またはじまりの有する、あの直接的で単純なありかたと、自己とがひとしいものである消息は、自己とは結果であって、じぶんのうちに立ちかえったものであるしだいによっている。——みずからのうちに立ちかえったものこそが、いっぽう自己であり、自己とは、ひとしく単純なありかたがじぶん自身へと関係することなのである。

「主語－述語」という命題形式の不十分さについて

絶対的なものを主体として考えようとする要求から、「神とは永遠なものである」「世
界の道徳的秩序である」〔フィヒテ〕、あるいは「愛である」等々といった命題が用いら
れてきた。そうした命題にあっては、真なるものがただひたすら主語《ズブイェクト》として定立され
ているにとどまって、しかしみずから自身へと反省的《レフレクティーレン》に立ちかえる運動としては呈示さ
れていない。そのような種類の命題においては、「神」という語とともに開始されるけ
れども、この語はそれだけで《フュール・ジッヒ》は意味を欠いた一箇の音声であり、ひとつのなまえである
にすぎない。述語によってはじめて、「神とはなんであるか」が語られ、述語こそがそ
のなまえを充たし、意義を与えるものとなる。空虚であったはじまりは、ただそのおわ Ⅲ27
りにいたって現実的な知となるのだ。そのかぎりでは、見てとることのできないことが Ⅸ21
23 らがある。つまり、どうして永遠なもの、道徳的世界秩序等々について、もしくは古代
人がそうしたように、純粋な概念、すなわち存在、一者〔パルメニデス〕などをめぐっ
てだけ語ろうとしないのか。要するに意義を有するものにかんしてのみ語り、意味を欠
いた音声をなお付けくわえるのを止めようとしないのか、ということである。もっとも、
この神という語によってしるしづけられている消息は、存在《ザイン》とか実在《ヴェーゼン》とか、普遍的な
もの一般とかではなく、じぶんのうちへと反省的に立ちかえるもの《レフレクティールテス》、すなわち主体こそ
が定立されているということにほかならない。とはいえ、同時にこの件はたんに先どり

されているにすぎない。主体《ズブィエクト》が固定した点として想定され、この主語《ズブィエクト》を支えとして、そこにさまざまな述語が付着させられている〔だけである〕。そのように付着させられるのは、この固定した点について知っている者にぞくする運動をつうじてのことであって、その運動はまた点それ自身にも帰属するものとは見なされていないのだ。〔主語《ズブィエクト》である〕点に帰属する運動によってこそ、しかしながら主体《ズブィエクト》である内容は呈示されているはずなのである。この運動のそなえている性状からすれば、くだんの運動が主語《ズブィエクト》に所属することはありえない。むしろその主語＝主体《ズブィエクト》を点として前提としたことからして、運動もまた〔この点に対して〕外的なものでしかありえず、べつの性状をそなえることはありえないのである。「絶対的なものは主体である」しだいを先どりしておいたけれども、そのような先どりはそれゆえ、主体という概念の現実的なありかたを示すものではない。そればかりか、その現実的なありかたを不可能なものとさえしてしまう。先どりされ、定立されていたのは、静止した点としての主語《ズブィエクト》であるいっぽう、主体《ズブィエクト》にとって現実的なありかたとは自己運動のことだからである。

知はただ体系としてのみ現実的なものである

さまざまなことがらがこれまで語ってきたところから帰結するが、そのうちでも、とりわけて取りだしておくことができるのは、知《ヴィッセン》はひとえに学《ヴィッセンシャフト》〔体系的知〕としてのみ、あるいは体系としてだけ現実的なものであり、また呈示されうるという消息である。さらには、哲学にあっていわゆる根本命題もしくは原理は、それが真なるものであったとしても、それじしん根本命題あるいは原理であるにすぎないかぎりで、すでにそのゆえにまた偽なのである。――その理由からして、根本命題を反駁するのはたやすいのだ。反駁するにはつまり、その欠陥を指ししめせばよいわけであるけれども、根本命題には、それがただたんに普遍的なものであり、ことばをかえれば原理であって、はじまりにすぎないものであるがゆえに欠陥がある。いっぽう反駁が根底的なものである場合には、それは根本命題そのものから取りだされ、展開されたものとなる。つまり、対立する断言や思いつきによって、外から異が立てられるといったものではないのである。反駁は、かくてほんらいは根本命題を展開したものとなるだろうし、かくてまたその欠陥をともなったありかたを補完するものとなるはずである。そのばあい反駁は、みずから見あやまって、じぶんの否定的なはたらきのみに注目するようなことがあってはならない。つまり、みずからの進行と結果とについて、その肯定的な側面をも意識しなければならないのだ。――はじまりを肯定的に実現することについていえば、それはほんらい、逆にいって同時に〔それが肯定的なものであるのと〕おなじく、はじまりに対して否定的にかかわることであり、つまりはそれが一面的な形式をともなっていることに対して否定的であることとである。はじまりとは、ようやく直接的なしかたで存在するものであるにす

Ⅲ28

ぎず、ことばをかえれば目的であるにすぎないからだ。はじまりを肯定的に実現することも、したがってまたおなじように反駁であると見なすこともできるのであって、それが反駁するのは、体系の根拠をかたちづくる当のものなのである。つまりたほうより精確なところ、反駁が指ししめすところは、「体系の根拠あるいは原理とは、じっさいにはたんにそのはじまりにすぎない」という事情であると見なされる必要がある。 IX22

真なるものは体系として現実的となるが、それは絶対的なものが精神だからである

真なるものはただ体系としてのみ現実的であり、あるいは実体は本質的にいって主体である。この件を表現する考《フォアシュテルング》えがあるとすれば、そこでは「絶対的なものとは精神である」はこびが言明されている。「精神」とはもっとも崇高な概念であって、近代とその宗教とに所属する概念である。〔近代では〕ひとり精神的なもののみが現実的なものであって、精神的なものこそが実在《ヴェーゼン》であり、あるいは自体的に存在するものなのである。 II28 それは〔他のものへと〕みずからかかわり、規定されたものであり、〔そのように他のものとみずからかかわることで〕他のものであり（*Anderssein*）、かつみずからに対して存在すること（*Fürsichsein*）である。さらには、このように規定されていること、ことばをかえれば、みずからの外に存在することにおいて、じぶん自身のうちに在りつづけることなのである。——いいかえるならば、精神的なものは絶対的なしかたで（*an* *und für sich*）存在する。精神的なものが、このようにそれ自体《アン》として《ウント》、かつそれ自身に《フュール》対して《ジッヒ》存在《ザイン》することは、しかし最初はただ「私たちに対して」[*1]、あるいはそれ自体として、なりたつことがらであるにすぎない。精神的なものは〔それが登場したときには、なお主体ではなく〕精神的な実体なのである。精神的なものはたほうまたじぶん自身に対して《フュール・ジッヒ・ゼルプスト》も自体的《アン・ウント》に、かつ自覚的《フュール・ジッヒ》に存在しなければならず、精神的なものにかんする知となり、じぶん自身を精神的なものとして知る知とならなければならない。すなわち、精神的なものがみずからにとって対象とならなければならない、ということだ。しかし「対象」であるとはいっても、同様に直接的に〔対象としては〕廃棄されている対象ということであって、つまりじぶん自身のうちへと反省的《レフレクティールト》に立ちかえった対象なのである。精神が精神自身に対して存在するのは「私たちに対して」のことであるにすぎないが、それは対象の精神的な内容が精神そのものによって産出されたものであるかぎりにおいてのことである。精神がこれに対して、精神自身《フュール・ジッヒ・ゼルプスト》に対しても自覚的《フュール・ジッヒ》に存在するかぎりでは、この精神の自己産出は純粋概念によるものであることになり、その純粋概念は精神にとって同時に対象的な境位《エレメント》にあることになる。この境位にあって精神は、みずから現《ダー》に存在《ザイン》するのであり、精神はこのようなしかたで、みずからの現《ダー》に存在《ザイン》するありかたにおいて、じぶん自身に対して《フュール・ジッヒ・ゼルプスト》自覚的に対象でありつつ、みずからのうちに反省的に立ちかえったものなのである。——精神はかく展開して、じぶんを精神として知ったときに、

III29

学〔＝体系的知〕となる。学とは精神が現実的となったありかたであり、精神の王国であって、その王国は精神がじぶんに固有な境位においてみずから打ちたてるものなのだ。*2

*1 für uns. この表現をヘーゲルはとくべつな方法的意味をこめて使用する。くわしくは「序論」参照。

*2 この一段落にあって、an sich, für sich, an und für sich をさまざまに訳しわけておいたが、以下でも文脈に応じてそのように訳しわけ、必要に応じてルビを振る。

絶対的に他であるもののうちで純粋に自己を認識すること

絶対的に他であるもののうちで純粋に自己を認識すること、*1 このエーテルそのものが、*2 学の根拠であり地盤であって、いいかえれば知ること一般である。哲学はそのはじまりにあって、前提ないし要求を必要とするが、それは意識がこの境位に身をおくことなのである。いっぽうこの境位《エレメント》の側も、それが完成し、また見とおしのよさすら手にするにいたるのは、ひとえにみずからが生成してゆく運動をつうじてのことなのだ。この境位は普遍的なものとして純粋に精神的なありかたをそなえており、その普遍的なものは単純に直接的なありかたをともなっている。この単純なものはそのようなものとして現実存在をそなえているけれども、その単純なものが地盤であり、その地盤とはひたすら精神のうちにあるものとしての思考なのである。――こうした境位、精神のこの直接的なありようは、精神における実体的なもの一般であるから、その直接的なありかた《ウンミッテルバーカイト》は変容されながらも実在であること《ヴェーゼンハイト》であり、つまり反省であって、しかもその反省《レフレクシオーン》はそれじしん単純なものであり、じぶんに対して《フュール・ジッヒ》、直接性《ウンミッテルバーカイト》そのものである。それは要するに、存在でありながら、じぶん自身へと反省的に立ちかえる《レフレクシオーン》ことなのだ。学がじぶんの側から自己意識に対して要求するところは、自己意識がこういったエーテルへとすでにみずからを高めており、学とともに、また学のうちで生きることができ、また〔じっさいに〕生きることである。これとは逆に個人のほうでは権利を主張して、学の側がじぶんにすくなくともこの立場に到達するためのはしごを手わたし、個人に対して、じぶん自身のうちにもそのような立場がそなわっているしだいを示してくれることを要求する。この個人の権利は、個人こそが絶対的な自立性を有しているという事情のうちに基礎をもっているのであって、じぶんがそうした自立性をみずからの知のすべての形態において所有していることを、個人の側は知っているのである。というのも知のあらゆる形態にあって――それを学が承認しているにせよ承認していないにせよ、またその形態の内容がどのようなものであったとしても――個人は絶対的な形式であるからだ。いいかえれば、個人はじぶん自身を直接的に確信しているのであって、かりにこうした表現のほうが好まれるならば、そのことで個人とは無条件的な存在だからなのである。意識の立場は、対象的な事物についてはじぶん自身との対立において知り、またみずから

Ⅸ23 Ⅲ30

自身にかんしては事物との対立にあって知る、というものである。こうした立場は、学にとっては他なるものであると見なされる。つまり、意識がそこでじぶん自身のもとにあると思っていることがらが、〔学にとっては〕むしろ精神の喪失なのである。そうであるとすれば、意識にとっては反対に、学がぞくする境位は遥かかなたにあるものであって、そこで意識はもはやじぶん自身を手ばなしてしまうことになる。これらふたつの立場のいずれの側をとってみても、他方にとって相手は真理を顚倒させたものと見えてくる。自然的な意識〔学以前の意識〕が、学に対して直接に身をゆだねるものとしてみよう。そのようなことをすれば意識は、なにに引きずりまわされてのことかも分からずに、いちどは逆立ちして歩いてみようとこころみることになる。無理やりこのような不慣れな姿勢をとって、その姿勢のままで動こうとすれば、それは、準備もなければ必要であるとも思われないのに、求められるがままに、じぶんの身に暴力をくわえるようなものなのだ。——学というものが、それ自身にそくしていえばどのようなありかたをしていようと、直接的な自己意識との関係では、学はその意識を顚倒したものとして立ちあらわれる。ことばをかえれば、この直接的な自己意識は、じぶん自身を確信していることにおいて、みずからの現実性《ヴィルクリッヒカイト》の原理を有しているのだから、学は、そのような自己意識がそれだけで《フュール・ジッヒ》学の外部に存在している場合には、非現実的なもの《ウンヴィルクリッヒカイト》という形式を身にまとうことになる。学はそれゆえ、〔直接的な自己意識が置かれている〕このような境位

26

II30

を、じぶん自身と統合しなければならない。いいかえるなら、むしろ示されなければならないのは、そのような〔直接的な自己意識の〕境位が学そのものにぞくしていることであり、それがどのようにぞくしているか、なのである。そうしたしかたで現実的なありかたを欠落させている場合には、学はたんに自体的なありかたにとどまる内容であるにすぎず、そのように自体的《アン・ジッヒ》なありかたにとどまるものとしては〔またたんなる〕目的であって、その目的はようやく一箇の内なるものであるにとどまっている。それはつまり精神ではなく、かろうじて精神的実体であるにすぎない。この〔内なるものである〕自体的なものが外化され、じぶん自身に対して存在するものとならなければならない。このじぶん自身に対して（*für sich*）存在するものとなるとは、ほかでもない、くだんの自体的なものが、自己意識をみずからとひとつのものとして定立することなのである。

III31

＊1　Das *reine* Selbsterkennen im absoluten Anderssein. ヘーゲルの哲学的立場を宣言する基本的な表現のひとつ。

＊2　Äther.「エーテル」はもともと四元素《エレメント》である地水火風にくわえて、第五元素とされるもの。ここでは Element とほぼ同義。

精神の現象学は、学一般あるいは知の生成を叙述する

IX24

学一般の、もしくは知のこうした生成こそが、この精神の現象学が叙述するものである。知は、それが手はじめに存在するすがたにあって、あるいは直接的な精神としては、精神を欠いたものであり、感性的な意識である。ほんらいの知となるために、ことばをかえるなら学の境位――これが学の純粋な概念そのものである――を産出するために知は、長いみちのりを苦労して辿らなければならない。――この生成が、そこで示される内容と、その内容のうちにあらわれてくる形態とにあって整序されるものとしよう。その生成のさまは、ひとがさしあたり、学的ではない意識を学へとみちびいてゆくこととして考える《フォアシュテレン》ものではないだろう。また学の基礎づけともべつのものともなるだろう。まして言うまでもなくそれは、ピストルから発射でもされたかのように、絶対知[*1]からいきなり無媒介的《ウンミッテルバール》にはじめるような昂揚とはべつのものである。そのような昂揚ならば、他の立場はまったく考慮にもあたいしないと宣言して、それですませてしまうものなのである〔シェリング批判〕。

＊1　das absolute Wissen. いうまでもなく、本書の最終章の標題であり、精神の現象学あるいは「意識の経験の学」の最終地点となる。

精神現象学の課題――特殊な個人から普遍的な個人への道程

個人をその形成されて〔教養をつんで〕いない立場から連れだして、知へとみちびか

なければならない。この課題〔が精神の現象学にあって設定され、それ〕は普遍的な意味
において把握されなければならなかった。しかも普遍的な個人、自己を意識した精神は、
それが形成《ビルドゥング》〔され、教養をつんでゆく〕過程において考察されなければならなかったの
である。〔特殊な個人と普遍的個人の〕両者の関係についていえば、普遍的個人において
はそれぞれの契機が、具体的な形式と固有の形態化を獲得したすがたで立ちあらわれて Ⅲ32
くる。いっぽう特殊な個人とは不完全な精神であって、具体的な形態をともなっている
とはいえ、その形態が現に存在するありかたのすべてについて、なんらかの規定をともな
ったありよう《ベシュティムトハイト》に支配されている。だからそこでは、他の規定性《ベシュティムトハイト》はかき消されたすが
たで目のまえに存在しているにすぎない。つまり、或る精神〔の形態〕が他のそれより
も高次の段階にある場合、その精神のなかでは、より低次の具体的に現に存在するあり
かたは、目につきにくい契機として沈殿させられている。かつてはことがらそのもので
あったものが、いまやなおたんなる一箇の痕跡として存在するものにすぎないのだ。以
前のことがらにぞくしていた形態は蔽われて、ただの陰影といったものとなってしまっ
Ⅱ31 27 ている。こうした過ぎ去ったありかたを個人は遍歴してゆくのであるけれども、その個
人の実体はより高次な立場にたつ精神なのである。当の遍歴の様式はちょうど、より高
次な学問《ヴィッセンシャフト》に取りかかろうとしている者が、じぶんがはるか以前に手にいれている
予備知識について、その内容をありありと想いうかべるために、それを経めぐってみる

のとおなじである。そうした者であるならば、予備知識の記憶《エアインネルング》を呼びもどすとはいっても、そこにみずから関心をいだき、立ちとどまろうとはしない。個人は、内容からいっても、普遍的な精神の形成《ビルドゥング》〔教養〕段階のさまざまを遍歴しなければならないけれども、そうした諸段階は精神がすでに脱ぎすてたものなのである。それらはつまり〔精神が辿ってきた〕みちすじにぞくする段階であるとはいえ、そのみちゆきはすでに切りひらかれ、平坦なものとなっている。かくて私たちがさまざまな知識にかんして見てとるところは、先行する時代ならば成人の成熟した精神が携わっていたことがらが、〔ユークリッド幾何学が高等中学校の学課となるように〕少年期に取りくまれる知識や練習、そればかりか遊戯にさえ貶められているといった消息である。だから私たちとしては、教育課程の進行のうちに、世界の教養《ビルドゥング》〔形成〕の歴史がいわば影絵のようにかたどられているしだいを見てとることになるだろう。このように過ぎ去った現にあるありかたは普遍的な精神がすでに獲得した所有物であり、そのばあい普遍的精神は個人の実体であって、かくて個人にとっては外的にあらわれる、じぶんがなお有機化していない自然[*1]をかたちづくっているのである。——形成〔教養〕がなりたつのは、この観点からするならば、個人の側面から考えた場合、個人がこの目のまえにあるものを獲得し、みずからの非有機的自然をじぶんのなかに呑みこんで、それをみずから我がもの《フュール・ジッヒ》とすることにおいてである。このことはたほう、実体である普遍的な精神の側面からみられる場合には、

Ⅸ25

Ⅲ33

この実体に対して自己意識が与えられ、その実体がみずから生成してゆき、かくてじぶん自身へと立ちかえる反省《レフレクシオーン・イン・ジッヒ》を生みだすことにほかならない。

＊1 unorganische Natur. 精神がいまだじぶんのうちに採りいれて、有機的に我がものとはしていない、外的環境としての自然、あるいはそれに類するもの（ここでは文化的環境）のこと。

精神現象学が叙述するのは、世界精神が遍歴してきた形態のすべてである

学〔精神の現象学〕が叙述するのは、この形成する《ビルデント》教養の運動がその細部にわたって必然的に展開するさまであり、また形態化することですでに精神の契機となり、所有物となって沈殿しているものである。〔この学の〕目標となっているところは、精神が「知とはなんであるか」を見とおすことなのだ。忍耐力に欠けた者たちは不可能なことを要求して、中間段階《ミッテル》を経ずに目標に到達しようとする。ひとつには、この〔目標へといたる〕みちゆきの長さが耐えしのばれなければならない。どの契機も必要なものであるからだ。いまひとつには、それぞれの契機のもとで立ちどまっておく必要がある。というのも、それぞれの契機はそれじしん個体をなして、しかも全体をかたちづくる形態だからである。つまりおのおのが他とは切りはなされたもの《アプソルート》として考察されるのは、ひとつひとつの契機が有する規定されたありかたが、全体的なもの、もしくは具体的なものとして考察される場合にかぎられる。ことばをかえれば、当の全体がその規定をとも

28
なう特有なありかたにあって考察されるかぎりにおいてのことなのである。個人の実体であるもの、世界精神でさえ、忍耐をもって、〔諸契機をかたちづくる〕これらの形式を、ながい時間をかけて遍歴することに耐えたのである。だから世界精神は、世界史の巨大な仕事《アルバイト》を——この労働《アルバイト》をつうじて世界精神は、その形式のおのおのにあって、当の形式に可能なかぎりでのみずからの内実の全体を外化して形態を与えてきたのだ——引きうけることに耐えてきた。また世界精神であっても、支払われた労苦《アルバイト》がこれよりもちいさなものであったなら、みずからにかんする意識へと到達することができなかったのである。そうした理由があるからには、ことがらからすれば、個人が、よりすくない労苦しか支払わずにじぶんの実体を概念的に把握することがかなわないのは、たしかなところである。しかしそうはいっても、個人にとっての苦労《ミューエ》は同時に軽減されている。なぜなら、それ自体《アン・ジッヒ》としては、ことはもはや完遂されているからだ。つまり内容からすればすでに、〔かつて〕現実的であったもの《ヴィルクリッヒカイト》は廃滅されて可能なもの《メークリッヒカイト》となっており、直接的なありかたも克服され、形態化《ゲシュタルトウング》の過程はあらかじめその省略形へと引きさげられて、思考の単純な規定となっている。すでに思考されたもの、として、内容は〔個人の〕実体にとってその所有物となっているのである。そうである以上はもはや、現にあるありかた《ダーザイン》を自体的存在（Ansichsein）という形式へと転換することが問題ではない。もはやたんにもともとのかたち《ウアシュプリュングリッヒ》でいまだ現にあるもの《ダーザイン》のうちへと沈みこんでいるにすぎないもので Ⅲ34 Ⅸ26

はなく、かえってすでに内化されている自体的なものを、自覚されたありかた（*Fürsich-sein*）の有する形式へと転換しなければならないのである。この転換という作業がどのようになされるのかを、より立ちいって述べておく必要がある。

熟知されていることがらは、認識されたことがらではない

私たちがこの転換の運動をここで引きうけるにさいして置かれている立場からすれば、全体として省いてよいことがらがある。それは現に存在《ダーザイン》するものを廃棄《アウフヘーベン》することであるけれども、いっぽうなお残っていて、より高次な再形成《ウムビルドウング》を必要とすることがらも存在する。つくり直される《ウムビルドウング》必要があるのは表象〔という形式〕であり、〔一般に〕さまざまな形式についてはすでによく知られているということ〔そのもの〕である。現に存在するものが〔個人の〕実体のなかへ取りもどされる場合、その現存在はこの最初の否定をつうじて、ようやく直接的なしかたで「自己」という境位《エレメント》のうちへと置きいれられたにすぎない。このように自己にとって獲得されて所有物となったものは、したがってなお、概念的に把握されていない直接的ありかたをともない、運動しない無関心な〔他のものと交渉のない〕ありようをそなえており、このような性格についていえば、現に存在するもの自身とえらぶところがないのである。現に存在するものは、かくてなおたんに表象へと移行しているにすぎないことになる。――同時にしかしこの移行によって、現に

Ⅲ35

存在するものはよく知られたものとなっている。つまり、現に存在する精神〔の側からみても、それ〕がすでに片をつけてしまったものということであって、そのようなものにかんしては、かくて精神の活動はそこへと向かうことがなく、かくてまた精神の関心 II 33 ももはやそこには存在しないのだ。精神の活動は、現に存在するものについて片をつけてしまっているとはいうけれど、その活動はまだじしん特殊な精神、みずからをなお概念的に把握していない精神がしめす運動であるにすぎない。そうであるとすれば、これに対して「知ること《ヴィッセン》」は、かくて出来あがっている表象へと向かい、そのように〔表象として〕よく知られているありかたへと向かっている。知《ヴィッセン》とは、普遍的な「自己」のはたらきであり、思考のいだく関心なのである。

よく知られていることがらは一般に、それがまさしくよく知られているがゆえに認識されてはいない。*1 ひどくありふれた欺瞞といったものがあるのであって、その欺瞞は自己をも他者たちをも欺くものだ。つまり、認識にさいしてなにかをよく知られているも IX 27 のとして前提して、その或るものをそのままみとめておく、ということである。こうし 29 た知は、ああも言い、こうも言うもので、しかしどれほど語ってみても、じぶんがなにをしているのかを知りもしないし、いっこうに進捗もしない。主観と客観等々、また神、自然、悟性、感性などについて、それらが吟味をくわえられることもなく、よく知られているものとして、しかもなにか妥当しているものとして根底に置かれる。そのことで、確乎《フェスト》とした出発点となるとともに、立ちもどってくるべき固定《フェスト》された一点ともされるのである。運動はそのふたつの点のあいだをあちこち行ったり来たりしながら、その点はどちらも動かないままである。運動〔と称されているもの〕は、かくてひとえに表層的なものを上辷《うわすべ》りしているにすぎない。かくしてまた〔ここで〕把握や吟味〔と称されるもの〕がなりたつのは、「各人が、これらの点をめぐって語られたことをじぶんの表象のなかでも見いだすかどうか」、「それが各人にもそう見え、よく知られているかどうか」、この件を見てとることにおいてであるはこびとなるのである。

＊1 Das Bekannte überhaupt ist darum, weil es *bekannt* ist, nicht *erkannt.* 通常は、「よく知られているがゆえに認識されているとはかぎらない」といったかたちで訳される。

表象の分析——精神の生は死に直面して、死を超える

表象を分析するということは、それがふつうのしかたで遂行されている場合であってもすでに、表象がよく知られているという形式を廃棄するものにほかならなかった。なんらかの表象をその根源的な要素《エレメント》にいたるまで分解してみるとしよう。それは表象をかたちづくる契機《モメント》までさかのぼることであり、その契機はすくなくとも目のまえに見いだされる《フォアフィンデン》表象《フォアシュテルング》という形式を有してはおらず、むしろ自己にとって直接的な所有物をかたちづくっている「ラインホルト等の表象分析」。こうした分析が思考されたもの

に逢着していることはたしかであるけれども、その思考されたもの《ゲダンケ》もただそれ自身よく知られ、固定されて静止した規定であるにすぎない。とはいえ本質的な契機は、この分解されたもの、非現実的なもの自身なのである。というのも、具体的なものが分解され、非現実的なものとなるからこそ、そのゆえにのみ具体的なものは自己運動するものとなるからである。分解する活動が悟性の力《クラフト》であり、そのはたらき《アルバイト》であって、悟性こそが III36
II34 もっとも驚嘆すべき、最大の、あるいはむしろ絶対的な勢力《マハト》なのだ。円環は、それがじぶんのなかで閉じて安らい、実体としてみずからの契機を保持している場合には、直接的で、それゆえ驚嘆にあたいしない関係である。いっぽう偶然的なもの自身は、この円環が取りかこんでいる範囲から分離されて、〔他のものと〕むすびあわされ、かくて他のものとじぶんが連関することにあってのみ現実的なものとなるが、この現実的なものが、固有な現にある《ダーザイン》ありかたと〔他のものから〕切りはなされた自由を獲得する。そうであるとすれば、これは否定的なものが有するとほうもない威力《マハト》によることである。これこそが、思考に、純粋な〈私〉にぞくするエネルギー〔が可能とすること〕なのである。これこそ死を〔たとえば〕、私たちとしては右にいう非現実的なもの《ウンヴィルクリッヒカイト》として挙げておくことができるだろう。その「死」こそはもっとも恐るべきものであり、それゆえ死せるものを見すえるためには、もっとも大きな力が必要となる。力なき美〔ノヴァーリス〕は悟性を憎悪する。悟性がじぶんに求めるところを、力なき美をもってしては果たしえないから

30

である。しかし生とは、それが死を怖れ、荒廃を避けてみずからの純粋さを守ろうとするのではなく、かえって死に耐え、死のなかでじぶんを維持するときにこそ精神の生である。精神がみずからの真のありかた《ヴァールハイト》を獲得するのは、ひとり精神が絶対的に引き裂かれたありかたにあってじぶん自身を見いだす場合なのだ。精神がこのような威力となるのは、精神の肯定的なありようにあってのことではない。つまり、否定的なもの《ダス・ネガティーヴェ》から目をそむけ、私たちがなにごとかについて「これは無である、あるいはあやまっている」と〔だけ〕語って、いまやそれを片づけてしまい、その或るものからはなれ、なにかべつのものへと移ってしまうような場合ではない。精神がくだんの威力となるのは、むしろひとえに、精神が否定的なものに正面から向かいあって、否定的なもののもとに止まることによるのである。このように立ちとどまることが魔力を発揮して、否定的なものを存在へと転換するのだ。——この魔力は、さきには主体と名ざされたものとおなじものである。主体は、みずからの境位にあって規定されたありかたを現に存在《ダーザイン》させる。そのことによって主体は、抽象的な直接性《ウンミッテルバーカイト》、すなわち総じて存在するにすぎない直接的なありかた《ウンミッテルバーカイト》を廃棄《アウフヘーベン》してしまい、かくて主体は真に実体となる。つまり存在あるいは直接性となるのであるけれども、その直接的なありかたは〔みずからを〕媒介するものをじぶんの外部に有するのではなく、むしろ実体となった主体の直接性が、この媒介それ自身なのである。

IX28

古代における予備学のありかたは近代のそれとことなっている

表象されたものが、純粋な自己意識の所有物となる。普遍的なありかた《アルゲマインハイト》一般へとこの
ように高まってゆくことは、〔表象を転換することの〕一面であるにすぎず、教養《ビルドゥング》〔形成〕
がこれで完成するわけではない。——古代における修学の様式は近代のそれとはことな
り、その相違は、前者が自然的意識をほんらいの意味で徹底的に形成してゆくものであ
ったという点にある〔シュレーゲルやシラーによる比較論〕。〔古代では〕自然的意識がみ
ずからの現に存在する《ダーザイン》しかたをそのあらゆる局面でことさらにためしてゆき、現前する Ⅲ37
Ⅱ35 すべてのものをめぐって哲学的に思考してゆくことで、徹底的に確証された普遍性《アルゲマインハイト》
にいたるまでみずからのすがたを彫琢していった。近代にいたると、これに対して個人
は、あらかじめ準備されている抽象的な形式を目のまえに見いだすことになる。そのよ
うな形式を摑みとり、我がものとする努力はむしろ内的なものを、媒介をへずに外へと
押しだしてゆくことであって、そこでは普遍的なものを産出する過程は切りはなされて
しまっている。〔これにくらべると、古代では〕普遍的なものが、現にあるもの《ダーザイン》の具体的
で多様なありかたから出現させられていたのである。現在ではそれゆえに、労苦《アルバイト》がむ
けられるのは、個人を直接的で感性的なしかたで存在する様式から醇化して、思考され、
また思考する実体とすることに対してではない。むしろその反対に、固定され限定され
た思想を廃棄することで普遍的なものを実現し、それに生気を吹きこむことをめぐって

である。しかしながら、固定された思想を流動的なものにするのは、感性的に現《ダー》にあるありかた《ザイン》を流動化することよりも遥かに困難である。その理由は、さきに述べておいたところであった。つまり、思想にぞくするさまざまな規定は、〈私〉という否定的なものの威力、ことばをかえれば純粋に現実的にはたらくありかた《ヴィルクリッヒカイト》を、みずからが現に存在するための実体とし、また境位ともしているいっぽう、感性的な規定はこれに対して、ひとえに無力で抽象的なしかたで直接的にあるありかた《ウンミッテルバーカイト》、つまり存在することそのものを実体とし、境位ともしているからである。思想が流動的なものとなるのは、純粋に思考すること、この内的な直接性がみずからを〔たんなる〕契機として認識するときである。つまり、みずから自身を純粋に確信したありかた《ゲヴィスハイト》をじぶんから捨象することによってなのである。――そうは言っても、この確信《ゲヴィスハイト》をかたわらに置きざりにするのではない。むしろ、確信が自己自身を定立するはたらきにふくまれた固定的なものを放棄するわけである。固定的なものというのは、〔一方では〕純粋に具体的なものにふくまれるそれであって、この具体的なものとは、〈私〉自身がみずからとは区別された内容との対立にあってそなえているものなのだ。固定的なものは〔他方ではまた〕、たがいに区別されたものにぞくするそれであり、その区別されたものは、純粋な思考という境位において定立されていることで、〈私〉の条件づけられていないありかたに与っている。このような〔固定的なものを廃棄する〕運動をつうじて、純粋な思考は概念となる。かくてはじめて思考が真にそうであるもの、すなわち自己運動となるのである。この自己運動は円環をかたちづくるものであり、思考の実体であるものであって、すなわち精神の実在的なありかた《ヴェーゼンハイト》にほかならない。

論理学と精神現象学との関係――後者があきらかにするのは意識の世界性である

純粋に実在的なありかたが示すこのような運動によって形成されるものこそが、一般に学が学であるありかた《ヴィッセンシャフトリッヒカイト・ユーバーハウプト》の本性である。この運動の内容にふくまれる連関において考察されるならば、運動とは内容の必然性であり、また内容が有機的な全体へとひろがってゆくことである。知の概念へと到達してゆくみちゆきも、この運動をつうじて同様にまた必然的な生成、しかもあますところなき生成となる〔論理学体系のありかたを指す〕。そのけっか、この準備作業〔精神現象学のこと〕もまた、手当たりしだい《ツーフェリッヒ》な哲学的思考であることを止めるのだ。そうした哲学的思考であるならば、あれこれの対象、つまり不完全な意識が有するさまざまな関係や思想を、偶然《ツーフェリッヒカイト》のもたらすままに繋ぎあわせたり、あれこれと理屈をこねまわして[*1]推理し、結論づけることにより、限定された思想にもとづいて真なるものを基礎づけ[*2]ようとする。むしろ〔精神現象学の〕みちゆきは、概念の運動をつうじて、意識の世界性をかんぜんに、その必然性にあって包括するものとなるだろう。

Ⅱ36 Ⅲ38 Ⅸ29

＊1　Räsonnement. ヘーゲルが貶価的な意味あいをこめて常用する用語のひとつ。ヘーゲルのいう（全体的で弁証法的な）「理性」とは区別された（一面的で形式論理的な）「悟性」とむすびつけられて使用されることもある。

＊2　Weltlichkeit des Bewußtseins. 『精神現象学』の課題をあらわす語のひとつ。精神の現象学は、意識の経験をたどり、意識が絶対知へといたる道程をあとづけることで、意識が世界と一致すること、意識には世界というありかたがともなうことを示してゆく。

学の体系・第一部としての精神現象学の課題

そのような運動を叙述することが、さらにいえば、学の第一部をかたちづくることになる。精神が現にあるありかた《ダーザイン》は、第一のものとしては、直接的なもの以外ではないからである。あるいはそのありかたがはじまりであって、「はじまり」であるということは、しかしなお精神がみずからのうちへと立ちかえってはいないということなのである。直接的に現に存在することという境位が、したがって、学のこの部門がそのうちで規定されているありかたであり、当の部門はこれによって他の部門から区別される。この区別を挙げたからには、つぎにはいくつかの固定的な思想を究明しておくはこびとなるが、その思想はこの点をめぐってつねに立ちあらわれてくるものなのである。

32

意識の経験の学から思弁的哲学としての論理学へ

精神が直接的に現にあるありかた《ダーザイン》は意識であって、意識はふたつの契機をそなえている。知と、知に対して否定的な対象性がそれである。この〔直接的に現に存在するという〕境位のなかで精神は展開され、その契機が繰りひろげられるのであるから、それらの契機のいずれにもこの対立が帰属している。だから、これらの契機はことごとく意識のさまざまな形態としてあらわれる。このみちゆきをたどる学は、意識が遂行する経験の学であり、そこで実体が考察されるのは、どのようにして実体とその運動が意識の対象となるのか、という視点からなのである。意識が知り、把握するものは、じぶんの経験のうちにあるもの以外になにもない。意識の経験のなかにあるものこそ、ひとり精神的な実体だからであり、しかもこの実体にぞくする「自己」の対象であるからだ。精神が対象となるのはいっぽう、精神とはみずから一箇の他のものに、つまり精神の「自己」にとって対象となり、かつ対象というこの他のものを廃棄する運動であるからである。くわえて、経験がほかでもなくこのような運動と呼ばれる、その運動のうちで、直 Ⅲ39
Ⅱ37 接的なもの、経験されていないもの、いいかえれば抽象的なものが――それが感性的な存在にぞくするのであれ、あるいはただ思考された単純なものにぞくするものであれ――みずからと疎遠になり、ついでそのように疎遠となった《エントフレムドゥング》ありかたからじぶんへと立ちかえって、かくていまやはじめてその現実的で真なるありかた《イン・ザイナー・ヴィルクリッヒカイト・ウント・ヴァールハイト》にあって呈示されるにいたり、また意識にとっての所有物ともなるのである。

意識のなかでは、〈私〉と、〈私〉の対象である実体とのあいだでひとしくないありかた《ウングライヒハイト》が生じており、この不等性《ウングライヒハイト》とは両者の区別であって、否定的なもの一般である。この否定的なものは両者にとってその欠落とも見なされうるけれども、たほうでは両者のたましいとなるものであり、あるいは両者を動かすものなのだ。そのゆえ古人たちのいくらか〔レウキッポスとデモクリトス〕は、空虚を〔そのうちで運動するものが可能となるという意味で〕動かすものととらえたのである。そのさいかれらは、この動かすものを否定的なものととらえたことはたしかであるけれども、それをなお「自己」というかたちでは把握してはいなかった。——さて、この否定的なものはさしあたり、〈私〉と対象とがひとしくないありかたとしてあらわれるとはいえ、それは同様にまた実体〔そのもの〕がじぶん自身とひとしくないことでもある。実体の外部で生起しているように見え、実体に対抗する活動であるかのように思われるものが、〔ほんとうは〕実体自身のはたらきであり、だから実体は本質的に主体であるしだいをみずから示すのである。実体がこの件をかんぜんに示すにいたったときに、精神にあって、その現にあるありかた《ダーザイン》とみずからの実在《ヴェーゼン》〔本質〕とがひとしくなったことになる。そのとき精神は、それが存在するがままのすがたでみずからにとって対象であり、かくて直接性という抽象的な境位、知と真理の分断という抽象的な境位はすでに克服されている。存在はそこでは絶対

IX30

的に媒介されており、実体的な内容となっているけれども、その内容は同様にまた直接的に〈私〉の所有物であり、「自己」というありかたをしているもの、いいかえれば概
33 念なのである。ここにいたって、精神の現象学は完結する。精神が現象学においてじぶんに準備するものは、〔絶対的な〕知の境位なのだ。この境位のなかでいまや精神のさまざまな契機が単純なありかたという形式をとってひろがりを獲得しており、その形式はじぶんにとって対象であるものが、みずから自身であることを知っているのである。諸契機はここではもはや存在と知の対立へと分解してゆくことがない。それらはむしろ知の単純なありかたのうちにとどまり、真なるものの形式をとって〔それじしん〕真なるものとなる。かくてさまざまな契機のあいだの相違とは、ひとえに内容が有する相違にすぎないものとなるのである。諸契機の運動は、この〔絶対知の〕境位にあって全体へと有機的に組織化されている場合には、論理学あるいは思弁的哲学にほかならない。

精神の現象学はたんに否定的な道程であるか

II38 ところで、精神の経験を示すくだんの体系が包括するのは、精神の現象であるにすぎない。それゆえに生じる見かけは、この体系から出発して、真なるものの学——学にあっては真なるものが、真なるものという形態のうちにあるわけである——へとすすんで III40
ゆくことはたんに否定的なことがらである、というものである。そこでひとは、偽なる

ものである否定的なものからは免れていたいものだと思って、まわり道をせず真理へとみちびかれることを要求するかもしれない。いったいなんのために偽なるものとかかずらうのか、ということだ。この件にかんしてはすでに問題としておいた。つまり、ただちに学から開始したらよさそうなものだ、というわけである。この問題に対して、ここではべつの側面から答えることができる。どのような性状を、偽なるものとしての否定的なものがそもそもそなえているか、ということである。この間の消息をめぐって〔ひとが懐いている〕考えかた《フォアシュテルング》が、とりわけ真理へと歩みいってゆくことの妨げとなっているのである。この件からやがて、数学的な認識について語るきっかけが生まれてくるだろう。数学的認識は、哲学的ならざる知が理想と見なしているところであって、その理想に到達すべく哲学は努力しなければならないとされていながら、これまでのところしかし、その努力はむだにおわっているものなのだ。

真理と非真理との関係について

真なるものと偽なるもの〔の両者を単純に裁断するの〕は、一定の思想にぞくする考えであって、その考えによれば、真偽のそれぞれは〔一方から他方へと〕運動することもなく、固有の実在《ヴェーゼン》をもっているものと見なされる。一方はこちらに他方はあちらにあって、相手とかかわりあうことなく孤立し、固定されたままである、ということだ。こ

II 39

34

のような考えかたに対して主張されなければならないのは、真理とは「鋳造された貨幣」〔レッシング『賢者ナータン』〕などではなく、出来あいのものとして与えられ、そのまま懐に入れられうるようなものでもない、という事情である。そのうえ、偽なるものがあるのではない。悪がある、というわけではないのとおなじことだ。悪と偽が悪魔ほど困ったものではないのは、たしかなところである。悪魔というかたちをとれば、悪と偽はとくべつな主体とすら化するけれども、偽なるものと悪しきものであるかぎりでは、両者のそれぞれはたんに一般的なものにすぎないからだ。それなのに両者はたがいに固有な実在《ヴェーゼン》であるとされているのである。――さて、偽なるものとは（ここで問題となっているのは偽なるものにかんしてだけだからである）実体にとって他のものであり、実体を否定するもの《ダス・ネガティーヴェ》であって、この実体の側が知の内容であり、真なるものであると考えられている。しかし、実体がそれじしん本質的にいって否定的なもの《ダス・ネガティーヴェ》なのだ。ひとつには実体とは内容を区別し、規定するものだからである。もうひとつには、単純な区別するはたらきとして否定的なものであるからだ。区別することが、つまり総じて「自己」であり「知」であることなのである。ひとがあやまって《ファルシュ》知ることはむろんありうる。その場合なにかが偽なるしかたで《ファルシュ》知られているのであって、その意味するところは、知がみずからの実体とひとしいありかたをしていない《ウングライヒハイト》、ということである。しかしながら、ほかならぬこの不等性《ウングライヒハイト》が一般に区別すること《ウンターシャイデン》〔から生まれるもの〕であって、区別する《ウンター》はたらき《シャイデン》は本質的な契機なのである。このように区別するところから、知とその実体とがひとしいありかた《グライヒハイト》は生成してくるのであり、かくて生成する同等性《グライヒハイト》こそが真理なのだ。とはいえ、このひとしさ《グライヒハイト》が真理であるのは、あたかも純粋な金属から鉱滓が除かれるように、不等なもの《ウングライヒハイト》が棄てさられていることによってではない。まして道具〔鋳型〕が仕上がった容器から取りはずされているようなしかたで、真理となるというわけでもない。むしろ不等性《ウングライヒハイト》は否定的なものとして、「自己」として、真なるもののそのもののうちになおも直接的なしかたで目のまえにあるのである。それにもかかわらず、だからといって偽なるものが真なるものの一契機であるとか、ましてその成素を形成しているとか語られることはできない。「どのような偽なるもののうちにも、なにか真なるものがある」といわれる。そうした表現にあっては、真なるものと偽なるものとの両者がそのまま、まるで水と油のように混合せず、ただ外的に結合しているとみなされている。そのような場合には「真なるもの」と「偽なるもの」という表現はそれぞれ、かんぜんに〔たがいに〕他である契機をしるしづけているのだ。ほかでもなくそのような意義を有しているがゆえに、それらの表現は、両者が〔たがいに〕他であること《アンデルスザイン》が廃棄されている場面では、もはや使用されてはならないのである。いっぽう、主観と客観の統一、有限なものと無限なものの、存在と思考の統一等々〔シェリング〕の表現にも、不都合なところがある。そこではつまり「客観」と「主観」などの意味するところが、それら

Ⅲ41
Ⅸ31

双方の統一の外部に存在するありかたを指すことになってしまい、したがって「統一」のうちで理解されているものが、当の統一という表現の言おうとするところとはべつのものとなってしまう。これとおなじように、偽なるものも「偽なるもの」であるかぎりでは、真理のひとつの契機というわけではない。

歴史記述上の真理について

知と哲学研究にあって、思考様式の独断論というべきものが存在する。それはつぎのような思いなしにほかならないのであって、つまり真なるものはひとつの命題のうちでなりたち、その命題は確乎とした結果であって、あるいはまた直接的に知られるものである、とする思いなしなのだ。「いつカエサルは生まれたのか」とか「〔古代ギリシアの単位である〕一スタディオンは〔古代フランスの〕トアズでいえば、どのくらいにあたるのか」といった問いに対してならば、きっぱりした答えが与えられてしかるべきところ
35 である。それはちょうど「直角三角形の斜辺の平方は他のふたつの辺の平方の和にひとしい」〔ピタゴラスの定理〕ことが、はっきりと真であるようなものである。けれども、そのような命題であっても真理と名づけられているとはいえ、その本性は、哲学的な真理の本性とはことなっている。

II40 歴史記述にかかわる真理についてかんたんに言及し、すなわちその純粋に歴史記述的《ヒストーリッシュ》

な側面にかぎって考察しておくとしよう。たやすく承認されるように、そうした真理は個別的な現にあるもの《ダーザイン》にかかわり、内容にかかわるとしても、その偶然と恣意という面からなのである。偶然や恣意の面からというのはつまり、くだんの現にあるものや内容の、必然的ではない規定であるということだ。とはいえ右で実例として引いた〔「いつ Ⅲ42
カエサルは生まれたのか」といった〕剝きだしの真理であっても、自己意識の運動をともなわないかぎり存在しない。そのような真理のひとつを知るためには、多くのことがらが比較されなければならず、さまざまな文献が参照されなければならない。すなわち、どのようなしかたであるにせよ、探究されなければならないのである。直接的な直観が問題である場合であっても、その直観にかかわる知識は、いくつもの根拠をともなうことではじめて、真の価値を有するなにごとかと見なされるのだ。この件は、ここではほんらい剝きだしの結果にかぎって問題となるべきであるとしてもかかわることがない。

数学的な真理と哲学的な真理

数学的な真理についていえば、〔歴史記述的な真理にも〕ましてひとりの幾何学者であるとみとめられるためには、ユークリッドの諸定理を諳んじている〔外的《アウスヴェンディッヒ》に知っている〕だけでは足りない。その定理の証明を——対照させてこう表現することができるかもしれない——詳細に〔内的《インヴェンディッヒ》に〕知っている必要があるだろう。同様にそこでは知識 Ⅸ32

Ⅱ41
36
が、多くの直角三角形を測定することでだれかによって獲得されたものであって、「その各辺が周知の関係をたがいに有している」という〔だけの〕ものであったとしたなら、それは充分なものとは見なされないことだろう。証明が本質的なものであるという事情は、それでもなお数学的な認識にあっては、その意義と本性からいえば、証明が結果そのものの契機であるというはこびにまではいたっていない。数学的認識の結果においては、証明はむしろ過ぎ去り、消失してしまっているのだ。結果というかたちをとって、定理が真なるものとして見とおされた一箇の定理であるしだいはたしかなところである。とはいえ、証明にさいして付けくわわってきた〔たとえば補助線を引くといった〕事情は定理の内容とはかかわりがない。それがかかわりをもつのは、〔定理を証明しようとする〕主観への関係にかぎられる。数学的証明がしめす運動は、その対象であるもの〔定理〕にはぞくしていない。それはむしろ、ことがらにとって外的なふるまいなのである。たとえば〔補助線が垂直に引かれて〕直角三角形のしめす本性が〔その補助線によって二分される図形へと〕分解される場合、それは直角三角形が作図されてそこに呈示されているがままにじしん分解されているわけではない。作図することが、直角三角形にふくまれる関係を表現する命題を証明するために必要であるにもかかわらず、である。結果を生みだす全体は認識の行程であり、その手段なのである。――哲学的認識にあってもまた、現にあるものとしての現にあるものの生成は、実在〔本質《ヴェーゼン》〕の生成、もしくはことがら《ザッヘ》の内的本性の生成とはことなっている。けれども哲学的認識であるならば、第一にこれらの両者をふくんでいるのに対して、数学的認識が呈示するのはひとえに、現にあるものの生成であるにすぎない。いいかえれば、ことがらの本性が認識作用そのもののうちで有する存在の生成にかぎられる。第二に、哲学的認識の場合はまた、このふたつの特殊な運動を統合している。内的な発生、つまり実体が生成することは、そのまま分かちがたく、外的なものへと移行すること、あるいは現にあるもの、他のものに対する存在〔認識〕へと移行することである。逆にまた現にあるものが生成するとは、本質〔実在〕《ヴェーゼン》のうちへと立ちかえってゆくことなのである。ここで運動は二重の過程であって、それをつうじて全体が生成する。つまりいずれの生成も同時に他の生成を定立し、そのどちらについても、それゆえ両者をふたつの相としてじぶんでもそなえていることになる。双方が全体をかたちづくるのは、それらのおのおのがみずから自身を解消し、全体の契機となることをつうじてなのだ。

Ⅲ43

数学的な認識の欠陥について

数学的認識にあって、〔たとえば補助線を引く必要を〕見とおすことは、ことがらにとって外的なはたらきである。ここから帰結するところは、真に問題であることがらがその認識をつうじて変更されてしまうということである。〔数学的認識の〕手段、つまり作

II42

図と証明はかくてたしかに真なる命題をふくんでいるだろう。だが、おなじく指摘せざるをえないのは、その内容が偽であるということである。三角形は、右に挙げた〔ピタゴラスの定理の証明という〕実例においては分解され、その〔分解された〕部分が、作図によって三角形のなかに生じてくるべつの図形に変じられている。〔証明の〕おわりになってはじめて、もともと問題であった三角形が回復されるにいたるけれども、その三角形は〔証明の〕進行中は見失われ、たんにべつの全体にぞくする断片というかたちであらわれていたのである。——ここで見てとられるのは、したがってまた内容が有する否定的な側面《ネガティヴィテート》がそこには入りこんでいるという事情であって、この否定的な側面はおなじく内容が偽である側面《ファルシュハイト》と呼ばれるほかはない。それが偽である側面とされるのは、思いなしによって固定された思考が概念の運動につれて消えてゆく〔さいに、その思考が偽なるものとして消失してゆく〕のと同様なのである。

　この数学的認識にはほんらい欠陥がともなっている。その欠陥はしかも、認識するはたらき自身にかかわるとともに、認識の素材一般にも関係しているのだ。認識するはたらきについていえば、第一に作図の必然性が見とおされていない。作図は定理の概念から生じてくるのではなく、〔たんに〕命令されるのである。だから、ひとはこの指令、つまりほかでもないこの線を——ほかにも無限に多くの線を引くことができるだろうに——引くという指令に、黙ってしたがわなければならない。その場合ひとが知っている

IX33

37 ことといえば、「そうすることが証明の遂行に対して目的にかなった《ツヴェックメーシッヒ》ものとなるだろう」と手もなく信じているという以上のなにものでもないのだ。あとになってから、たしかにこの合目的性《ツヴェックメーシッヒカイト》も示されることになるとはいえ、この合目的性はひたすら外的な合目的性にすぎないのであって、それはなんといっても、証明にさいしてあとになってはじめて示されるものだからである。——おなじように証明も、どこからかはじまる、なんらかのみちゆきを辿ることになるけれども、証明がはじまるその場所が、導出されなければならない結果に対してどのような関係にあるのかを、ひとは〔証明の出発点では〕なお分かっていない。証明の進行につれて、この規定やこの関係がとり上げられ、そのほかの規定や関係は置きざりにされる。そのさいひとは直接には、そうすることがどのような必然性にしたがってのことなのか、見とおすことなどできはしないのだ。要するに外的な目的が、証明というこの運動を支配しているわけである。 III44

数学の目的と素材——量と空間

数学とはこのように欠陥にみちた認識であるのに、数学はいっぽう明証性をともなうことを誇り、その明証性を手にしていることで哲学に対しても胸を張っている。くだんの明証性がもとづいているのは、しかしひとえに、数学の目的とするところが貧しく、その素材には欠陥がまとわりついているという消息であるにすぎない。数学の明証性は、それゆえ哲学の側としては軽蔑せざるをえない種類のものなのである。数学の目的あるいはその概念とは量であり、量こそは非本質《ヴェーゼン》的で、概念を欠いた関係にほかならない。知の運動は、それゆえ〔数学にあって〕表面的なありかたを上辷りし、ことがらそのものにはふれることがない。実在《ヴェーゼン》あるいは概念にふれるところもなく、知の運動はそれゆえ、いかなる意味でも概念的に把握するはたらきではないのである。——数学は、じぶんの素材によって、みずからが真理の財宝を提供するものと悦に入っている。その素材とは、空間と「一」なのだ。空間は現にあるもの《ダーザイン》であって、概念はそのうちへじぶんが生みだしたさまざまな区別を書きこんでゆく。けれどもそのばあい空間という定在《ダーザイン》は、空虚で死んでいる境位《エレメント》にすぎないから、その境位のうちでは概念の区別もまた運動をもたず、生命を欠いている。現実的なものは、数学において考察されるようなしかたで空間的なものであるわけではない。空間は数学にとっての事物《ディンゲ》であるけれども、そのようなしかたで非現実的《ウンヴィルクリッヒカイト》なものについては、具体的な感性的直観も哲学もかかわるところがないのである。このように非現実的な境位のなかで存在するのは、そもそもまた非現実的な真なるものであるにすぎない。それはいいかえれば、固定され、死んでしまった命題なのだ。それらの命題にかんしては、どこででも打ちきりにすることができるし、後続する命題はそれだけ《フュール・ジッヒ》であらたに開始される。そのさい最初の命題がおのずと後続する命題へと進行してゆくこともなければ、そのように進行してゆくことで、必然的な連関がことがら自身の本性によって生じるということもない。数学の原理とその境位がこのようなものであるかぎり——またここにこそ、数学的な明証性が形式的なものである理由があるのだ——、〔数学的な〕知もまた、このようなひとしいありかた〔同義反 Ⅲ45
復〕という線に沿ってすすんでゆく。というのも、死せるものはみずから運動することがないかぎり、それが実在《ヴェーゼン》の有するさまざまな区別に到達することはなく、本質的《ヴェーゼントリッヒ》
38 な対立へ、いいかえれば不等性《ウングライヒハイト》へといたることもないからである。死せるものからは、したがって、対立する〔一方の〕ものの対立する〔他方の〕ものへの移行が到達されることもなく、質的で内在的な運動、すなわち自己運動へといたることもないのである。そもそも量、この実在にかかわらない区別《ウンヴェーゼントリッヒ》が、数学のただひとつ考察するところなのだ。概念こそが、空間をその諸次元へとわかち、諸次元の結合ならびに諸次元における結合を規定する。この件を数学は捨象してしまっている。数学はたとえば、線が面とどのように関係しているのかを考察しない。たほう円の直径と円周とを比較〔して両者 Ⅸ34
の比を確定〕するにさいして、〔円周率は無理数となるから〕数学は両者の通約不可能性に突きあたる。ここで数学が出遭っているのはつまり概念にぞくする一箇の関係であり、無限なものであって、この無限なものは数学が規定するところからは逃れさってゆくのである。

純粋数学と応用数学——あるいは時間について

内在的数学、つまりいわゆる純粋数学であるならば、それはまた空間に対置して、時間としての時間をみずからの考察の第二の素材とすることすらしない。応用数学であれば時間を取りあつかうことはたしかであり、それがまた運動や、それ以外に他の現実的な事象《ディンゲ》を扱うのと同様である。応用数学は、とはいえ総合的命題を、つまりそうした事象どうしの関係をしめす命題を——そのような総合的命題は事象の概念によって規定される〔ア・プリオリな〕命題であるにもかかわらず——経験にもとづいて取りあげ、これらの命題を前提として、それらにじぶんの公式を適用しているにすぎない。そういった命題をめぐっても、その証明と称されるものがある。たとえば梃子の平衡、落下運動における空間と時間の関係等々についての命題にかかわる証明がそれである。そうした証明は応用数学がしばしば提供するものであるけれども、それらが証明として与えられ、そう受けとられているのである。この件が、それじしん証明していることがらがある。それはたんに、証明の必要が認識にとってどれほど大きなものであるか、ということだ。なぜなら認識は、証明をもはやともなわないところでは、証明をむなしく装うことであっても尊重し、そのことで満足すら手に入れることになるからである。そのような証明を批判しておくことは、注目にあたいすることであるとともに、教えるところの多いものとなるだろう。それはひとつには、数学からこのような偽りの虚飾を剝ぎとるためでありし、もうひとつには数学の限界を示し、そのことにもとづいて、それとはべつの知が必要であるしだいを示すためなのである。——時間について言っておくと、それはひとが思いなすところによれば、空間に対してその対をなし、純粋数学のもうひとつの部門にとっての素材をかたちづくるはずである。時間とは〔しかしじっは〕現に存在する概 Ⅲ46
39 念そのものなのだ。〔いっぽう〕量は概念を欠いた区別にかかわる原理であり、同等性〔量の単位《アインハイト》がたがいにひとしいこと《グライヒハイト》〕とは抽象的で生命のない統一《アインハイト》の原理であるから、そうした原理によっては、時間という、生命がひたすら安定を欠いたありかた、この絶対的な区別を摑みとることはできない。時間というこの否定的なありかた《ネガティヴィテート》は、〔数学にあっては〕したがってひとえに麻痺させられ、つまりは「一」として、数学的な認識の第二の素材とされているにすぎない。数学的認識とは外面的なはたらきであるかぎり、〔現に存在する概念として〕自己運動するものを素材にまで引きさげて、いまやその「素材」において、たがいにかかわりをもたない《グライヒギュルティッヒ》、外面的で生命を欠いた内容を手にするはこびとなるのである。

数学的認識と対照されるかぎりでの哲学的認識について

哲学が考察するものはこれに対して、非本質的な規定ではない。哲学は規定を、それが実在にかかわる《ヴェーゼントリッヒ》かぎりで考察する。抽象的なもの、つまり非現実的なものは哲学の境

II 45

位ではなく、内容ともならない。現実的なもの、みずからを定立するもの、つまりじぶんのうちで生きているもの、みずからの概念のなかで現に存在しているもの《ダーザイン》こそが哲学の境位であり、その内容なのである。現実的なものとは過程であって、その過程はみずからの契機を産出し、またそれらの契機を経めぐってゆく。そのような運動の全体が肯定的なものをかたちづくり、また肯定的なものが有する真のありかた《ヴァールハイト》を形成している。この運動には、かくして同様に否定的なものもふくまれているのであって、その否定的なものは「偽なるもの」とも名づけられることだろう。そのばあい否定的なものは、捨象されるべきものとも考えられうる、とされていることになる。〔偽なるものとして〕消失してゆく〔と見なされる〕ものが、むしろそれじしん本質的なものと考えられなければならない。固定され、真なるものから切りはなされて、真なるものの外部のどこともわからない場所に置きざりにされるべきものにかんする規定と考えられてはならないのだ。それはまた、真なるものが他方の側で静止し、死んでしまっている肯定的なものと見なされるわけにはいかないのと同様である。現象とは生成し、消滅するものであるけれども、生成と消滅それ自身は生成し、消滅することがない〔アリストテレス〕。むしろ生成と消滅は自体的《アン・ジッヒ》に存在し、真理の有する生命が現実に存在する《ヴィルクリッヒカイト》ありかたと、その運動をかたちづくっている。真なるものとはかくてバッカス祭の陶酔であって、そこに参加する者はひとりとして酩酊しないことがない。たほうだれであれ、そこからはなれる

IX 35

と、おなじくただちにすがたを消してしまうのだから、その陶酔は見とおしのきいた、単純な安らぎなのだ。真なるあり方の運動という法廷に立てば、精神の個々の形態は、限定された思考とおなじように、もとより裁きに耐えて存立することがない。それでもさまざまな形態や思考はまた、それらが消極的で消失してゆくものであるのと同様に、いっぽうでは積極的で必然的な契機なのである。——運動の全体にあっては、その全体が静止と考えられる場合には、この運動において区別され、特殊な定在《ダーザイン》を与えられるものは、内化されたものとして保存される。その内化《エアインネルン》されたものの現にあるありかた《ダーザイン》が、じぶん自身についての知であるが、この知はおなじく直接的にはやはり現にあるもの《ダーザイン》なのである。 III47

40

哲学では、数学的方法はすでに時代おくれである

このような運動が学であり、その方法をめぐって、あらかじめいくつかのことがらを述べておくことが必要であるかのように思われるかもしれない。方法の概念はしかしすでに、これまで語っておいたことのうちにふくまれているいっぽう、方法を本来的なしかたで叙述することは論理学にぞくしている。あるいはむしろ論理学そのものなのである。というのも方法とは、その純粋に本質的なありかた《ヴェーゼンハイト》にあって整序され、組みたてられた全体にほかならないからである。方法にかんしてこれまで通用してきたものについ

II 46

ていえば——とはいえ私たちとしては意識せざるをえないところであるけれども——「哲学的方法とはなにか」にかかわる考え《フォアシュテルング》は、それが体系というかたちを取ったものであっても、忘れさられた教養にぞくしている。このようにいえば、なにか大言壮語し、あるいは革命家でも気どるものであるかのように響くかもしれない。私としてはそのような口調からはほど遠いつもりであるけれども、ともあれこころしておくべきことがある。つまり、数学が貸しあたえてくれた学問的な正装——すなわち説明、区分、公理、一連の定理、それらの証明、原則、これらにもとづいた演繹と推論、といったものからなる装い——は、すでに〔一般のひとびとの〕思いなしからしても、すくなくとも時代おくれのものとなってしまっている、ということだ。そうした正装が使いものにならなくなっているしだいが、たとえ明瞭に見とおされてはいないにしても、やはりそのような装いはもはやまったく、あるいはほとんど使用されていないのである。それ自体として《アン・ジッヒ》否認されているわけではないにせよ、それでも愛好されてもいないのである。ちなみに卓越したものについてなら、私たちとしてはあらかじめそう判断せざるをえないところは、それがひろく使用され、好まれているだろうというはこびなのだ。しかしたやすく見てとることができるとおり、ひとつの命題を立て、それに対する根拠を挙げて、さらに対立する命題に対しておなじように根拠にもとづいて反駁するようなやりかたは、真理が立ちあらわれるさいに採ることが可能な形式ではない。真理とは、真理自身にそくした

その運動であるのに、くだんの方法が認識するところは、素材にとって外面的なことが
らにすぎないのである。それゆえ、こうした方法は数学にこそ――数学とは、注意して
おいたとおり、量という、概念を欠いた関係をその原理とし、死せる空間と、おなじく
死せる「一」をじぶんの素材とするのだから――固有なものであり、数学にまかせてお
くほかはないものなのだ。またこういった方法は、より気まま《フライ》なやりかたをとるなら、
いいかえると恣意と偶然とを混ぜあわせるならば、ふつうの生活のなかで、またおしゃ III48
べりのうちで残るかもしれない。あるいは羅列《ヒストーリッシュ》的な教示のなかで残ることになるかも IX36
しれないが、これらは認識というよりは好奇心のためのものであって、「序文」なるも
のもおおよそのところそういったものである。ふつうの生活を送っているばあい意識は、
知識や経験、感覚的な具体物や、また思想、原則といったものを総じてみずからの内容
として有し、そうしたものが目のまえにあるもの、もしくは固定され、静止した存在あ
41 るいは本質《ヴェーゼン》として妥当している。意識は一方でそういった内容を辿ってすすみ、他方
で意識はその連関を、そのような内容についての気まぐれ《フライ》な恣意によって絶ちきってし
まう。かくて意識のふるまいは、内容を外面的に規定し、取りあつかうものとなる。意
識が内容をなにかしら確実なものへと――それが瞬間的な感覚にすぎないものであろう
と――連れもどし、かくて確信が満足させられる、としてみよう。その場合に確信は、
じぶんがよく知っている静止点に達していることになるのである。

とはいえ概念が有する必然性によって、詭弁を弄するおしゃべりのだらだら歩きも、〔数学にみられる〕学問的な虚飾のこわばった歩みも、ともに追放される。そうであるからといって、すでに右でも注意しておいたとおり、こういったものに替えて、方法を欠いた《ウンメトーデ》、「予感」や「霊感」といったもの、預言者めいた語りといった恣意的《ヴィルキュール》なものを持ってくればよい、というわけではない。そういったものは、例の〔数学的な虚飾をともなう〕いわゆる学問のありかた《ヴィッセンシャフトリッヒカイト》ばかりでなく、学問性《ヴィッセンシャフトリッヒカイト》一般をもないがしろにするものなのだ〔ヤコービ等に対する批判〕。

II 47

これとおなじように避けられるべきことがらがある。カントはかろうじて本能によって、〔すでに三位一体の教説等にふくまれていた〕三項性〔の原理〕をふたたび発見したけれども〔たとえばそのカテゴリー表〕、それはなお死せるもの、概念を欠いたものだった。〔こんにちでは〕その三項性が絶対的な意義をもつものにまで高められ、かくて真なる形式がその真なる内容をともなって同時に提起されたことで、〔一見したところ〕学の概念が昂揚させられるにいたっているのである〔フィヒテやシェリング、とりわけシェリング学派〕。その件をみとめたうえで、この〔三項性という〕形式の〔具体的な〕使われかたについては、それを学問的なものとみとめがたい場合がある。それはつまり、私たちがそこに見てとるものが、くだんの形式が生命を欠いた図式 (Schema) に、いやまった《アイゲント》く《リッヒ》の幻影(Schemen)へと引きさげられ、学的な有機的構成《オルガニザツィオン》が一覧表に貶められているような場合なのである。――こうした形式主義については、さきほどすでに一般的なかたちでは語っておいたけれども、その手法にかんして私たちとしては、ここですこし立ちいって述べておきたい。この形式主義は、なんらかの形態が有する本性と生命を概念的に把握し、言明したと言うためには、その形態をめぐって、図式にぞくするひとつの規定を述語として言表すればそれで済むものと思っている。そのばあい「述語」は主観性であれ客観性であれ、あるいはまた磁気、電気等々であれ、収縮であっても膨張であっても、東、西であっても、えらぶところはない〔シェリングの自然哲学に対する批判〕。 Ⅲ49
こういったものは無限にふやしてゆくことができるのであって、それというのも、こうしたやりかたにしたがえば、どのような規定であれ形態であれ、他の規定や形態のもとでは、ふたたび図式にぞくする形式ないし契機として使用されうるからである。規定や形態であれば、そのどれをとっても、他の規定や形態に対して、おかえしに同様の役割をはたすことができるのである。――これは互酬性の循環というものであって、そのような循環によっては、「ことがら自身がなんであるか」も「ひとつのことがらはなんで
42 あり、他のことがらはなんであるか」も経験されることがない。そこではひとつには、感覚的な規定のさまざまがありふれた直観からとり上げられることになるけれども、もちろんこれらの規定が意味するところは、それらが〔文字どおり〕語るのとはなにかべ

Ⅱ48

つのことがらであるはずである。もうひとつには、それ自体として《アン・ジッヒ》有意義なもの、つまり思考にぞくする純粋な規定、たとえば主観、客観、実体、原因、普遍的なもの等々といったものも、まったく吟味もされず、無批判的に使用されることになる。それはふつうの生活にあって使用されるのとまったくおなじであり、また強化、弱化、膨張、収縮といった語がもちいられるのとも同様に、吟味もうけず、批判を欠いているのである。そのけっか、くだんの形而上学が非学問的なものとなるのは、これらの感覚的な「表象《フォアシュテルング》」が学問的なものではないのとえらぶところがない。

形式主義的な「構成」の例――医学理論その他の場合

かくして、内的な生命とその生命が現にある《ザイン・ダーザイン》自己運動との代わりにいまや、直観から採られた単純に規定されたありかた《ベシュティムトハイト》が言明される。「直観」とはいってもここでは感覚的な知識なのであって、それはしかも表面的な類比にしたがって言明されるのだ。そのうえで、公式をこのように外面的で空虚なしかたで適用することが「構成」〔カントの自然哲学の影響下にシェリングが使用する語〕と称されるのである。――このような形式主義にあって事情がどのようなものとなるかは、他の形式主義の場合とまったく同様である。どれほどに血のめぐりの悪い頭脳であっても、ほんの十五分間で理論を教えこまれて――その理論によれば、病気には無力症と強力症と、間接的な無力症があり、それ

Ⅸ37

とおなじだけの治療法もあるそうだ〔J・ブラウンが唱え、シェリングが引く医学理論〕――、そのうえ、ほんのすこしまえならこうした教育だけでこと足りたのだから、〔その教えを覚えこむだけで〕ただの経験的な医者から理論的な医師へと、このみじかい時間で変身を遂げることも思いのままというものだ。自然哲学における形式主義は、「悟性は電気である」とか「動物は窒素である」とか、あるいはまた「動物は南もしくは北にひとしい」といったことを教えてくれる〔シェリング等〕。場合によればその教えは、ここで表現したような剝きだしのかたちで示されることもあるし、より多くの術語を取りまぜて説かれることもある。いずれにしても、力《クラフト》ずくで、かけ離れているかに見えるものが取りあつめられ、無理《ゲヴァルト》やり、静止した感覚的なものがむすびつけられている。かくて感覚的なものに対して、なんらかの概念の見せかけが分けあたえられることになるのである。肝心なことがらは、しかし感覚的な表象について、その概念そのものあるいは意義を表明することであるけれども、これについては省略されている。――こうした力《クラフト》や威力《ゲヴァルト》が示されると、しろうとは口をあけて驚嘆してしまう。そこにはなにか天才的な深みがあるものと崇めて、そういったさまざまな規定には抽象的な概念を直観的なものによって置きかえ、悦ばしいものとするふしがあるものだから、そうした規定の晴れ晴れとしたところに愉しみをおぼえるのだ。かくて、しろうとなら、じぶんのたましいがこれほどまでに素晴らしい技に魅きつけられるのを予感して、わが身を祝福する

Ⅲ50

43 ことだろう。このような知恵の手管であれば、ただちに覚えこむことができるし、その手管を実行してみせることもまたたやすい。そうした手管が、すでにそれと分かりきっているのに繰りかえされるのは我慢のならないところであって、それはちょうどタネの見すかされた手品が繰りかえされるようなものなのだ。こうした単調な形式主義には道具立てがあり、これを取りあつかうのはむずかしいことではない。それはいわば、或る画家のパレットにはふたつの色、たとえば赤と緑だけがひろげられていて、歴史画が求められているときは赤で画面をいろどり、風景画が望まれている場合には緑を塗りつけるようなものなのである。——決定をくだすのが困難な件があるとすれば、それはここでどちらが「より偉大な」ことがらであるか、ということだ。つまり、「天にあるもの、地にあるもの、地の下にあるもの」〔ピリピ書二‐一〇〕のいっさいをそうした〔二色の〕絵具で気楽に塗りこめることなのか。あるいは、思いあがって、こうした万能薬の卓越したはたらきを誇ることなのか。一方が他方をささえている〔から、決定が困難なのだ〕。
II 49 「あらゆる天上のものと地上のもの」、自然の形態と精神の形態のことごとくに、一般的な図式にぞくして対になっている規定を貼りつけ、そうしたしかたでいっさいに〔くだ IX 38
んの図式のなかの〕序列を与える。こういった方法によって生みだされるものが、宇宙の有機的組織をめぐる「日のもとで瞭らかな報告」〔フィヒテ〕よりも劣っているということはない。それはつまりいちまいの一覧表であって、紙片が貼付された骸骨か、あるいは一揃いの密封された缶が、レッテルを貼りつけられて、香料屋の店先にならんでいるさまと似ている。そのどちらにしても、明瞭ではあるのだ。ただし前者については、その骨からは血と肉が取りさられ、いっぽう後者の場合には、おなじようにこれもまた、もはや生きてはいない物件《ザッヘ》が缶のなかに隠されている。それとおなじように例の一覧表も、ことがら《ザッヘ》の生き生きとした本質を取りさってしまったものであるか、あるいは隠してしまったものなのである。――こうした手法は同時に、しまいには単色しかもちいない白《アブソルート》黒画法となりおおせる。そういった手法がまた図式による区別を有することをも恥じ、区別を反省にぞくするものとみなして、それを空虚な絶対的なもののうちで沈めてしまう場合である。そのけっか純粋な同一性、つまりかたちを欠いた白一色〔のカンバス〕がふたたび生まれるにいたる。このような消息については、右ですでに注意しておいた。図式がそのように単色なものとなり、その規定が生命を欠いたものと化して、この絶対的な同一性〔シェリング〕が生まれ、かくて一方から他方への移行が生じる。これらはいずれも死せる悟性によるものであって、どちらも外面的な認識に由来するものなのである。 Ⅲ51

44 卓越したもの〔さきに述べられた三項性の原理〕であっても、いっぽうでは運命から逃れられず、生命を奪われて、精神を抜きとられる。しかもそのように皮を剝ぎとられて、じぶんの皮に生命のない知識とその虚栄とが被せられるさまを見るにいたるのだ。そればかりではない。むしろ、このような運命のうちにさえなお威力があって、その威力を卓越したものは——ひとびとの精神にではないにしても——その心情に対してはふるうものだ、という事情が認識されなければならない。おなじくまた認識さるべきなのは、形式を普遍的で規定されたありかたへと仕上げることにこそ、卓越したものの完成がある、という消息である。さらに、この形式によってのみ、くだんの普遍的なありかたが表面的なかたちで使用されることも可能となるのである。

カント的な悟性の立場と学の立場との差異

学はひとえに、概念に固有な生命をつうじて有機的に組織されることができる。学にあっては、規定されたありかたも——そのありかたは〔形式主義においては〕図式にも Ⅱ50 とづき、現に存在するものに対して外面的に貼りつけられる——、充実した内容が有するたましいであって、そのたましいはそれ自身で運動してゆく。存在するものの運動は、一方ではみずからにとって他のものとなり、かくてじぶんに内在している内容として生成することである。存在するものは他方では、〔他のものへの〕このような展開、いいかえれば、そうしたかたちをとってじぶんが現にある《ダーザイン》ありかたを、みずからのうちへと取りもどす。存在するものはつまり、じぶん自身を一箇の契機へと変じ、みずからに単純なかたちを与えて、規定されたありかたとなる。前者の〔他のものとなる〕運動にあって否定的なもの《ネガティヴィテート》の力は、区別し、現に存在するものを定立するはたらきである。後者のじぶん自身へと立ちかえるはたらきにおいてもたらされる否定的なありかた《ネガティヴィテート》とは、規定をともなった単純なありかたが生成することにほかならない。このようにしてなりたつ消息がある。それはつまり、内容はみずからの規定されたありかたを、他のものから受けとって、貼付されたものとして示すのではなく、内容がそのありかたをじぶん自身に与えて、おのずとみずからを契機として序列づけ、全体のなかに占める位置を与える、という事情である。〔カテゴリー表のような〕一覧表を作成する悟性にあっては、内容の有する必然性とその概念とが胸のうちに《フュール・ジッヒ》収められてしまっている。この必然性と概念こそが具体的なものであり、ことがらにあってその現実的なありかた《ヴィルクリッヒカイト》となり、生き生きとした運動をかたちづくるものなのだ。そうしたものをくだんの悟性は序列づけ、〔それらを胸のうちに収めてしまうとは言ったものの、じつは〕あるいはむしろ悟性はこれらをじぶんだけ《フュール・ジッヒ》の胸のうちに収めておくというよりは、そもそもそうした必然性や概念について、知るところがないのである。悟性がそうした見とおしを手にしていたというのなら、悟性はそれを示してもよさそうなものだからだ。〔一覧表を作成するカント的な〕悟性はおよそそういったことがらを見とおす必要すら知らない。知っていたのなら、悟性は図式化することを断念するだろう。あるいはすくなくとも、図式化するはたらきは、内容目録を作成する以上のものではないしだいを弁えることになったはずである。——

III52

悟性が与えるのはただ内容目録にすぎないのであり、内容そのものを悟性が提供することはない。〔悟性が問題とする〕規定されたありかた《ベシュティムトハイト》が、たとえば磁気のようにそれ《アン》 Ⅸ39 自体《ジッヒ》としては具体的で現実的なものであることもある。そのような場合でも、くだんの規定されたありかたはなにほどか死せるものへと引きさげられてしまっている。規定されたありかたはそのばあい他の現に存在するもの《ダーザイン》に対して述語づけられ〔貼付されるものに成りさがっ〕ているからだ。つまり当の現にあるもの《ダーザイン》に内在している生命としては 45 認識されておらず、ことばをかえると、その規定されたありかたがどのようにして、自己産出とその呈示のしかたをそなえているかが認識されていないのである。自己産出とその呈示は、規定されたありかたにとって領域内的で、特有なものなのだ。だからこれが主要なことがらなのであって、それを付けくわえることを、しかし形式的な悟性は他の者たちに委ねてしまっている。――そうした悟性はことがらに内在する内容に立ちいろうとせず、代わってつねに全体を見わたそう《ユーバーゼーエン》とする。そのことで、個々の現にあるもの《ダーザン》にかんして語りながら、それを跨ぎこしてしまう。つまり、その定在《ダーザイン》をまったく見 Ⅱ51 てもいないのだ。学的な認識が要求するところはしかしむしろ、対象が有する生命に身をささげることである。あるいは、おなじことであるけれども、対象の内的な必然性を目のまえにすえて、それをことばにすることなのである。そのように対象のうちへと深くはいりこむことで、学的認識は例の概観《ユーバージヒト》など忘れてしまう。それはただ、知が内容から立ちかえって、じぶん自身のうちへ反省することにすぎないからだ。いっぽう素材のうちに沈潜し、素材の運動を辿ってゆくうちに、学的な認識もみずから自身のうちへと立ちかえることになる。とはいえそのように立ちかえる以前に、充実つまり内容がそれ自身のうちへと取りもどされ、単純化されることで規定されたありかたとなり、現にあるもののひとつの側面へと切りさげられて、みずからのより高次な真のありかた《ヴァールハイト》へと移行していなければならない。かくして、全体そのものが単純で、見わたされるかたちで創発することになる。全体があらわれるのは、そのなかで全体への反省が見失われていたかに思えた豊かさからなのである。

「存在」と「思考」とが一致することの意味

さきに使用した表現にしたがえば、実体はそれ自身において主体である。このことによって一般に、いっさいの内容は、じぶん自身でみずからのうちへと反省的に立ちかえるもの《レフレクシオーン》となる。なんらかの現に存在するもの《ダーザイン》が存在するものである[*1]とは、じぶん自身とひとしいありかた《ジッヒゼルプストグライヒハイト》を有していることである。あるいはそれが実体で現に存在するもの《ダーザイン》がみずからとひとしくないものとなれば、それは解体してしまうことだろう。じぶん自身とひとしいありかたは、いっぽう純粋に抽象的なものであって、純粋な抽象とはしかし思考にほかならない。〔たとえば〕私が「質」を口にするとき、私とし

Ⅲ53

46 ては単純に規定されたありかたについて語っている。質であることをつうじて、なんらかの現にあるもの《ダーザイン》は他の現にあるものから区別されており、つまりひとつの定在《ダーザイン》となるのである。そのような定在はそれ自身だけで《フュール・ジッヒ・ゼルプスト》存在し、ことばをかえれば、このように単純にみずからとひとしい《アインファッハハイト・ミット・ジッヒ》ことによって存立している。ところでこの件をつうじて、現に存在するものは、本質的に思考されたものとなるのである。——ここで概念的に把握されていることこそが、「存在とは思考である」とする消息である。そこで生じているのは一箇の洞察であって、その洞察は、概念も手にすることなく「思考と存在の同一性」についてふつうに語られる場合には、つねに見のがされていることがらなのだ。——現にあるものが存立しているとは、じぶん自身とひとしいこと、あるいは純粋な抽象であることである。この件によって、ところで、現に存在するものとは、じぶん自身から〔ひとしさのみを〕抽象したものとなる。いいかえるならば、〔このようにとらえられた〕現にあるものは〔その一面のみが抽象されている以上〕それ自身じぶんとひとしく《ウングラ》ないもの《イヒハイト》であり、みずからを解体するものなのである。つまりじぶん自身の内なるありかた〔へと立ちかえってゆくこと〕であり、みずからのうちで自己を取りもどすことであって、要するにじぶん自身となる生成なのだ。——存在するものの本性はこのようなものであり、存在するものは当の本性を知に対しても有している。前者をつうじて、また後者のかぎりで、知とは内容を異他的なものとして取りあつかう活動ではなく、内容か

らはなれ出て、みずからのうちに反省的に立ちかえる《レフレクシオーン》はたらきでもない。学は例の観念
論〔フィヒテ哲学のこと〕ではないのである。例の観念論とは、主張する独断論〔カント
Ⅱ52 哲学〕に代わって、断言する独断論ないしは自己確信の独断論として登場したものにほ
かならない。かえって知は、内容がみずからに固有の内なるありかたへと立ちかえって Ⅸ40
ゆくことを見とどける。そのことによって知の活動は内容のうちへとむしろ身を沈めて
ゆくことになる。というのも、その活動は内容に内在的な「自己」であると同時に、じ
ぶんのうちへと立ちかえるものであるからだ。その理由は知の活動が、他であることに
おいて純粋にみずから自身とひとしいという点にある。かくて知の活動とは、狡智[*2]であ
る。その狡智は、活動を抑制するものであるかのように見せかけながら、じつは以下の
件を見てとっている。[*3] つまり、規定されたありかたとその具体的な生命はどのようにし
て、その生命がほかでもなく自己保存とみずからの特殊な利害にかかわっていると思い Ⅲ54
こんでいるさなかで、まさにその逆のものであるか、すなわちじぶん自身を解体して、
全体の契機とするはたらきであるかを見てとっているのだ。

*1 「存立していること」は Be*stehen*.「実体」は Sub*stanz*. どちらにも stehen（立つ）という語がふくまれている。「実体」にあたるギリシア語「ヒュポケイメノン」は「下に置かれているもの」、そのラテン語訳 substantia は「下に立っているもの」という意味。

*2 List.「理性の狡智 List der Vernunft」と言われる場合の「狡智」。

＊3　zusieht. この zusehen は、特有な意味でつかわれている。「序論」参照。

ヌース、イデア、エイドス

せんだっては悟性の意義について、実体を自己と意識する側面から示しておいた。ここで語っておいたことがらからあきらかになるのは、「存在する実体としての実体」という規定にしたがった悟性の意義にほかならない。現に存在する《ダーザイン》ものは「質」であり、規定された単純なありようであって、規定され思考されたもの《ゲダンケ》ということになる。これが現に《ダー》あるもの《ザイン》にぞくする悟性なのだ。悟性をそなえていることで、定在《ダーザイン》はヌースである。これをアナクサゴラスがはじめて実在《ヴェーゼン》として認識したのであった。アナクサゴラスにつづく者たち〔プラトン、アリストテレス〕は現に存在するものの本性をよりはっきりと概念的に把握して、それをエイドスあるいはイデアととらえた。すなわち規定された普遍性、つまり種がそれにほかならない。「種」という表現はいわばあまりにありふれたもので、それゆえげんざい流行しているさまざまな理念、美しく聖なるもの、永遠なもの〔シュレーゲル等〕に対しては過小であるかにみえる。けれどもじっさいのところ、「理念《イデー》」〔イデア〕が表現しているのは、「種」以上のものでも、それ以下のものでもない。それにもかかわらず私たちが今日しばしば目にするところ、或る概念をはっきりとしるしづける表現がないがしろにされ、べつの表現がかえって愛好されているのだ。その表現は、それがただ外国語にぞくしているというだけの理由で選好され、概念をむしろ霧のなかに蓋いかくし、それだけよりありがたそうに聞こえるにすぎない。――現にあるものが「種」として規定される。まさにこの点において、現にあるものは単純な思想《ゲダンケ》なのである。すなわちヌースが、この単純なありかたこそが実体なのだ。実体はこのように単純で、みずからとひとしいありかた《ジッヒゼルプストグライヒハイト》をともなうがゆえに、固定的で立ちとどまるものとして現象する。いっぽうこの自己同等性《ジッヒゼルプストグライヒハイト》とは、おなじくまたみずからを

II53
47

否定するもの《ネガティヴィテート》にほかならず、そのような否定性《ネガティヴィテート》であることで、くだんの固定的に現に存在するものは移りかわって、じぶんを解体してゆく。規定性《ベシュテイムトハイト》がみずからを解体するものであるのは、一見したところまず、それが他のものに関係することによってであるかのように見える。それゆえにじぶんの運動も、規定されたありかた《ベシュティムトハイト》に対して、疎遠な暴力《ゲヴァルト》によってくわえられたものであるかのように思われてくる。しかしながら規定性は、それが他のものであること《アンデルスザイン》とそのものを自身にそくしてそなえており、かくてじしん運動《ゼルプストベヴェーグング》するものである。この件は、ほかでもなく、規定されたありかたが思考そのものによってとらえられた単純なありかたである、という消息のうちにふくまれている。そもそもこの単純なありかたとは考えられたもの《ゲダンケ》であり、じぶん自身で運動し、みずか

ら自身を区別する思想《ゲダンケ》である。かくてまたそれ自身が内なるありかたであって、つまり純粋な概念なのだ。このようなしだいで、したがって悟性である（*Verständigkeit*）とは一箇の生成であり、そのような生成であるかぎり、悟性であることは理性であること（*Vernünftigkeit*）なのである。

存在するものはそれ自身において概念であり、形式である

存在するものの本性は、それが存在することにおいてみずからの概念であることにほかならない。この本性のうちに、一般に論理的な必然性が存する。この論理的必然性のみが理性的なものであり、有機的な全体の律動なのである。この必然性こそ内容の知で
Ⅲ55
あって、同様にまた内容も概念であり、実在《ヴェーゼン》となるからである。いいかえれば、ひとり論理的な必然性だけが思弁的なものなのだ。——具体的な形態はじぶん自身で運動してゆくことで、単純に規定されたありかた《ベシュテイムトハイト》となる。かくて規定《ベシュテイムトハイト》性は論理的な形式へ
Ⅸ41
と高められ、それじしん本質的なありかた《ヴェーゼントリッヒ》にあって存在するにいたる。形態が具体的に現にあるありかた《ダーザイン》はこのような運動であることにほかならず、そのありようが直接に論理的な定在《ダーザイン》なのである。それゆえ具体的な内容について、そこに形式主義〔の図式〕を外面的に附加することは不要であって、具体的内容がそれ自身において形式主義〔が呈示するような図式〕へと移行してゆくのだ。そのときしかし「形式主義」とはいって

も、外面的な形式主義であることをやめている。なぜなら、「形式」が具体的内容そのもののしめす領域内的な生成となっているからである。

II 54

「序文」における断言が、べつの断言によって反駁されることはない

学的な方法は、ひとつには内容と分かちがたいものであり、いまひとつにはじぶん自身でみずからの律動を規定するものである。学的方法のこのような本性は、すでに注意しておいたとおり、思弁的哲学のうちに、それがほんらい叙述されるべき場所をもつことになる。ここで語られたかぎりでのことがらが、〔学的方法の〕[*1]概念を表現していることはたしかである。それは、とはいえ先どりされた断言以上のものと見なされることもできない。この断言がしめす真理は、この〔「序文」にあってはそうであるような〕いくらかは物語ふうな叙述のうちにふくまれるものではない。他方ではまさにそれゆえにまた、この断言に〔べつの〕断言が対置されたとしても反駁されることもない。つまり、「ことはそうではなく、むしろことがらはこのようになっている」と断言され、おなじみの表象《フォアシュテルング》にもとづく考えかたが、出来あいの、よく知られた真理としてあらためて注意されて、あれこれ物語られたとしても、反駁とはならないのだ。あるいはまた、内なる神的な直観と称する神殿からあらたなものが取りだされ、断言されたとしても、おなじことである〔ロマン主義〕。――〔この「序文」で語られたことについての〕このような受けと

48 られかたは、知が最初に示すのをつねとしてきた反応である。つまり、〔既成の〕知にとってなにか或るものがすでによく知られたものではない場合に、それに反対するために示される反応なのだ。そのような反応によって、〔既存の知は〕みずからの自由と固有の洞察を救おうとし、じぶん自身の権威を、異質《フレムト》な（というのも、たったいまはじめて受けとられたものは、異質なものという形態のもとにあらわれるからである）権威に対して救おうとするものなのである。そのような反応はまた、〔面目なく〕見えること、一種の恥辱を取りのぞこうとするものである。なにごとかが学ばれたとされることのうちには、ある種の恥辱があるとされるからだ。逆にまたよく知られていないことがらが賛意をもって受けとめられた場合にも、おなじような種類の反応があったものである。それは〔哲学とは〕べつの〔政治の〕領域で、超革命的*2な言動というかたちをとったのである。

＊1　Versicherung. ヘーゲルがとくべつな意味で使用する、代表的な貶価的表現のひとつ。たとえば本書、一三五頁参照。

＊2　ultrarevolutionär. フランス革命時に、ジャコバン党内エベール派を批難してつかわれたことば。

哲学研究にさいして要求されることはなにか

こうした理由によって、学の研究にあたってたいせつなことは、概念〔によって把握 Ⅲ56

すること」の努力をみずから引きうけることである。この努力が要求するのは、概念そのものに対して注意ぶかくなることだ。つまり単純な規定、たとえばそれ自体で存在すること（*Ansichsein*）、それだけで存在すること（*Fürsichsein*）、じぶん自身とひとしいありかた（*Sichselbstgleichheit*）といった規定がそれである。というのもこれらは純粋な自己運動であって、たましいと名づけられてもよいものだからである。ただし、それらの概念が「たましい」よりも高次ななにごとかをしるしづけるものではないとして、ということだ。さまざまな表象《フォアシュテルング》にもとづく考えかたにそくしてすすむ習慣にとっては、その習慣を概念によって絶ちきることが重荷となる。これはまた、形式的な思考にとってもおなじことであって、そのような思考なら、非現実的なしかたで考えられたことがら《ゲダンケ》のうちであれこれと詭弁を弄するものなのだ。くだんの習慣を、一箇の素材的《マテリエール》な思考と名づけておくこともできる。それは偶然的な意識なのであり、そのような意識は素材《シュトッフ》のなかでただ埋もれているにすぎない。だから、そうした意識にとって辛苦と感じられるのは、素材《マテーリエ》「のもとにありながら、その素材」から同時にみずからの「自己」を純粋にとり出して、じぶんのもとに存在することである。他方の思考、つまり詭弁を弄することは、これに対して、内容から自由であり、その内容を超えているものと自惚れている。この自惚れに対してもとめられている努力は、そうした自由を放棄すること、かくて、内容を恣意的なしかたで動かす原理であるかわりに、くだんの自由をもって、内容のう

ちに沈潜することなのである。つまり、内容を内容自身の本性をつうじて、すなわち内 IX42
容自身のものであるという意味での「自己」をもって、みずから運動させ、そのうえで
当の運動を観察することにほかならない。じぶんの思いつきで、概念に内在している律
II55 動に干渉するのをひかえ、恣意的なものや、べつのところで獲得された知恵によってこ
の律動に介入することをひかえなければならない。このような抑制がそれ自身、概念に
対して注意ぶかくなることにとって、その本質的な契機のひとつなのである。

詭弁的な思考のふたつの側面㈠

詭弁を弄する態度にはふたつの側面が存在することに、注意しておく必要がある。当
の側面のそれぞれについて、概念的に把握しようとする思考は、そのような態度に対し
49 て対置される。――一方で詭弁を弄する態度は、とらえられた内容に対して否定的にふ
るまう。くだんの態度は、その内容を反駁し、無いものとするすべをこころえているの
である。「ことがらはそうではない」。この〔詭弁の〕洞察はたんに否定的なものである。
これをもって詭弁は終局に達するのであるから、そこからじぶんを超えて、みずからあ
らたな内容へとすすんでゆくことはない。もう一度なんらかの内容が手にされるために
は、なにかべつのものがどこかから取ってこられなければならないのだ。詭弁を弄する
態度とは、こうして、空虚な〈私〉へと反省的《レフレクシオーン》に立ちかえることであり、みずから手に

している知に対する自惚れであるしだいとなる。――この自惚《アイテルカイト》れが表現するところは、しかしただたんに、この内容が空虚《アイテル》であることばかりではない。それはまた、当の洞察そのものが空虚である消息をも表現している。というのも、ここで洞察は否定的なもの III57
であって、積極的なものをじぶんのうちで見てとるところがないものであるからだ。こうした反省《レフレクシオーン》はみずからの否定的なありかた《ネガティヴィテート》そのものを内容として獲得していない。だから反省はまったくことがらのうちに入りこむことがなく、つねにことがらを上辷りしてしまう。それだけに反省が誇るところでは、〔ことがらの〕空虚さ《レーレ》を主張することにおいてつねに、内容ゆたかな洞察を超えているものと思いこんでいる。これに対して、すでに示しておいたとおり、概念的に把握する思考にあって、否定的なものは内容そのものにぞくしている。否定的なものは、内容に内在する運動としても規定としても、運動と規定の全体としても積極的なものなのだ。成果というかたちでとらえられるなら、否定的なものはこの運動から由来するものであり、規定された否定的なもの[*1]であって、かくてまた同様になんらかの肯定的な内容なのである。

*1 das *bestimmte* Negative. スピノザを承けて、「すべての規定は否定である omnis determinatio est negatio」と考えられることの裏面として、ヘーゲルにあって基本的な発想。「規定された否定的なもの die bestimmte Negativität」。「序論」一四一頁参照。

詭弁的な思考のふたつの側面 (二)

とはいえ、このような詭弁を弄する思考であっても――それが表象《フォアシュテルング》であれ、思考《ゲダンケ》によってとらえられたものであれ、あるいは両者が混合したものであろうと――なんらかの内容をそなえている。この点からすれば、そういった思考にはもうひとつの面があって、それがまた当の思考にとっては、概念的な把握を困難なものとさせている。くだんの側面には注目すべき本性があり、その本性は、さきに挙げておいた理念そのものの本質と緊密に連関しているのである。いいかえれば、当の本性が表現するものはむしろ、「理念はどのようにして運動というしかたであらわれるのか」ということであって、そのばあい運動とは思考によって把握すること〔そのもの〕なのだ。――つまりこうである。詭弁を弄する思考がしめす否定的なふるまいにかんしては、たったいま問題としておいた。その否定的なふるまいにおいては、詭弁を弄する思考そのものが「自己」であり、この自己のうちへと内容は立ちかえってゆく。そうであるとすれば、これに反して、その思考にぞくする肯定的な認識のなかで「自己」とは表象された「主語」のことであり、その主語《ズブイエクト》に対して内容が属性ならびに述語というかたちで関係してゆく。この基体《ズブイエクト》が基底をかたちづくり、その基底に内容がむすびつけられて、かくて当の基底のうえをあれこれの運動が生起するのである。――概念的に把握しようとする思考にあって、事態はことなってくる。そこでは概念が、対象に固有にぞくする「自己」

であり、この自己はみずからを生成として示す。そうである以上、「自己」とはここで
静止している主語《ズプイエクト》、みずからは動かず、属性を担っている基体《ズプイエクト》のことではない。自
己とはむしろ概念であって、そのばあい概念はじぶんで運動し、みずからの規定をじぶ
50 んのうちに取りもどすものなのだ。この運動において、例の静止した基体《ズプイエクト》そのものは
没落して根底にいたり、*1 さまざまな区別と内容のうちに入りこむ。だから主語《ズプイエクト》といっ Ⅸ43
ても、むしろ規定されたありかたを、すなわち区別された内容をかたちづくり、その内
容がしめす運動をもかたちづくっているのであって、運動に対立したままであるわけで
はない。詭弁は静止した基体《ズプイエクト》を手がかりに確乎とした地盤を有して〔いると思いこん
で〕いたとはいえ、その地盤はかくて動揺し、その結果この運動そのものだけが対象と Ⅲ58
なるのである。主語《ズプイエクト》は、その内容を満たしていた〔と思われていた〕にもかかわらず、
〔いまや〕この内容を超えでてゆくことがなく、かくして〔この内容〕以外の述語ないし
は属性を有することもありえない。〔かつて〕散乱していた内容は、その反対にこの件
をつうじて「自己」のもとにつなぎとめられるから、内容は〔もはや〕普遍的なものと
して、この基体《ズプイエクト》をはなれ、自由にいくつもの主語《ズプイエクト》に帰属してゆくことがない。内容
は、かくてまたじっさいにはすでに主語《ズプイエクト》にぞくする述語ではなく実体であり、語りだ
されているものの本質《ヴェーゼン》となり、概念となるのだ。表象《フオアシュテレン》する思考というものは、そ
の本性からして、属性あるいは述語をたどって進行してゆき、しかもこれらが述語ある

いは属性以上のものではないかぎりでは、それらを超えでてすすんでゆくのも正当なところである。だから表象する思考は、命題にあってひとつの述語という形式をそなえているものが実体そのものであるというはこびともなれば、その進行を阻止されることになる。表象する思考がこうむるものは――そう「考えて《フォアシュテレン》」もみるならば――いわばひとつの反撃であるということだ。表象する思考は主語《ズプイエクト》から出発する。それは、あたかもこの基体《ズプイエクト》が根底に存しつづけるものであるかのように見えるからである。そうでありながら、表象する思考が見いだす消息は、なにしろ述語がかえって実体であるというのだから、主語《ズプイエクト》が述語へと移行してしまい、したがって廃棄されてしまっているという事情である。くわえて、述語であるかに見えるものが、むしろ全体として独立の質量をもつものとなっているからには、思考は自由に徘徊することができず、かえってこの重みによって引きとめられているのである。――ふつうならばまず、基体《ズプイエクト》が対象的なかたちで固定された「自己〔同一的なもの〕」として根底に置かれる。そこから出発して、多様な規定もしくは述語へといたる必然的な運動が進行してゆく。そこで、くだんの基体《ズプイエクト》にかわって知る〈私〉自身が登場し、述語のさまざまをむすびあわせるものとなり、それらの述語を支える主語《ズプイエクト》となる。しかしながら、例の最初の主語《ズプイエクト》はさまざまな規定そのもののうちに入りこみ、そのたましいとなっているのであるから、この第二の基体《ズプイエクト》、すなわち知る主体《ズプイエクト》は最初の主語《ズプイエクト》を――その主語《ズプイエクト》はすでに用済みとなっており、その基体《ズブイェクト》を超えでて、主体《ズブイェクト》はみずからのうちへと立ちかえろうとしているにしても——、なお述語のうちに見いだすことになる。だから知る主体は、述語を運動させるにさいして、はたらきかけるものであることができない。詭弁的な思考であったなら、この述語あるいはあの述語が付加されるべきであるか、思いめぐらせたことだろ
51 う。知る主体はむしろ内容が有する「自己」となおかかわるほかはなく、それだけで《フュール・ジッヒ》存在するのではなく、かえってこの「自己」とともに存在しなければならないのである。 Ⅲ59

＊1 In dieser Bewegung geht jenes ruhende Subjekt selbst zugrunde. zugrunde gehen は「没落する」という意味であるけれども、ヘーゲルのばあい「根底（Grund）にいたる」、みずからの「根拠（Grund）に到達する」というふくみでも使用される。

命題形式・再考

右で述べておいた件は、形式的には以下のように表現しておくこともできる。判断あるいは命題一般には、その本性からして主語と述語の区別がふくまれている。この本性が思弁的命題によって破壊され、最初の〔もともとの〕命題は同一命題へと化してゆく。この同一命題が、〔判断あるいは命題一般にぞくする、主語と述語との〕くだんの関係に対する反撃をふくんでいる、ということである。——命題一般が有する形式と、その形式を破壊する概念の統一のあいだには相克が存在するが、この相克は、律動《リズム》のなかで拍子《メトロ》

と強弱《アクセント》のあいだで生じるそれと似ている。律動が結果として生まれてくるのは、拍子と強弱の中間に浮動し、両者を結合するものからである。それとおなじように哲学的な命題にあっても、主語と述語の同一性によって、命題の形式が表現する両者の区別が無 IX 44 化されるべきではなく、双方の統一がなんらかの調和《ハーモニー》というかたちで生まれてこなければならない。命題の形式においては、一定の意味が立ちあらわれ、あるいは命題の内 II 58 実を区別する強調《アクセント》がある。たほう述語が〔むしろ〕実体を表現し、主語そのものが〔述語のしめす〕普遍的なものに帰着するなら、それは〔すぐれて〕統一なのであって、その統一のなかでは例のアクセントはもはや響かなくなっているのだ。

ここで語ってきたことを、実例をつうじて説明してみよう。たとえば「神は存在である *Gott ist das Sein*」という命題においては、述語は「存在 *das Sein*」である。ここでは述語が実体としての意義を有しており、その意義のうちで主語は溶解してしまう。「存在」はそこでは述語であるべくもなく、むしろ本質でなければならない。この消息をつうじて「神」は、それが命題において占めている位置によってそうであるもの、すなわち固定された主語であることを止めているかに思われる。——思考は〔ここではもはや〕主語から述語へ移行するかたちで進展してゆくのではない。思考は、主語が消失してしまっているかぎり、むしろ阻止されていると感じている。かくて思考は、主語を見失っているのだから、主語にあって思考されている《ゲダンケ》ものへと投げかえされていると感

じるのだ。あるいは思考が目のまえにするのは――述語そのものが主語であり、「存在
そのもの *das* Sein」であって、実在《ヴェーゼン》であることが言明されており、しかもこの本質《ヴェーゼン》に
よって、主語がふくむ本性は汲みつくされているのだから――、主語が述語のうちにも
直接にふくまれているという消息なのである。かくていまや思考が、述語にあってみず
からへと立ちかえって手にすることになるのは、詭弁にぞくする自由な地位ではない。
思考はここではなお内容へと身をしずめている。あるいはすくなくとも「内容のうちに
沈潜すべきである」とする要求がいまだ目のまえにあるのである。――おなじように Ⅲ60
「現実的なものは普遍的なものである」と語られる場合でも、主語である「現実的なも
52 の」はその述語のうちに消えてゆく。「普遍的なもの」はひとり述語という意義を有す
るべきものではなく、したがって命題が言表するのは「現実的なものは普遍的である」
という消息ではない。むしろ「普遍的なもの」が「現実的なもの」の本質を表現してい
るはずなのである。――思考は、かくして、主語を手がかりに有していた、確乎とした
対象的な地盤を喪失する。それとともにまた、思考は述語において主語にむかって投げ
かえされるのだ。だから〔詭弁にあってそうであったように〕述語においてじぶんのうち
に帰るのではなく、内容をそなえた主語のなかへと立ちかえってゆくのである。

哲学的な著作の難解さをめぐっては、さまざまな苦情が存在する。そうした苦情はだいたいのところ、〔思考が〕このように阻止されるのに慣れていないことに由来している。ただし個人のうちに、哲学的著作を理解すべき教養という、それ以外の条件がそなわっていたとしての話である。まったくのところ断乎とした批難がそうした著作に対して往々にしてくわえられるものであるけれども、私たちの見るところでは、そういった批難がなされる理由は、いま語っておいたことがらのうちにある。その批難は、「多くの箇所がまず繰りかえし読まれなければならず、そののちにはじめて理解されうる」といったものだ。この批難には、なにかしら抗しがたいところ、最後のことばめいたところがある。だからそれは、かりに理由のあるものだとしたら、これ以上の抗弁をなにひとつゆるさないだろう。――右に語っておいたところから、そのあたりの消息がどのようなものであるかはあきらかである。哲学的な命題とはいっても、命題である以上は、やはり主語と述語のあいだの通常の関係をそなえており、だから知がふつうにふるまってよいはずであるといった思いなしを呼びおこす。そうしたふるまいとそこにふくまれた思いなしによって、命題の哲学的な内容が破壊されてしまうのである。このような思いなし《マイヌング》が経験することになるのは、そこで、じぶんが思いこんで《マイネン》いたところとはべつのことがらが意味され《マイネン》ているということなのだ。だから思いこみ《マイヌング》は訂正されることになるけれども、そのように訂正することにより知は強いられて、もういちど命題へと立ちかえり、いまやそれをべつのしかたでとらえなければならなくなる。

Ⅸ45 　ここには、避けられたはずの困難がある。それは思弁的な方式と詭弁的な方式とが混同されるところから生まれるものだ。一方〔の哲学的方式〕では、主語にかんして語られたことが主語の概念という意義を有しているのに、他方〔の詭弁的方式〕ではしかし、それがただ主語に対する述語もしくは属性という意義を有するにすぎないかぎりでは、〔その両者が混同されるところから困難が生まれる〕ということである。――一方の方式によって他方のそれが妨害されている。なんらかの哲学的な叙述をつうじて、はじめて哲学的叙述は最終的に、柔軟なものとなることができるだろう。その哲学的叙述とは、ある命題が有する〔主語と述語というふたつの〕部分のあいだでなりたつ通常の関係のしかたを、厳密に排除するものとなるはずなのだ。

弁証法的な運動とその叙述

Ⅲ61 　じっさい思弁的なものではない思考にもそれなりの権利は存在し、その権利は妥当なものだ。とはいえ、思弁的命題の方式にあってはみとめられない〔というだけのことである〕。命題という形式は廃棄されるといっても、この件はひとえに直接的なしかたで生起するだけではすまされない。つまり命題のたんなる内容をつうじて、というわけに
53 はいかないのである。むしろ命題に対して運動が対立し、この対立する運動が言明され

II 60

なければならない。この運動が、さきにふれた内的な阻止に止まっているばかりではなく、概念がこのようにみずからのうちに立ちかえってゆくさまが叙述される必要がある。この運動がかたちづくるのは、ふつうならば証明が遂行するものとされてきたことがらであるけれども、当の運動こそが命題そのものの弁証法的な運動なのである。この運動のみがひとり現実的に思弁的なものであり、その運動を表明することだけが思弁的な叙述なのだ。命題というかたちでは、思弁的なものはひとえに内的な阻止であるにとどまり、そこで実在《ヴェーゼン》はじぶんのうちへと立ちかえるにしても、それはなお現に存在するものではない。私たちが、だからしばしば哲学的な叙述にかんして目にするところであるけれども、〔ひたすら〕この内的な直観作用〔に注目すること〕が指示されるとはいえ、そうすることで、かえって命題の弁証法的な運動を叙述することは省かれてしまうことがある。この叙述こそ、私たちの要求したところなのである。――命題が表現すべきは「真なるものとはなんであるか」である。しかし本質的にいって真なるものは主体であり、主体としての真なるものとはひとえに弁証法的な運動であるにすぎない。真なるものはすなわち、このようにみずから自身を産出し、進行してゆきながら、じぶんのうちへと立ちかえってゆくみちゆきなのである。――通常の認識するはたらきにあって、内的なものを言表するという、この側面を形成するものは証明である。とはいえ、〔アリストテレス以後〕弁証法が証明から切りはなされてしまっており、それ以来じっさいには哲学的な証明という概念は見失われているのである。

命題的形式と弁証法的方式

この点について、注意されてよいことがらがある。つまり弁証法的運動であれやはりおなじように、命題をその部分もしくは要素《エレメント》としてそなえている、ということである。右で示したような困難は一見したところ、それゆえつねに回帰してくるものであり、ことがらそのものが抱えこむ困難のひとつであるように見える。――このことには、通常の証明のもとで立ちあらわれる事情と似かよったところがある〔かにも見えよう〕。つまり、証明が使用する根拠がそれ自身ふたたびなんらかの基礎づけを必要とし、かくて無限に進行する、ということである。こうした形式の基礎づけと条件づけがぞくしている証明は、しかしながら弁証法的な運動とはことなっており、そのような証明は、したがって外的な認識作用に所属するものである。弁証法的運動そのものについていえば、それがぞくする境位《エレメント》は純粋概念であって、かくてまたその運動がそなえている内容は、それ自身において徹底的に主体《ズプィエクト》にほかならない。それゆえここで立ちあらわれてくる内容はどれひとつとして、一方では根底に存する基体《ズプィエクト》としてふるまうもの、他方ではその主語《ズプィエクト》に対して意義が述語として付加されてくるといったものではない。命題とは、直接的なしかたでは一箇の空虚な形式にすぎないのだ。――感性的に直観され、あるい

Ⅲ62

Ⅱ61
54
は表象された「自己」を措くとすれば、主として名称であるかぎりでの名称のみが、純粋な主語を、すなわち空虚で概念を欠いた「一」をしるしづけるものであるにすぎない。そうした理由からすれば、たとえば「神」といった名称は避けておくほうがよいかもしれない。なぜならこの「神」という語は直接的には同時に概念であるわけではなく、きっすい《アイゲントリッヒ》の名称であり、固定的に静止して、根底に存している主語だからである。いっぽうこれに対して、たとえば「存在」「一者」「個別性」あるいは「主体」といった語は、それじしん直接的なしかたでも概念を暗示している。くだんの「神」という主語にかんして、思弁的な真理が語られることがあるとしても、それらの真理の内容にはやはり、内在する概念が欠けている。その理由は、この内容は静止した主語として目のまえにあるにすぎない点にある。だからそれらの真理はこうした事情のゆえに、たんに「ありがたそうなもの」という形式をたやすく身にまといがちとなるのである。――こうした側面からいえば、したがってまたこういうしだいとなるだろう。つまり、習慣のうちには障害がふくまれていて、思弁的な述語を命題の形式でとらえてしまい、概念と実在《ヴェーゼン》としてはとらえないものである。このような障害は、哲学的な講述そのものの責任で、大きなものともちいさなものともなりうる、ということだ。だから〔哲学的〕叙述は、思弁的なものの本性を見とおして、その洞察に忠実なしかたで、弁証法的な形式を堅持しなければならない。すなわち、なにものも、それが把握《ベグライフェン》され、かくて概念《ベグリッフ》とならな
Ⅸ46

いかぎりは受けいれてはならない、ということなのである。

哲学もまた修得されるべき一箇の仕事である

詭弁を弄するふるまいとおなじように、哲学の研究にとって妨げとなるものがある。それは詭弁を弄するのではないけれども、出来あいの真理を有しているものと自惚れていることである。そういった真理を手にしている者たちは、〔その真理に〕立ちかえって言いあらわすことができ、またその真理によって〔他の真理、とりわけ思弁的な真理を〕〔吟味して〕ゆくことは必要のないものと思いこみ、その真理を根底に置いて、それを裁決し、拒絶することができるものと信じているのだ。このような側面からすれば、とりわけ必要となるのは、「哲学すること」をあらためて一箇の真摯な仕事とみなすことである。ありとあらゆる学問、技巧、熟練、手仕事にかんして確信されているところによれば、これらを身につけるためには、それらを修得し、訓練するさいに多岐にわたる努力が必要である。哲学については、これに対して、いまや以下のような先入見が行きわたっているように見えるのだ。つまり、だれであれ目と指をそなえているのはたしかであり、そのうえ鞣革《なめしがわ》と道具を手にいれたとしても、それだけでは靴をつくることはできない。それでも、どのような者でもただちに哲学し、哲学を判定するすべはこころえている。万人はそのための尺度を、自然的な理性において所有しているのだから、とい

III63

うのである。これではまるで、だれも靴をつくるための尺度を、じぶんの足にあわせて同様に所有していないかのようではないか。——それではあたかもこうなってしまうかに見える。つまり、知識と研究の欠如のうちでこそ哲学は所有され、それらのはじまる
55 ところが哲学のおわる地点であるかのようなのだ。哲学はかくて往々にして、形式的で、内容空疎な知とみなされる。そのばあい洞察においてきわめて欠けるところがあるので
II62 あって、そこでは内容的にいえば、なんらかの知識や学問において真理であることがらであっても、真理というなまえにあたいしうるのはひとり、それが哲学によって産出されるにいたったときにかぎられる、というしだいが見とおされていない。つまり哲学以外の学問は、哲学をもたずにどれほど詭弁を弄することをこころみようと、哲学を欠いているかぎりでは、生命を、精神を、真理を、みずからそなえることがかなわないのである。

いわゆる「健全な悟性」と「詩的」な「哲学」

本来的な哲学にかんしても、私たちは以下のような消息を目にしている。すなわち、教養はながい道程を辿らなければならず、ゆたかで深みのある運動をとおって、精神が〔絶対〕知へと到達しなければならない。そのような道程と運動に代えて、神的なものの直接的な啓示と、健全な人間悟性とがあらわれる。もちろん、そのような悟性〔常 IX47

識〕は、哲学以外の学問についてであれ、本来の哲学にかんしてであれ、苦労も教養も積んでなどいないのだ。そのような啓示と悟性とが、ただちにかんぜんに〔教養の道程と精神の運動に対して〕価値のひとしいものとみられ、立派な代用品とみなされている、というのがくだんの消息なのである。いってみれば、キクニガナがコーヒーの代用品として賞味されているようなものなのだ。このようなことを注記しておくのも本意ではないけれども、そこではつまり無知と、くわえて形式ももたなければ、趣味もそなえていない、粗野そのものであるものが――みずからの思考を一箇の抽象的な命題へと固定する能力ももたなければ、まして多くの〔抽象的〕命題のあいだの連関を確定することもできないようなていたらくでありながら――あるいは思考の自由と寛容であるだの、あるいはまた天才であるだのと断言されている。後者の天才と称するものが、いまや哲学にあって流行している〔シェリング〕けれども、かつては同様に詩において流行していたことは、よく知られているとおりである〔いわゆる「疾風怒濤《シュトゥルム・ウント・ドラング》」の時代〕。それはしかし、詩《ポエジー》ではない。このような「天才」による創作がなんらかの意味を有していたにせよ、その「創作」が産みだしたものは平凡な散文《プローザ》だったのだ。あるいは、散文を踏みこえた場合には、錯乱した熱弁《レーデ》となったのである。かくして現在では、「自然的に哲学すること」がこれに代わっている。そのように「哲学すること」は、じぶんが概念たるにはあまりに高邁なものであると考え、概念を欠いていることによってみずからは

Ⅲ64

直観的で詩的な思考であるとみなしている。それが市場に提供しているのは、さまざまな思想を混入することでばらばらにされたにすぎない構想力を、恣意的に繋ぎあわせたものなのである。かくてでっち上げられているのは、魚とも肉ともつかず、詩でも哲学でもないようなしろものなのだ〔シュレーゲルに対する皮肉〕。

「健全な人間悟性」とその欺瞞

これに対して、健全な人間悟性のより安定した川床を流れてゆくさい、「自然的に哲学すること」が提供してくれるものは、せいぜい陳腐な真理のレトリックである。そのような真理には意義がないと批難されると、この「哲学すること」は、反対に断言して、
Ⅱ63
「意味とその内実はじぶんの心情《ヘルツ》のうちに現にあり、他のひとびとのもとにも現にある《フォアハンデン》
56
はずだ」と主張する。およそ「心情の無垢」とか「良心の純潔」とかといえば、極めつきのことを語ったと思いこみ、これに対しては抗弁もなりたたなければ、それ以上のなにかを要求されることもありえないと考えているからだ。問題であったのは、しかしながら、最善のものを内奥にとどめることなく、内奥という穿からあかるみへと引きだすことだったのである。くだんの種類の究極的な真理を言いあらわすこと、この努力がながらく省かれてよいものとなっていたのだ。そのような真理なら、ひさしくたとえば教理問答《カテキズム》のうちで、民衆のことわざなどのなかで見いだされるからである。こういった

真理がかたちの定まらないもので、あるいは偏ったものであるしだいを捕えるのは、むずかしいことではない。往々にしてその正反対の真理が、その真理を捉えたとする意識そのもののうちに存在するはこびを、当の意識に対して指摘することができるほどである。例の意識は、〔そう指摘されることで〕じぶんのなかに掘りおこされた混乱から逃れでようとあがきながら、あらたな混乱のうちへと落ちこんでしまい、おそらくはこう喚きたてるにいたるのだ。「だんじてこれはかくかくしかじかなのであって、そんな指摘のほうこそソフィスト的詭弁（*Sophistereien*）である」。この「ソフィスト的詭弁」というのは、通常の人間悟性が教養をへた理性に対抗するさいの決まり文句であって、それは「夢想 *Träumereien*」という表現を、哲学に対する無知が、哲学に対して断乎としてその徴表としたのとおなじことなのである。くだんの人間悟性は感情に、つまりみずからの内なる神託に訴えるのであるから、そのような悟性であれば、じぶんに賛成しない者に対しては、それで済んだことにしてしまう。この悟性が宣言せざるをえないところは、「おなじことをみずからのうちに見いだし、感受しない者に対しては、じぶんとしてはそれいじょう語るべきなにごともない」というしだいである。——ことばをかえ Ⅲ65
れば、そういった悟性は、人間性《フマニテート》の根幹を足下に踏みにじっているのだ。というのも人類《フマニテート》の本性とは、他のひとびとと一致することをどこまでも求めるものであって、こ Ⅸ48
の本性が現実に存在するのはただ、意識のあいだの共同性がもたらされる場合にかぎられるからである。反人間的なもの、動物的なことがらとは、感情のうちにとどまり、感情をつうじてだけたがいに伝達しあうことができる、という消息なのである。

「学問に王道はない」ということ

かりに「学へといたる王道」が問われたとするならば〔ユークリッドをめぐる逸話〕、挙げられるもっとも安易なみちすじは、健全な人間悟性へと身をゆだねる、という以外のものではありえない。くわえてまた、時勢にあわせて、哲学と足並みをそろえてすす
II64 むためには、哲学的な著作をめぐる評論を、さらにたとえば「序文」を、しかもその最初の数節にかぎって読むこと以上に安易な途もありえない。そういったものは一般的な原則を与えており、いっさいはその原則にかかっている〔とされる〕からだ。そのうえ
57 評論であるならば、記述《ヒストーリッシュ》的な覚書のほかに、なお評価をも与えてくれるのである。その評価は、それが評価である以上は、評価されたものを超えでている。このふつう《ゲマイン》の道なら、普段着のまま歩いてゆける。いっぽう高僧の衣装を身につけて闊歩しているのが、永遠なもの、聖なるもの、無限なものによって昂揚した感情である。これも路であるとはいえ、むしろすでにそれじしん〔世界の〕中心に位置している直接的な存在であり、天才のすがたであって、それは深遠で独創的な理念と高邁な思想の閃きとに満たされている。しかしながらそうした「深み」はなお実在の源泉を啓示していないし、この〔「閃

き」の〕花火もいまだ最高天（Empyreum）〔ギリシアの世界像では、宇宙の最高部にある火の天〕ではない。真の思想と学の洞察は、ただ概念の労働において獲得されるべきものである。ひとり概念のみが、知についてその「普遍的なありかた《アルゲマインハイト》」を造りだすことができる。その普遍性《アルゲマインハイト》は通常の《ゲマイン》人間悟性に帰せられる、「規定されていない」というふつう《ゲマイン》のありかたでも、その貧しさでもない。普遍性とは、教養をへて、完成した認識〔のありかた〕なのである。くだんの普遍的なありかたはまた、尋常ならぬ《ウンゲマイン》普遍性というわけではない。そのような普遍性なら、いわゆる「天才」の怠惰と自惚れで台なしになってゆく理性の素質ということになるだろうが、ここでいう普遍的なありかたはむしろ、理性にとって領域内的な形式へと生育した真理〔という普遍性〕である。そのような真理こそが、みずからを意識した理性であるならば、ことごとくみずからの所有としうるものなのである。

プラトン、アリストテレスの受容史にことよせて

私としては、それによって学が現実存在するものを概念の自己運動のうちに定立する。 Ⅲ66
とはいえ考えてみると、すでに挙げておいたものであれ、またそれとはべつの外的側面についてであれ、私たちの時代において真理の本性と形態とにかんして懐かれている考え《フォアシュテルング》は、私のそれとはことなっているばかりか、それと正反対のものですらある。

そうであってみれば、学の体系をいま言った〔概念の自己運動という〕規定にそくして呈
示しようとするこころみには、好意的に受けいれられる見こみがまったくなさそうに思
える。それでも私としては、こうも考えることができる。たとえばときとして、プラト
ン哲学にあって卓越したものが、学問的にみれば価値のない神話にあるとされることが
ある。たほう狂信の時代とすら呼ばれる時期においてさえも、アリストテレスの哲学が
その思弁的な深さのゆえに尊敬され、プラトンの『パルメニデス』篇が――これは古代
Ⅱ65 弁証法の生んだもっとも偉大な芸術作品ともいうべきものだ――神的生命にかんする真
の開示であり、その積極的な表現であると考えられたこともある〔新プラトン主義〕。そ
ればかりではない。忘我の生みだすものがどれほど朦朧としたものであり、この忘我《エクスターゼ》
が誤解されていたにしても、それはじっさいには純粋概念とべつのものではなかったは
58 ずである。くわえて、私たちの時代の哲学にあって卓越したものは〔カント以来〕、みず
からの価値そのものを学問的であること《ヴィッセンシャフトリッヒカイト》のうちにみとめているのであって――他のひと
Ⅸ49 びとがこの件をべつのしかたで受けとっていようと――、ただこの学問性《ヴィッセンシャフトリッヒカイト》を
つうじてのみ、現にみとめられてもいるのである。こうしたことがらを考えあわせると、
私としては希望してよいと思うのだが、このこころみ、つまり学が概念を取りもどすこ
とを請求して、概念という学にとって特有な境位にあって学を呈示しようとするくわだ
ても、ことがらの内的真理によって受けいれられることになるだろう。私たちが確信せ

ざるをえないところは、真なるものはその本性からして、その時節が到来すれば浸透してゆくものである、ということだ。だから真なるものは、この時節が到来してはじめてあらわれるものであり、それゆえあらわれるに早すぎることはけっしてなく、〔真なるものを理解するのに〕未熟な公衆を見いだすこともありえない。また個人〔著者〕はこうした〔成熟した読者を見いだす〕効果を必要としているのであって、そうした効果によって、なお個人ひとりのことがらにすぎないものが、公衆において確証されなければならないものなのだ。つまり、いまだようやく〔著者である個人の〕特殊なありかた《ベゾンダーハイト》に根ざしているにすぎない確信が、なにほどか普遍的なもの《アルゲマイネス》であるしだいが経験される必要があるのである。そのさいしかし多くのばあい公衆は、その代表者を気どり、代弁者としてふるまう者たちから区別されなければならない。公衆は多くの点で、そうした者たちとはべつのしかたでふるまい、そればかりか対立したふるまいを示すことさえあるものだ。公衆の側は喜んで責めを負って、ある哲学的著作がじぶんには性に合わないことをむしろみずからみとめるいっぽう、代表者や代弁者となる者たちは、これに対して、みずからの資格を恃んで、すべての責めを著者に負わせる。前者に対して〔著作がおよぼす〕影響は、後者、この「死せる者が死せる者を葬る」〔マタイ伝八－二二〕さいのふるまいよりも目につかないものである。今日では一般に共有されている洞察が総じてより成熟したものとなり、その好奇心もいっそう盛んとなって、また判断がより迅速に下さ

Ⅲ67

れるようになっている。そのけっか、「おまえを連れだす者たちの足は、すでに戸口に立っている」〔使徒行伝五‐九〕のだ。そのような時代であればこそ、こうした〔目さきの評価にかかわる〕ことから、長い目でみられた〔公衆に対する〕影響が区別されなければならないことも多い。そうした影響によって、〔代表者や代弁者の〕高圧的な断言が強要していた注意のありかたが匡され、叩きつけるような批難もまた正される。そのよう
II 66 な影響のなかで、一部の著作には同時代《ミットヴェルト》〔の読者〕がしばらく時をおいてようやく与えられる。その反対に、ほかの著作は、おなじく時がたてば、もはやまったく後代《ナッハヴェルト》〔の読者〕を持たないようになるものなのである。

「普遍性」の時代と、個人の役割

ちなみに時節というものもあって、〔現代では〕精神の普遍性がきわめて強力なものとなり、〔個人の〕個別性は、当然のことながらそれだけ重要な意味をもたないものとなっている。精神の普遍性はその全範囲にわたり、形成された富を手ばなさず、それを
59 要求しているのである。精神の仕事の総体に占める、個人のはたらきにぞくする持ち分は、ほんのわずかなものでしかありえないのだ。そのような時代であれば、個人は――学の本性からしてもすでにそうであるとおり――みずからをいっそう忘れてゆく必要がある。個人が、じぶんのなりうるものとなり、みずからのなしうるところをなさなけれ

ばならないのは、たしかである。とはいえ個人はじぶんに多くのものを要求してはならない。おなじくまた個人自身にも多くを期待することはできず、個人に対して多くを要求することも許されないのである。

序論

Ⅱ67 63

「認識＝道具／媒体」説とその困難

自然な考えかた《フォアシュテルング》によれば、哲学にあっては、ことがらそのものに、すなわち真に存 Ⅲ68 Ⅸ53
在するものを現実に認識することへとすすむに先だって、必要となることがらがある。
それはつまり、あらかじめ認識にかんして理解しておくことである。そのばあい認識は
道具であって、それをつうじて絶対的なものが我がものとされると見なされているか、
あるいはそれは手段であり、これを介して絶対的なものが見てとられるはこびとなる、
と考えられているのである。このような懸念〔を認識についてあらかじめ懐くの〕は正当
なところであるようにみえる。それはひとつには、〔感性、悟性、理性など〕さまざまな
種類の認識が存在し、そのうちの或るものは他のものとくらべて、この〔真に存在する
絶対的なものの認識という〕究極的目的を到達しようとするさいにより適切なものであろ
うから、そのかぎりではまた、その認識の種類のあいだで選択をあやまることがありう
る〔以上、その選択について決定しておく必要がある〕からである。さらにもうひとつには、
認識とは一定の種類のものであり、特定の範囲をともなった能力のことであるから、そ
の本性と限界とをより詳細に規定しておかなければならない、ということである。そう
しなければ、どちらの場合についても、真理の天界のかわりに、誤謬の雲海がつかまれ
ることになるだろう。こういった懸念は、おそらくは一箇の確信にさえ転じるにちがい
ない。要するにしまいには、自体的《アン・ジッヒ》に存在するものを、認識をつうじて意識が獲得しよ

うとするくわだてのすべてが、その概念において矛盾しており、認識と絶対的なものと
のあいだには、両者を端的に分断する境界がある、とされてしまうのである〔カントの
場合〕。そもそも認識が「道具」であって、それによって絶対的な実在《ヴェーゼン》が我がものとさ
れるとしてみよう。その場合ただちに気づかれるとおり、なんらかの道具をことがらに
当てがうことは、ことがらを、それ自身にとって《フュール・ジッヒ》存在するとおりのものにしておくに止
まるものではない。むしろそのようにすることで、ことがらにはかたちが与えられ、変
化がくわえられることになる。あるいは、認識は私たちが〔能動的に〕はたらくさいの
道具ではなく、むしろいわば受動的な媒質《メディウム》であって、その媒質をつうじて真理の光が
私たちのもとに届くのである、としてみよう。その場合であっても私たちが手にするの
Ⅱ68 64 はやはり、自体的にあるがままの真理ではない。かえって、この媒質をつうじて存在し、
この媒質のうちに存在する真理なのである。私たちはこのどちらの場合についても或る
手段《ミッテル》を使用するわけであるが、この手段がただちに、それが目的とするところに背反す
るものを生みだすことになる。ことばをかえれば、理に悖ることがあるとすれば、それ Ⅲ69
はむしろ私たちがそもそもなんらかの中間項《ミッテル》を用いるということにある。一見したとこ
ろではたしかに、このような不都合は、道具のはたらくしかたを知ることで、それを取
りのぞくことができるものであるようにみえる。というのも、そのような知識によって
可能になることがあって、それは、私たちが道具をつうじて絶対的なものにかんして手

にする表象《フォアシュテルング》のうちで、道具にぞくする部分を結果から引きさることだからである。かくして真理が純粋に保たれる、というわけだ。しかしながら、このように改良してみても、私たちはじっさい結局もとからいた場所に連れもどされるだけだろう。〔道具によって〕かたちを与えられた事物《ディング》から、そこに道具が付けくわえたものをもういちど取りのぞいたとしても、私たちにとって事象《ディング》は――事象とはここでは絶対的なもののことである――そういった手数をかけてよけいな努力をはらうまえと、ふたたびまったくおなじものとなることだろう。〔これとは反対に〕絶対的なものが道具をつかって私たちにほんのすこしでも近づけられるさいに、絶対的なものにはこれといって変更がくわえられないものとしてみよう。これは、言ってみればモチ竿で鳥を捕まえるようなものであるが、そうであるとすれば絶対的なものは――かりに絶対的なものがそれ自体として《アン・ウント・》、またそのままに《フュール・ジッヒ》すでに私たちのもとで存在し、また存在しようとしないとしたならば――このような狡智を嘲笑うはずである。なぜ狡智と称するかといえば、このばあい認識は、みずからの多岐にわたる努力をとおして、なにかまったくべつの意味あることをしているかのような貌をしてみせているからだ。そのじつ認識は、直接的で、かくてまた労苦もかからない関係を生みだしているにすぎないのである。あるいはまた、私たちが認識をひとつの媒質であると考え《フォアシュテレン》るとして、そのような認識を吟味してみれば、その媒質がうむ光線屈折の法則が教えられるものとしてみよう。その場合であっても、この屈折

を結果から差しひくことは、おなじくなんの役にもたたない。というのも、光線の屈折
などではなく、私たちが真理にふれることになる光線そのものが認識ということになっ
ていたからである。これを引き算してしまえば、私たちにはたんなる純粋な方向だけが、
もしくは空虚な場所のみがしるしづけられるにすぎないだろう。

「認識＝道具／媒体」説の前提

それにしても、あやまりに陥るのではないかとする懸念が、学に対して不信を差しは
さんでいることになるけれども、学の側はといえば、そのような疑念を抱くこともなく
仕事そのものにむかい、また現実に認識しているわけである。そうであるとすれば分か
Ⅱ69 らないのは、なぜ逆になんらかの不信がこの不信〔自身〕にむけられて、「あやまるの
ではないかというこういった恐怖が、すでにあやまりそのものなのではないのか」と懸
念されるところがない、などというはこびとなるのか、ということなのだ。じっさいこ
の恐怖はなにごとかを、しかも多くのことがらを真理であるものと前提してしまってい
る。その前提に、恐怖がふくむ疑念とその帰結とがもとづいているのであるから、あら
65 かじめ吟味されるべきものといえば、まずもって「このように前提することが真理であ Ⅲ70
るか」というしだいなのである。このような恐怖が抱かれるさいに前提とされているの
は要するに、認識とは道具であり、媒質であると考えることであって、また私たち自身

をこの認識から区別することである。とりわけ問題であるのは、しかしながら、絶対的なものは一方の側に立ち、認識は他方の側に、それだけで《フュール・ジッヒ》、つまり絶対的なものから分離されて立っていながら、それでも実在的ななにごとかであるとする前提なのである。ことばをかえれば、そのような前提をおくことで、認識は絶対的なものの外部にありながら、ということはまた真理の外部に存在することになるはずであるにもかかわらず、認識にはやはり真理が付着《ヴァールハフト》している、とされることになる。この仮定こそ、あやまりに対する恐怖と称されているものが、かえって真理をまえにした恐怖である消息を認識させるものなのだ。

絶対的なもののみが真であり、真なるものだけが絶対的である

この帰結は、「絶対的なもののみが真であり、あるいは真なるものだけが絶対的である」とするところからあきらかである。当の帰結について、〔ある種の〕区別をもうけることで回避されることができるとはいえ、その場合には、なんらかの認識は、学が欲するようには、絶対的なものを認識しないのはたしかなところであるにもかかわらず、それでもなお真でありうることになり、また一般に認識は、絶対的なものをとらえることができないにしても、他の真理ならやはりとらえる能力をそなえているということになる。とはいえ、私たちがやがて見てゆくとおり、このようにあれこれと語ることは、

Ⅱ70

結局のところ、絶対的に真なるものとそれ以外の真なるもののあいだにあいまいな区別をもうけることに帰着するのであって、そこでは「絶対的なもの」だの「認識」だのと言ったところで、それらはただのことばであるにすぎない。そうしたことばが前提としている意義に到達することこそが、なにより問題となるのである。

「現象する知」を叙述すること

認識を絶対者を手にするための「道具」であるとしたり、私たちがそれをつうじて真理を見とおす「媒質」であるととらえたりする、この種の役にもたたない表象《フォアシュテルング》や語り口にかかわりあうのは止めておこう。それらは、絶対的なものから切りはなされている認識と、認識から分断されている絶対的なものという、こうした表象であるならば、およそそのすべてが帰着する関係なのだ。そういったものは、学をになう能力のない者が、こうした関係を前提としておくことで、そこから引きだそうとする逃げ口上なのであって、かれらはそこで同時に学のための努力から解放され、また同時に、真摯かつ熱心に努力しているかのようなようすを装おうとしているのである。このような逃げ口上も措いておくことにし、おなじようにまた右に挙げたようなことがらのいっさいに応えようとして、あたまを悩ませることも止めておいたほうがよい。それらのすべては、偶然的で恣意的な考えかた《フォアシュテルング》としてただちに投げすててしまってよいだろう。くわえてま

Ⅸ55

た、そこにむすびついていることばの使われかたは——たとえば「絶対的なもの」「認 III71
66 識」、また「客観的なもの」「主観的なもの」といった、そのほか無数の語のことである
——、それらのことばの意義が一般によく知られているものとして前提されているわけ
であるけれども、むしろ詐術とさえみなされてよいだろう。そもそもかれらは、一方で
「これらの意義は一般によく知られている」ことを口実とし、他方ではまた「じぶん自
身がこれらの概念を手にしている」しだいを公言している。このようなことはかえって
ただ、主要な課題を省略してしまおうとするものとしか見えないものだ。主要な課題と
はすなわち、これらの概念を与えることなのである。〔そのようなことが許されるなら〕
これに対してより正当な権利をもって、省略されてよいはずの努力というものがある。
それはつまり、こういった表象《フォアシュテルング》や語り口は学そのものを拒否しようとするものな
のだから、それらをまったく考慮もしない、ということである。だいたい、そうした
考えかた《フォアシュテルング》と語り口というものは、知をよそおう空疎な現象をかたちづくるものにすぎ
ず、学が立ちあらわれてくれば、そのまえでただちに消え去ってしまうものなのである。
いっぽう〔考えなおしてみれば〕学も、それが登場してくるさいには、それじしん一箇
の現象である。学が「登場」してくるということは、学はなおその真のありかた《ヴァールハイト》では実
現されておらず、展開されてもいない、ということなのだ。だからその場合どちらをえ
らんでも等価なのであって、つまり学はそこで他の知とならんで登場しているかぎり、

学の側が現象《エアシャイヌング》であると考えようと、あるいはくだんの真ではない他方の知の側を学の現象と呼ぼうと、どちらでもよいことになる。学はしかしながらこのような仮象《シャイン》から自由にならなければならないが、学がそこから自由になりうるのはひとえに、それがこの仮象に立ちむかうことをつうじてだけである。というのも学は、真《ヴァールハフト》ではない知を事象《ディンゲ》についての凡俗な見解であるとして、ただそれを投げすてることはできないからである。学はまた〔ひたすら〕断言して、「じぶんは〔真ではない知とは〕まったく別箇の認識であって、そのような知は学にとっては完全になにものでもない」〔シェリング〕、とするわけにもいかない。さらに、真ではない知自身のうちにある、より善い知への予感〔フィヒテ〕に訴えることもゆるされないのである。最初の場合のように断言するということになれば、学はみずからが存在していることをもってじぶんの力であると説明することになる。いっぽう真ではない知のほうも、おなじようにみずからが存在していることに訴えて、「じぶんにとって学とはなにものでもない」と断言するはこびとなる。
Ⅱ71
ひとつの無愛想な断言は、しかしもうひとつのおなじく無愛想な断言とまったくひとしいものと見なされる。まして学は、「より善い予感」なるものに訴えるわけにはいかない。その予感とは真《ヴァールハフト》ではない認識のうちに現に存《フォアハンデン》し、その認識自身のなかで学を指ししめすものであるとされるにしても、そのような予感に訴えることはできないのだ。というのも一方では、そのようなことをすれば学はおなじようにふたたび一箇の「存

在」に訴えるしだいとなってしまい、他方ではまたみずからに訴えるはこびとなるから
である。この場合しかも学みずからも　真《ヴァールハフト》ではない認識のうちにある様式で存在し Ⅲ72
ている。すなわち学が訴えるのはじぶんが存在する悪しき様式に対してであり、むしろ
みずからの現象に対してであって、学が自体的に、またじぶんに対して《アン・ウント・フュール・ジッヒ》存在する様式に
訴えているのではない、ということになってしまう。右に挙げたような理由にもとづい
て、ここで、現象する知の叙述がくわだてられなければならないのである。

「自然的な意識」と「たましいの宿駅」

ところでいま述べたような叙述であれば、それはひとり現象する知にかぎって、その
67 対象とするものである。そうであるがゆえに、当の叙述それ自身は、自由な、みずから
の固有な形態にあって運動してゆく学ではないものであるかのように見える。むしろこ
の叙述はそのような観点からすれば、自然的な意識のみちゆきであって、その意識はこ
のすじみちをたどって真の知へとすすんでゆくものと考えることができる。いいかえれ
ばこのみちすじは、たましいが、みずからのまとう一連の形態を、じぶんの本性をつう
じてみずからにあらかじめ定められている宿駅というかたちで遍歴してゆく道程なので
ある。そのけっか、たましいは精神へと浄化されてゆくことになるけれども、それはた
ましいが、じぶん自身をかんぜんに経験することを介して、「みずからが自体的に《アン・ジッヒ》はそ

れ自身なんであるか」にかんする知へと到達することによる。

「懐疑」の道と「絶望」の途

自然的な意識は〔このみちゆきを辿ることで〕、みずからが知の概念にすぎないこと、 IX56
いいかえれば実在的な知ではないしだいを示してゆく。当の意識はいっぽう直接的なしかたでは、じぶんがむしろ実在的な知であると考えているので、この道程は意識に対して[*1]否定的な意義を有することになる。意識にとって[*2]はかえって、概念の実現であるものが、自己自身を喪失することととらえられるのである。意識はこのみちゆきにおいて、じぶんが真理《ザイネ・ヴァールハイト》であるというありかたを失うからだ。みちすじは、それゆえ、〔デカルト的な〕懐疑（*Zweifel*）のすじみちとみなされることもできる。あるいはより本来的な意味では、絶望（Verzweiflung）のみちすじである。その道程にあって生起するのはつまり、ふつう「懐疑」のもとで理解されていることがらではない。通常の懐疑であれば、それは真理と思いこまれているあれこれを動揺させはするけれども、やがてしかるべく懐疑はふたたび消えさってゆき、〔はじめに懐かれていた〕例の真理へと立ちもどることが、これにつづいて生起する。そのけっか最終的には、ことがらは〔懐疑が開始される〕
II72 以前とおなじように受けいれられるにいたるのだ。みちゆきは〔ここで問題となっているそれについていえば〕むしろ、現象する知が真理ではない《ウンヴァールハイト》ことを意識的に見とおすものとなる。現象する知にとってもっとも実在的なものは、ほんとう《イン・ヴァールハイト》はかえってなお実現されていない概念にすぎないからである。このみちゆきは徹底的に遂行される懐疑主義(Skeptizismus)であって、この懐疑主義はそれゆえまた、真摯かつ熱心に真理と学とを追いもとめる者であっても、真理と学に対してはそれで充分で、装備もととのったものと夢想してしまうことがらとは一致しない。かれらがそう考えるものは、すなわちある種の企図であって、それは「学においては、権威にもとづいて、他者たちが考えたこと《ゲダンケ》 III73 に身をゆだねてしまうことなく、むしろすべてを自身で吟味して、じぶんの確信のみにしたがう」とするものである。あるいはなお適切なかたちでいいなおせば、「あらゆるものを自身で創りだし、じぶんが造りあげたものだけを真なるものとみとめよう」ということである。〔しかし、ここでいう懐疑主義とはそのようなものではなく、〕意識がこのみちゆきのなかで辿ることになる、みずからの一連の形態は、むしろ意識自身が学へと形成(*Bildung*《ビルドゥング》)されてゆく詳細な歴史なのである。さきに挙げたような企図ならばこの教養形成を、たんなる企図という単純なしかたで考えて、それはただちに完了し、為し 68 おえたものとみなしてしまう。この形成のみちゆきは、しかしながら、〔たんなる企図といったものがふくんでいる〕この真ではないありかた《ウンヴァールハイト》に対して、〔真のありかたを〕現実に実現するものである。じぶんの確信にしたがうことは、もちろん、権威に身をゆだねること以上のなにごとかではある〔デカルト、ベーコン〕。とはいえ、権威にもとづく信憑が自身の確信からする信憑に切りかわったとしても、そのことによってかならずしも信憑の内容が変化するわけではなく、あやまりにかわって真理が登場してくるわけでもない。他者たちの権威に拠るにせよ、あるいは自己の確信にもとづくにせよ、どちらにしても、思いなしや先入見の体系のうちにとどまることにはちがいがない。両者がたがいに区別されるとすれば、それはただ、後者の方式には自惚れが棲みついているというだけのことである。懐疑主義は、これに対して、現象する意識がおよぶ全範囲へと立ちむかう。そのような懐疑主義によって、精神ははじめて適切なしかたで「なにが真理であるのか」を吟味することができるようになる。それは精神が、いわゆる「自然的」な表象や思想や思いなしを絶望へと追いこむことによってなのである。その場合、いうところの表象や思想や思いなしを、じぶんのものと称しようと、他者たちのものと名づけようと、それはどちらでもよい。とはいえ、この吟味にただちに取りかかろうとしても、意識というものは、そういった表象やら思想やら思いなしやらになお充たされ、つきまとわれている。そういうしだいで意識は一方では、じぶんがくわだてようとしている吟味を、じっさいにはなお担うことができないのである。

＊1 für es, つまり für das Bewußtsein.
＊2 ihm, つまり dem Bewußtsein.

進行の必然性と、「規定された否定」

実在的なものではない意識が〔このみちゆきにおいて〕辿るさまざまな形式は完璧なものでなければならない。それが完璧なものであることは、〔諸形式の〕進行と連関そのものが必然的であるはこびをつうじてあきらかとなる。この件を理解するために、一般的なしかたであらかじめ注意しておいてもよいことがらがある。それは、真《ヴァールハフト》ではない意識が真理ではない《ウンヴァールハイト》しだいを叙述することは、ただたんに否定的な運動ではない、という消息である。このような〔ただ否定的な運動のみをとらえる〕一面的な見解を、自然的な意識は総じてくだんの叙述にかんして懐くものであって、知がそういった一面性をみずからの本質としている場合には、その知は、なお完成されていない意識がまとう形態のひとつということになる。そのような形態は、このみちゆきの経過そのものにぞくしており、その経過のうちであらわれてくるものなのである。問題の形態とはすなわち、〔本書、ⅣBで論じられる〕懐疑主義であって、懐疑主義は結果のなかにつねにひたすら純粋な無のみを見てとることになる。懐疑主義が捨象してしまうのは、この無が、そこから当の無が帰結したものの[*1]無である、というしかたで規定されているということなのだ。「無」とはいっても、いっぽうではただその無がそこから由来するものの「無」であると考えられた場合には、じっさいにはその無は真理の付着した《ヴァールハフト》結果なのである。無もかくてそれじしん規定された無であって、そこには内容がふくまれている。懐疑主義

Ⅲ74

Ⅸ57

は、無あるいは空虚という抽象をもってことを終えてしまうものであるかぎりでは、そ
の空虚からそれ以上すすむことができない。むしろ懐疑主義が期待するほかはないのは、
じぶんにとってなにかあらたなものがあらわれないかどうか、そのあらたなものがなん
であるか、ということにすぎない。懐疑主義としては、そのあらたなものを〔あらため
69 て〕おなじ「空虚な深遠」へと投げこんでゆくだけのことである。これに対して結果が、
その真なるありかた《ヴァールハイト》においてとらえられ、すなわち規定された否定としてつかまれるな
らば、それとともに直接にあらたな形式が発生してきていることになる。〔一見したとこ
ろたんなる〕否定〔にみえるもの〕のうちで移行がなされているはこびとなって、そのよ
うな移行〔がそのつど存在すること〕をつうじて、〔実在的なものではない意識が、その諸形
式についてたどる〕進行は、さまざまな形態の完璧な系列をとおりぬけてゆくしだいが
おのずとあきらかとなるのである。

＊1 das Nichts *dessen ist, woraus es resultiert.*「無」とされているものは、その無が結果として生まれてくるもの「ではない」、というかぎりでの「無」であるということ。

意識は自己自身を超越する

いっぽう〔この道程がめざす〕目標もまた、知にとっては必然的に設定されており、
それは〔右にみたように〕進行の系列が必然的に設定されているのと同様である。目標

はつまり、知がもはやじぶん自身を超えてでてゆく必要がない地点〔知と対象とが一致す
る「絶対知」〕にあるのであり、そこでは知がみずから自身を見いだして、概念は対象と、
対象は概念と合致することになる。この目標へといたる進行は、かくしてまた停止する
ことがなく、目標のてまえのどのような宿駅でも満足を見いだすこともない。自然的な
生へと制限されているものであるならば、じぶん自身でみずからが直接的なしかたで
現に存在するありかた《ダーザイン》を超えてゆくことはできない。むしろなにか他のものをつうじて、
このじぶんの定在《ダーザイン》を超えて、その外部へと追いたてられることになるけれども、その
II 74 ように引き裂かれて外部へと駆りたてられることは、当の自然的な生にとってはその死
なのである。意識とはたほう、じぶん自身にとって《フュール・ジッヒ・ゼルプスト》みずからの概念なのであって、その
ことでただちに制限されたものを超えてでてゆく。しかもこの制限されたものは意識にぞ
くしているのだから、意識はみずから自身を越えてゆくのだ。個別的なもの〔が与えら
れているなら、それ〕とともに意識にとっては同時に、その彼岸も定立されている。た
だし「彼岸《イエンザイツ》」といったのは、空間的な直観になぞらえて、制限されたものの「かたわ
らに《ネーベン》」というだけの意味にすぎない。意識はこうして、制限された満足を廃滅してしま
う暴力を、じぶん自身から受けとることになる。この暴力を感得するとき、真理をまえ
III 75 にして不安はたじろいで、喪失するかもしれないと脅かされているものを維持しようと
つとめることだろう。不安が、とはいえ、安らぎを見いだすことはできないのである。

不安が思想を欠いた怠惰のうちに立ちとどまろうとしても、思想が無思想を煩わせ、思想の不安が怠惰を攪きみだす。あるいは不安が感傷というかたちで固定されようとし、「いっさいはそれなりのしかたで善い」とみなして、そう断言しても、そうした断言もやはり理性による暴力をこうむる。理性は、ほかでもなく、或るものが「それなり」であるという理由によって、それが善いものとはみなさないからである。あるいは真理への恐怖が、じぶんにも他者たちにも、ある種の外観《シャイン》の背後に隠されていることもあるだろう。外観というのはつまりあたかも、真理そのものに対する燃えあがる熱意があるからこそ、真理への恐怖にとっては困難となり、そればかりか不可能となってしまうことがらがあるかに見える、ということである。そのけっか恐怖には、他の真理はなにも目に入らず、見いだされるのはゆいいつ〔じっさいには〕自惚れによる真理だけである、と称するのである。じぶんにはいつでもより分別というものがあって、じぶん自身から、もしくは他者たちから手にされるような、どのような思想よりもすぐれている、というわけだ。このような自惚れは、あらゆる真理を空しいものとしてしまう。それは真理のすべてからみずからのうちへと引きかえすすべをこころえているのであって、じぶん自身のこういった悟性でみずから愉しんでいる。その悟性はありとあらゆる思想をいつでも解消し、いっさいの内容のかわりに、ただ無愛想な〈私〉を発見することだけを弁えているからだ。そういった自惚れなら、放っておくほかはしかたのない満足というもの

70

IX58

である。それは普遍的なものから逃げだして、ただじぶんだけの存在《フュールジッヒザイン》のみを求めているからである。

Ⅱ75

探究の困難――吟味の尺度は存在するか

これまでのところ予備的に、また一般的なかたちで、進行のしかたとその必然性をめぐって語っておいた。おなじようなしかたで、なお〔くだんのみちゆきを〕実現する方法にかんしてもいくらかの注意をしておくことが役にたつかもしれない。以下の叙述は、学が現象する知に対して関係することと考えることもできるし、認識の実在性を探究し、吟味することとも考えることができる。そういった叙述は、尺度として根底に置かれるなんらかの前提を欠いている場合には、生じえないものであるように見える。というのも吟味というものがなりたつのは、想定された尺度を当てがうことにおいてであるからだ。そのうえで、吟味されるものと尺度とがひとしいか、ひとしくないかがあきらかとなって、吟味されているものが正しいか、正しくないかが決定されるのである。尺度というものは総じて――また学も同様に、それが尺度であるとするならば――そのばあい実在として、あるいは自体的なものとして想定されているはずである。しかしここでは、学がはじめて登場しはじめているところなのだから、学そのものも、また他のなにもの Ⅲ76
であれ、実在《ヴェーゼン》であり、あるいは自体的《アンジッヒ》なものであることを正当化されていない。実在や自体《アンジッヒ》といったものが欠けているところでは、およそいかなる吟味も生じようがないように思われる。

意識は或るものをじぶんから区別し、同時にこれに関係する

右で挙げたような矛盾と、それを取りのぞくしかたをよりはっきりさせておくために、とりあえず知と真理との抽象的な規定を、それが意識に対して現前してくるかたちにそくして、〔たとえばラインホルトにならい〕思いおこしておこう。意識はすなわち、或るものをじぶんから区別すると同時に、この或るものに関係している。あるいはこう表現してもよい。或るものが意識に対して存在しているのである。そして、この関係の、あるいは或るものの意識に対する存在の有する一定の側面が、知ということになる。一箇の他のもの〔である意識〕に対するこの存在から、私たちはたほうでは自体的存在を区別する。知に関係づけられたものが、同様にまた知から区別されて、この知との関係の外部にも存在するものとして定立される。この自体的なものという側面が、真理と呼ばれるのである。そもそもこれらの規定にふくまれているものがなんであるかについては、私たちとしてはここではこれ以上たちいらない。現象する知が私たちの問題としている
71 対象であるかぎり、さしあたりはその知にふくまれている規定も、直接にあらわれてくるすがたにおいて受けとられてよいからである。だから、それらの規定がここでとらえ

Ⅱ76

られているとおりに、知にふくまれた規定もあらわれているとしてよいだろう。

私たちはここで、知が真理であるかどうかを探究している。そこで一見したところ、探究されているものは、「知が自体的になんであるか」であるかに思える。しかしながら、そうした探究にさいしては、知は私たちの対象であり、知は私たちに対して存在している。それゆえ、〔探究によって〕あきらかとなる知にとっての自体的なありかたといっても、それはむしろ知にぞくする、私たちに対する存在となるはずである。つまり、私たちが自体的なものの本質《ヴェーゼン》と主張するものにせよ、これもまたむしろそれが真にあ《ヴァ》るとおりのもの《ールハイト》ではなく、かえって自体的なものにかんする私たちの知にすぎないはこびとなるだろう。実在《ヴェーゼン》、いいかえれば尺度は私たちのうちにあることになるから、尺度と比較され、かくてそのものにかんして〔それが真であるかどうかが、尺度との〕比較をつうじて決定されるべきものも、この尺度をかならずしも承認する必要はないしだいとなるはずである。

意識はみずからのうちに尺度をそなえ、意識は自己自身を吟味する

しかし、私たちが探究している対象の本性からして、この〔知とその尺度との〕分断、あるいは見かけ上のこうした分断と、その前提は取りのぞかれている。意識はみずからの尺度をじぶん自身にそくして与え、だから探究はこの件をつうじて、意識の自己自身

Ⅸ59

との比較となるからである。さきほどなされた区別は、意識のうちにある。意識とは自身のうちで、或る他のものに対する意識である。ことばをかえれば、意識は総じて、知の契機という規定されたありかたをじぶんにそくして有しているのである。同時に意識にとってこの他のものは、意識に対して存在するばかりでなく、この〔意識との〕関係の外部にも、つまり自体的にも存在している。これが真理という契機なのだ。したがって、意識が自己の内部で自体的なものあるいは真なるものと宣言するものにそくして、私たちは尺度を有している。この尺度は意識自身が設定したものであって、意識はみずからの知をその尺度にそくして測ることになる。知を概念と名づけ、実在《ヴェーゼン》もしくは真なるものをいっぽう存在するものないしは対象と称するとしよう。そうすれば、吟味が成立するのは、概念が対象と対応するかどうかを見てとるところにおいてであることになるだろう。たほう、実在あるいは対象における自体的なものが概念と名ざされ、これに対して対象のもとに理解されるのが、対象としての対象、すなわち対象が他のものに対して存在するありかたであるとしてみよう。その場合なら吟味は、対象がその概念に対応しているかどうかを私たちが見てとるところに存するしだいとなる。すぐ分かるとおり、このふたつはおなじことがらなのである。ここで本質的なことがらとなるのは、しかしながら、探究の全体にわたって、以下の件を手ばなさないことである。すなわち、このふたつの契機、概念と対象、他のものに対して存在することと、自体的にそれ自身

Ⅲ77

として存在すること、が、私たちが探究している知のうちにそのものとしてぞくしており、
Ⅱ77 72 かくして私たちが尺度を持ちこむことは不要なのであって、私たちの思いつきや考えついたこと《ゲダンケ》を探究にさいして当てはめることも必要がない、ということである。そういったものを取りのぞくことで私たちはことがらを、それが自体的に、またそれ自身に対して存在するとおりに考察することへといたるのだ。

知が変化すれば、対象もまた変容する

しかし、そればかりではない。つまり、概念と対象、尺度と吟味されるものが意識そのもののうちに現に存在して《フォアハンデン》いるという側面からして、私たちの側でなにかを付けくわえることがよけいなものとなる、というだけではない。私たちとしてはまた、両者を比較する手間ひま、ほんらいの意味での吟味にふくまれる苦労も免れているのである。つまりは、意識がじぶん自身を吟味するのだから、私たちにはこの側面からしても、ただひたすらに「見てとること」[*1]だけが残されている。意識とは一方では対象についての意識であるとともに、他方ではじぶん自身にかんする意識だからである。つまり、意識にとって真なるものであるものの意識であり、その真なるものをめぐるみずからの知の意識なのである。この両側面が意識に対して存在しているがゆえに、意識とはそれじしん
Ⅲ78 両者の比較なのだ。かくて意識に対して生成してくるのは、対象にかんして意識の有す

る知が、対象に対応しているかどうか、という消息である。一見したところたしかに、対象が意識に対して存在するのはひたすら、意識が対象を知るとおりのすがたにおいてであるにすぎないように思われる。つまり意識はいわば背後にまわって、対象が意識に対してではなく、それ自体として存在するがままのありかたに到達することはできないかに見える。そうなればまた意識には、みずからの知を対象にそくして吟味することも不可能となる。しかし意識はそもそも対象についての知を有しているのであって、ほかでもないこの件のうちにすでに区別が現に存在している。すなわち意識にとって或るものが自体的なものであり、他の契機がいっぽう知、いいかえれば対象の意識に対する存在なのである。〔意識のうちに〕現に存在するこの区別に、吟味はもとづいている。このふたつの契機を比較するさいに両者が対応しない場合には、意識はみずからの知を変化させて、知が対象に適合するようにしなければならないように見える。けれども、知が変化するとき、意識にとってじっさいには対象そのものも変化している。現に存在する知は、本質的に当の対象にかんする知であったからである。知が変化するとともに対象もまたべつの対象となるが、それは、対象が本質的にこの知にぞくしていたからだ。かくてまた意識にとって生成してくる消息は、じぶんにとってかつて自体であったものが、自体的なものではなく、あるいはただ意識に対して自体的に存在していたにすぎないということである。したがって、意識がじぶんの対象にそくして、みずからの知はこの対

73

IX60

II78

象に対応しないしだいを発見する場合には、対象そのものもまた維持されないはこびとなる。ことばをかえれば、吟味の尺度〔そのもの〕が変化することになるけれども、それは、尺度がそれについての尺度であったはずのものが、吟味に堪えない場合なのである。かくて吟味は、ひとり知の吟味であるばかりでなく、吟味の尺度の吟味ともなる。

＊1　das reine Zusehen.「見てとる zusehen」とは、『精神現象学』にあって、「哲学者」に割りあてられた仕事をしめすために使用される、ヘーゲルの術語。

弁証法的運動としての「経験」

このような弁証法的な運動を、意識はじぶん自身にそくして、みずからの知にかんしても、その対象をめぐっても遂行する。この運動が、そこから意識にとってあらたな真の対象が出現するかぎり、ほんらい経験と呼ばれるものにほかならない。こうした関連からすれば、たったいま言及した経過にかんしてひとつの契機がさらにきわだたせられる必要がある。そうすることで、以下の叙述が有する学的な側面をめぐって、あらたな光が投げかけられることになるだろう。意識が或るものを知る場合、この〔或るものである〕対象が実在《ヴェーゼン》もしくは自体的なものである。当の対象は、とはいえまた意識に対して自体的なものでもある。ここではかくして、この〔自体的なものという〕真なるものをめぐって、その両義性が入りこんでくる。私たちが見てとるところ、意識はいまや

III79

ふたつの対象を手にしているのであって、第一の対象は最初の自体的なものであり、第二の対象がこの自体的なものの有する「意識に対する存在」である。第二の対象の場合は、一見したところさしあたりはただ、意識がじぶん自身のうちへと反省的に立ちかえること〔をつうじて生まれた対象〕にすぎないかにみえる。つまり、表象《フォアシュテルング》とはいっても、対象のそれではなく、むしろひとえに、最初の対象にかんして意識が知っていたこと《ヴィッセン》を表象するものにとどまるように見える。しかしながら、さきほど示されたとおり、意識にとってそのさい最初の対象が変化してしまっている。最初の対象は自体的なものであることをやめ、意識にとって、ひとり意識に対してのみ自体であるにすぎない対象となっているのだ。こうしてまたいっぽうでは以下のようなしだいとなるだろう。すなわち、この〔あらたな〕自体的なものが意識に対して存在することが真なるものであり、要するにこの件が意味するところはたほう、この真なるものが実在であって、ただちに意識の対象である、ということである。このあらたな対象のうちにふくまれているのは、最初の対象が空無であったという消息であって、第二のあらたな対象こそが第一の対象をめぐってなされた経験なのである。

意識に対して《フュール・エス》対象であるものは、私たちに対して《フュール・ウンス》は生成である

経験の経過を右のように叙述してみると、そこには、経験のもとでふつう理解されて

Ⅱ79
いるのとは一致しないようにみえる、ひとつの契機がみとめられる。つまり、最初の対
象とその知から、他の対象へと移行する場合、このべつの対象にそくして経験がなされ
たと語られる。このような移行にかんして述べられたところでは、最初の対象について
の知、ことばをかえれば、はじめの自体的《アンジッヒ》なものの意識に対する存在が第二の対象その
ものとなるはずである。これに対してふつうなら一見したところ、私たちはじぶんが手
74
にしていた最初の概念が真理ではない《ウンヴァールハイト》ことを、ひとつのべつの対象にそくして経験する
ことになるように思われる。しかもこの後者の対象を私たちは、偶然的で外的なしかた
でいわば見いだすことになる。そのけっか、総じてひとえにそれ自体《アン・ウント・》として、また IX61
それ自身《フュール・ジッヒ》に対して存在するものを純粋に把捉することのみが、私たちに〔なすべきこと
がらとして〕ぞくしているとみなされる。くだんの〔私たちの〕見解にあっては、たほう、
あらたな対象が生成したものとしてあらわれるのは、意識そのものが転換することをつ
うじてなのである。ことがらをこのように考察することは私たちが付けくわえたところ
(Zutat)であって、この附加《ツータート》によって意識のさまざまな経験の系列が学的な歩みとな
るように高められるけれども、そうした附加は、私たちの考察する意識に対して存在す
るものではない。この件は、とはいえじっさいにはまた、さきにすでに、本書の叙述が
懐疑主義に対して有する関係をめぐって問題としておいた消息と、おなじものなのだ。
Ⅲ80 すなわちそのつどの結果は、なんらかの真《ヴァールハフト》ではない知から生じてきたものである

とはいえ、空虚な無に帰着させられてよいものではなく、かえって必然的に、その結果がそこから生まれた結果であるものの無として把捉されなければならない、ということである。ここで結果にふくまれているものとは、先行する知が自身のうちで有していた真なるものなのである。この件が、ここではつぎのように立ちあらわれている。すなわち、最初に対象として現象してきたものが、意識にとって、当の対象にかんする知へと引きさげられ、自体的なものが「意識に対する自体的なものの存在」となる。そのとき、後者〔第二の自体的なもの〕があらたな対象となり、そのあらたな対象とともにまた意識のあたらしい形態も登場するのだから、この形態に対しては、先行する形態にとってのそれとはべつの或るものが実在《ヴェーゼン》である、ということだ。この消息こそが、意識が展開する形態の全系列をその必然性においてみちびいてゆく。ただしこの系列が必然的であることそのもの、ことばをかえれば、あらたな対象が発生してくること――このあたらしい対象は、意識にとってどのように生起するのかが分からないままに、意識にあらわれてくる――は、私たちに対してはいわば意識の背後で進行していることがらなのである。こうした事情を介して、意識の運動のうちにひとつの契機が入りこんでくる。それは自体的存在あるいは「私たちに対する存在」という契機であって、この契機は意識に対しては、当の意識が経験そのものにとらわれているかぎり呈示されることがない。たほう内容――私たちにとっては発生してくるものの内容である――についていえば、それは意識に対して存在している。だから私たちが概念的に把握するのは、ひとえにくだんの内容の形式的な側面だけである。つまり、内容が純粋に発生してくる、という側面にかぎられる。意識に対してこの発生したものはただ対象として存在するにすぎない。いっぽう、私たちに対しては同時に運動と生成としても存在しているのである。

意識の経験の学としての「精神の現象学」の理念

右で論じたような必然性をそなえていることで、学へといたる以下のみちゆきは、それ自身すでに学である。しかも内容からすれば、かくてまた意識の経験の学なのだ。

75 意識は自身について経験を積んでゆく。意識の経験がみずからのうちにふくむものは、その概念からして、意識の全体系以下のものではありえない。この全体系とはすなわち精神がふくむ真理の全領域のことである。ただしそれは真理の諸契機が、この意識に固有なしかたで規定されているありかたにおいて呈示されるかぎりでのことなのだ。規定されたありかたとはつまり、真理のさまざまな契機は〔ここでは〕抽象的で純粋な契機としてではなく、それが意識に対して立ちあらわれてくるすがたで存在しているということなのである。ことばをかえれば、意識自身がそれらの契機へのみずからの関係にあって登場するかたちで、というしだいである。この消息をつうじて全体のしめす諸契機は、意識が展開する諸形態となる。意識はこうして、じぶんの真の現実存在へとむかっ

て駆りたてられてゆく。そうすることで意識はやがて一点へと到達するのであって、そ III81 IX62
の一点とは意識がみずからの仮象《シャイン》を脱ぎすてるにいたる地点にほかならない。意識はそれまでひとえに意識に対して、しかも一箇の他のものとして存在する疎遠で異種《フレムトアルティゲス》なものに付きまとわれているかのような見かけ《シャイン》をともなっていたからである。あるいは〔そのような外観《シャイン》が脱ぎすてられる一点とは〕、そこで現象《エアシャイヌング》が実在《ヴェーゼン》とひとしくなり、意識を叙述することが、かくてまた精神に固有な学が位置する、ほかでもない当の地点とひとしくなるものである。かくてさいごに、意識自身が〔精神であるという〕この本質《ヴェーゼン》をとらえるにいたったとき、意識によってしるしづけられるものは、絶対的な知そのものの本性である、というはこびとなることだろう。

I　感覚的確信、あるいは「このもの」と「思いなし」

II 81
79

直接的な知とはなにか？

知は、最初に、あるいは直接的なしかたで私たちの対象となる場合には、それじしん直接的な知、つまり直接的なものもしくは存在するものの知以外ではありえない。私たちとしては、したがって同様に、直接的な、ことばをかえれば受けとる〔だけの〕態度を取らなければならず、それゆえ、知があらわれてくるすがたに対してなにものもそこに変更をくわえることはできないのであって、把捉《アウフファッセン》することから概念的に把握すること《ベグライフェン》を遠ざけておく必要がある。

III 82
IX 63

感覚的な確信の豊饒と貧困

感覚的確信の有する具体的な内容からして、当の確信は直接にもっとも豊かな認識であるかのようにあらわれる。そればかりか、無限にゆたかな認識であるかのように現象するのである。この豊かさについては——それがひろがる空間と時間のなかで、私たちが外に出てゆく〔ことで、その内容のひろがりをとらえる〕ときにも、その内実の一片を取りだし、これを分割することでその一片の内へとはいりこむ場合でも——どのような限界も見いだされないかのように見える。くだんの確信はそのうえ、もっとも真理をそなえた確信であるかのように現象するのだ。感覚的確信は対象からいまだなにものも取りさっておらず、むしろ対象をその完全なすがたで全体として目のまえにしているから

Ⅱ82

80

である。この確信は、しかしながら、じっさいには自身がもっとも抽象的で、もっとも貧しい真理にすぎないことを示すことになる。その確信はみずからが知っているものを告げるが、それはただ「そのものが存在する」ということであるにすぎない。くだんの確信の真理のうちにふくまれているのはたんに、ことがらが「存在する」というだけの消息である。意識の側もまたこの確信のうちでは、たんに純粋な〈私〉として存在するにすぎない。ことばをかえれば、〈私〉がそこではひとえに純粋な「この者」として存在するだけであり、対象が存在するのもおなじようにまたひたすら純粋な「このもの」としてであるにすぎない。この者である〈私〉がこのことがらを確信しているのは、〈私〉がそこで意識としてみずからを展開し、多層的なかたちで思考をめぐらせたからではない。また、私が確信していることがらがたがいに区別された一群の性状をそなえていることで、ゆたかな関係をそれ自身において有しているからではなく、あるいは他のものに対する多岐にわたるかかわりをもっているからでもない。こうした消息は両者とも、感覚的確信の真理とはなんの関係もない。〈私〉であれ「ことがら」であれ、この確信のうちでは、多様な媒介という意義をそなえていないのである。〈私〉といっても、それはさまざまな表象あるいは思考という意義をもたず、「ことがら」とは称しても、これも多様な性状という意義を有しているわけではない。むしろことがらは存在する〔だけである〕。ことがらが存在するのは、それがただ存在するからだ。「ことがらが

Ⅲ83

存在する」ということ、この件が感覚的な知にとっては本質的なものなのである。だから、この純粋な存在、あるいはこの単純に直接的なありかたこそが、感覚的確信における真理をかたちづくっている。おなじくこの確信は、関係としてとらえても直接的で純粋な関係である。すなわち、意識とは〈私〉であって、それ以上のなにものでもなく、純粋な「この者」である。この個別的な者が純粋な「このもの」を、ことばをかえれば個別的なものを知っている、とされるのだ。

直接性のなかの媒介――「この者」と「このもの」の区別

純粋な存在がこの確信の本質《ヴェーゼン》をかたちづくり、その存在を確信はみずからの真理として言明している。その純粋な存在のかたわらには、とはいえ私たちが見てとるところ、なお多くのものがたわむれているのである（beiherspielen）。現実の感覚的確信は、ただたんにこうした〔存在という〕純粋に直接的なありかたをしているばかりではない。それはむしろ、そのありかたのかたわらにたわむれているもの（*Beispiel*）〔をふくむもの〕でもある。ここで現前する無数の区別のなかでも、いたるところで見いだされる主要なことなりがある。つまり、感覚的確信にあってただちに、純粋存在からふたつのすでに名ざしておいた「このもの」が、すなわち〈私〉としての「この者」と、対象である「このもの」とが剝がれおちてくるということだ。私たちがこの区別を反省してみると

IX64

あきらかになるとおり、一方も他方もたんに直接的に感覚的確信のなかに存在しているというばかりではない。かえって同時に媒介されたものとしても存在しているのである。私が確信を手にするのは、他のもの、つまりことがらをつうじてのことであり、他方ことがらもおなじように他のもの、すなわち〈私〉を介してこの確信のうちにある。

このように、本質《ヴェーゼン》とかたわらにたわむれているもの「実例《バイシュピール》」との区別、つまり直接的なありかたと媒介との区別が存在する。この区別は、ひとり私たちのみが設定する
II83
ものではなく、くだんの区別は感覚的確信そのものにそくして見いだされることになる。だから当の区別は、それが確信にそくしてあるとおりの形式において――つまり、私たちが区別をたったいま規定しておいたような形式にあってではなく――とり上げられなければならない。確信において一方は単純に直接的に存在するものとして、いいかえれば実在《ヴェーゼン》として定立されている。これが対象である。他方は、これに対して非本質《ヴェーゼン》的なものとして、したがって媒介されたものとして定立される。後者は確信にあって自体的に存在するのではなく、他のものを介して存在している。こちらが〈私〉であり、一箇 III84
の知であって、この知が対象を知るのは、ひとえにその対象が存在しているがゆえにで
81
ある。つまりこの知の側は、存在することも存在しないこともありうるものなのだ。対象は、これに反して、存在する。それは真なるもの、実在《ヴェーゼン》である。対象が存在するのは、それが知られているか、知られていないかに対してかかわりがない。対象は、それ

が知られていない場合でも存続する。知はいっぽう、対象が存在しないときには存在しないのである。

対象について考察されなければならないのは、したがって、それがじっさい感覚的確信そのものにあって、その確信によって述べたてられているような実在《ヴェーゼン》であるかどうか、である。つまり、本質《ヴェーゼン》であるというこの対象の概念は、対象が確信のうちで現に存在《フォアハンデン》するすがたと対応しているかどうか、ということだ。私たちとしてはこの目的をはたすために、対象にかんして反省をくわえたり、「対象とはその真のありかたに《イン・ヴァール》おい《ハイト》てなんであるか」を考究したりする必要はない。むしろ対象を、感覚的確信がその対象をみずからにそくして手にしているとおりのかたちで観察すればよいのである。

「このもの」とはなにか――第一に「いま」をめぐって

感覚的確信が、かくてじぶんで問わなければならない。「このものとはなにか？」私たちとしては「このもの」を、それが存在する二重の形態において、つまり「いま」と「ここ」についてとり上げてみよう。そうすれば、「このもの」のみずからそなえている弁証法が、「このもの」自身とおなじように理解しやすい形式を獲得することになるだろう。「〈いま〉とはなにか」という問いに対して、私たちがこの場合たとえばこう答えるとしてみよう。「〈いま〉は夜である」。この感覚的確信が真理であるかどうかを吟味

II84

するためには、単純なこころみをしてみるだけで充分である。つまり、私たちとしては、この真理を書きとめておけばよい。一箇の真理であるならば、書きとめておくことで失われることはありえない。真理は保存されても喪われないのとおなじことである。そこで私たちがいま、この白昼に、書きとめておいたこの真理をもういちど見てみることにする。そうすれば、私たちとしても言わざるをえないのは、その真理が気の抜けたものとなってしまっている、ということである。

夜である「いま」が保存される。このことはつまり、その「いま」は、それが述べたてられている、そのとおりのものとして扱われている、ということである。すなわち、存在するものとして、ということになる。その存在するものが、しかし〔いまや〕むしろ存在しないものとして示されている。「いま」そのものは、もちろん持続する。しかしそれは、「夜」ではないものとしてである。同様に「いま」は「昼」であるけれども、その「いま」が昼に対して持続するのも、昼ではないものとしてなのである。つまり「いま」は〔「ではない」という〕否定的なもの一般として持続するのだ。このように持続する「いま」はしたがって直接的なものではなく、一箇の媒介されたものである。というのは「いま」が立ちとどまり、持続する「いま」として規定されているのも、他のもの、つまり「昼」と「夜」が〔もはや〕存在しないという消息を介してのことだからである。その場合この持続する「いま」は、依然としてかわらずなお単純に「いま」な

IX65

のであって、この単純なありかたにおいて、そのかたわらになおたわむれているものに対して無関心である。「夜」や「昼」は、この「いま」の存在ではない。たほうでは同
82 様に、この「いま」はまた「昼」であり「夜」でもあるのだ。「いま」はこのみずからにとって他であるものによってまったく触発されることがない。このように否定をつうじて存在する単純なもの、「このもの」でも「あのもの」でもなく、「このものではない」ものでありながら、しかし同様にまた区別なく「このもの」でも「あのもの」でもあるものを、私たちとしては普遍的なものと名づける。普遍的なものこそが、したがってじっさいには、感覚的確信にとっての真なるものなのである。 III85

ひとつの普遍的なものとして、私たちはまた感覚的なものを言いあらわしているわけである。私たちが語ろうとしているのは、「このもの」であるが、語りだされているのはつまり、普遍的な「このもの」である。あるいは私たちが「それは存在する」と語るとき、それはすなわち「存在すること一般」である。私たちが表象しているのは、その場合もちろん普遍的な「このもの」もしくは「存在一般」ではない。しかし私たちが言いあらわしているのは、普遍的なものなのだ。いいかえるならば、私たちはけっして、じぶんが感覚的確信にあって思いなしているものを、そのとおりには語ることがないのである。ことばとは、だが、私たちの見てとるところ、〔思いなしとくらべて〕より真理《ヴァ》が付着《ールハフト》したものである。ことばにすることで、私たち自身が直接にじぶんの思いなしを

反駁するからだ。かくて、普遍的なものこそ感覚的確信にとって真なるものであり、ことばだけがこの真なるものを表現している。そのかぎりで、私たちがじぶんの思いなしている感覚的存在を語りだすことなど、とうていありえないところなのである。

「このもの」とはなにか――第二に「ここ」について

おなじ事情が、「このもの」のもうひとつの形式、つまり「ここ」についても当てはまる。「ここ」とは、たとえば「樹木」である。私が振りかえると、この真理は消失して、反対の真理へと転じてしまっている。つまりここは樹木ではない。そうではなく「家屋」となるのだ。「ここ」そのものが消失するわけではない。「ここ」はむしろ家屋や樹木等々が消えさってもとどまりつづけており、区別なく「家屋」でもあれば「樹木」でもある。「このもの」は、かくてふたたび媒介された単純なありかたとして、いいかえれば普遍性としてあらわれる。

感覚的確信がこのようにそれ自身にそくして証示するのは、普遍的なものがみずからの対象の真のありかた《ヴァールハイト》であるということだ。感覚的確信にとっては、したがって「純粋に存在していること」が、その本質として残されている。この「存在」は、とはいえ直接的なものではない。むしろ否定と媒介とがじぶんにとって本質的なものであるような存在である。かくてまた、「存在」のもとに思いなされているそれではなく、規定をと

もなった存在であって、その規定とは、抽象であり、つまりは純粋に普遍的なものであ
るということなのである。私たちの思いなしにあっては、感覚的確信における真なるも III86
のは普遍的なものではない〔むしろあくまで個別的なものでありつづける〕。この思いなし
だけが、この空虚な、あるいは〔個別的なものに対して〕無関心な「いま」と「ここ」に
対抗して、なお残りつづけているのだ。

83

「このもの」から「この者」への移行

私たちの側から、〔ここでふたつの〕関係について比較をしておこう。それは、知と対 IX66
象が最初に登場したさいに立っていた関係と、右に述べた結果にあって両者が立つにい
たった関係である。そうしてみると、関係が逆転している〔ことがわかる〕。対象は、本
質的なものであるはずであったのに、いまや感覚的確信にとって非本質的なものとなっ
ている。対象は普遍的なものとなったけれども、普遍的なものはもはや〔個別的なもの
をとらえると称する〕感覚的確信にとって対象が本質的であったとおりの〔個別的な〕も
のであるはずがないからである。かえって確信は、ことここにいたると、反対のものの
うちに現《フォアハンデン》にあることになる。それはつまり知のうちにあるのであって、知とはかつては
非本質的なものなのであった。確信の真理が対象のなかにあるにせよ、この対象は私の
対象[*1]としての対象である。ことばをかえれば、確信の真理は思いなしのうちにあり、対

II 86

象が存在するのは〈私〉がこれを知るからなのだ。[*2] 感覚的確信がこうして、対象から駆逐されたことはたしかなところである。確信はしかし、このことによってはなお廃棄《アウフヘーベン》されたわけではない。むしろ感覚的確信はただ、〈私〉のうちへと押しもどされただけなのである。そこで見とどけられなければならないのは、確信がいまやこのようにみずからの実在的なありかた《レアリテート》とするものをめぐって、経験が私たちに示すのはなんであるか、ということとなる。

＊1 der meine Gegenstand.「私の mein」という語と「思いなす meinen」という語のあいだで、語形上の類推がはたらいている。
＊2 「私」は一人称単数（ich）、〈私〉は三人称単数（Ich）。後者はふつう「自我」とも訳される。

「この者」である〈私〉をめぐる経験と、その弁証法

感覚的確信の有する力は、こうしていまや〈私〉のうちにある。つまり、私が見ること、聞くこと等々の直接性のなかに存する。個別的な「いま」と「ここ」を私たちは〔とらえているものと〕思いなしているのであって、そのような「いま」「ここ」が消失してしまうことが、「〈私〉がそれらを握っている」しだいによって押しとどめられるのである。「いまが昼である」のは「私がそれを見ている」からだ。「ここが樹木である」のもまったくおなじことである。感覚的確信が経験するのは、しかしながらこの関係に

おいてもおなじ弁証法であって、その弁証法はしかもみずからにそくして、以前の関係にあってと同様に経験される。〈私〉という「この者」が樹木を見て、「樹木がここである」と主張する。他の〈私〉はいっぽう家屋を目にして、「ここは樹木ではなく、むしろ家屋である」と主張するのである。双方の真理はともに同一の確証を有している。すなわち「見ること」の直接性である。だから両者ともに、みずからの知にかんして確実性を有しており、それを断言する。一方の真理は、けれども他方の真理のうちでは消えさってしまうのだ。

ここで消失しないものがあるとすれば、〈私〉である。それは、とはいえ普遍的なものとしてであるにすぎない。この〈私〉が「見る」とはいっても、それは、樹木を見ることでも、この家屋を見ることでもない。むしろ一箇の単純な「見ること」なのであって、それはこの家屋等々の否定をつうじて媒介されている。「見ること」はこの場合にもやはり単純であって、そのかたわらになおたわむれているもの〔実例〕に対して、つまり家屋や樹木に対して無関心である。〈私〉とは普遍的なものであるにすぎず、それは「いま」「ここ」あるいは「このもの一般」についてと同様なのである。私としてはたしかに個別的な〔この、ほかならない〕〈私〉のことを意味していると思っている《マイネン》。だが、私が「いま」「ここ」の場合にじぶんが思いなしている《マイネン》ことを語ることができないのとおなじように、〈私〉についても同様なのだ。私が「このここ」「このいま」あるい

Ⅲ87

84

は「ひとつの個別的なもの」と語りだしたとしよう。それでも私が語っているのは「いっさいのこのもの」であり、「あらゆるここ」「すべてのいま」であって、つまりは「ありとあらゆる個別的なもの」である。おなじく〈私〉、この個別的な〈私〉と口に出してみたとする。その場合でも、私が語ることになるのは一般に「すべての私」である。あらゆる者がそれぞれ、私の語る〈私〉であって、この個別的な〈私〉なのである。学に対してその試金石として課したとしても、学としてはそれにどうしても堪えかねる要求というものがある。その要求とは、いうところの「この事物」を、もしくは「このひとりの人間」を演繹し、構成し、ア・プリオリに発見すること、あるいはその他どう表現しようと、それに類したものである。そういう要求をするなら、要求の側でも「この事物」とはなにを意味し《マイネン》、もしくは「この〈私〉」ということでなにを考えて《マイネン》いるのかを語ってみせるのが筋というものである。しかしこの件を語りだすことは不可能なのだ。

「このもの」と「この者」の全体という場面への移行

感覚的確信が経験するにいたったのは、こうして、みずからの本質が対象のなかにも〈私〉のうちにもなく、直接性《ウンミッテルバーカイト》は一方の直接的《ウンミッテルバーカイト》なありかたでも他方のそれでもない、という消息である。そのどちらについても、私が思いなしているものはむしろ〔個別的なものをとらえると称する確信にとっては〕一箇の非本質的なものであり、だから対象と

IX67

〈私〉はともに普遍的なもののであるからだ。その普遍的なもののうちでは、私が思いなしている「いま」も「ここ」も〈私〉も存続することがなく、あるいは〔そもそも〕存在しないのである。私たちとしては、かくして、感覚的確信そのものの全体こそが、その本質として定立されるべきであるとする段階へとたどりつく。つまり、もはや確信のひとつの契機を、これまでのふたつの場面でそうしたように定立すべきではない、ということである。そのふたつの場面では、まず私に対立する対象が、つぎには〈私〉の側が確信にあって実在的なもの《レアリテート》と称されていたのであった。かくして〔いまや〕ただ、ひとり感覚的確信自身の全体のみが、確信にあって直接的なありかたとして確保される。かくてまた、これまでの場面では生じていた対立のいっさいをみずから排除するのも、この確信の全体だけなのである。

直接的で全体的な確信の真理を「指示」することへ

この直接的なありかた《ウンミッテルバーカイト》は、かくしてもはや他のものとして存在《アンデルスザイン》することにはかかわらない。つまり、樹木である「ここ」が樹木ではない「ここ」に移行して他のものとして存在することにも、昼である「いま」が夜である「いま」へと移ってゆき他のものとして存在することにも関係せず、なにかべつのものを対象としている他の〈私〉にもかかわることがない。このような直接性《ウンミッテルバーカイト》にふくまれる真理はみずからを、自己自身と

同等でありつづける関係として維持するのであって、そうした関係は〈私〉と対象との Ⅲ88
あいだでいかなる区別も、本質的なありかたと非本質的なありかたにかんして設定する
ことがなく、その関係のうちには、かくてまた一般にどのような区別も入りこむことが
ありえないのである。この者である私がこうして、「ここは樹木である」と主張するの
であって、振りむくことで、じぶんにとっては「ここ」が樹木ではないものとなるよう
なことはない。私としてはまたいかなる注意も、他の〈私〉が「ここは樹木ではない」
と見ることに対して払わない。あるいは〈私〉自身もべつの機会には「ここは樹木では
ないものである」とか「いまは夜ではない」とか考えることも顧慮するところがない。
〈私〉はむしろ、純粋に直観するだけである。私はじぶんだけで《フュール・ミッヒ》「いまは昼である」こ
とにとどまり、もしくはまた「ここは樹木である」ことにとどまっている。私としては
85 また、「ここ」と「いま」そのものをたがいに比較することもなく、〈私〉はただひとつ
の直接的な関係に固執している。要するに「いまは昼である」のだ。

直接的な「指示」とその弁証法

だから、こうなるだろう。この確信が立ちあらわれようとするかぎりでは、私たちと
してはもはやその確信に対して「いまは夜である」ことにも、あるいは「いまは夜であ
る」とする〈もう〉ひとりの〈私〉に対しても注意をむけさせることができない。それ

II 88

ゆえ、私たちの側でこの確信に歩みよって、主張されている「いま」を私たちに指示させるほかはない。私たちとしてはその「いま」を私たちに指示させるといったけれども、それは、この直接的な関係のうちにふくまれている真理がこの〈私〉の有する真理であって、当の〈私〉はみずからをひとつの「いま」もしくはひとつの「ここ」へと限定しているからだ。かりに私たちがあとからこの真理をとり上げたり、その真理から遠ざかったりしてしまえば、くだんの真理にはおよそなんの意義もないことになってしまうだろう。そうすれば、私たちがこの直接的なありかた《ウンミッテルバーカイト》を廃棄《アウフヘーベン》してしまうことになるからで、この直接性《ウンミッテルバーカイト》こそ例の真理にとっては本質的なのである。私たちとしては、したがって時間または空間における同一の一点に入りこんで、問題の真理をじぶんに指示《ツァイゲン》しなければならない。この件が意味するところはすなわち、私たちがみずから、確実に知っている〔と称する〕このおなじ〈私〉となる、ということだ。私たちが見てとろうとするのは、それゆえ、〔主張されている〕直接的なものは、私たちに示される段となると、どのような性状をそなえるにいたるのか、というしだいなのである。

「いま」が指示される、としよう。この「いま」が、である。いま、それが指示されているときには、「いま」はすでに存在することをやめている。存在する「いま」は指示された「いま」とはべつのものである。そこで私たちの見てとるところ、「いま」とは「それが存在するとき、もはやすでに存在しないもの」にほかならない。「いま」とは、それが私たちに指示されるがままのありかたにあっては、一箇の「存在したもの *gewesenes*」であって、この「存在した」ものであることが「いま」の真のありかた《ヴァールハイト》である。つまり「いま」が有するのは、「存在する」という真理《ヴァールハイト》ではない。したがって、たしかに真であるものがあるとすれば、それは「いま」が存在したものである、ということである。しかしながら、存在した（*gewesen*）ものはじっさいにはいかなる実在的本質（*Wesen*）でもない。〔かつて〕存在したものは〔いまは〕存在しないのであって、しかし「存在すること」が問題であったのである。

「いま」とは多くの「いま」である

私たちが、かくてこの指示《アウフツァイゲン》のうちに見てとるものは、ただひとつの運動である。その運動には、以下のような経過がふくまれている。1 私は「いま」を指示し、この「いま」が真なるものとして主張される。私が「いま」を指示するのは、いっぽう存在したもの（Gewesenes）〔過ぎ去ったもの〕としてであり、つまり廃棄されたもの《アウフゲホーベネス》としてであって、私はだから第一の真理を廃棄《アウフヘーベン》する。こうして、2 いまや私が第二の真理として主張するのは、「いま」が存在していた〔過ぎ去った〕ことであり、廃棄されていることである。3 しかし存在していた〔過ぎ去った〕ものは存在しない。かくて私は、存在したものであり、廃棄されていること、この第二の真理を廃棄し、かくてまた

Ⅲ89
Ⅸ68

「いま」の否定を否定して、そのけっか第一の主張へと立ちかえってゆく。つまり「いまが存在する」のである。「いま」と「いま」の指示は、したがって、以下のような性状のものであることになる。すなわち、「いま」も「いま」の指示も直接的に単純なものではなく、一箇の運動であって、その運動はあいことなる契機をそれ自身において有している、ということである。つまりこういうことだ。「このもの」が定立されるけれども、定立されるのはむしろ一箇の「他のもの」であって、いいかえれば「このもの」は廃棄されている。だから、この「他であること」、あるいは第一のものが廃棄されることもそれ自身ふたたび廃棄され、第一のものへと立ちかえってゆく。しかし、第一のものがこのようにみずからのうちへと反省的《レフレクティーレン》に立ちかえると、この第一のものはそれが最初にあったとおりのものとまったくおなじものではない。すなわち、直接的なものというわけではない。それはほかでもなくみずからのうちに反省的に立ちかえったもの、あるいは単純なものである。この単純なものはしかも「他のものであること《アンデルスザイン》」において、じぶんがそれであるものでありつづけている。要するにひとつの「いま」でありながら、絶対的に多くの「いま」なのだ。かくしてこの「いま」こそが真《ヴァールハフト》の「いま」であって、その「いま」は単純な「一日《ターク》」でありながらも、多くの「いま」を、すなわち「時間《シュトウンデ》」をみずからのうちにふくんでいる。このような「いま」つまり「時間」も同様に多くの「分《ミヌーテ》」をふくみ、この「いま」も同じくまた多くの「いま」〔秒〕をふくんでいる、等々なのである。——指示することは、したがってそれじしん運動であり、その運動が言いあらわしているのは、「いま」が真《イン・ヴァールハイト》に存在するありかたである。すなわち「いま」とはひとつの結果であって、ことばをかえれば、多くの「いま」が総括されたものなのだ。かくて「指示すること」が経験したのは、「いま」が普遍的なものであるという消息にほかならない。

「ここ」もまた多くの「ここ」である

私は「ここ」に固執するが、指示された「ここ」は、〔「いま」とおなじように〕やはりこの「ここ」でありながらも、じっさいにはこの「ここ」ではなく、むしろ「まえ」と「うしろ」、「上」と「下」、「右」と「左」である。「上」とはいっても、しかもそれ自身おなじく上下等々において、このようにさまざまに他《アンデルスザイン》であることである。指示されるはずであった「ここ」は他の「ここ」へと消えさってゆくけれども、それらの「ここ」もまた同様に消失するのである。指示され、固執され、立ちとどまるものは、一箇の否定的な「このもの」であって、それが存在するのはただ、さまざまな「ここ」が、それが存在するはずのありかたどおりに受けとられながらも、しかしそのうちで廃棄《アウフヘーベン》されることによってである。「ここ」とは多くの「ここ」の単純な複合なのだ。「ここ」は「点」であると思いなされることだろうが、点はしかし存在しない。点が存在するもの

III 90

として指示される場合には、かえって「指示すること《アウフツァイゲン》」が直接的な知ではなく、一箇の運動であるしだいが示される《ジッヒ・ツアイゲン》。その運動は思いなされた「ここ」から出発し、多くの「ここ」を介して、普遍的な「ここ」へといたるものである。普遍的な「ここ」とは、「一日」が「いま」の単純な多数性からなるように、「ここ」の単純な多数性なのである。

感覚的確信の総括㈠——バッカスの秘儀

かくしてあきらかになるのは、感覚的確信の弁証法とはその確信の運動あるいは確信の経験が単純に生起する《ゲシヒテ》ことにほかならず、感覚的確信そのものがたんにこの歴史《ゲシヒテ》にすぎないものであることだ。自然的な意識もそれゆえにまた、この結果へ、つまり確信にそくして真なるものへとつねにみずからすすんでゆき、この真なるものをめぐって経験
IX69
II90 をかさねてゆく。しかし自然的な意識はおなじく繰りかえしいつでもこの経験を忘却し
87 てしまい、運動をはじめからやりなおすことになるのである。だから驚くべきことがあるとすれば、それは右で述べた経験に対して、普遍的な経験として——また哲学的な主張として、それればかりか懐疑主義の帰結としてさえ——ある種の説が唱えられることがある、という消息である。つまり実在性もしくは存在は、この事物、あるいは感覚的事物である外的な事物にかかわるものとして、意識に対して絶対的な真理を有している、と言うのだ。このような主張〔たとえばヤコービ〕は〔そうした主張をおこなうと〕同時に、

じぶんがなにを口にしているのかを知らず、じぶんが、みずからの語ろうとするところと反対のことがらを語りだしているしだいを弁えていない。「感覚的な「このもの」が意識に対して真理である」ことが〔この説によれば〕普遍的な経験であるよしであるが、むしろその反対のことがらこそが普遍的経験なのである。およそあらゆる意識が、そういった真理をみずからふたたび廃棄して、その反対のことがらを、つまり「ここは樹木ではなく、家屋である」といったことを口にしだすものである。しかも、この主張は最初の主張を廃棄《アウフヘーベン》するものでありながら、その主張にあってもふたたびまったくおなじ主張が感覚的な「このもの」について繰りかえされるのだから、その主張されるところによって「このもの」はおなじように廃棄されてしまう。かくて、いっさいの感覚的確信にあって、真に《イン・ヴァールハイト》経験されるのはただ、私たちが見てとってきたもの、つまり「「このもの」とは要するに一箇の普遍的なものである」とする消息である。これは、くだんの主張が普遍的な経験であると断言するところとは、正反対のことがらにほかならない。——〔例の主張は〕「普遍的経験」なるものに訴えていた。だから〔ここで〕、実践的な側面を先どりして顧慮しておくことも許されるだろう。この側面を顧慮するなら、右で述べたような真理と確実性が感覚的対象の実在性にはぞくしていると主張する者たちに対して、こう言ってよいだろう。「かれらは智慧の最下級の学校、つまりケレ

Ⅲ91

スとバッカスをめぐる、古代エレウシスの秘儀に送りかえされ、「パンを喰らい、ワインを飲む秘儀」〔ヘルダーリン〕をこそまず学ぶべきである」。というのも、この秘儀を授けられた者であるならば、感覚的事物が存在することに疑念をいだくようになるばかりでなく、その存在に絶望しきって、一方ではそうした事物が空しいものであるしだいを、それら〔を喰らい、飲みつくすこと〕においてみずからじっさいに示してみせ、もう一方では感覚的事物がじぶんの虚しさを現に示すのを観てとることになるからである。Ⅱ91 動物であっても、この智慧から締めだされてはいない。動物こそむしろ、この智慧をもっとも深く授けられているはこびを証示している。動物は感覚的事物を目のまえにして、それが自体的に存在するものと感じて、立ちとどまったりはしない。むしろその実在性に絶望し、それらが空しいものであることをまったく確信しているがゆえに、動物は 88 ただちに感覚的事物をとらえて、それらを食いつくすからである。かくして全自然が動物に倣って讃えているものは、このあらわな密儀なのであって、その密儀が教えるところは「なにが感覚的事物の真理なのか」という消息なのである。

感覚的確信の総括㈡――意識の普遍性と言語の普遍性

さきに挙げたような主張を唱える者たちが語るのは、いっぽう、すでに注意しておいたところにしたがえば、じぶんたちが思いな《マイネン》しているのとまさに正反対のことがらでさえある。この現象をとらえておくことがおそらくはもっとも有効なかたちで、感覚的確信の本性をめぐって熟慮をうながすゆえんとなるだろう。さきに問題とした主張をする者たちが口にするのは、外的な対象が現に存在《ダーザイン》することについてであり、その外的対象はより厳密にいえば、現実的で、絶対的に個別的で、まったく個人的で、個体的な事物であって、そのおのおのは、みずからに絶対的に同等なものをもはや持たないものと規定されることができるだろう。このような定在《ダーザイン》が、絶対的な確実性と真理とをそなえているものとされるのである。かれらが思いえがいている《マイネン》ものは、この紙片、まさに私がこの件を書いている、あるいはむしろ書きおえた紙片である。しかしかれらは、じぶんが思いなしている《マイネン》ものを語りだすことがない。かれらが現にこの紙片を、じぶんが意味している《マイネン》ものを語ろうとする、としてみよう。じっさいまた語ろうとしたわけであるが、このことは不可能なのだ。なぜなら、かれらが思いこんでいる《マイネン》感覚的な「このもの」は、言語《シュプラッヘ》にとって——言語とは意識、このそれ自体として普遍的なものにぞくするものである——到達不可能だからである。「このもの」を語りだそうとして現実にこころみているうちに、「このもの」は、だから腐っていってしまうだろう。じぶんで記述しようとしはじめた者たちでも、その記述をおえることができずに、他者たちに委ねることにならざるをえないだろう。委ねられた者たちも「じぶんは存在しない事物について語ろうとしている」としまいにはみずから白状するはめになることだろう。この他

Ⅸ70

Ⅲ92

者たちも、したがってもちろんこの紙片のことを思いえがいている《マイネン》だろうが、その紙片はまえの〔者が意味していた〕紙片とはまったくべつのものである。それでもかれらは、現実の事物、外的なあるいは感覚的な対象、絶対的に個別的な実在《ヴェーゼン》等々を口にする。その場合つまり、その者たちがこれらについて語っているのは、普遍的なものにすぎない。だから、言明不能なものと称されるものとは、真ではないもの、理性的ではないもの、たんに思いなされたもの以外のものではないのである。――或るものをめぐって、それは「現実的な事物であり、一箇の外的な対象である」という以上のなにごとも語られない、としよう。そのばあい当の或るものはもっとも普遍的なものとして言いあらわされたにすぎず、かくてまたむしろそれが他のいっさいのものと同等であることが言明されているのであって、他のものと区別されていることが言いあらわされているのではない。「ひとつの個別的な事物」と語った、とする。そのとき私は、その事物のことをかえって同様にまったく普遍的なものとして語っている。すべてのものは個別的な事物だからである。おなじように、この事物とはひとが〔それぞれ〕みな挙げようとするものなのだ。よりくわしく「この紙片」と名ざしてみたところで、いっさいの、またおのおのの紙が「この紙片」なのであって、私としてはいつでもやはり普遍的なものについて語ったにすぎないことになる。ところでことばを語る《シュプレッヒェン》ことには神的な本性があり、その本性が思いなしをただちに転換して、他のものに変え、かくて思いなしをまったくことばにさせないものである。このことばを語ることに力を添えようとして、この紙片を指示するとしてみよう。そこで私が経験するのは、感覚的確信の真理《ヴァールハイト》がじっさいにはなんであるかにかんしてである。私はその紙片をひとつの「ここ」として示す。この「ここ」はしかし他の複数の「ここ」のなかのひとつの「ここ」であり、ことばをかえれば、それ自身にそくしてひとつの単純なものでありながら、多くの「ここ」が集合したものである。すなわち一箇の普遍的なものなのである。かくて、この紙片はその真のありかた《ヴァールハイト》において受けとられて、直接的なものを知るかわりに、私はそれを知覚してい[*1]ることになる。

＊1 *nehme ich wahr.* wahr-nehmen は「真にとらえる」「真をとらえる」という意味でもある。

II　知覚、あるいは事物と錯覚

II92 89

感覚的確信から知覚の真理へ

III93 IX71

直接的な〔感覚的〕確信は真なるものを手にいれることがない。なぜなら、確信の真理は普遍的なものであるいっぽう、確信が手にしようとするのは「このもの」だからである。知覚は、これに反して、じぶんにとって存在するものを普遍的なものとしてとらえている。普遍性が知覚の原理一般であるように、知覚のうちでただちに区別されることになるその契機もまた普遍的なものである。つまり〈私〉は普遍的な〈私〉であり、たほう対象も普遍的な対象なのだ。普遍性という原理が私たちにとっては生成してきているから、知覚を受けとる私たちのしかたも、もはや現象するとおりにそれを受けいれるものではない。感覚的確信にあってはそうであったにしても、ここでは受けとるしかたもむしろ必然的なものとなっている。原理が生成《エントシュテーエン》してくるさい同時に、ふたつの契機も、現象にそくしてただ剝がれおちるように生成《ヴェルデン》している。一方の契機はすな
II93
わち「指示する」という運動であり、他方の契機はおなじ運動であるとはいえ、単純なものとして存在している。前者は知覚することであり、後者が対象なのである。対象とはいっても、その本質からすれば運動とおなじものなのであって、運動とは契機を展開し区別することであるいっぽう、対象の側はおなじ契機が総括されてつかまれたものにほかならない。私たちに対して《フュール・ウンス》は、あるいは自体的《オーダー・アン・ジッヒ》には、原理としての普遍的なものが知覚にあって本質となるものであり、この本質という抽象的なものにくらべれば、区別

90 されたふたつの契機、つまり知覚するものと知覚されるものの両者は非本質的なものにすぎない。しかしじっさいには、両者はそれじしん普遍的なもの、あるいは本質なのだから、双方ともに本質的である〔と言うこともできる〕。ふたつの契機がたほうで対立するものとしてたがいに関係しているかぎり、その関係のなかでは一方のみが本質的なものでありえ、かくて本質的なものと非本質的なものという区別が両者のおのおのに割りあてられざるをえなくなるのである。一方が単純なものとして規定される。これが対象である。対象が本質であって、それが知覚されるか知覚されないかにかかわりなく存在している。知覚するはたらきがいっぽう運動となる。この知覚するはたらきは恒常的なものではなく、存在することも存在しないことも可能であり、かくて非本質的なものとなる。

知覚の対象とは「多くの性質をそなえた事物」である

この対象が、そこでさらに規定され、その規定が〔感覚的確信の道程をつうじて〕あきらかとなっている結果から簡単に展開される必要がある。 III94
より立ちいった展開についていえば、ここはその場所ではない。対象の原理、つまり普遍的なものは、単純なありかたをしていながら〔同時に、「ここ」や「いま」がそうであったように〕媒介されたものであるから、対象はこの件をみずからの本性として、じぶんにそくして表現するものでなければならない。対象は、かくて、多くの性質をそなえた事物としてあらわれる。感覚的な知の豊かさは〔じつは〕知覚にぞくしているのであって、直接的な確信に所属するものではない。確信においてこの豊かさは、たんにそのかたわらでたわむれていたものにすぎない。〔豊かさが知覚にこそ所属するのは〕ただ知覚にいたってはじめて否定を、つまり区別を、いいかえれば多様なありかたをみずからの本質にぞくしてそなえるはこびとなるからである。

Ⅱ94

「このもの」とは「このものではないもの」である――「止揚」の意味

「このもの」は、したがって「このものではないもの」として定立されている。あるいは止揚されたものとして定立されているのである。止揚されたものであるからには、それは〔たんなる〕無ではない。むしろ規定された無であり、ことばをかえれば或る内容の無、すなわち「このもの」の無〔このものではないこと〕なのだ。感覚的なものは、こうして、それ自身なお目のまえに存在《フォアハンデン》している。しかし、直接的な確信にあってはそうであるとされていたように、思いなされた個別的なものとしてではない。むしろ普遍的なものとして、いいかえれば性質として規定されることになるものとして存在している。「止揚する」という語が、ここでは二重の意義を示しており、それこそがこの語の真《ヴァールハフト》の意義なのである。その意義については、私たちはすでに「否定的なもの」に

Ⅸ72

そくして見ておいたところであった。すなわち、「止揚する」とは「否定すること」であると同時に「保存すること」なのだ。[*1] ここではつまり「無」とはいっても「このもの」の無であり、そこでは直接的なありかたが保存されている。それはだからそれじしん感覚的なものでありながら、普遍的なしかたで直接的なありかたをそなえているのである。――「存在すること」が、ところでこのように普遍的なものとなるのは、存在が媒介を、いいかえれば否定的なものをそれ自身そなえていることによる。存在がこの否定的なものを表現するのはその直接的なありかたにおいてのことであるから、存在するとはこの場合、区別され、規定された性質として存在することである。そのことをつうじて同時に多くの普遍的な性質が、しかもひとつの性質はそれ以外の性質を否定するものとして定立されている。これらの性質は普遍的なものという単純なありかたにおいて表現されるから、そのように規定されたありかた――これはほんらい、さらに付けくわわってくる規定をつうじてはじめて「性質」ということになる――はじぶん自身に「のみ」関係し、たがいにかかわりあうことなく、それぞれがそれだけで《フュール・ジッヒ》、他の規定された《ベシュティム》ありかた《トハイト》から自由に存在している。普遍的なありかた《アルゲマインハイト》はいっぽう、単純で、みずから自身と同等なものであるから、そのような普遍性《アルゲマインハイト》そのものについていえば、こちらもまた右に述べたようなその規定性《ベシュティムトハイト》のさまざまから区別され、それらからは自由に存在する。その普遍的なありかたは純粋に自己自身に関係しており、いいかえれば「たんなる〕媒体なのであって、その媒体のうちでくだんの規定性のすべては存在し、したがって単純な統一体である普遍的なありかたのうちで相互に浸透しあっていながら、しかもたがいに触発しあうこと[*2]がない。というのも、ほかでもなく、このような普遍的なありかたに参入していることをつうじて、規定されたありかたは〔たがいに〕かかわりあうことがなく、〔おのおの〕それだけで《フュール・ジッヒ》存在しているからである。――この抽象的で普遍的な媒体《メディウム》を事物であること一般[*3]、もしくは純粋な実在とも名づけることができよう。
III 95
そのような媒体が「ここ」と「いま」にほかならない。ただしすでに証示してきたとおり、「ここ」と「いま」といっても、多くの「ここ」と「いま」とが、単純なものでありながら集合しているかぎりでの「ここ」と「いま」なのだ。しかもそこでは、多くの規定されたありかたが、それらが規定されていること自身において単純なしかたで普遍的なものなのである。〔たとえば〕この塩は、単純《アインファッハ》な「ここ」であると同時に多層《フィールファッハ》的なものである。塩は白く、辛くもまたあり、立方体でもまたあって、一定の重さもまた有している等々なのだ。そういった多くの性質はすべて、単純なひとつの「ここ」のなかに存在し、そのうちでこれらの性質は、したがってたがいに浸透しあう。どの性質をとってみても、他の性質とはべつの「ここ」を占めているわけではなく、そのいたるところに存在し、ほかの性質が存在するのとおなじ「ここ」において、そのいたるところに存在し
II 95
ているのである。つまりことなる「ここ」によって距てられていないが、それと同時に、

それらの性質がこのように浸透しあうことでたがいを触発する[*4]こともない。白さが立方体であることを触発し変化させることはなく、その双方が辛さを触発し変化させることもない、等々である。むしろそれぞれの性質そのものは単純に自己へと関係しているのだから、他の性質をそのままにしておき、ただ〔性質の別に〕無関心《グライヒギュルティッヒ》な「また」をつうじて、それ以外の性質に関係するだけである。この「また」こそが、こうして、純粋に普遍的なものそれ自身あるいは媒体であって、さまざまな性質を総括する「事物であること」なのである。

*1 es ist ein *Negieren* und ein *Aufbewahren* zugleich. ヘーゲルが aufheben を術語的に使用する典型的な用例。
*2 *berühren*. この語については、本書、四〇頁の訳註参照。
*3 *Dingheit*. この概念についても、後論参照。
*4 ここでは affizieren.

事物であることの二面性——肯定的な「また」と否定的な「一」

ここであきらかとなった関係のなかでは、ただようやく〔事物が〕積極的なしかたで普遍的なありかたをそなえているという性格のみが観察され、展開されたにすぎない。他方ではなおもうひとつの側面があらわれてくるのであって、その側面も考慮に入れら

IX73

92

れなければならない。つまり、こうである。かりに多くの規定された性質が端的にたがいにかかわりがなく《グライヒギュルティッヒ》、徹底してただじぶんにだけ関係するものとしてみよう。そうなると、それらの性質はまったく規定された性質ではないことになるはずである。さまざまな性質が規定された性質であるのは、それらが相互に区別され、対立するものである他の性質に関係するかぎりにおいてのことであるからだ。このように対立しているという面からすれば、いっぽう、さまざまな性質がその媒体となる単純な統一体《アインハイト》のうちにともに存在している、というわけにはいかない。〔じつは〕その統一《アインハイト》が諸性質にとって本質的であるのは、否定もまた本質的であるのと同様なのである。さまざまな性質がたがいに区別されるのは、それらの性質が相互にかかわりがないからではなく、たがいに排除しあい、他のものを否定するかぎりにおいてのことである。そのような区別は、したがって、さきに挙げた単純な媒体の埒外にぞくすることになる。そこで、この媒体も、それゆえただ「また」に、無関心な統一体にとどまるわけにはいかない。むしろ「一」でもあり、排除する統一でもあることになる。――「一」とは否定の契機であり、しかもその契機はそれじしん単純なしかたでじぶん自身へと関係し、他のものを排除することで否定的な契機となる。その契機をつうじて、「事物であること」が事物として規定されるのである。性質にそくして否定であるとは、規定されていることであり、それはただちに「存在すること」の直接的なありかた《ウンミッテルバーカイト》とひとつのものである。この直接《ウンミッテルバー》

III96

性《カイト》の側は、それがこのように否定とひとつのものであること《アインハイト》によって普遍的なありかたを形成している。しかし「一」というかたちでは否定は、〔「存在すること」の直接性という〕反対のありかたとそのように統一されていること《アインハイト》から解放されている。そのことで否定は、それ自体として、またそれ自身だけで《アン・ウント・フュール・ジッヒ・ゼルプスト》存在するものとなっているのである。

「事物」の概念と諸契機

これらの契機がいっしょになるところに、知覚《ヴァールネーメン》にとって真なるもの《ダス・ヴァーレ》である「事物」〔の概念〕は、ここで展開しておく必要のあるかぎりで完成している。事物とはすなわち、α〔性質のさまざまに対して〕無関心で受動的な普遍性《アルゲマインハイト》であって、多くの性質の、あるいはむしろ多くの物質の*1「また」である。β 事物は同様に単純なものとして否定でもある。あるいは「一」であり、たがいに対立するさまざまな性質を排除するものである。さらに事物は、γ 多くの性質そのものなのである。これは事物がさきのふたつの契機の関係であるということであり、否定としては、無関心な〔媒体という〕境位《エレメント》へと関係しながらも、その境位のうちで多数の区別されたものというかたちでひろがっている。つまり事物とは、個別的なありかたをした一点でありながら、存立している媒体のうちで〔諸性質の〕数多性へと光線をひろげているものなのだ。このように〔諸性質として〕区別されたものは、〔しかし、その区別に対して〕無関心な媒体にぞくしている。

この面からすれば、区別されたものもそれじしん普遍的なものであり、ただそれぞれじぶんにのみ関係して、たがいに触発しあうことがない。いっぽうまた区別されたものは否定的な統一体に所属しているのであって、その面からいうなら、それらは同時にたがいに排除しあっている。これらの区別されたものがたほう、そうした対立した関係を有するのは必然的に、さまざまな性質においてのことであり、そのばあい諸性質はみずからの「また」から距てられているのである。ここには、感覚的に普遍的なありかた《アルゲマインハイト》、あるいは「存在すること」とその「否定」とが直接にひとつとなったありかた《アインハイト》がある。そうした統一されたありかた《アインハイト》が性質となるためには、まず「一」と純粋な普遍性とがこの統一《アインハイト》から展開され、たがいに区別されたうえで、くだんの統一体《アインハイト》がこの両者を相互に連結する必要がある。そのような統一性《アインハイト》が〔おのおの〕純粋で本質的な〔右で挙げてきた〕諸契機に関係してゆくことで、はじめて「事物」〔の概念〕が完成するのである。

＊1 *Materien.* この「物質」については、後論ならびに二〇二頁訳註参照。

知覚にさいしての意識の第一のふるまい

さて知覚にとって「事物」は、このような性状をそなえているものである。意識が「知覚するもの」として規定されるのは、このような事物をみずからの対象とするかぎりでのことである。意識はこの対象をただ受けとって、純粋に把捉する《アウフファッセン》ふるまいにとど

93 Ⅱ97

まるべきである。意識にとって、かくてあきらかになるのが真なるものなのだ。意識自身が、このように受けとるさいになにか余計なことをしてしまえば、それが附加することであれ除去することであれ、そのことによって真のありかた《ヴァールハイト》を変化させてしまうだろう。対象が真なるもの、普遍的なものであり、みずから自身にひとしいものであって、意識はたほうじぶんにとって可変的で、非本質的なものである以上、意識にとって起こりうることがある。それは意識が対象を正しくとらえず、錯覚におちいるということである。知覚するものは、じぶんが錯覚する可能性があることを意識している。というのも、〔知覚の〕原理である普遍性《アルゲマインハイト》のうちには、〔普遍的なありかた《アルゲマインハイト》とはことなる〕他のありかたが、それじしん知覚するものに対して直接に存在しているからである。ただしそれが〔いまや〕空しいもの、廃棄《アウフヘーベン》されたものとしてであるにしても、この件にかわりはない。知覚するものにとって真理《ヴァールハイト》の判断規準は、だから自身とひとしいありかたであり、その採るべきふるまいは〔対象を対象〕自身とひとしいもの《ジッヒ・ゼルプスト・グライヒエス》としてとらえることなのである。いっぽう同時に〔対象のさまざまな性質をはじめとして〕あいことなるものが知覚するものに対して存在しているのだから、知覚するものは、じぶんが〔自己同等的なものとしての対象を〕とらえるさいに、あいことなる契機をたがいに関係づけることになる。そのさいしかしこのような比較にあって、ひとしくないありかた《ウングライヒハイト》が立ちあらわれてくる場合には、それは対象にぞくする真ではないありかた《ウンヴァールハイト》ではない。対象は

Ⅲ97 Ⅸ74

みずから自身と同等なもの《ダス・ジッヒ・ゼルプスト・グライヒエ》であるからだ。非真理《ウンヴァールハイト》はむしろ、知覚するはたらきにぞくするものなのである。

知覚する意識が経験する第一の弁証法

私たちがここで見てとらなければならないのは、どのような経験を、意識がその現実の知覚するはたらきにおいて積むことになるのか、である。この経験は私たちに対しては、対象と、対象に対する意識のふるまいとにかんして、たったいま与えておいた展開のうちにすでにふくまれている。だからその経験は、そこで現に存在《フォアハンデン》していたさまざまな矛盾を展開するものにすぎないだろう。——〔一〕私が受けとる対象は、純粋に「一」である対象としてあらわれる。私としては性質をもこの対象について認知するはこびとなるけれども、その性質も普遍的なものであるから、かくて当の性質はたほうでは〔対象の〕個別的なありかたを超えでてゆくことになる。〔その結果、こうなるだろう。〕最初は対象の本質《ヴェーゼン》を「一」とみなしたけれども、そのさい実在《ヴェーゼン》が存在するしかたは、それゆえに実在的《ヴェーゼン》な本質の真の存在ではなかったことになる。対象こそが真なるものであるかぎり、真ではないありかた《ウンヴァールハイト》は私にぞくするはこびとなるから、〔知覚するものである私の〕とらえかたが正しくなかったことになる。〔二〕私は〔今度は〕性質が普遍的なありかたをしているところから、対象の本質をむしろ共通性一般ととらえるほかはない。私としてはいまやさらに性質を規定された性質として、他のものに対立し、それを排除する性質として知覚する。私は対象的な実在《ヴェーゼン》を、したがってじっさいのところ正しくとらえていなかったことになるのであって、それも私がその本質《ヴェーゼン》を他のものとの共通性として、ことばをかえれば連続性として規定していたからである。〔三〕かくて私としてはかえって、性質が規定されたありかたをともなっているがゆえに、連続性を絶ちきって、対象的な実在を「排除する一」として定立せざるをえない。そのように切りはなされた「一」において、私は多くの規定された性質を見いだすことになるのである。III98 これらの性質はたがいに触発しあうことがなく、むしろ相互に対して無関心である。私は、94 したがってここでも対象をただしく知覚していなかったことになるだろう。私としては対象を排除するものととらえていたからだ。〔四〕かくして対象はむしろ——かつては
II98 連続性一般であったのとおなじように——いまや一箇の普遍的で〔さまざまな性質に〕共通した媒体となる。その媒体のうちで多くの性質が感覚的に普遍的なありかたをともない、それぞれがそれだけで《フュール・ジッヒ》存在し、かつまた規定された性質であるかぎり、他の性質を排除することになるのである。〔五〕私が知覚する単純で真なるものは、いっぽうこのこと〔規定された性質が他の性質を排除すること〕をつうじてまた、普遍的な媒体であるというわけにはいかない。私が知覚するのはむしろ、それぞれ個別的《フュール・ジッヒ》な性質ということになる。しかし個々ばらばら《フュール・ジッヒ》な性質であるなら、それは性質でもなければ、規定され

て存在するもの《ザイン》でもない。というのも、そういった性質はもはや「一」においてあるのでも、他の性質との関係にそくして存在するのでもないからである。性質が性質であるのは、いっぽうではひとえに「一」においてある場合であり、それが規定されているのもただ、ほかの性質との関係にあってのことである。性質はここでは、純粋に自己自身に関係するにとどまっており、それはひたすら感覚的な存在一般であるにすぎない。そこでは性質は、否定的なもの《ネガティヴィテート》という性格をもはやそなえていないのだ。〔六〕こうして、意識に対していまや存在するのはひとつの感覚的存在である。けれどもこの意識はただの思いなしたるにとどまっている。この件が意味するところは、意識が知覚するはたらきからまったく離れでて、みずからのうちへと立ちかえってしまっているということである。しかしながら、感覚的存在とその思いなしは、それじしん知覚することへと移行してゆく。かくて私はことのはじまりに投げかえされ、ふたたびおなじ循環へと引きこまれる。つまり、それぞれの契機についても、全体にかんしてもみずからを廃棄することになる循環のなかに引きこまれてしまうということである。

IX75

第一の弁証法から第二の弁証法へ

意識はこうして、循環を必然的にふたたび遍歴することになる。とはいえ同時に、一回目の循環とおなじしかたで、というわけではない。意識はすなわち、知覚のはたらき《ヴァールネーメン》をめぐって経験を経てきたからであって、その経験とは、知覚することの結果、つまりその真なるものとしてあきらかとなるのは、知覚《ヴァールネーメン》が解体することであり、あるいは知覚が真なるものからじぶん自身へと反省的に立ちかえることだ、とする消息にかんする経験である。この経験をつうじて意識に対してあきらかとなったのは、意識の知覚《ヴァール》作用《ネーメン》が本質的にいってどのような性状のものであるかということだ。知覚作用とはつまり、単純かつ純粋にとらえるはたらきではなく、じぶんのとらえるはたらきのなかで同時に真なるものの外にでて、みずからへと反省的に回帰しているものでもある。意識がこのようにじぶん自身へと還帰することが、純粋にとらえる作用のうちへと直接に――というのも、この還帰は知覚作用にとって本質的なものとしてあらわれるからである――入りこんでくる。その還帰をつうじて、真なるものが変化させられてしまうのである。意識は同時に、この側面がみずからにぞくすることを認識しており、その側面をじぶんで引きうける。そうすることで意識はしたがって、真の対象を純粋に維持しようと III99 することだろう。――かくていまや、さきに感覚的確信にさいしても生起したところで
Ⅱ99 95 あるように、知覚のもとでも或る側面が目のまえにあらわれて《フォアハンデン》いる。意識がじぶんのなかに押しもどされる、ということである。とはいえさしあたりその意味は、感覚的確信についてそうであったのとおなじものではない。つまりあたかも意識のうちに、知覚することの真理がぞくするかのように、意識が押しもどされるわけではない。かえって意

識が認識しているところでは、ここで現前している非真理は意識に帰属しているのである。この件を認識していることで、いっぽう意識は同時に、当の非真理《ウンヴァールハイト》を廃棄《アウフヘーベン》することができる。意識はじぶんが真なるものをとらえるはたらきを、その知覚作用にぞくする真ではないありかた《ウンヴァールハイト》から区別して、この非真理を訂正する。だから意識がこの匡正を自身で引きうけるかぎりでは、たしかに真理は、それが知覚することの真理である以上は、意識へと帰属している。以下で観察されなければならない意識のふるまいがそなえている性状は、したがって、もはやただたんに知覚するばかりではなく、じぶんが自身のうちへと反省的に立ちかえっている《レフレクシオーン》ことをも意識して、その反省《レフレクシオーン》を、単純にとらえるはたらきそのものから分離しようとするものであることになる。

知覚する意識が経験する第二の弁証法

私はそこで、まずは事物を「一」として認知《ゲヴァール・ヴェルデン》し、事物をこの真《ヴァール》の規定において確保しなければならない。知覚する運動にあって、なにかこれに矛盾するものが現前してきた場合には、それを私の反省にぞくするものとして認識する必要がある。ところで知覚においてはまたさまざまな性質も現前しており、その諸性質は事物の有する性質であるかのように見える。けれども事物とは「一」なるものであって、性質がさまざま《フェアシ》なもので《ーデンハイト》あるとすれば、事物は「一」であることを止めてしまう。だから私たちは、諸

Ⅱ100

性質の相《フェアシーデンハイト》違がじぶんに帰属するしだいを意識することになる。この〔さきに例にとった「塩」という〕事物は、したがってじっさいには、私たちの眼にもたらされるかぎりで白くあるにすぎず、私たちの舌にもたらされるときに辛くもまたあるにすぎない。さらにまたそれが立方体であるのは、私たちの触覚にもたらされたさいにかぎられる、等々なのである。これらの〔感官に応じた〕側面がことなって《フェアシーデンハイト》いるのは、ことごとく、私たちが事物から取りだしてくるところではなく、じぶんから引きだしてくるしだいである。それらの側面が私たちにとってかくもばらばらなものとなっているのは、じぶんの眼が舌とはまったく区別されていることによる、等々というはこびとなる。私たちこそが、かくてまた普遍的な媒体なのであり、その媒体のうちでこれらの契機がたがいに分離され、それぞれそれだけで《フュール・ジッヒ》存在している。したがってこの件、つまり普遍的な媒体であるという規定性をみずからの反省と見なすことによって、私たちとしては自己《ジッヒゼルプ》同等《ストグライヒハイト》性を、すなわち「一」であるという事物の真理を維持してゆくことになる。

第二の弁証法の反転――「また」と「かぎりにおいて」

あいことなる側面については、意識の側がこれをじぶんで引きうける。そうした諸側面はいっぽうおのおのそれだけで《フュール・ジッヒ》、普遍的な媒体のうちで存在しているものと考察される場合には、それぞれに規定されている。〔たとえば〕「白さ」はただ「黒さ」との対立

Ⅲ100

Ⅸ76

にあってのみ存在する等々、ということだ。かくて事物が「一」であるのも、それが他の事物と対立しているからにほかならない。事物がしかし他の事物を排除するのは、それが「一」であるかぎりにおいてのことではない。「一」であることは、普遍的な自己自身への関係であるからだ。つまり「一」であることによっては、事物はむしろいっさいの事物とひとしい。事物が他の事物を排除するのは、かえってそれが規定されていることをつうじてなのである。さまざまな事物そのものが、したがって、それ自体において、それだけで (*an und für sich*) 規定された事物であることになる。事物そのものが性質をそなえ、その性質をつうじて事物は他の事物から区別される、ということだ。性質は事物に固有な性質 (*eigene* Eigenschaft) であり、つまり事物そのものにそくして規定されたありかたなのであるから、事物には多くの性質があるはこびとなる。というのも第一に、事物は真なるものであり、それ自体そのものにおいて存在するからである。なにかが事物にそくして存在する場合、その或るものは事物においてその固有な本質として存在するのであって、他の事物のために存在するのではない、ということだ。したがって第二には、規定されたさまざまな性質は、他の事物のためにのみ、ほかの事物に対してだけ存在するわけではない。むしろ当の事物そのものにそくして存在する。諸性質が、しかし事物にそくして規定された性質であるのはただ、それらが、多くのたがいに区別しあう性質である場合にかぎられる。かくて第三に、さまざまな性質がこのように「事物であること」のうちに存在することによって、諸性質はそれ自体において《アン・ウント・》それぞれそれだけで《フュール・ジッヒ》、たがいに対して無関心なしかたで存在している。こうしてほんとうは《イン・ヴァールハイト》事物そのものが白く、また立方体で、また辛く、等々である。いいかえれば事物が「また」であり、あるいは普遍的な媒体であって、その媒体のうちで多くの性質が相互に対して外的になりたっており、たがいに触発しあうことも廃棄しあうこともない。このように受けいれられるときに、事物は真なるものとして受けとられていることになる。

知覚がこのようなものである場合、ところで意識が同時にみずから意識しているのは、意識がじぶん自身のうちへと反省的に立ちかえってもまたいることであり、くわえてこの知覚するはたらきにあって、「また」に対立する契機が現前しているということである。この契機は、しかし事物が自己自身とひとつであることであって、このひとつであ《アインハ》ること《イト》によって区別が事物から排除されている。この統一《アインハイト》こそ、かくて意識がじぶんⅡ101 で引きうけなければならないものである。事物そのものにおいて、多くのあいことなる、独立した性質がなりたっているからだ。したがって、〔たとえば「塩」という〕事物にか Ⅲ101 んしてこう語られることになる。「それが白く、また立方体であり、かつまた辛くもある」等々、といったことである。しかし事物が白くあるかぎりにおいては、それは立方体ではなく、立方体であり、白くもまたあるかぎりにおいては、当の事物は辛くはない、等々である。これらの性質を「ひとつ」にまとめることは、ひとり意識に帰属するところであって、意識は諸性質を、したがって事物において「ひとつ」にしてはならない。この目的のために意識は「かぎりにおいては」をここで導入する。それによって意識はさまざまな性質をたがいに外的なものとして維持し、事物を「また」として保持するのである。ほんらい正しくいえば、「ひとつであること」が意識によって引きうけられるためにはまず、性質と名づけられたものが「自由な物質」[*1]と考えられる必要がある。事物はそのようにとらえられることで、真《ヴァールハフト》の「また」へと引きあげられる。それは、
97 事物が物質のあつまりとなり、かくて「一」であるかわりに、たんに〔物質を〕取りかこむ表面となることによってなのである。

＊1 *freie Materie.*「事物 Ding」をかたちづくっているさまざまな「物質」「素材 Stoff」（たとえば「熱素」等の、当時の自然学で想定されていた要素）はたがいに「浸透 durchdringen」しあいながら、「触発 berühren/affizieren」しあうことがない。次章の「悟性」で論じられる「有孔性 Porosität」という仮定によれば、それはおのおのの素材には空所があって、その空所によってたがいに干渉しあわないからであるとされる。

「私たち」の立場から意識の経験を比較すること

IX77 私たちの側からここで振りかえって、意識が以前にじぶんで引きうけていたものと、

ここにいたってみずから引きとるにいたったものとをくらべてみよう。つまり、意識がまえに事物に帰したところと、いまや事物に帰属させることになったことがらとを見くらべてみる。そうすればあきらかとなるとおり、意識はかわるがわる、じぶん自身とおなじように事物をもふたつのものとしている。すなわち、純粋な、数多性を欠いた「一」とするとともに、自立したさまざまな物質に分かれてゆく「また」ともとらえているのである。意識がかくて、そのような比較をつうじて見いだすところは、ただじぶんが真なるものをとらえることのみが、とらえることとみずからのうちへと立ちかえることとのことなりをはらんでいるばかりではない、という消息である。むしろ真なるものそのもの、つまり事物が、このような二重のしかたであらわれるのである。かくして、ここで目のまえにしている《フォアハンデン》経験はこうである。事物はそれをとらえようとする意識に対して一定のしかたであらわれてくるけれども、同時にそれが呈示されるしかたの外部にいて、みずからのうちへと反省的に立ちかえっている。ことばをかえれば、事物はそれ自身にそくして、対立する真理をそなえているということなのである。

ひとつの事物と他の事物―― 対自《フユールジッヒ》と対他《フユールアインアンデレス》

意識はこうしてまた、知覚するさいにふるまうこの第二のありかたから抜けでている。第二のありかたとはすなわち、真なるものとしての事物をそれ自身にひとしいものととらえ、みずからをたほう〔自己と〕ひとしくないもの、ひとしいありかたから外れて、じぶんのうちへ立ちかえってゆくものと考えるありようであるけれども、このありかたからもみずから外に出てしまっているのである。だから対象は意識にとっていまや、このような運動の全体であって、その運動は以前には対象と意識のそれぞれに割りあてられていたものなのだ。事物は「一」であり、みずからのうちへと反省的に立ちかえっている。事物はそれだけで（*für sich*）存在するが、いっぽうではまた他のものに対して（*für ein Anderes*）も存在する。事物はしかも、じぶんに対して《フュール・ジッヒ》存在するときと、他のものに対して存在するときとではべつのものである。事物はかくて、それだけで《フュール・ジッヒ》存在し、他のものに対してもまた存在する。事物はつまり二重のことなった存在であるとはいえ、「一」でもまたある。「一であること《アインスザイン》」は、しかしそれがこのようなことなりを有する《フェアシーデンハ》こと《イト》と矛盾している。意識はそこで、このように「ひとつにすること」をふたたびじぶんで引きうけて、そのありかたを事物から切りはなすべきところかもしれない。意識がそのばあい語るほかないのは、「事物は、それがじぶんに対して《フュール・ジッヒ》存在するかぎりでは、他のものに対して存在しない」といったところであろう。しかしながら、事物そのものにも「ひとつであること《アインスザイン》」が帰属するのであって、これは意識が経験した消息である。事物はだから、本質的にいってみずからのうちへと反省的に立ちかえっているのである。「また」あるいは無関心な区別は、したがってたしかに事物に帰属することになるが、

Ⅲ102

98
それは「ひとつであること」も同様である。とはいえ、このふたつのありようはことな《フェア》っている《シーデン》のだから、それはおなじ事物にではなく、むしろことなった事物にぞくする。対象的な実在《ヴェーゼン》一般にあって存在する矛盾が、かくてふたつの対象へと割りあてられるのだ。事物はつまり、たしかにそれ自体として《アン・ウント・フュール・ジッヒ》、それだけで存在し、みずからとひとしいものではあるけれども、そのようにじぶん自身とひとつである《アインハイト》ありかたが、他の事物によって攪乱されるというわけである。かくて事物の統一性《アインハイト》は保持されて、それと同時に他であること《アンデルスザイン》が、事物の外部でも意識の外部でも維持されることになる。

本質的な性質《アイゲンシャフト》と非本質的な性状《ベシャッフェンハイト》という区別

さてこうして、対象的な実在がふくんでいる矛盾《ヴィーダーシュプルッフ》がことなった事物に割りあてられるとはいっても、だからといってやはり切りはなされた個々の事物そのものには区別が帰属するわけである。ことなった事物は、したがってそれだけで定立されている。だから抗争《ヴィーダーシュトライト》がことなった事物へと交互に所属させられることになり、それぞれの事物はじぶん自身とことなっているのではなく、他の事物とことなっているとされるのである。おのおのの事物は、他方ではこのことによって、それじしん区別されたものとして規定されているのであって、他の事物との本質的な区別をじぶんのなかで有しているとはいえ、同時にしかしこの件がじぶん自身のうちで一箇の対立となってしまって

IX78

Ⅱ103

いるわけではない。事物はむしろそれだけで単純に規定されているのであり、その規定されたありかたによって、事物の本質的な性格、それを他の事物から区別する性格がかたちづくられる。じっさいたしかに、ことなり《フェアシーデンハイト》が事物のうちに存在しているかぎり、この差異《フェアシーデンハイト》は必然的に多様な性状《ベシャッフェンハイト》の有する現実的な区別《ウンターシート》というかたちで、事物のなかに存在しているのでなければならない。しかしながらこのように規定され《ベシュティ》ているありかた《ムトハイト》が事物の本質を形成し、事物はそのような規定性《ベシュティムトハイト》を有することで他の事物から区別されて、それだけで《フュール・ジッヒ》存在するのだから、右に挙げたそれ以外の多様な性状は非本質的なものである。事物はかくてたしかにそれがひとつのもの《アインハイト》でありながら、二重の「そのかぎりにおいて」をみずからのうちで有している。ただし、ふたつの「かぎりにおいて」はひとしい価値をもっているわけではないから、このように対立はしていても、その対立はしたがって事物そのものにぞくする現実的な対立とはならない。むしろ事物がその絶対的な区別をつうじて対立に陥るかぎりでは、事物はその対立を他の事物に対して、つまりじぶんの外部に有していることになる。とはいえ〔事物がそなえている〕それ以外の多様なありかたも、たしかにまた必然的に事物のうちに存在し、したがって事物からはなれて存続することはできないとしても、そうしたありかたは当の事物にとっては非本質的なものではない。

Ⅲ103

事物は他のものとの関係においてのみ自立的に存在する

規定《ベシュティムトハイト》されていることによって、事物の本質的な性格がかたちづくられ、当の事物は他のいっさいの事物から区別される。ところで、この規定性《ベシュティムトハイト》が規定されているありかたは、事物がそれをつうじてほかの事物と対立し、いっぽうみずからはその規定された《ベシュティムト》ありかた《ハイト》にあってじぶんだけで《フュール・ジッヒ》保たれているというものである。しかし事物が、あるいはそれだけで《フュール・ジッヒ》存在している「一」が存在するのはただ、それが他の事物への関係のうちに立っていないかぎりにおいてのことなのである。他の事物への関係のなかでは、むしろ他のものとの連関が定立されているからだ。他のものと連関することは、自立的な存在《フュールジッヒザイン》であることを止めることである。ほかでもなくその絶対的な性格によって、また〔ほかの事物と〕みずからが対立していることをつうじて、事物は他の事物と関係している。だから事物とは本質的に、この関係することであるにすぎない。関係とはしかし、事物の自立性を否定する《ネガツィオーン》ものであり、かくて事物はむしろみずからの本質的な性質により、没落し、その根底にいたる《ツーグルンデ・ゲーヘン》ことになる。

99

意識が経験するところは、事物はほかでもなく事物の本質とその自立的存在《フュールジッヒザイン》を形成する、規定されたありかたをつうじて没落し、その根底にいたる《ツーグルンデ・ゲーヘン》ということである。意識にとってこの経験が必然的であることは、かんたんにいえば、事物の単純な概念にしたがって以下のように考えられるだろう。事物は自立的存在として、ことばをかえると、

II104 いっさいの他の存在《アンデルスザイン》では絶対にないこと《ネガツィオーン》として定立されて、かくて絶対的な、ひとえに
自己にのみ関係する否　定《ネガツィオーン》として定立される。いっぽう自己に関係する否定とは、自
己自身を廃棄《アウフヘーベン》することであり、いいかえれば、みずからの本質を他のものにおいて有す
ることとなのである。

　じっさい対象の規定にふくまれているのは、これまであきらかになったとおり、これ
以外のなにものでもない。対象は本質的な性質をそなえ、その性質によって対象の単純
な自立的存在《フュールジッヒザイン》がかたちづくられるといわれる。対象はしかしまたこの単純なありかたを
ともなうことで、じぶん自身にそくした差　異《フェアシーデンハイト》を有しているはずである。この差異 III104
が必然的なものであるのはたしかであるとはいえ、それはしかし本質的な規定性を形成
するものではない、とされる。しかしながら、このような消息はひとつの区別立てであ
るにしても、ただかろうじてことばのなかでなりたつものにすぎない。非本質的なもの
でありながら、それでも同時に必然的でなければならないものがあるとすれば、そのよ
うなものはじぶん自身を廃棄してしまう。それはことばをかえれば、たったいま自己自 IX79
身の否定と名づけられたものなのだ。

　かくして、最後の「かぎりにおいて」が崩れさることになる。それは「自立的存在」
と「他のものに対する存在」を分離していたものである。対象とはむしろ、一箇同一の
観点にあってじぶん自身の反対物である。すなわち対象は、他のものに対して存在する

100

かぎりでじぶんに対して存在し、みずからに対して存在するかぎりで他のものに対して存在するのである。[*1] 対象はそれだけで存在し、じぶんのうちへと反省的《レフレクティールト》に立ちかえっており、かくて「一」である。いっぽうこのそれだけで、みずからに反省的に立ちかえっている「一であること《アインス・ザイン》」は、その反対物、つまり「他のものに対して存在すること」と、一箇の統一性《アインハイト》において定立され、したがってひとえに廃棄されたもの《アウフゲホーベネス》としてのみ定立されている。ことばをかえれば、この「みずからに対して存在すること」も非本質的なのであって、この件はひとりその面のみが非本質的であるとされたことがら、すなわち「他のものへの関係」がそうであったのと同様なのだ。

＊1 *für sich, insofern er für Anderes, und für Anderes, insofern er für sich ist.*

個別性と普遍性の弁証法

対象はこうして、当の対象が純粋に規定されたありかた《ベシュティムトハイト》にあって、いいかえればその対象の本質的なありかた《ヴェーゼンハイト》を形成するはずであった規定性《ベシュティムトハイト》においても廃棄《アウフヘーベン》されているが、これは当の対象が〔感覚的確信の展開にさいして〕、その感覚的存在において止揚《アウフヘーベン》されたものとなったのとえらぶところがない。感覚的存在から出発して、対象は普遍的なものとなる。しかしこの普遍的なものは、感覚的なものに由来するかぎりでは、その本質からして感覚的なものをつうじて条件づけられている。[*1] それはだから一般

Ⅱ105

に、真に自己同等的なものではなく、かえって一箇の対立によって触発されている普遍的なありかた《アルゲマインハイト》である。そのありかたは、それゆえに個別性《アインツェルハイト》と普遍性《アルゲマインハイト》との両極へと分離する。すなわち、性質がぞくする「一」と、自由な物質の「また」とに分離されるのである。こういった純粋に規定されたありかたが、本質的なありかたそのものを表現するものであるかにみえる。それらは、とはいえたんに「他のものに対して存在すること」に付きまとわれた「それだけで存在すること」であるにすぎない。そのさいいっぽう、両者は本質的に一箇の統一のなかで存在するのだから、いまや目のまえにある《フォアハンデン》ものは、条件づけられていない[*2]絶対的な普遍性なのであって、だから意識はここにいたってはじめて「悟性の王国」へと足を踏みいれることになる。

＊1　*bedingt.*「条件づけられ、制約《べ》されて「事物《ウ》 Ding《ン》」となっている」。シェリングに由来する表現。

＊2　unbedingt.「事物 Ding」というかたちをとらない。

感覚的な個別性であるならば、したがってたしかに、直接的な確信にあって展開された弁証法的運動のなかで消失してしまい、普遍的なありかた《アルゲマインハイト》を獲得している。このありかたは、けれどもたんに感覚的な普遍性であるにすぎない。〔「このもの」をとらえているとする〕思いなしは消えさって、知覚するはたらきは対象を、それが自体的にそうであるとおりのものとして、つまり普遍的なもの一般としてとらえている。個別的なあり《アインツェルハ》

Ⅲ105

Ⅱ106

かた《イト》は、したがって知覚のはたらきにおいて真の個別性《アインツェルハイト》として、「一」の有する「自体的存在」として立ちあらわれている。いいかえれば、それは「じぶん自身へと反省的に立ちかえっていること」なのである。この自体的存在《アンジッヒザイン》は、しかしなお一箇の条件づけられた自立的存在《フュールジッヒザイン》であって、そのかたわらにはべつの自立的存在が、すなわち個別性に対立し、個別性によって条件づけられた普遍性が現前している。とはいえこの〔個別性と普遍性という〕ふたつの矛盾する極は、ただたんに併存しているばかりではなく、ひとつの統一性において存在しているのである。あるいはおなじことであるけれども、両極に共通しているもの、つまり自立的存在は、対立一般に付きまとわれており、要するにそれは〔自立的存在でありながら〕同時に自立的存在ではない。こういった契機を、知覚することにまつわるソフィスト的詭弁はその矛盾から救いだそうとこころみる。つまり、観点を区別したり、それも「また」と「かぎりにおいて」を堅持したり、おなじく最終的には非本質的なものと、これに対立する本質とを区別だてしたりすることで、真なるものを摑みとろうとこころみるのである。しかしながらこうした〔矛盾から〕切りぬけるための方策によっては、〔対象を〕とらえるさいに生じる錯覚が遠ざけられることはなく、かえって方策そのものの空しさが証示されてしまう。かくて真なるもの《ダス・ヴァーレ》は、真なるものをとらえる知覚《ヴァールネーメン》作用の論理をつうじて獲得されるはずであったのに、一箇同一の観点にあってその反対物であることが示される。真なるものはかくてまた、区別を

Ⅸ80

欠き、規定をも欠いた普遍性をみずからの本質として有するしだいが証示されるのであ
る。

総括——悟性の領圏へ

個別性と、これに対立する普遍性は抽象であり、それは非本質的なものと結合した本
101 質が抽象であって、非本質的でありながらそれでも同時に必然的なものもまた抽象であ
るのと同様である。こういった空虚な抽象のさまざまこそ力であり、その力のたわむれ
をふるうのが知覚する人間悟性《メンシェンフェアシュタント》、しばしば健全な常識《メンシェンフェアシュタント》と呼ばれるものな
のだ*1。この悟性は、じぶんでは堅固で実在的な意識であると考えているけれども、その
悟性が知覚するにさいしては、これらの抽象のたわむれをふるうものであるにすぎない。
悟性が総じてもっとも貧しいものとなるのは、つねにじぶんではもっとも豊かであると
思いこん《マイネン》でいるときなのだ。人間悟性はこれらの空しい実在《ヴェーゼン》に追いまわされ、一方の
腕のなかから他方の腕のうちへと投げだされる。かくてみずからソフィスト的詭弁を弄
しながら、かわるがわる或るときは一方のものに、べつのときにはその正反対のものに
しがみつき、それを主張しようとして、かえって真理に背いてしまっている。そうしな III106
がらも人間悟性〔という名の常識〕は、こと哲学については「さまざまに考えられたも
のにひたすらかかずらっている」と思いな《マイネン》しているものなのである。哲学はじっさい、

これらの考えられたもの《ゲダンケンディンゲ》にもかかわり、それらが純粋な実在《ヴェーゼン》であって、絶対的な境位《エレメント》であり力であることを認識している。他方でそれとともに哲学が認識しているのは、これらが同時におのおの規定されていることである。哲学はこの件を認識しているがゆえに、考えられたものの主人であるいっぽう、くだんの知覚する悟性は、これらを真なるものと考え、それらのさまざまな思考物《ゲダンケンディンゲ》にみちびかれて、ひとつのあやまりからべつのあやまりへと送りだされる。この悟性そのものがじぶんでは意識するにいたらないのは、そのような単純で本質的なありかた《ヴェーゼンハイト》のさまざまがみずからのうちで力をふるっていることである。かえって、悟性の思いこみによれば、じぶんではいつでもまったく堅固な素材と内容とを問題としているのだ。それはちょうど感覚的確信が、「純粋な存在」という空虚な抽象がみずからの本質《ヴェーゼン》であるのを知るところがないのとひとしい。しかしじっさいには、そうした単純で本質的なありかたこそが、そこで例の知覚する悟性が、ありとあらゆる素材と内容をとおして右往左往する場所なのであり、その素材と内容を取りまとめ、支配するものなのである。だからそれらがひとり、感覚的なものが意識に対して実在として存在するものであり、意識が感覚的なものに対して有する関係を規定するものであって、そこで知覚する運動《ヴァールネーメン》と、知覚にとって真なるもの《ダス・ヴァール》の運動が経過する場所である。このような経過にあっては、真なるものを規定することと、その規定を廃棄《アウフヘーベン》することとがたえず交替してゆく。そうした経過がほんらいかたちづくるもの

Ⅱ107

102

が、日常的な不断の生であり、いとなみであって、この生といとなみは、知覚して、真理のうちで運動しているものと思いこんでいる意識にぞくするところである。意識はこの生とそのいとなみにおいて、「一定の」結果へと止めどなく突きすすんでゆく。その結果とは、こういった本質的な実在的《ヴェーゼンハイト》なありかたのいっさいを、あるいは規定のすべてをひとしく廃棄するものなのだ。そこでは、とはいえ、おのおの個別的な契機にあっては、この一方の規定性にかぎって、それが真なるものとして意識され、ついでふたたび対立する規定が真なるものとして意識される。意識はたしかに、これらの本質的なありかたとされるものが非本質的《ウンヴェーゼンハイト》であることを嗅ぎつけている。迫ってくる危険からそれらを救いだすために、意識はソフィスト的詭弁へと移って、たったいまじぶんで真なるものではないと主張したものを、こんどは真なるものとして主張するにいたる。これらの真ならざる実　在《ヴェーゼン》が、もともとその本性からして悟性を駆りたてるところは、つぎのような思想を総合し、かくてそれらを止　揚《アウフヘーベン》することなのだ。その思想とは、例の普遍性と個別性についての思想であり、「また」と「一」にかんする思想であり、非本質的なありかたと必然的にむすびついた、くだんの本質的なありかたをめぐる思想であって、非本質的なものでありながら、それでも必然的であるものにかかわる思想である。――これらの実在ならざるもの《ウンヴェーゼン》にかんする思想を総合し、かくて廃　棄《アウフヘーベン》することへと駆りたてられるのに対して、悟性は、「かぎりにおいて」とさまざまな観点を支えとし

Ⅲ107

Ⅸ81

て抵抗する。つまり、一方の思想をじぶんの側で引きうけ、かくて他方の思想を分離して、それを真の思想として維持しようとすることで抵抗するのである。けれどもこれらの抽象は、その本性からして、そのものとして、それだけで《アン・ウント・フュール・ジッヒ》総合されるのであって、健全な悟性はそれらの抽象の餌食となる。そういった抽象は悟性を、その渦まく循環のただなかで引きずりまわすからである。悟性はそれらの抽象に真理を附与しようとする。それはあるときには、悟性が抽象にふくまれる非真理をじぶんで引きうけることによってである。いっぽうある場合にはまた、錯覚をもって、当てにはならない事物がうむ仮象とも呼ぶことで、本質的なものを、事物にとって必然的であっても、それでも非本質的なものとされなければならないものから分離し、かくて前者の本質的なものを、事物の真理として、後者の非本質的なものに抗して堅持することをつうじてなのだ。それでも健全な悟性は、これらの抽象が真理《ヴァールハイト》であると固執しつづけるわけにはいかない。悟性はむしろ、みずからが真理ではないこと《ウンヴァールハイト》をみとめるにいたるのである。

＊1　die Mächte, deren Spiel der wahrnehmende, oft so genannte gesunde Menschenverstand ist.
「諸力 Mächte」の「たわむれ Spiel」が、次章「悟性 Verstand」の主要概念となる。

III　力と悟性、現象と超感覚的世界

知覚から悟性へ――無条件的に普遍的なものの生成

Ⅱ108 102 意識にとっては、感覚的確信の弁証法にあって「聴くこと」「見ること」などが過ぎ去ってしまっている。かくて知覚することである意識はいくつかの思想へと辿りついたけれども、それらの思想を意識は、無条件的に普遍的なものにおいてはじめて総括することになる。この無条件的なものであっても、ところでそれ自身ふたたび一方の側であらわれると、それだけで存在するもの、という極にすぎないことになってしまう。それは、この無条件的なものが静止した単純な実在《ヴェーゼン》と考えられるときなのだ。その場合であれば、無条件的なものに対して、本質ではないもの《ウンヴェーゼン》が対立するはこびとなるだろうからで
103 ある。いっぽうこの本質ではないものに関係づけられるとき、無条件的なものもじしん非本質的なものとなり、意識はかくて知覚の錯覚から抜けでてはいないことになるだろう。無条件的なものは、しかしながら、すでにあきらかとなっているとおり、そのように条件づけられて、それだけで存在すること《フュールジッヒザイン》から脱して、みずからのうちへと立ちかえっているのである。――この無条件的に普遍的なものが、いまや意識にとって真の対象となっている。その普遍的なものは、それでもなお意識の対象であって、意識はみずからの概念を、概念としてはいまだ把握するにはいたっていない。ふたつのことがらが、本質的にいって区別されなければならない。〔第一に〕意識にとって対象は、他の対象との関係からじぶんのうちへ立ちかえっており、かくしてそれ自体としては概念となっ

Ⅲ107 Ⅸ82 Ⅲ108

ている。たほう意識はいまだなおじぶん自身にとって《フュール・ジッヒ》〔自覚的には《ゼルプスト》〕概念ではなく、それゆえ意識は〔右で挙げた無条件的に普遍的なものという〕例の反省的に立ちかえった《レフレクティールト》対象のうちでみずからを認識してはいない。〔これに対して、第二に〕私たちに対しては、この対象は意識の運動をつうじて生成したものである。つまり意識は対象の生成のうちに編みこまれており、〔意識と対象という〕ふたつの側面における反省的な回帰《レフレクシオーン》は同一のものである。いいかえれば、ただひとつの運動しか存在しないのだ。にもかかわらず、意識がこの運動にあってみずからの内容として有していたものは、ただ対象的な実在《ヴェーゼン》にすぎないのであって、意識そのものではない。それゆえ、意識に対して〔条件づけられていない普遍的なものという〕結果は、対象的な意義において定立されなければならない。だから意識はここではなお、生成したものの背後に退いており、そのけっか意識にとって生成したものは対象的なものというかたちで本質《ヴェーゼン》であることになる。

悟性はかくてまたたしかに、じぶん自身の側の真ではないありかた《ウンヴァールハイト》と、対象にぞくする非真理《ウンヴァールハイト》とを廃棄している。そこで、悟性にとってこの廃棄をつうじて生成したものが真なるものの概念ということになる。ただしそれは、それ自体として（*an sich*）存在する真なるものであって、いまだ概念ではない。ことばをかえれば、この真なるものは意識がそれ自身に対して存在するありかた（*Fürsichsein*）を欠いている。ここで悟性は真なるもののうちでみずからを知るところがないのだから、その真なるものをそれがあるがままに任せておくことになるのである。この真なるものがじぶん自身《フュール・ジッヒ・ゼルプスト》だけでみずからの実在を追いもとめてゆくかぎり、意識の側は、この真なるものが自由に実現されるにあたって、それにまったく関与しない。意識はむしろこの実現にさいして、ただそれを見とどけ、真なるものの実現を純粋に把握するだけである。私たちの側で、かくて第一になおこの真なるもののかわりをつとめ、〔真なるものの〕概念となるべきである。このばあい概念とは、〔知覚の経験の〕結果にふくまれているものを仕上げるものなのだ。この仕上げられた対象は、意識にとっては一箇の存在するものとしてあらわれる。このような対象をまえにして、意識ははじめて、みずから概念的《ベグライフェン》に把握する意識となるのである。

IX83

104

「無条件的に普遍的なもの」という結果の二面性

結果は無条件的に普遍的なものであった。それはさしあたり否定的で抽象的な意味においてのことである。つまり、意識はみずからの一面的な概念を否定し、それを捨象して、要するに放棄した、ということだ。結果にはいっぽうそれ自体《アン・ジッヒ》として肯定的な意義がある。すなわち、この結果のうちには、じぶんに対して存在することと他のものに対して存在することとの統一がある。ことばをかえれば、絶対的な対立が直接におなじ本質のものとして定立されている、ということなのである。ここで問題なのはとりあえず

Ⅱ110

はただ、契機どうしのあいだの形式にすぎないかのように見える。しかしじぶんに対《フュール》して存在すること《ジッヒ・ザイン》と他のものに対して存在すること《フュール・アンデレス・ザイン》は、〔形式であるのと〕まったく同様に内容そのものである。なぜなら対立は、その真のありかた《ヴァールハイト》にあっては、結果において生じているものとはべつの本性を有することができないからである。すなわち、知覚《ヴァールネームング》にあって真《ヴァール》であるとされた内容は、じっさいにはただ形式にぞくするだけであり、形式の有する統一のうちへと解消する、ということだ。知覚のこの内容は、同時に普遍的なものである。およそここで内容でありうるものならば、それらはことごとく、みずからの特殊な性状によってこの無条件的な普遍性へと立ちかえってゆくのを逃れることができない。かりにそうではない内容があるとすれば、それはある種の特定の様式をそなえたうえで、じぶんだけで存在していながら他のものと関係してゆくものだろう。しかしながら、じぶんだけで存在しながら他のものへと関係すること一般こそが、そのような内容の本性と本質をかたちづくっている。その本性と本質が真にあるありかた《ヴァールハイト》とは、無条件的に普遍的なものであることであって、だから結果は端的に普遍的なものなのである。

いっぽうこの無条件的に普遍的なものは、意識に対しては対象である。それゆえ、意識にとっての対象にあっては、形式と内容の区別が立ちあらわれてくる。内容という形態にあってさまざまな契機が採ることになる見かけは、それらの契機が〔知覚において〕

Ⅲ109

まずあらわれていたすがたである。つまり、一面で多くの存立する物質にとって普遍的な媒体であるというものであり、他面ではじぶんのうちへ反省的に立ちかえった《レフレクティールト》「一」であるというものにほかならない。後者のうちでは、物質の自立性は廃滅されているわけである。前者についていえば、それは事物の自立性が解消することであり、あるいは受動性であって、その受動性は他のものに対して存在する《ザイン・フュール・アンデレス》ことである。後者であるなら、他方それはじぶんに対する存在《フュールジッヒザイン》なのである。見てとられなければならないのは、どのようにこれらの契機が、無条件的な普遍性のうちで、つまりみずからの本質のなかであらわれてくるか、ということである。さしあたりあきらかなのは、それらの契機は、ただこの普遍性のうちにあるかぎり、もはやおよそ離ればなれに存在するものではない、ということだ。それらはむしろ本質的にいって、それ自身にそくしてみずからを廃棄する側面であるはこびとなるのであって、定立されているものといえば、それはただ、これらの側面どうしがたがいに他の側面へと移行してゆくということなのである。

「力」の概念

ひとつの契機は、こうして一方の側面にあらわれた実在《ヴェーゼン》として現象してくる。つまり普遍的な媒体として、あるいは自立的なさまざまな物質が存立することとしてあらわれるのである。これらの物質が自立的なものであるとは、たほう、この媒体〔のうちに

105

あること」にほかならない。いいかえれば、この〔媒体という〕普遍的なものとは徹頭徹尾、このようなあいことなる普遍的なものが数多存在すること（*Vielheit*）なのだ。普遍的なものは、それ自身においてこの数多性《フィールハイト》とわかちがたく統一《アインハイト》されている。この件が意味するところは、しかし、これらの物質はそれぞれ、他の物質が存在する場所にあって、おのおのがたがいに浸透しあいながら、いっぽうでは相互に触発しあうことがないということである。なぜなら、逆にいえばこれらの数多の区別されたものは、同様にまた自立的なものでもあるからだ。かくて同時に、さまざまな物質の純粋な有孔性[*1]も定立されている。いいかえるなら、おのおのの物質は廃棄されており、この件もまた定立されているのである。このように廃棄されていることは、つまりこれらの相違したありかたが還元されて、純粋にそれだけで存在していることとひとしい。この件はふたたび媒体自身であることにほかならず、この媒体であるとは、さまざまに区別された項が自立的であることとべつのことがらではない。いいかえてみよう。自立的なものとして定立された項は直接にそれらの統一へと移行し、この統一はただちに展開へと移行する。さらにこの展開がふたたび還元へと立ちかえるのである。このような運動こそが、しかし「力」と呼ばれているものにほかならない。この力の一方の契機がすなわち、自立的な物質がその存在にあってひろがっていることであって、その契機が力の「外化」である。力はたほう、さまざまな物質が消失しているありかたとしては、その外化からみず

Ⅲ110

Ⅸ84

からのうちへと押しもどされた力であり、いいかえれば本来の力なのである。とはいえ第一に、じぶんのうちへと押しもどされた力は外化せざるをえない。また第二には、この外化にあっても力は自己自身のうちで存在する力であって、それは、このようにみずからのうちに存在する力が外化でもあるのと同様である。――私たちとしてはこうして、双方の契機をそれらの直接的な統一のなかで保持することになる。その場合にはほんらい悟性こそが、力の概念の帰属するものとなる。概念というのはここで、区別された契機を、区別されたものとして担っているもののことである。それというのも、力それ自身にそくしていえば、このふたつの契機は区別されていないはずであるからだ。区別はかくてひとり思考のうちでのみ存在しているのである。――いいかえると、こうなるだろう。右で述べたところでは、ようやく力の概念が定立されたにすぎない。力の実在的《レア》なありかた《リテート》はいまだ定立されていないのだ。じっさいにはしかし、力とは無条件的に普遍的なものであって、無条件的に普遍的なものは、それが他のものに対して存在するとおりに、それ自体そのものとしても存在する。あるいは区別を――区別とは他のものに対して存在することにほかならないのだから――それ自身にそくして有しているのである。したがって、力がその真のありかたにおいて存在するためには、力は〔右で述べたような〕思想からまったく解きはなたれて、いま挙げたようなさまざまな区別がぞくする実体として定立されなければならない。すなわち第一に力は、このような全体的な力

であるかぎり、本質的にそれ自体として、また独立にありつづけるものとして定立され
なければならない。くわえて第二に、力にぞくする区別が実体的なものとして、すなわ
ちそれだけで存立する契機として定立されなければならないことになる。力そのもの、
ことばをかえれば、じぶんのうちに押しもどされた力は、こうしてそれだけで《フュール・ジッヒ》「排除す
る一」として定立される。この「一」に対して、さまざまな物質へと展開するありかた Ⅲ111
はもうひとつの存立する実在であるから、かくてふたとおりの、区別され、自立的な側
106 面が定立されたことになる。いっぽう力はまた全体的なものである。いいかえれば力は、
その概念にしたがって存在するものでありつづける。要するにこのように区別されたも
のは純粋な形式であるにとどまり、表面的で、消失してゆく契機にすぎない、というこ
とだ。みずからのうちへ押しもどされた、ほんらいの力があり、自立的な物質への展開
がある。この両者の区別は同時にそれでも、かりに〔それぞれが〕存立を有していない
ことになれば、存在しないはずである。あるいは力が存在するためには、力はこのよう
に対立したしかたで現実に存在していなければならない。けれども、力がそのように対
立したしかたで現実に存在することが意味するところは、双方の契機がそれじしん同時
に自立的であるということにほかならない。ふたつの契機がふだんに自立的なものとさ
Ⅱ112 れながら、たほうでは両者がふたたび廃棄される。この運動こそが、したがって考察さ
れるべきなのである。——一般的にいってあきらかなことがらがある。それは、右にい

う運動が知覚の運動とべつのものではない、ということだ。知覚の運動にあっては、双方の側面、すなわち知覚するものであると同時に知覚されたものであるという側面が、一方では真なるものを把握することであるかぎりでひとつのものであり、区別をもたない。そのさい他方では同様にまた、それぞれの側面は反省的にじぶんのうちへ立ちかえっており、つまりそれだけで《フュール・ジッヒ》存在している。ここ〔悟性の段階〕にいたると、このふたつの側面は力の契機となっており、両側面はともに一箇の統一のうちにある。この統一とは、それぞれに《フュール・ジッヒ》存在する両極に対して媒語*2としてあらわれるものであるとともに、つねにほかでもなくこの両極へと分裂してゆくものである。そのように分裂してゆくことではじめて、両極が存在するのだ。――この運動は以前に〔知覚にあって〕は、たがいに矛盾する概念がじぶん自身を否定するはたらきとしてあらわれていたものである。その運動がかくてここ〔悟性の段階〕では対象的な形式をとって、力の運動となっている。当の運動の結果として、無条件的に普遍的なものが対象的ではないものというしかたで、いいかえれば事物の「内なるもの」というかたちであらわとなっているのである。

IX85

*1 Porosität 当時の物理学・化学の発想に由来する表現。事物はさまざまな「素」、たとえば光素、色素、熱素等々からなり、かくて事物は色や熱といった性質を有している。これらの「素」はたがいに浸透しあいながらも、相互に触発しあうことがない。つまりそれぞれの性質は自立的であるわけだが、それは、おのおのの「素」に「孔」が空いていて、他の「素」はこの「孔」のなかにあることに

よる。
＊2 Mitte. 後論にあるとおり、推理によって連結されるふたつの項を媒介する中間項のこと。ただし、項はまたそれぞれに「媒語」となる、とされる。

「誘発するもの」と「誘発されるもの」

力は〔一方では〕、これまで規定されてきたように、力そのもの、つまりみずからのうちへ反省的に立ちかえったものと考えられる。このばあい力は、その概念のひとつの側面である。他方で力は、実体的なひとつの極として存在し、しかも「一」という規定されたありかたのもとで定立されたものとして存在する。その場合には、展開されたさまざまな物質が存立していることは、「一」という規定されたありかたから排除され、そのありかたとは他のものとなっている。力そのものが〔他方〕このような存立で〔も〕あることは必然的である。あるいは力にとって、みずから外化することが必然的なのであるから、力の外化は、くだんの他のものが力に接近してきて、力を誘発することであ Ⅲ112 ると考えられるにいたる。しかしじっさいには、力は必然的にみずから外化するのであるから、力はこのありかた、つまり他の実在《ヴェーゼン》として定立されたものをじぶん自身にそくして有しているのだ。そこで撤回されなければならなくなるのは、力がひとつの 107 「一」であり、だから、みずから外化するという力の本質《ヴェーゼン》は、力に外部から接近してくる他のものとして定立された、という消息である。力とはむしろそれ自身このような普遍的媒体であって、そこではさまざまな物質である諸契機が存立している。ことばをかえれば、力がみずから外化してしまっているのであり、誘発する他のものであると称されていたものこそが、かえって力〔そのもの〕なのである。力が現実存在するのは、したがっていまや展開された諸物質の媒体としてであるはこびとなる。しかしながら力がおなじく本質的にいって採用する形式は、存立するさまざまな物質が廃棄されている、というものである。あるいは、力は本質的に「一」なのだ。この「一であること」のほうが、いまやことここにいたっては――なにしろ力は諸物質の媒体として定立されているのだから――力にとって他のものである。だから力は、この「一」であるというみずからの本質を、じぶんの外部に有することになる。力は、とはいえ必然的にこの「一」でなければならないにもかかわらず、力はいまだなおそのようなものとして定立されてはいない。それゆえこの他のものが接近してきて、力を誘発し、じぶん自身のうちへと反省的に立ちかえらせる。つまり、力の外化を廃棄するのである。じっさいにはいっぽう、力そのものがこのようにみずからのうちへと反省的に立ちかえっていること、つまり外化が廃棄されているありかたである。こうして「一であること」は、それがあらわれたそのままのすがたにあっては消失する。つまり、ひとつの他なるものとしては消失するのだ。力が「一であること」それ自身である。力とはすなわち、みずからのうちに押しもどされた力なのである。

力のたわむれ

他のものとして登場し、力を誘発して、外化させ、またみずから自身のうちへと立ちかえらせるものは、ただちにあきらかであるとおり、それじしん力である。というのも「他のもの」は、普遍的媒体としてあらわれるとともに、同様に「一」としてもあらわれるからである。その結果、これらの〔ふたつの〕形態は、そのどちらにしても、同時にただ消失する契機として登場することになる。力はそれゆえ、ひとつの他のものが力に対して存在し、力が一箇の他のものに対して存在することによっては、一般的にいってなおその概念から抜けでているわけではない。とはいえ他方では同時に、ふたつの力が目のまえにあることになる。両者の概念がおなじものであることはたしかであるけれども、その概念の統一から抜けだして、二極的なありかたへと立ちいたっているのである。対立しているものは、本質的にはひたすら契機にすぎないものにとどまる、というわけではない。対立するものは、ふたつのまったく自立的な力へと分裂することで、統一の支配から逃れさったかにみえる。力がこのように自立的なありかたをともなっていることにかんして、ことの消息がどのようなものであるかが、さしあたりより立ちいって見てとられるべきである。とりあえず第二の力が〔形式からすれば〕「誘発するもの」

IX86

としてあらわれ、しかも内容からすれば普遍的媒体として登場する。これは、「誘発さ Ⅲ113
れるもの」として規定される力に対してのことである。とはいえ他方では前者の誘発する力の側も、本質的にいえばこれら〔普遍的媒体と「一」という〕ふたつの契機の交替であり、それじしん〔全体としての〕力なのだ。それゆえこの誘発する力は、じっさいのところ同様にただ、当の力が誘発するべく誘発されることによってはじめて普遍的媒体であることになる。おなじようにまた、この力がひとえに否定的な統一であり、いいかえるなら力が〔みずからに〕還帰するべく「誘発するもの」であるのも、その力が誘発されることによる。かくして、いま挙げた区別もまた変転する。その区別はふたつの契機のあいだでなりたって、一方を誘発するものとし、他方を誘発されるものとするはずであったとはいえ、この〔形式的な〕区別も、〔普遍的媒体と「一」という、内容のうえで〕規定されたありかたと同様、たがいにその規定を交換してゆくのである。

ふたつの力のあいだには、こうしてたわむれがなりたっている。その両力のたわむれが存立するのは、双方の力がこのように対立したかたちで規定されていることにおいてである。ふたつの力はつまり、そのような規定のなかでたがいに対して存在しており、しかもその規定はただちに直接的に交替してゆく。両力は、かくて〔たがいに相手へと〕移行しているのであって、この移行をつうじてのみ右にいう規定がなりたち、その規定を手にすることで、それぞれの力が自立的なものとして立ちあらわれているかにみえるのである。誘発するものは、たとえば普遍的媒体として定立され、これに対して誘発されるものが、押しもどされた力として定立される。とはいえ前者が普遍的媒体であることそのものも、ひとえに、他方が押しもどされた力であることによっている。ことばをかえれば、この後者の力こそがむしろ、前者にとって誘発するものとなり、後者によってはじめて前者の力は媒体であることになる。前者は後者をつうじてのみ〔普遍的媒体であるという〕みずからの規定されたありかたを手にし、かくてそれが誘発するものであるのも、ただ後者によって誘発するものであるべく誘発されることをつうじてのかぎりであるにすぎない。だから前者は、じぶんに与えられたこの〔普遍的媒体として誘発するものであるという〕規定を、おなじくただちに喪失してしまう。そのように規定されたありかたは他方のありかたへと移行してしまうからである。あるいはむしろ、すでに後者のありかたに移行してしまっているのだ。外部から〔「一」としての〕力に接近して誘発するものは、普遍的媒体としてあらわれるが、それはしかしただ、普遍的媒体が力によって普遍的媒体たるべく誘発されることによってである。この件が意味するところは、さて、力こそが誘発するものを普遍的媒体として定立するということであり、したがってむしろ力のほうがそれじしん本質的にいって普遍的媒体であるということだ。力が誘発するものを定立する。それは、この〔普遍的媒体であるという〕もうひとつの規定が力にとって本質的だからである。いいかえれば、この規定がかえって力そのものだからなのである。

内容と形式の区別とその解消

このような運動にふくまれる概念を見とおしておく必要がある。その見とおしを完全
なものとするためにやはりなお注意されてよいのは、区別そのものが二重の区別におい
てあらわれることである。すなわち、区別は第一には内容の区別としてあらわれる。そ
の場合には一方の極はじぶんのうちに反省的に立ちかえった力であり、他方の極は、こ Ⅲ114
れに対して諸物質の媒体である。区別は第二には形式の区別であって、そのばあい一方
の極が誘発するもの、他方の極は誘発されるものであり、前者が能動的で、後者は受動
Ⅱ115 的である。内容の区別にしたがえば、両極は一般に、あるいは私たちに対しては区別さ
れて存在している。形式の区別によれば、いっぽうふたつの極は自立的であって、たが
いの関係にあって相手からみずからを分離し、対立している。かくて当の両極は、この
〔内容と形式という〕ふたつの側面からして、それ自体としてはなにものでもない。むし
109 ろ双方の側面は、そのうちで両極の有する区別された実在《ヴェーゼン》がなりたつべきものとされ
ていながら、消失してゆく契機であるにすぎない。つまり両側面のそれぞれは対立させ Ⅸ87
られている側面へとただちに移行するものなのである。以上の件は、意識に対しても力
の運動を知覚するにさいして生じている。私たちに対しては、しかしながら、すでにさ

きに注意しておいたとおり、くわえてなお以下のことがらもなりたっていた。すなわち、それ自体としては、内容と形式の区別であるかぎりでの区別も消失している、ということである。つまり形式という側面からすれば、本質からして能動的なもの、誘発するもの、あるいはそれだけで存在するものは、内容という側面に立てばみずからのうちに押しもどされた力であった。いっぽう形式の側面からみて受動的なもの、誘発されるもの、いいかえれば他のものに対して存在するものは、内容の側面からみるならば、多くの物質の普遍的な媒体としてあらわれていたのとおなじものであったのである。

力の概念と「内なるもの」

ここからあきらかとなる件がある。力の概念は、ふたつの力へと二重化することをつうじて現実的なものとなること、さらにはどのようにしてこの概念が現実的なものとなるのか、ということである。この両力はおのおのそれだけで《フュール・ジッヒ》存在する実在として現実存在している。とはいえ双方の力が現実存在しているのは、相互に相手に対して存在する運動としてであって、ふたつの力が存在するのは、むしろまったく一箇の他のものをつうじ定立されて存在することであるにすぎない。いいかえれば、両者が存在するとはかえって、まったくのところ消失するという意義を有するものにほかならないのである。両力はふたつの極として存在するわけではない。このばあい極とは、固定的ななにもの

II116

かをそれぞれに《フュール・ジッヒ》保持し、ひとえに外的な性質のみをたがいに中間項のうちへ、つまり両者の接触面のなかに送りこむ両極ということである。むしろふたつの力がふたつの力であるのは、ひたすらこの中間項《ミッテ》のうちに、接触のうちにあることによってなのだ。この〔推論の〕媒語《ミッテ》のうちには直接に、力がみずからのうちに押しもどされて存在すること、あるいはそれが単独で存在することがふくまれており、同様にまたその外化もふくまれている。「誘発すること」も「誘発されること」もふくまれているのである。これらの契機は、したがって、ふたつの自立的な極へと割りあてられて、ひたすら対立している尖端を突きだしあっているわけではない。それらの契機の本質は端的にいって、そのおのおのが他方をつうじてのみ存在し、だからそれぞれが他方によって存在するありかたは、おのおのがそれぞれに存在するときには、ただちに存在しないようになる、ということのうちにある。これらの契機は、かくてじっさいには固有の実体を有していない。おのおのの契機がにない、維持するような実体などそなえていないのだ。むしろ力の概念が維持されるのは、その現実的なありかたにあってすら本質でありつづけることによってである。現実的なものとしての力は端的にただ外化のうちにあり、この外化とは同時にみずからを廃棄することにほかならない。ここでいう現実的な力が、その外化から自由な、それだけで《フュール・ジッヒ》存在するものとして表象される場合には、その力はじぶんのうちに押しもどされた力なのである。とはいえ、じぶんのうちに押しもどされた力として規定

III115

されていることは、じっさいにはすでにあきらかなところであるとおり、それじしん外化にふくまれたひとつの契機であるにすぎない。力の真のありかた《ヴァールハイト》は、したがっていまだひとえに力の思想たるにとどまっている。だからここで支えもなく崩壊してしまうのは、力が現実的なありかたをしているさいの諸契機であり、力の実体とその運動であって、それらはみな区別を欠いた統一のうちへと崩れさってしまうのだ。ここでいう「統一」とは、みずからのうちに押しもどされた力ではない（なぜなら、そのような力もそれ自身そうした統一の契機にすぎないからである）。むしろこの統一は、力の概念としての概念なのである。力を実現することは、したがって同時にその実在性を喪失することなのだ。力は、それが実現することで、かえってまったくべつのものになっている。すなわち、例の普遍性、悟性が最初に、あるいは直接的なしかたで力の本質として認識する、普遍的なありかた《アルゲマインハイト》と化している。そこでこの普遍性《アルゲマインハイト》が力の本質でもあることがあかされるはこびとなるが、それは力のいわゆる実在性においても、現実的な実体のさまざまにあっても同様なのである。

IX88

　私たちが最初にあらわれた普遍的なものを悟性の概念とみなし、その概念のうちで力はなおみずからに対して存在《フュール・ジッヒ》していないと考えたとしよう。その場合には第二の普遍的なものがいまや力の本質であって、そこで力の本質はそれ自体として、かつそれ自身に対してあらわれていることになる。あるいは逆に、私たちが第一の普遍的なものを直接的なもの、とみなし、その直接的なものが意識に対して現実的な対象であるべきはずのものと考えたとしてみよう。その場合であれば、この第二の普遍的なものは感覚的に対象である力にとっては否定的なものとして規定されているはこびとなるだろう。そこで第二の普遍的なものは力であるけれども、その真の実在《ヴェーゼン》にあってはただ悟性にとっての対象にすぎない力であることになる。前者の第一の力はじぶんのうちに押しもどされた力、ことばをかえれば実体としての力であることになるだろう。そうなれば、この第二の力はたほう事物の内なるものである。「内なるもの」とはつまり、概念としての概念 Ⅲ116
とおなじものということしだいとなるのである。

「内なるもの」と「現象」

Ⅱ117
こうして事物の真の本質《ヴェーゼン》があらわれ、その本質はいまやつぎのように規定されていることになる。すなわち、当の本質は直接に意識に対して存在しているのではなく、意識は内なるものに対して間接的な関係にある、ということである。つまり意識は悟性として、力のたわむれというこの媒語をとおして、事物の真の背後を窺っているのだ。この媒語《ミッテ》が、ふたつの極つまり悟性と内なるものを推理的に連結《ツザメンシュリーセン》する。その中間項《ミッテ》が力の展開された存在であって、当の存在は悟性自身にとってもいまや一箇の消失することにほかならない。この存在はそれゆえ現象（*Erscheinung*）と呼ばれる。「仮象 Schein」と

111

私たちが名づける存在とは、直接にそれ自身において一箇の非存在である存在であるからだ。ただし右にいう存在は、ただたんに一箇の仮象であるのではない。むしろ「現象」なのであり、つまり仮象の全体なのである。この全体は全体として、あるいは普遍的なものとして、内なるものをかたちづくるものであって、力のたわむれ、しかもそのたわむれがじぶん自身のうちへ反省的に立ちかえったものとなる。そのたわむれにあって、意識に対しては対象的なしかたで知覚のさまざまな本質が、それらが自体的に存在するとおりに定立されている。要するに、直接的にその反対のものへと、静止することも存在することもなく転換してゆく契機として定立されているのである。「一」は直接に普遍的なものへ、本質的なものは直接に非本質的なものへと転換し、またその逆でもあるということだ。力のこのたわむれとは、したがって、展開された否定的なものである。とはいえ、この否定的なものの真のありかたは肯定的なものであり、つまりは普遍的なものであって、自体的に存在する対象なのである。――この対象が意識に対して存在するのは、現象の運動に媒介されることによってである。この運動にあって、知覚の存在と感覚的に対象であるもの一般はひとえに否定的な意義を有するにすぎない。意識はだから現象の運動から脱して、真なるものとしての自身のうちに反省的に立ちかえっている。いっぽう意識は意識であるかぎりでは、ふたたびこの真なるものを対象的な内なるものとし、事物の側がこのように反省的に立ちかえることを、意識のほうが自己自

Ⅱ118

身へと反省的に立ちかえることから区別する。この件は、意識にとって媒介する運動がおなじようになお対象的な運動であるのと同様なのである。内なるものはそれゆえ意識にとっては、意識に対立している極となる。たほう「内なるもの」が意識にとって真なるものであるのは、意識が自体的なものとしての内なるもののなかで同時に自己自身を確信しており、いいかえれば意識がみずからに対して存在《フュールジッヒザイン》する契機を有しているからである。とはいえこの理由を、意識はなお自覚するにはいたっていない。みずからに対して存在すること〔という契機〕を内なるものがそれ自身にそくして有するものとすれば、それは否定的な運動以外のものではないからである。ここでは、とはいえこの運動は意識にとってなお対象というかたちでは消失してゆく現象であって、いまだみずからに固有な対自的存在《フュールジッヒザイン》ではない。内なるものは意識にとって、それゆえたしかに概念ではあるけれども、意識はその概念の本性をなお知るところがないのである。

　この内的に真なるものは絶対的に普遍的なものであり、それは普遍的なものと個別的なものの対立から純化され、悟性に対して生成している。その内的に真なるものにあってはじめて、現象する世界としての感覚的世界を超えて、いまや一箇の超感覚的世界が真なる世界として開示される。つまり、消失してゆく「此岸」を越えて、立ちとどまる「彼岸」が開示されてくるわけである。この彼岸は一箇の「自体的なもの」であって、それは理性にとって最初の、それゆえにそれ自身としては不完全な現象である。ことば

Ⅲ117

Ⅸ89

をかえれば、この自体的なものは純粋な境位《エレメント》にすぎないのであって、そのうちで真理がやがてみずからの実在を手にすることになる。

「超感覚的なもの」と現象

私たちの〔見地から見てとることになる〕対象は、かくて以後は推理《シュルス》であって、その推理の両極は事物の内なるものと悟性であり、その媒語《ミッテ》が現象となる。いっぽうこの推理の運動によって与えられるものは、悟性が中間項《ミッテ》をつうじて内なるものにおいて見とどけるものをめぐる、さらに立ちいった規定にほかならない。それがつまり悟性が経ることになる経験であって、その経験は〔内なるものと悟性が〕このように相互に連結されて存在《ツザメンゲシュロッセンザイン》する関係をめぐってなされるはこびとなるのである。

内なるものは、意識に対してはいまだ純粋な彼岸である。意識は内なるもののうちに、なおみずから自身を見いだしてはいないからである。内なるものは空虚である。内なるものは現象の無〔いかなる現象でもないこと〕であって、積極的にいっても単純な普遍性にすぎないからだ。内なるもののこのような存在様式は、こう口にする者たちの言い分とそのまま一致する。つまり「事物の内なるものは認識されることがない」〔ハラーの詩句。カントの立場をもさす〕ということだ。いっぽうその理由については、べつのかたちでとらえられなければならないだろう。内なるものは、ここでは直接的なしかたで存在している。そのような内なるものにかんしては、いかなる知識も存在しないことはたしかである。とはいえその理由は、理性があまりに近視眼的であるとか、あるいは制限されているとか、その他どのようにいわれるにせよ、そういった点にあるのではない。(この件については、ここではまだなにも分かっていない。それほど深くは私たちとしてはなお立ちいっていないからだ。)その理由はむしろ、ことがら自身の単純な本性の
Ⅱ119
うちにある。すなわち、空虚なもののうちではなにひとつとして認識されないということである。あるいはべつの側面から語りなおすならば、内なるものはほかでもなく、意識の彼岸であると規定されているからなのである。——結果はおなじ、ということがも
Ⅲ118
ちろんあるものである。つまり、目が見えない者が超感覚的世界の富のうちに置かれるにしても——ただしこれは、その世界がなんらかの富をもつとされる場合であって、その富が、さて、超感覚的世界に固有の内容であろうと、意識自身がその富の内容であろうと、ここでは問うところではない——目が見える者がかんぜんな暗闇のなかに置かれるとしても、あるいはお望みなら、超感覚的世界が純然たる光にほかならないとして、その光のただなかに置かれるにしても、かわらないのである。目が見える者は、じぶんの置かれた純然たる光のなかでも、かんぜんな暗闇のうちでも、なにも見ることがない。これとまったくおなじように、目が見えない者は、みずからのまえに溢れんばかりにひろがっている富のうちであれ、なにごとも目にするところがない。だから内なるものに

ついても、現象をつうじて、内なるものと〔意識とが〕推理的に連結されている《ツザメンゲシュロッセンザイン》ことにかんしても、右に述べたこと以上のなにものもない、としてみよう。そのばあい残されているところは、現象を支えにすること以外にはないはこびとなるだろう。この件の意味するところは、なにものかを真であるとみなしながら、その或るものについて私たちが「それは真ではない」と知っている、ということだ。あるいは私たちがそれでもこの〔内なるものという〕空虚のうちに――この空虚はたしかに、はじめは対象的な事物が欠けている空虚さとして生成してきたものであるとはいえ、空虚さそれ自体であるかぎり、 IX90
さらにはいっさいの精神的関係に欠ける空虚さ、意識としての意識の有する区別にも欠ける空虚さと考えられざるをえないのであるから――したがってこのまったく空虚なもののなかに、その空虚なものが聖なるものとも名づけられるにせよ、やはりなにごとかが存在するとみなしたい、としてみよう。その場合であるならば、その空虚を夢想によって、すなわち意識がみずから産出した現象をもって満たすほかはないだろう。〔内な
113 るものと称される〕空虚は、これほどまでに不当なあつかいをされることに甘んじざるをえないはずである。そもそも空虚はこれ以上の取りあつかいにあたいするものではないだろうし、それは夢想でさえも、〔内なるものといった〕空虚がかかえる空虚さよりはましであるからだ。

内なるものあるいは超感覚的な彼岸とは、しかし発生してきたものである。内なるも

のは現象に由来し、現象が彼岸を媒介する。いいかえれば現象が彼岸の本質であり、じっさいには彼岸を充たすものなのである。超感覚的なものとは感覚的なものであり、知覚されたものであって、ただし超感覚的なものにあっては、それらが真にあるしかたで定立されている。感覚的なものと知覚されたものの真のありかたとはいっぽう、現象であることである。超感覚的なものは、したがって、現象としての現象なのである。——Ⅱ120 このように言うばあい考えられるところが「超感覚的なものとは、だから感覚的世界であり、あるいは直接的な感覚的確信と知覚とに対して存在するとおりの世界である」ということだとすれば、それは顚倒した理解というものである。というのも、現象とはむしろ存在する世界として感覚的な知と知覚にぞくする世界ではなく、止揚された世界とⅢ119 して、あるいはその真なるありかたにあって内なる世界として定立された世界だからである。つねに語られるところは「超感覚的なものは現象ではない」ということである。その場合しかし「現象」のもとで理解されているのは現象ではない。むしろ感覚的な世界が考えられているのであって、その感覚的世界はしかもそれじしん実在的な現実として理解されているのである。

現象の真のありかたは「法則」である

悟性が、ここで私たちの対象としているものである。その悟性がいままさに位置している場所は、悟性にとって内なるものがようやく普遍的な、なお充実されていない自体的なものとして生成してきている地点であるにすぎない。力のたわむれも、自体的なものではないというわずかに否定的な意義のみをそなえている。力のたわむれが有する積極的な意義にしても、ただたんに媒介するものであるというにとどまるのであって、その媒介するものはなお悟性の外部に存在する。悟性は〔力のたわむれという〕媒介をつうじて内なるものに関係してゆくが、この関係はたほうでは悟性の運動であり、その運動によって内なるものが悟性にとって充実されてゆくはこびとなるだろう。――直接的には、悟性に対して存在するのは〔両〕力のたわむれである。真なるものは、とはいえ悟性にとって単純な内なるものとなる。力の運動は、それゆえ同様にただ単純なものの一般としてだけ真なるものなのだ。両力のこのたわむれにかんして私たちが見てきたところでは、いっぽう、そのたわむれが〔形式という面で〕示す性状は、もうひとつの力によって誘発される力がおなじくこの他の力に対して誘発するものである、ということであった。後者の誘発する他の力自身、誘発されることではじめて誘発するものとなるからである。ここで目のまえに存在しているのも同様にただ、規定されたありかたが直接に交替すること、あるいはそれを絶対的に交換してゆくことであるにすぎない。この規定されたありかたが〔力のたわむれにあって〕登場してくるものについて、その唯一の内容をかたちづくっているのであって、それはつまり普遍的媒体であるか、もしくは否定

Ⅱ121

的統一であるか、ということである。登場してくるものが立ちあらわれてくるのは、なにか一定のものとして規定されたすがたにおいてのことであるにもかかわらず、それは登場してくるとただちに、そのすがたをまとうことをやめてしまう。登場してくるものは、一定のすがたで〔たとえば普遍的媒体として〕立ちあらわれることをつうじて、他方の〔否定的統一の〕側を誘発し、後者はそのことによってみずからを外化する。その意味するところは、後者の側こそがいまや直接的に、前者がそうであったはずのものとなるということである。ここにはふたつの側面がある。つまり、〔形式的には〕誘発する〔ことと誘発されることという〕関係であり、一定のしかたでたがいに対立する内容という関係である。そのおのおのの関係は、どちらもそれだけで絶対的な顚倒であり交替なのである。いっぽうこの双方の関係は、それ自身ふたたびおなじものでもある。だから形式の区別、すなわち〔一方は〕誘発されるものであり、〔他方は〕誘発するものであるという区別は、内容上の区別とおなじものなのだ。要するに誘発されるものはそのものとして受動的な媒体であり、これに対して誘発するものとは能動的で否定的な統一、あるいは「一」となる。かくて消失してゆくのは特殊な力にかかわる区別のいっさいであって、こうした特殊な力がくだんの運動のうちには存在するはずであるとされていたのであるけれども、そうした力どうしの区別が総じて消失してしまう。特殊な力はひとり、右にいう〔形式と内容それぞれの〕区別にもとづくものであったからである。それゆえ諸

Ⅲ120

Ⅸ91

力の区別もおなじように、そのふたつの区別とならんで、ただひとつの区別に帰するはこびとなる。したがって存在するのは力でもなければ、誘発することと誘発されることでもない。それぞれ規定されたありかた、つまり存立する媒体であり、みずからのうちへ反省的に立ちかえった統一であることでもない。個別的にそれだけで《フューール・ジッヒ》なにかがあるのでもなく、さまざまにことなった対立があるのでもない。むしろこの絶対的な交替のうちに存在するのは、ただたんに普遍的なものとしての区別である。ことばをかえればこの区別は、そのうちで多くの対立が還元されているものなのだ。この普遍的なものとしての区別こそが、それゆえ力のたわむれそのものにあって単純なものであり、そのたわむれにおける真なるものである。このような区別とは「力の法則」なのである。

単純な区別へと絶対的に交替してゆく現象は生成するが、それは現象が内なるものの、つまり悟性の単純なありかたと関係することをつうじてである。内なるものはさしあたりただ、自体的に存在する普遍的なものにすぎない。この自体的に単純な普遍的なものは、しかし本質的にいって同様に絶対的なしかたで普遍的な区別である。それは交替そのものの結果であり、いいかえれば交替がその本質であるからだ。いっぽうこの交替が内なるもののうちに定立されると、交替はその真のありかたにおいて定立されることになるが、そのばあい交替は内なるもののうちに取りいれられていることになる。そこで交替は内なるものとおなじように、絶対的に普遍的で、静止し、じぶん自身とひとしく

ありつづける区別として取りいれられているのである。ことばをかえれば、こうなるだ
ろう。否定が普遍的なものの本質的契機であって、否定あるいは媒介はしたがって、普
遍的なもののうちにあって普遍的な区別である。この区別が法則のうちで表現されて、
Ⅱ122 115 常ならぬ現象の恒常的な像となるのだ。超感性的世界とは、かくして諸法則のかたちづ
くる静かな王国である。この世界が、知覚される世界の彼岸にあることはたしかである。
知覚される世界が法則を呈示するのは、ひとえに不断の変化をつうじてのことであるか
らだ。とはいえたほう、超感覚的世界は知覚される世界のうちにもやはり現在する。だ
から前者は後者の、直接的で静謐な模像なのである。

限定された法則と普遍的な法則

諸法則の王国はたしかに悟性にとっての真理であり、その真理は、法則のなかに存在
する区別にそくして内容を有している。この王国は、とはいえ同時に悟性の最初の真理
にすぎず、現象を充たしつくすものとはなっていない。法則は現象のうちで現在してい Ⅲ121
るけれども、法則が現象の全体を現在させているわけではない。だから法則は、事情が
ことなってゆくそのつど、つねにべつの現実をまえにすることになる。そのことによっ
て現象にとっては、じぶんだけのものである側面が残るのであって、その側面は内なる
もののなかには存在しないものなのだ。ことばをかえれば、現象はほんとうはいまだな

お現象として定立されていない。つまり独立した存在《フュールジッヒザイン》を止揚したものとしては定立されていないのである。法則にはこのような欠陥があることは、法則そのものにそくしてもおなじように立ちあらわれてくるはずである。法則にとって欠陥であるように見えることがらは、法則が区別そのものをじぶんにそくして有しているのはたしかであるとはいえ、その区別は普遍的なものであって、規定されていないという点にある。法則はしかし法則なるもの一般ではなく、むしろひとつの法則である。そうである以上、法則には規定されたありかたが付きまとっている。だから、そのことによって未規定なしかたで多くの法則が目のまえにあることになる。しかしながら、この数多性こそが、かえってそれじしん一箇の欠陥なのだ。それはつまり悟性の原理と矛盾しているのであって、単純な内なるものの意識である悟性にとっては、それ自体として普遍的なひとつであるありかたが真なるものなのである。多くの法則を、悟性としてはそれゆえむしろひとつの法則へと取りまとめなければならない。たとえばこういうことだ。それにしたがい石が落下する法則があり、たほうで天界が運動するさいにしたがう法則があって、このふたつの法則がひとつの法則として把握されたわけである〔ニュートン〕。このように一方が他方と一致することで、しかしそれぞれの法則はおのおの規定されたありかたを喪失するにいたる。法則はしだいにより表面的なものとなってゆき、その結果じっさいに見いだされるのは、この規定をともなった法則の統一ではなく、かえってそれぞれの規定さ

IX 92

Ⅱ123

116

れたありかたが取りさられた法則である。ひとつの法則は、それが、地上の物体の落下にかかわる法則と、天体の運動をつかさどる法則とをみずからのうちに統合するものであった場合には、その双方の法則をじっさいには表現していない、ということだ。すべての法則を一般的引力のうちで統合すれば、それが表現する内容は、まさに法則そのもののたんなる概念以上のものではない。その概念がしかもこの場合、存在するものとして定立されているのである。「万有引力」が語るのは、ひとえに「いっさいが他のものに対してつねに区別を有する」ということだけである。悟性がそのさい思いなしているところでは、かくて普遍的な法則が発見されて、その法則が普遍的な現実そのものを表現していることになる。だが悟性はじっさいにはただ、法則そのものの概念を見いだしたにすぎない。そうはいっても、悟性がこの概念を見いだすことで同時に語りだす消息は、「いっさいの現実はそれ自身において合法則的である」ということだ。「万有引力」という表現は、それゆえ大いに重要なものである。つまりそれが、思想を欠いた表象に対して差しむけられるかぎりでは、ということなのである。表象にとってはあらゆるものが偶然性という形態をまとってあらわれ、規定されたありかたも感覚的な自立性という形式をともなっているからである。

Ⅲ122

かくて、規定された法則に対しては万有引力が対立する。いいかえれば、法則の純粋な概念が対立していることになる。この純粋な概念が本質であり、あるいは真の内なる

Ⅱ124

ものであるとみなされる以上、規定された法則自身はそれが規定されていることにおいて、なお現象に、ことばをかえればむしろ感覚的存在にぞくしているのだ。しかしながら法則の純粋な概念は、ひとり法則を超えでているばかりではない。つまりそれじしん規定された、他の規定された法則に対立している法則を越えている、というだけではない。その概念はかえって法則そのものをも超出しているのである。〔法則が〕規定されているということが問題であった。その規定されているありかたはがんらいそれ自身ただ消失してゆく契機であるにすぎない。その契機はここではもはや、本質的なありかた《ヴェーゼンハイト》として現前することができない。ここでは、ひとり法則のみが真なるものとして現にあるからだ。いっぽう法則の概念は、法則そのものに対してすら背反している。つまりこういうことだ。法則においては区別そのものが直接に把握され、普遍的なもののうちへと取りこまれている。その結果いっぽうで諸契機は一箇の存立をたもつことになり、契機のあいだの関係を法則が表現しているにせよ、さまざまな契機はたがいに没交渉で、それ自体として存在する実在的なもの《ヴェーゼンハイテン》となる、ということである。法則において区別されるこれらの諸部分とは、たほう同時にそれじしん規定された側面である。法則の純粋な概念――ここでは「万有引力」ということになる――は、それが真の意義にあって把握される場合には、つぎのようなものでなければならない。すなわち、絶対的に単純なものとしてのこの概念のうちでは、区別されたものでさえ、法則そのもののうちで現に

Ⅸ93

存在しながら、それ自身ふたたび単純な統一である内なるもののうちへと環帰している、ということだ。この統一こそが、法則の内的必然性なのである。

さまざまな力と法則

117

法則は、かくて二重のしかたで目のまえにあることになる。すなわち一方では、自立的な諸契機である区別されたものがそこで表現されている法則としてである。法則は他方ではまた、単純にみずからのうちへと立ちかえって存在する形式にあって、目のまえに存在している。この形式をもういちど力と名づけることもできるけれども、しかしそれは〔じぶんのうちへ〕押しもどされた力ではなく、力一般なのである。いいかえれば、ここで力は力の概念であり、つまり引力であって、その引力のうちには牽きつけるものと牽きつけられるものの区別さえも引きいれられているのだ。かくて、たとえば単純な電気が力である。区別を表現するものはたほう法則にぞくしており、当の区別とは陽電気と陰電気ということになるだろう。落下運動の場合でいえば、力は単純なものすなわち重力であって、その法則は、運動の区別された契機の量、つまり経過した時間と通過した空間の量が、たがいに根と自乗との関係にある、というものである。電気そのものがそれ自体において区別をそなえているわけではなく、あるいはその本質において電気は、陽電気と陰電気という二重の実在であるというわけではない。そこでふつう語られ

III123

るところは、電気がこのようなしかたで存在するという法則を有するとか、あるいはまた電気が有する性質はそのように発現することである、といったところである。こうした性質が電気という力の本質的で唯一の性質であるのはたしかであって、いいかえればその性質が電気にとっては必然的なものとなる。しかし「必然性」なるものは、ここでは空虚なことばなのだ。力はまさにこのように二重化せざるをえないがゆえに、そのようにせざるをえないと言っているにすぎない。陽電気が定立されているならば、もちろんまた陰電気もそれ自体として必然的である。およそ肯定的なものは、ただ否定的なものに関係することとしてのみ存在するからだ。ことばをかえれば、肯定的なものとはそれ自身においてじぶん自身からの区別であって、これは否定的なものについても同様なのである。しかしながら、電気がそのものとしてみずからをこのように分化させることにかんしていえば、この件はそれ自体として必然的ではない。電気は単純な力としては、陰陽電気というかたちで存在するというみずからの法則に対して無関心《グライヒギュルティッヒ》である。そこで私たちが前者〔単純な力〕を電気の概念、後者〔陰陽電気という法則〕をいっぽうその存在と名づけるとしてみよう。その場合には、電気の概念はその存在に対して没交渉《グライヒギュルティッヒ》であることになる。電気はただこのような性質を有するにすぎず、その意味するところはまさに、その存在が電気にとって、それ自体としては必然的ではないということなのである。――こうした没交渉な無関心さ《グライヒギュルティッヒカイト》がべつの形態を採ることになると

118

すれば、それはつぎのように語られる場合である。すなわち、「電気の定義には陰陽の電気として存在することがぞくしている」とか「その件は端的に電気の概念であり、かつその本質である」ということだ。その場合なら、電気の〔陰陽の電気として〕存在すること（Sein）は、それが現実に存在すること（*Existenz*）一般であることを意味している。くだんの電気の定義のうちには、しかし電気が現実に存在する必然性はふくまれていない。電気がこのように現実に存在しているのは、以下のふたつのどちらかの場合である。すなわち、その現実存在が見いだされるからであるか――そうであるならつまり、その現実存在はまったく必然的なものではない――、あるいはその現実存在が他の力によってあるか、のいずれかなのである。後者の場合ならば、その必然性は一箇の外的なものとなる。しかし必然性が他のものをつうじて存在する規定されたありかたのうちに置かれるはこびとなるなら、私たちとしてはふたたび規定されたさまざまな法則の数多性へと舞いもどることになるだろう。この数多性をこそ私たちはたったいま捨てさって、法則としての法則を考察しようとしたのであった。ひとえにこの法則としての法則と概念としての概念が、あるいはその必然性が比較されなければならない。この必然性がしかしながら右にみた形式のいっさいにあって、いまだなお空語にすぎないしだいが示されたことになる。

右で示したのとはべつのしかたでも、法則と力が没交渉的であり、あるいは概念と存

III 124
IX 94

在とが無関心であることが見いだされることもある。運動の法則にあってはたとえば、必然的なかたちで、運動は時間と空間に分かれてゆき、もしくはさらにまた距離と速度とに分かれてゆく。運動とはこれらの契機のあいだの関係にほかならないのだから、運動、この普遍的なものがここではたしかにそれ自体そのものとして分割されている。一方ではところで、これらの部分、つまり時間と空間、あるいは距離と速度が示しているところによれば、それらはおのおのについていえば、この運動という源泉にそくしてひとつのものから発現したわけではなく、たがいに対して没交渉《グライヒギュルティッヒ》で無関心なのである。空間は時間がなくても表象されるし、時間は空間を欠いても表象される。また距離はすくなくとも速度なくしてもありうるものと表象されるのだ。――おなじくこれらの量も相互に対して無関心で没交渉的なものである。それらの量は、肯定的なものと否定的なもののようなかたちでたがいにかかわりあっているのではなく、かくてまたおのおのの本質をつうじて相互に関係しているわけではないからである。部分に分かれる必然性が、ここではたしかに示されているとはいえ、部分そのものが相互に対して必然的であることは示されていない。それゆえにしかしまた第一の〔部分に分かれる《タイルング》〕必然性そのものも、たんに見せかけの、いつわりの必然性であるにすぎない。運動は要するに、それじしん単純なものとして、あるいは純粋な実在として表象されているわけではなく、あらかじめ部分に分かれたものとして表象されている。つまり時間と空間が運動の自立的な部分、もしくはおのおのそれ自身にそくして存在する本質である。いいかえれば、距離と速度はそれぞれ存在ないし表象の様式であるけれども、その一方はそれでも他方を欠いても存在しうるのであるから、運動とはそれゆえひとえに両者の表面的な関係にすぎず、その本質《ヴェーゼン》ではないことになる。単純な実在《ヴェーゼン》として、つまり力として表象されるならば、運動とはたしかに重力であるだろうが、この重力はいっぽう右に挙げられたような区別を、そもそもじぶんのうちにふくんではいないのである。

「説明」とはなにか

区別は、したがって双方の場合についてそれ自体そのものとしては区別ではまったく
ない。むしろ普遍的なもの、つまり力が部分に分かれて法則のうちにあるものに対して Ⅲ125
無関心《グライヒギュルティッヒ》であるか、あるいは区別されたもの、この法則の部分がたがいに対して
没交渉《グライヒギュルティッヒ》であるか、のいずれかなのである。悟性がたほうこのそれ自体としての区
別という概念を有しているのは、ほかでもなく、法則が一方では内なるもの、それ自体
119 として存在するものであるいっぽう、法則とはじぶんのなかで同時に区別されたもので
あるという一点にあってのことである。この区別がかくてまた内的な区別であるという
消息は、法則が〔区別をそなえているとともに〕単純な力であり、つまりは法則の概念で
もあって、かくて概念の区別であるという事情のうちで目のまえに示されている。しか

しながらこの内的な区別は、ここではようやく悟性にぞくしているにすぎず、いまだなおことがら自身にぞくして定立されてはいない。したがって、ひとりじぶんにとっての必然性のみを、悟性は言いたてているにすぎない。なんらかの区別を悟性がこのようにもうけるにしても、悟性が同時に表現もしているのは、当の区別がことがら自身にとっての区別ではいささかもない、という消息なのである。くだんの必然性はただことばのなかに存しているにすぎないのだから、かくてまたその必然性を長々と語りだすことは、「必然性」なるものの円環をかたちづくっている諸契機をことあげするだけのことである。さまざまな契機が区別されることはたしかであるとはいえ、その区別は同時にことがらそのものの区別ではないことを表現するものであって、区別はかくてそれ自身ただちにふたたび廃棄されてしまう。このような運動をもって説明と称しているのだ。そのようにしてなんらかの法則が言明され、その法則から、当の法則にあって自体《アン・ジッヒ》的に普遍的なもの、いいかえれば根拠が力として区別される。いっぽうこの区別をめぐって語られるところは、それがいかなる区別でもなく、かえって「根拠」の性状は「法則」とまったく同一のものであることなのである。個別的な事件、たとえば稲妻が普遍的なものとして把握され、この普遍的なものが電気の法則であると言明される。説明はそのばあい法則を力のうちに取りまとめ、この力が法則の実在《ヴェーゼン》であるとする。当の力の性状はといえばその場合、その力が外化するときには両極《エントゲーゲンゲゼッツト》の電気が出現して、その対立《エントゲーゲン》する《ゲゼッツト》電気はふたたびたがいのうちへと消失する、というものである。この件が意味するところは、力が法則とまったくおなじ性状を有しているということにほかならない。語られているのは、力と法則の両者がまったく区別されていないというしだいなのだ。区別されているものは、純粋で普遍的な外化あるいは法則と純粋な力とである。両者はしかしおなじ内容、おなじ性状を有している。区別は、したがって内容の区別、すなわちことがらの区別としては、ふたたびまた撤回されるのである。

　こうした同義反復的な運動にあって悟性が固執しているのは――これまで述べたところからあきらかであろう――じぶんが対象とするものの静的な統一である。だから運動 Ⅲ126
はひとえに悟性そのものにぞくしているにすぎず、対象には帰属しない。くだんの同義反復的運動が一箇の説明ということになるが、これはなにものも説明しないばかりか、それがあまりにあきらかなところから、説明が手はずをととのえて、すでに語られたこととは区別されるなにごとかを言おうとしても、むしろなにものも語らず、かえって
120 おなじことを繰りかえすだけである。ことがら自身にかんしては、この説明の運動をつうじて、あらたなものはなにひとつ生まれることがなく、運動はひたすら悟性にぞくする運動として考慮されるにすぎない。その運動のうちにたほう、私たちが認識するのはいまやほかでもなく、法則においては見おとされていた当のもの、すなわち絶対的な交替そのものなのである。この運動は、私たちが立ちいって考察してみるならば、直接にそ

II 128

れ自身の反対物だからである。すなわち運動が定立するのは一箇の区別であるとはいえ、この区別はたんに私たちに対していかなる区別でもないばかりか、当の区別が運動そのものによって区別としては廃棄されてしまう。これは以前には力のたわむれとしてあらわれていたのと、おなじ交替なのである。力のたわむれにあっては「誘発するもの」と「誘発されるもの」の区別、つまり外化する力とじぶんのうちに押しもどされた力との区別が存在していた。けれどもそれは区別であるとはいってもほんとう《イン・ヴァール・ハイト》はいかなる区別でもなく、それゆえまたただちにふたたび廃棄されたのだ。〔それとおなじことで、当面の場面でも〕たんなる統一が目のまえにあるのであって、そのけっかどのような区別も定立されていないというばかりではない。目のまえにあるものは問題の運動であって、そこではたしかに一箇の区別がなされているものの、その区別がなんら区別ではないがゆえに、それがふたたび廃棄されているのである。――説明が導入されるとともに、かくて変転と交替が登場することになる。それはかつては「内なるもの」の外部に、たんに現象にそくして存在していたのであるけれども、いまや超感性的なもの自身のうちに入りこんでいる。私たちがここで問題としている意識はいっぽう、対象としての内なるものから、他方の側にある悟性へと移行して、その悟性のうちに当の交替を手にしていることになるのである。

「第二次の法則」と内的な区別

IX96
この〔説明における〕交替は、したがってなおことがら自身における交替ではない。
むしろその交替が純粋な交替であるしだいが示されるのは、まさしく、交替をしめす契
機の内容がおなじ内容でありつづけることによってである。いっぽう概念は悟性の概念
としては、事物の内なるものと同一であるから、この交替は内なるものの法則として悟
性に対して生成している。悟性がかくて経験するところは、現象そのものの法則からし
III127
て、区別が生成してくるが、それはいかなる区別でもなく、あるいは〔磁石のN極がN
極を遠ざけるように〕同名のものがじぶんをじぶんから斥ける、ということなのだ。く
わえてまたおなじように経験されるのは、区別されたものとはいっても、その真のありかた《ヴァールハイト》
にあってはいかなる区別でもなく、たがいに廃棄しあうものであるにすぎないとい
うことだ。いいかえれば、〔磁石のN極とS極のように〕同名ではないものが引きつけあ
うということである。——これが第二次の法則であって、その内容はさきに法則と呼ば
れたもの、すなわち恒常的にみずからとひとしいものでありつづける区別とは対立して
いる。というのも、このあらたな第二次の法則が表現するのはむしろ、ひとしいものが
ひとしくなくなることであり、またひとしくないものがひとしくなることであるからだ。
121
ここで概念が思想を欠いたありかたに対して要求しているところは、ふたつの法則をむ
すびあわせて、両者の対立を意識することなのである。——第二次の法則であれ、それ

もまたもちろん法則である。いいかえるなら、内的にじぶん自身とひとしい《ジッヒゼルプストグライヒ》存在である。ここではしかし、じぶん自身とのひとしさとはいえ、不等性《ウングライヒハイト》の自己同等性《ジッヒゼルプストグライヒハイト》であり、恒常的である《ベシュテンディッヒカイト》とはいっても、非恒常性《ウンベシュテンディッヒカイト》の恒常性《ベシュテンディッヒカイト》なのである。――力のたわむれにあってもあきらかであったとおり、この法則はほかでもなく、こうした絶対的な移行であり、純粋な交替である。すなわち同名のもの、つまり力が分解されて一箇の対立となり、この対立がさしあたり自立的な区別として現象するものの、この区別はじっさいにはなんらの区別でもないことが示される。同名のものがじぶんをじぶん自身から斥けながら、そのように排斥されたものはかくて本質的に引きつけあうものであって、それも排斥されたものとは同一のものだからである。区別がもうけられるとはいえ、その区別はなんの区別でもないのだから、区別はこうしてふたたび廃棄される。区別はかくてまたことがらそのものの区別であり、ことばをかえれば絶対的な区別であることが示されるのだ。ことがらにぞくするこの区別は、したがって同名のものにほかならず、この同名のものがじぶんをじぶん自身から排斥している。同名のものがかくて対立を定立しているものの、その対立はいかなる対立でもないのである。

顚倒された世界

この原理をつうじて、最初の超感覚的なものは顚倒されている。つまり、諸法則の静

謐な王国、知覚される世界の直接的な模像が、その反対のものへと顚倒されているので
ある。法則とは一般に、みずからとひとしくありつづけるものであった。これは法則の
うちで区別されたものについても同様である。いまやいっぽう定立されているのは、そ
の両者ともかえっておのおのじぶんとは反対のものであることなのだ。みずからとひと
しいものが、むしろじぶんからじぶんを排斥し、みずからとひとしくないものが、かえ
ってみずからとひとしいものとして定立されている。じっさいのところ、このような規
定がなりたつことを俟ってのみ、区別は内的な区別であり、ことばをかえればそれ自体 Ⅲ128
そのものとしての区別となる。そこではひとしいものがみずからとひとしくなく、ひと
しくないものがじぶんとひとしいからである。——この第二次の超感覚的世界は、かく
て顚倒された世界であり、しかも一方の側面がすでに最初《エルスト》の超感覚的世界のうちで
現存《フォアハンデン》しているのだから、この最初の超感覚的世界を顚倒した世界なのである。内なるも
のは、かくてまた現象として完成されている。なぜなら、第一次《エルスト》の超感覚的世界にあっ
ては、知覚される世界がただ直接的に高められて普遍的な境位に達していたにすぎない Ⅸ97
からである。だからこの最初《エルスト》の超感覚的世界は、じぶんに不可欠な対立像を知覚される
世界のうちで有していた。この知覚される世界の側はなおそれだけで、交替と変化の原
Ⅱ130 理を保持していたのである。つまり、諸法則の最初の王国にはこの交替と変化の原理が
欠けていたのであるが、この王国がしかし顚倒された世界となると、その原理を手にす

ることになる。

この顚倒された世界の法則にしたがえば、それゆえ、最初の世界にあって同名のものはみずから自身とひとしくないものであり、いっぽう最初の世界においてひとしくないものは、同様にじぶん自身とひとしくないもの、つまりみずからとひとしいものとなる。規定された契機にそくしていえば、この件はつぎのようなかたちで結果する。すなわち、前者の世界の法則にあって甘いものが、後者の顚倒された自体的なものにおいては苦く、前者で黒いものは後者では白いのである。最初の世界の法則にあっては磁石の北極であるものが、その法則とはべつの超感性的な自体においては（すなわち地球についていえば）南極である。たほうあちらでは南極であるものなら、こちらでは北極なのだ。おなじように、電気の最初の法則にあって〔たとえばヴォルタ電池の〕酸素極であるものは、それとはべつの超感覚的な実在《ヴェーゼン》では水素極であり、またその逆にあちらでは水素極であるものが、こちらでは酸素極となる。他の〔実践的な〕領圏にかんして言っておくなら、直接的な法則にしたがう場合には、敵に対する復讐こそが毀損された個人にとって最高の満足である。この法則はところで、私を自己《ゼルプスト》という実在《ヴェーゼン》として取りあつかわない者に対して、じぶんがそのような実在であることを対抗して示し、その者を〔殺してしまうことで〕むしろ実在として廃棄する、というものだ。その法則が他の世界にぞくする原理をつうじて顚倒し、反対の法則となる。つまり、私が実在であることを恢復しようとして他者の実在を廃棄することは、自己破壊へとつながるのである。さてこのような顛倒は、犯罪行為に対する刑罰において示されているが、その顛倒が法則とされたとしてみよう。その場合には、くだんの顛倒もふたたびまたただ一箇の世界にぞくする法 Ⅲ129 則にすぎないことになり、その世界に対しては、顛倒した超感覚的世界がもうひとつ対立しているはこびとなる。後者の世界のなかでは、前者にあって侮辱であるものが名誉となり、前者では名誉とされることが侮辱としてあらわれる。最初の世界の法則にしたがえば、人間を辱め、滅ぼす刑罰が、その世界が顛倒された世界のなかでは転換して、人間の本質《ヴェーゼン》を維持し、人間に名誉をもたらす恩恵へと変わるのである。

顛倒した世界とは現象に対する「自体」ではない

表面的にみるならば、この顛倒した世界が最初の世界の反対物であるのは、顛倒され Ⅱ131 た世界が最初の世界をじぶんの外部に有し、この最初の世界を顛倒した現実としてみずから突きはなす点においてであるかに思われる。つまり、一方の世界は現象であるいっぽう、他方の世界は自体的なものであって、一方は他のものに対して存在する世界であるのに対して、他方はそれだけで存在する世界であるということだ。その結果、さきの実例を用いるならばこうなるだろう。甘い味のするものは、本来、あるいは内的に事物にそくしていえば苦く、もしくは現象にぞくする現実の磁石についていえば北極であるものが、内的な、あるいは本質的な存在にあっては南極である。さらに、現象する電気において酸素極としてあらわれるものは、現象しない電気のなかでは水素極である、といったことになるだろう。さらにいえば、なんらかの行為が現象のうちでは犯罪であるにしても、それは「内なるもの」においてはほんらい善きものでありえた（悪しき行為が善き意図を有しうる）はずである、ということだ。刑罰はひとえに現象のなかで刑罰なのであって、それ自体としては、ことばをかえれば他の世界にあっては、しかし犯罪者に対する福祉でありうるのである。しかしながら、そのような内なるものと外なるものの対立、つまりふたとおりの現実としての現象と超感性的なものとの対立は、ここではもはやあらわれて《フォアハンデン》いない。たがいに排除しあう区別項が、あらたにふたつの実体に割りあてられるようなことはないのである。そのような実体であるならば、これらの区別項をそれぞれ担って、おのおのに分離された存立を与えることになるだろうし、そうすれば悟性は「内なるもの」〔という立場〕から出て、ふたたびじぶんが以前とっていた立場へと舞いもどることになってしまうだろう。その場合、一方の側面あるいは実体はふたたび知覚の世界ということになって、そこではふたつの法則のうちの片方がその実在を追いもとめ、その世界に対してもう一方の内的世界が対立することになるだろう。その世界が、ほかでもなく感覚的な世界であることは最初の世界と同様であり、ただし表象のうちにある世界ということになる。すなわち後者の世界は、感覚的世界のように指

IX 98

Ⅱ132
124

示されたり、見られたり、聞かれたり、味わわれたりすることができないとはいえ、それでもなおそういった感覚的世界として表象される、というはこびとなることだろう。しかしじっさいのところ、定立されたものの一方は知覚されるものであり、それを顚倒した自体的なものも同様に一箇の感覚的に表象されたものなのだ。そうなれば苦いものも、甘い事物の「自体」であるとはいっても、一箇の現実的な事物であり、つまりひとつの苦い事物と同断である。黒いものも、白いものの「自体」であるはずだが、やはり現実の白いものであることになる。南極の「自体」である北極も、同一の磁石において目のまえにある北極であり、水素極の「自体」である酸素極であれ、おなじ電池にぞくして目のまえにある酸素極なのだ。現実の犯罪行為はいっぽう、みずからが顚倒された自体であるものを可能性としては意図そのもののうちで持っているとはいえ、それを善い意図のうちに有しているわけではない。意図が真にあるありかた《ヴァールハイト》はじっさいにはただ、なされたこと自身にすぎないからである。犯罪は、その内容からすればしかし、みずからが自身のうちへ反省的に立ちかえったありかた、つまりじぶんの顚倒したありようを現実の刑罰において手にすることになる。この刑罰は和解をもたらすものであり、その和解は法律《ゲゼッツ》と、犯罪行為にあって法律と対立している現実とのあいだでなりたつものである。さいごに現実の刑罰も、みずからの顚倒された現実をそなえている。つまり、現実の刑罰は法則《ゲゼッツ》の実現であり、その実現をつうじて、法律が刑罰というかたちで有して

Ⅲ130

いる活動がじぶん自身を廃棄して、法則は活動する法律《ゲゼッツ》であることを止めて、ふたたび静謐に妥当する法則《ゲゼッツ》となる。かくて、法律に対抗する個人の運動も、個人に対抗する法律の運動も解消していることになるのである。

「内的な区別」と「無限性」

超感覚的世界の一面について、その本質をかたちづくっているのは顛倒である。この顛倒をめぐる考えかた《フォアシュテルング》からは、したがって、感覚的な表象《フォアシュテルング》が遠ざけられなければならない。そうした表象は区別項を、それぞれ存立しているあいことなった要素《エレメント》のうちに固定するものであるからだ。さらに、区別のこの絶対的な概念が内的区別として、すなわち同名のものであるかぎりでの同名のものがじぶん自身を排斥することとして、ひとしくないものであるかぎりでのひとしくないものがひとしくあることとして純粋に叙述され、また把握されなければならないのである。思考されなければならないことがらは、純粋な交替、あるいはじぶん自身における対立であり、矛盾である。区別のうちでは、それが内的なものである場合には、対立項はただたんにふたつのもののうちのひとつではないからである。もしそうであれば、対立項はひとつの存在するものであって、一箇の対立項ではないことになってしまうだろう。対立項はむしろ、ひとつの対立項に対する対立項であり、ことばをかえれば、他のものが対立項のうちに直接それじしん

Ⅱ133 Ⅲ131 Ⅸ99

現に存在《フォアハンデン》している。私はもちろん反対のものをこちらに、他のものをあちらに立てる。この他のものに対して、反対のものは反対のものなのである。つまり、反対のものは一方の側に、まったくそれ自身として《アン・ウント・フュール・ジッヒ》、他のものなくして立てられていることになるだろう。しかしながら、ほかでもなく、私がここで反対のものをまったくそれ自身として有しているがゆえに、当の反対のものはみずからにとって反対のものであり、いいかえるなら、反対のものはじっさいには他のものを直接にじぶん自身にそくして有しているのである。――かくて超感覚的世界は、それ自体《アン・ジッヒ》が顛倒された世界であるかぎり、同時に他の世界を超えて、それを包括し、それ自体そのものとして他の世界を有している。超感覚的世界はそれだけで《フュール・ジッヒ》顛倒された世界であって、要するにじぶん自身を顛倒した世界である。超感覚的世界が超感覚的世界そのものであり、かつみずからに対立した世界であるのは、ひとつの統一されたありかた《アインハイト》にあってのことなのだ。かくてはじめて超感覚的世界は、内的な区別としての区別、あるいはそれ自体そのものとしての区別である。ことばをかえていえば、超感覚的世界は無限性として存在していることになる。

「無限性」と「法則」

私たちの見るところでは、この無限性をつうじて法則は完成し、それ自身における必然性となって、現象にぞくするいっさいの契機が内なるものへと取りいれられているこ

125

とになる。法則の有する単純なものとは無限性《ウンエントリッヒカイト》なのである。この件が意味することがらは、すでに述べたところからあきらかである。すなわち、α　単純なものとは自己自身にひとしいものであって、この自己同等的なもの《ジッヒゼルプストグライヒエス》はしかもそれ自体として区別にほかならない。いいかえれば同名のものでありながらみずからを自己自身から排斥するもの、あるいはじぶんをふたつに分裂させる《ジッヒ・エントツヴァイエン》ものである。〔たとえば電気や重力といった〕単純な力と呼ばれたものがじぶん自身を二重化して、その力が〔電気ならば、陽電気と陰電気に分裂しながら、同名の電気は斥けあい、異名の電気が引きつけあって、かくて区別は区別ではなく、「内的区別」となることであきらかとなる〕無限なありかた《ウンエントリッヒカイト》をつうじて法則となるのである。β　〔陽電気と陰電気のように〕ふたつに分かれたもの《ダス・エントツヴァイテ》は、法則において部分として表象されるものを形成する。この分裂した項《ダス・エントツヴァイテ》がそれぞれに存立したものとしてあらわれるのだ。これらの諸部分が「内的区別」という概念を欠いたしかたで考察されると、空間と時間、あるいは距離と速度というかたちを取るのである。これらの部分は重力の契機として登場するけれども、〔空間と時間、距離と速度は〕たがいに対しても、〔それぞれが〕重力そのものに対してもかかわりをもたず《グライヒギュルティッヒ》、必然性も有していない。それは、この単純な重力がこれらの部分に対してかかわりをもたず、必然的なものでもなく、あるいは単純な電気が陰陽の電気に対して必然性を有していないのと同様である。

γ　「内的区別」という概念をつうじて、いっぽう、この〔たがいに〕ひとしくなく、没交渉なもの、たとえば空間と時間といったものは、区別でありながら、いかなる区別でもないものとなっている。いいかえれば同名のものの区別にすぎないのであって、その本質は統一《アインハイト》なのである。これらの部分は、肯定的なものと否定的なものというかたちで相互に生気を与えあい《ベガイステルン》、それらの部分が「存在している《ザイン》」とはかえって、「それぞれが」「存在していないこと《ニヒトザイン》」として定立され、（両者が）ひとつであるありかた《アインハイト》のうちで止揚されることなのだ。区別されたふたつのものがともに存立し、しかもそれ自体として存在する。両者は自体的に対立したものとして存在している。この件が意味するところは、双方がそれぞれじぶん自身に対立したものであり、みずからにとって他のものをじぶんのうちに有しているということである。かくて、区別されたふたつのものは、ひとえに一箇の統一されたありかた《アインハイト》のうちに存在しているのである。

III132

II134

「絶対的概念」としての「単純な無限性」

ここにあるのは、単純な無限性、あるいは絶対的な概念である。それは生命の単純な本質《ヴェーゼン》、世界のたましい、普遍的な血液とも名づけられるべきものであって、その血液はいたるところに現在している。それはどのような区別によっても妨げられず、中断されることもない。かえってそれ自身があらゆる区別であり、同様にまたその区別が廃棄されていることなのである。だから血液はみずからのうちで脈打ちながら動じることがなく、じぶんのなかで振動しつつも不安定となることもない。この単純な無限性はみずから自身とひとしい。そこに存在する区別は同義反復的なものだからだ。区別は区別であって、区別ではないということである。このみずからとひとしい実在《ヴェーゼン》が関係するのは、それゆえただじぶん自身に対してのみである。「じぶん自身に」というけれども、その場合の「じぶん自身」とは、関係がむかっている一箇の「他のもの」である。だから「じぶん自身に関係すること」はむしろ「ふたつに分裂すること」となる。ことばをかえれば、さきに語った「みずから自身とひとしいこと」が内的な区別にほかならない、ということなのだ。このふたつに分裂したものは、かくして、それぞれがそれ自体において、またそれ自身だけで (*an und für sich selbst*) おのおの一箇の反対のものであり、つまりひとつの他のものの反対のものなのである。そのかぎりでは、ここではすでに、それぞれについて語られるとき同時に他のものにかんしても言明されている。あるいはこう言ってもよい。おのおのが一箇の他のものの反対のものなのではない。むしろそれぞれがたんに純粋な反対のものであるからこそ、めいめいは、したがってじぶん自身にそくしてみずからの反対物である、ということなのである。あるいはむしろ、総じて反対のものなど存在しない、ということだ。かえって存在するものは、純粋にそれだけで《フュール・ジッヒ》であり、純粋にみずから自身とひとしい実在であって、この実在にはどのような区別もそなわっていないことになる。そう考えるときには、私たちとしては問う必要がなく、

IX 100

Ⅱ135

ましてそのような問いに苦しめられることを哲学とみなす必要もない問いがある。いいかえれば、哲学ではそのような問いに答えることができないなどと、すこしもみなす必要などない問いというものが存在するのだ。それはつまり「どのようにしてこの純粋な実在から、区別もしくは「他であること」がその外部に発出してくるのか」〔シェリングの問い〕というものである。というのも、すでにふたつに分裂する《エントツヴァイウング》ことは生起しており、区別が「みずから自身とひとしいもの」から排除されて、そのかたわらに置かれているからである。じぶん自身とひとしいとされたものは、したがってすでに、ふたつに分裂したもののうちの一方であって、絶対的な実在というわけではまったくないのである。じぶん自身とひとしいものがふたつに分裂する。この件が意味するところはそれゆえ、当のものが、すでにふたつに分裂したものであるみずからを廃棄することにひとしい。じぶん自身とひとしいものが、他のものであることとしてのじぶんを廃棄しているのだ。ひとつであるありかたについては、ふつうこう言われるものである。つまり、そのありかた《アインハイト》からは区別が出来することはできない、ということである。そのような統一《アインハイト》はじっさいにはそれ自身ひとえに、ふたつに分裂することにおけるひとつの契機であるにすぎない。それはただ単純なありかた《アインファッハハイト》を抽象することなのであって、そのようなありかたこそが区別に対立しているのである。しかしながら統一は抽象であって、対立しているものの一方であるにすぎない。とすれば、この件によってすでに語りだされ

Ⅲ133

ていることがらがある。つまり、統一とはふたつに分裂することであるという消息である。統一とは一箇の否定的なものであり、対立させられたものであるとすれば、統一が定立されているのは、ほかでもなく、対立をみずからそなえているものとしてだからである。ふたつに分裂することとみずから自身とひとしくなることとの区別もまた、それゆえ同様にただこのようにじぶんを廃棄する運動であるにすぎない。というのも、みずから自身とひとしいものは、それがあとからふたつに分裂し、あるいはじぶんと反対のものとなるとされる場合には一箇の抽象にすぎず、ことばをかえれば、みずから自身とひとしいものはすでにそれ自身ふたつに分裂したものの一方であるかぎり、それがふたつに分裂するとは、かくてまた、じぶんがそうであるものを廃棄すること、したがってみずからがふたつに分裂したものであることを廃棄することだからである。みずから自身とひとしくなることもおなじようにまた、ふたつに分裂することである。じぶん自身とひとしくなるものは、そのことによって、ふたつに分裂することに対して対立するにいたる。すなわちみずから自身を一方の側に置くことになり、いいかえれば、かえってふたつに分裂したものの一方となるのである。

「自己意識」の段階への移行

ここで示されている無限性とは、純粋に自己自身が運動して、絶対に止まらないことである。すなわち、なんらかのしかたで、たとえば「存在すること」として規定されているものが、むしろその規定されたありかたとは反対のものである、ということなのだ。そのような無限性はたしかにすでに、これまで展開されてきたことがらすべてのたましいであったのではあるけれども、しかし「内なるもの」にいたってはじめて、その無限性そのものが解きはなたれた《フライ》しかたで立ちあらわれてきているのである。いっぽうでは現象、あるいは力のたわむれが無限性そのものをあらかじめ呈示しているとはいえ、無限性がまず自由《フライ》なかたちで登場してくるのは、説明することとしてである。かくて無限性は最終的に意識に対して対象となり、しかもそれが存在するとおりのものとして対象となることによって、意識とは自己意識となるものなのだ。悟性による説明がつくり出
127 すものは、さしあたりは「自己意識とはなんであるか」をめぐる記述であるにすぎない。 IX101
さまざまな区別が、法則のうちには現に存在《フォアハンデン》し、すでに純粋に生成していたとはいっても、それらの区別はなおたがいに没交渉なものであった。悟性はこの区別を廃棄して、それらを唯一の統一のうちに、つまり力のうちに定立する。ひとしいものとなるとは、しかし同様にただちにふたつに分裂することである。悟性はそのことによってのみ区別されたものを廃棄し、かくて力という「一」を定立するが、それは悟性があらたな区別を設定することをつうじてであって、法則と力というそのあらたな区別は、しかし同時にいかなる区別でもないからである。この区別はかくして〔区別であると〕同様にまっ

たく区別ではない。悟性自身もこの点までは突きすすんでゆくけれども、悟性はこの区別をもふたたび廃棄してしまう。悟性は力を、法則とおなじ性状をそなえたものとするからだ。――こういった運動もしくは必然的《ノートヴェンディッヒカイト》なあゆみは、しかしかくてなお悟性にとっての必然性《ノートヴェンディッヒカイト》であり、運動であるにすぎない。ことばをかえれば、運動はそのものとしては悟性の対象ではなく、むしろ悟性がその運動のうちで対象として手にしているのは、陰陽の電気、距離、速度、引力であり、そのほか無数の事物であって、そうしたものが運動にぞくする契機の内容をかたちづくっている。説明することのうちには、きわめて多大な自己満足があるけれども、それはほかでもなく、意識がそのさい、言ってみればみずからと直接的な自己対話をかさね、ただじぶん自身を享受しているにすぎないからである。説明するさいに、意識がなにかべつのものを追っているかに見えるのはたしかであるとはいえ、意識がじっさいに追いかけているのは、ひとえにみずから自身なのである。

内的な区別、無限性、自己意識

最初の法則を顛倒したものが、対立する法則である。この後者、つまり内的な区別にあっては、たしかに無限性自身が悟性の対象となっているとはいえ、悟性は無限性そのものをとらえることにふたたび失敗する。それは悟性が区別それ自体を、すなわち同名

Ⅲ134

Ⅱ137

のものがじぶん自身を排斥すること、ならびにひとしくないものが引きあうことを、ふたたびふたつの世界に、もしくはふたつの実体的な境位に割りあててしまうからである。〔無限性の〕運動は、それが経験されるとおりのありかたにおいては、悟性にとってここではひとつの「できごと」であり、「同名のもの」や「ひとしくないもの」とはそれぞれ述語であって、その本質は存在している基体ということになる。悟性にとって感覚的な覆いをともなって対象であるそのおなじものが、私たちにとってはその本質的な形態において、つまり純粋な概念として存在している。〔内的な〕区別をそれが真にあるとおりのすがたで把握すること、いいかえれば無限性を無限性として把握することは、私たちに対しての〔課題として存在する〕ことであり、あるいは自体的に〔なりたつことがらで〕ある。無限性の概念を究明することは、学にぞくしているのである。いっぽう、この概念を直接的なしかたで手にしている意識は、それはそれで意識の固有の形式もし
128
くはあらたな形態というかたちで登場してくる。その形式ないし形態は、先行するもののうちにみずからの本質を認識するところがなく、それをもってまったくべつのなにごとかと見なしているのだ。——意識にとって、無限性というこの概念が対象となる場合には、意識はしたがって区別を意識してはいても、その区別がただちに同様に廃棄された区別でもあることを意識している。意識はかくてそれ自身だけで存在し、意識とは区別されていないものを区別することである。つまり意識は自己意識となるのだ。私はじ

ぶん自身から私を区別するいっぽう、私がそこで直接に自覚しているところでは、この Ⅲ135 区別されたものは区別されていない。私というこの同名のものが、私をじぶん自身から排斥するとはいえ、この区別されたもの、ひとしくないものとして定立されたものは、それが区別されるとただちに、私に対していかなる区別でもないものとなる。他のものの意識、対象一般の意識というものがそれじしん必然的に自己意識であることはたしかである。その意識はみずからのうちに反省的に立ちかえっており、じぶんとは他のものであることにおいて自己自身を意識しているからである。意識がたどってきたこれまで IX102 のさまざまな形態から、必然的な進行が示されている。これまでの諸形態に対しては、みずからにとって真なるものはじぶん自身とは他のものであるなんらかの事物であったが、そうした形態から必然的に進行してきたところが表現しているのは、ほかでもなく、事物についての意識が自己意識に対してのみ可能であるという消息ばかりではない。むしろひとり自己意識のみが、これまでのさまざまな形態の真理であるということなのである。とはいえ、ひとえに私たちに対してだけ、この真理が目のまえに存在《フォアハンデン》しているのであって、その真理はいまだ意識に対しては存在していない。自己意識はようやくみずからに対して生成してきているのであり、なお意識一般とひとつになったありかたとしては生成してはいないのだ。

　私たちの見るところでは、悟性が現象の内なるものにあって経験しているものは、そ

の真のありかたにおいては現象そのものとべつのなにごとかではない。しかし現象とは
いっても、力のたわむれとして存在するそれではない。むしろ〔ここで〕たわむれは、
その絶対的に普遍的な契機とそれらの運動にあってのたわむれとなっている。悟性のじ
っさいに経験するところは、したがってひとえにじぶん自身なのである。知覚を超えて
高められたとき、意識は立ちあらわれてくるそのすがたにおいて、現象という媒語をつ
うじて超感性的なものと推理的に連結されている。その現象という媒語をとおして、意
識はこの〔超感性的なものという〕背景《ヒンターグルント》〔背後にある根拠〕を観取しているのである。こ
こにはふたつの極があり、一方は純粋に内なるものであり、他方の極はこの純粋に内な
るものを観取する〔自己意識という〕内なるものであるが、その両極はいまや一致して
おり、極としての両者も、それらの両極とはことなった或るものとしての中間項も消え
さってしまっている。この〔媒語＝中間項《ミッテ》という〕遮蔽幕は、かくて内なるもののまえ
から取りさられて、現にある《フォアハンデン》のは「内なるものが内なるものを観取する」ということが
らである。これは、区別されていない同名のものが観取することであり、その同名のも
のが自己自身を排斥して、みずからを区別された内なるものとして定立しているとはい
129 え、この同名のものに対しては、同様にただちに両者が区別されていないことが自覚さ
II 138 れている。かくて現に存在するものは自己意識なのである。あきらかに、いうところの
遮蔽幕の背後には、それが内なるものを覆っているというならば、なにものも見られる

ことがない。私たちがじぶんでその背後にまわることがないならば、ということだ。それはまた、なにかが見られるためには、見られうるなにものかが背後に存在しなければ Ⅲ136 ならないのと同様である。いっぽう同時に結果するところは、あらゆる委曲をつくすことなく、ただちにはその背後にまわることはできないだろうということである。というのもこの知、つまり「現象とその内なるものにかんする表象が、その真のありかたにあってはなんであるか」についての知も、それじしん委細をつくした運動から結果するものにすぎないからである。その運動をつうじて意識のさまざまな様式、すなわち思いなすこと、知覚すること、ならびに悟性が消失してゆくのだ。おなじく帰結としてあきらかなとおり、「意識が、じぶん自身を知っているとき、意識はなにを知っていることになるのか」を認識するためには、さらに委曲をつくす必要があるのであって、以下ではその件が立ちいって検討されることになるだろう。

IV 自己自身であるという確信の真なるありかた

自己自身にかんする確信の成立

Ⅱ139 133 　これまで確信のいくつかの様式が論じられてきたけれども、そこでは意識にとって真 Ⅲ137 Ⅸ103
なるものは、意識そのものとはべつのなにものかである。このような真なるものの概念は、とはいえ真なるものをめぐる経験にあって消失してゆく。対象は直接的なしかたで自体的には、感覚的な確信にとっての「存在するもの」、知覚に対する「具体的な事物」、悟性にあっての「力」であった。しかし示されてきたように、対象はむしろその真のありかたにおいてはそのようなものではなく、かえってこうした「自体的なもの」は、帰結があきらかにしているとおり、対象がひとえに他のもの〔意識〕に対して存在する様式であるにすぎない。対象についての概念は、現実の対象にそくして廃棄される。ことばをかえれば、〔対象にかんする〕最初の直接的な表象が経験〔の進行〕のなかで廃棄されるのであって、確信は消失して、その真理があらわれるのである。いっぽうここにいたって生成しているのは、これらの先行する関係にあってはなりたってはいなかったことがらである。すなわち、その真理とひとしい確信が成立しているのだ。というのも、いまや確信がじぶん自身にとってみずからの対象となっており、意識はじぶん自身にとって真なるものであるからである。ここでもたしかにまた「他であること」が存在している。意識はすなわち、区別を立てはするけれども、その区別は意識に対して同時に区別されてはいないものなのである。ここで私たちが知の運動を「概念」と名づけ、「対

Ⅱ140
象」の側をたほう静的な統一としての、もしくは〈私〉としての知とみなすとしよう。
そのばあい私たちが見るところによれば、ただたんに「私たちに対して」ばかりではな
く知そのものに対して、対象は概念に一致していることになる。――あるいはべつのし
かたで語って、「概念」の名ざすのは対象がそれ自体として存在するとおりのものであ
り、「対象」とはいっぽう対象が対象として、すなわち一箇の他のものに対して存在す
るものである、としてみよう。そうすればあきらかなように、自体的に存在することと
他のものに対して存在することは、おなじことがらである。自体的なものとは〔ここで
は〕意識のことだからである。この意識はしかし同様に、それに対して或る他のもの
（自体的なもの）が存在するものなのである。かくして意識に対して存在する〔意識が
134 自覚している《フュール・ジッヒ》〕ところは、対象にぞくする自体的なものとその自体的なものが他のもの
に対して存在することが、おなじであるはこびなのだ。〈私〉とは関係の内容であると
ともに、関係することとそのものである。〈私〉は一箇の他のものに対して〈私〉自身で
あると同時に、この他のものを超えて、それを包括している。この他のものは〈私〉に Ⅲ138
対して、おなじくまた〈私〉自身であるにすぎないからである。

自己意識とは真理の故郷である――先行形態との関係

自己意識へと到達することによって、私たちとしてはかくて、いまや真理にとって故

郷である王国のうちへと入りこんでいることになる。見てとられなければならないのは、「自己意識という形態がさしあたりどのようなしかたで登場するか」である。知のこのあらたな形態、つまりじぶん自身にかんする知を、先行するもの、すなわちなんらかの他のものについての知との関係において考察してみよう。そうすると、そうした知が消失してしまっていることはたしかであるけれども、たほうその知の契機は同時におなじく保存もされていることがわかる。喪失がどこでなりたっているかといえば、それはこれらの契機がここで目のまえに存在しているしかたは、それらが自体的にあるとおりのものである、というにすぎない。思いなしにあっては「存在すること」が、知覚にとっては「個別的なありかた」とこれに対立する「普遍的なありかた」が問題であり、おなじく悟性に対しては「空虚な内なるもの」が問題であった。これらはもはや実在《ヴェーゼン》としてではなく、自己意識の契機として存在する。つまり抽象として、あるいは区別ではあるけれども、意識自身に対しては同時になにものでもない区別として存在するのである。ことばをかえれば、それはいかなる区別でもなく、純粋に消失してゆく本質《ヴェーゼン》であるということだ。こうして一見したところではひたすら、主要契機そのものが消えうせ、すなわち意識に対して単純に自立的なしかたで存立することこそが喪われているかのように見える。しかし、じっさいには自己意識とは感覚的で知覚された世界の存在から反省的に立ちかえることであり、本質的にいって、他であることから還帰することである。

IX 104

自己意識とは、自己意識であるかぎり運動なのだ。いっぽう自己意識は、ただじぶん自身だけをじぶん自身として自己から区別する。だから自己意識にとって区別は、他のものであることとしては直接に廃棄されている。かくて区別は存在せず、自己意識とはただ「〈私〉は〈私〉である」〔フィヒテ〕とする、運動を欠いた同義反復であるにすぎない。たほう、自己意識にとって区別がこのように存在という形態もそなえていない場合には、自己意識は自己意識ではない。そのようなしだいで、自己意識に対しては他であるものが一箇の存在として、あるいは〔第一の〕区別された契機として存在することになる。いっぽう自己意識に対してはまた、じぶん自身がこの区別されたものと統一されたありかた《アインハイト》も、第二の区別された契機として存在している。さきに挙げた第一の契機をともなうことで、自己意識は意識として存在する。だからこの意識としての自己意識に対しては、感覚的世界のひろがりのすべてが維持されているわけであるが、それは同時にしかしただ第二の契機、すなわち自己意識のじぶん自身との統一に関係づけられたものとしてであるにすぎない。したがって感覚的世界が自己意識に対して存立しているとはいっても、この存立はひとえに現象であるもの、いいかえれば区別であるにせよ、自体的にはなんら存在を有していないものなのである。ここには自己意識の現象とその真のありかた《ヴァールハイト》との対立が生じている。その対立はしかしその真理《ヴァールハイト》のみを、つまり自己意識がじぶん自身とひとつ《アインハイト》であることだけをみずからの本質とするのだから、この統一《アインハイト》が自己意識にとって本質的なものとならざるをえない。この件が意味するところは、自己意識とは欲望一般であるということなのだ。意識は、自己意識としてはいまや二重の対象を有していることになる。一方の対象は直接的な対象であって、感覚的確信と知覚の対象であるけれども、この対象はたほうで自己意識に対して否定的なものという性格によってしるしづけられている。いっぽう第二の対象とはすなわち自己自身のことであり、この対象の側が真の本質であるが、その対象はさしあたりただようやく第一の対象との対立において現にある《フォアハンデン》にすぎない。自己意識はこの対立にあって運動としてあらわれる。その運動のなかで当の対立が廃棄され、自己意識にとってじぶん自身とみずからがひとしいこと《グライヒハイト》が生成してくるのである。

欲望としての自己意識の対象は生命あるものである

対象は、自己意識に対して否定的なものである。そのような対象はしかしじぶんの側では——私たちに対して、あるいは自体的には——みずからのうちへと立ちかえっており、それは他方の側で意識がじぶんのうちに立ちかえっているのと同様である。対象は、このように反省的にみずからのうちへ立ちかえることをつうじて生命となっているのである。自己意識が存在するものとしてじぶんから区別するものは、存在するものとして定立されているかぎりではまた、感覚的確信と知覚〔の対象〕という様式をそなえてい

II 142

るばかりではない。それはむしろみずからのうちへと反省的に立ちかえっている存在なのだ。かくて、直接的な欲望の対象は生命あるものとなっている。というのもここで自体的なものとは、悟性が事物の内なるものに関係することでえられた普遍的な結果であるが、それは区別されえないものを区別することであり、いいかえれば、区別されたものがひとつである《アインハイト》ことだからである。この統一《アインハイト》は他方ではおなじように、私たちがすでに見ておいたとおり、ひとつである《アインハイト》ものがじぶんから排斥することであって、かくしてその概念はふたつに分裂して、自己意識と生命との対立となる。そこで前者の自己意識の側は、それに対して区別されたものの無限な統一が〔自覚的に〕なりたっているものであり、後者の生命の側はいっぽう、たんにこの統一そのものであるにすぎない。つまりそのけっか、当の統一が同時にじぶん自身に対して存在してはいない、ということだ。かくて意識は自立的なものであるのに対して、おなじく自体的にいえば意識の対象もまた同程度に自体的なものである。ここで自己意識は端的にじぶんだけで存在し、みずからの対象をただちに否定的なものという性格をもってしるしづけている。つまり自己意識とはさしあたり欲望であるとはいえ、その自己意識がそれゆえに経験するところはむしろ、じぶんの対象が自立的《ゼルプシュテンディッヒカイト》であることとなのである。

III 140

IX 105

円環を形成する生命の本質

生命にかんする規定についていえば、それが、概念あるいは一般的な帰結からあきらかになっている範囲で――概念もしくは帰結というのは、私たちがこの〔自己意識という〕領圏に歩みいるにさいして手にしているもののことである――、生命をしるしづけるのにすでに充分なものである。だから、生命の本性をここではこれいじょう展開しておく必要はないだろう。生命の本性は円環をなしており、その円環には以下のような諸契機がふくまれている。〔第一に、生命の円環の〕本質となるものは無限性であって、これはいっさいの区別されたものが廃棄されていることである。それはつまり、純粋に軸を中心として回転する運動であり、じぶん自身では静止していながら、絶対的に静止することのない無限性であるということだ。その本質とはすなわち自立性そのものであって、そのうちでは運動にあって区別されているものが解消されている。これが時間の単純な本質をかたちづくり、その本質がここでは自己自身とひとしいありかたをとりながらも、空間としての堅固な形態を獲得している。〔第二に〕区別されたものはたほうで、この単純で普遍的な媒体にあってもおなじくなお区別されたものとして存在している。この普遍的な流動性がその否定的な本性を手にするのは、ひとえにそれが区別されたものを廃棄することによってだからである。とはいえ流動性をつうじて区別されたものが廃棄されうるのは、区別されたものが存立している場合にかぎられる。だから、ほかでもなく当の流動性こそがみずからとひとしい自立性として、それじしん区別されたものの存立であり、いいかえればその実体なのであって、そのなかで区別されたものはかくて区別された分肢というかたちで、またそれ自身だけで存在する部分というしかたで存在するのである。〔したがって第三に〕存在はもはや「〔たんに〕存在すること」という抽象的な意義を有するものではなく、分肢や部分の純粋に本質的なありかた《ヴェーゼンハイト》とはいっても、普遍性という抽象的な意義をそなえているものではない。むしろ分肢や部分が存在することがそのまま、くだんの単純で流動的な実体であり、その実体は純粋にじぶん自身のうちで運動することにぞくするものなのだ。こういった分肢がたがいに対して区別されていることが、しかし一般に区別としてなりたつのも、ほかでもなく特定の規定されたありかたにあってのことであり、その規定されたありかた《ベシュティムトハイト》とは無限性の諸契機が有する規定性《ベシュティムトハイト》、あるいは純粋な運動そのものにぞくする規定性なのである。

自立的《ゼルプシュテンディッヒ》な諸分肢はそれだけで（*für sich*）存在する。この自立的存在（*Fürsich-sein*）はたほうむしろ諸分肢が統一《アインハイト》のうちへとただちに反省的に立ちかえることであって、それは後者のひとつであるありかた《アインハイト》が自立的な諸形態へとふたつに分裂すること《エントツヴァイウング》であるのと同様なのである。ひとつであること《アインハイト》が分裂する《エントツヴァイエン》のは、それが絶対的に否定的で無限な統一であるからだ。いっぽう統一が存立するものであるからこそ、区別が自立性を手にするのもまた統一においてのみである。形態がこのように自立性を有するも

のとしてあらわれるのは、規定されたもの、他に対するものとしてである。形態とは分 III141
裂したものであるからだ。つまり分裂の廃棄は、そのかぎりで他のものをつうじて生起
することになる。しかし分裂は同様にまた、形態そのものにそくしても廃棄される。と
いうのも、ほかでもなく例の流動性こそが、自立的な諸形態の実体となるものであるか
らだ。この実体は、しかし無限なものである。形態はそれゆえ、それが存立することそ IX106
れ自身にあって分裂であり、あるいは形態が自立的存在《フュールジッヒザイン》であることを廃棄するものなの
である。

生命と生命あるもの——円環としての生命

137 私たちとしては、ここにふくまれている諸契機をより詳細に区別してみることとしよう。そうすれば見てとられるとおり、私たちが第一の契機として手にしているのは、さまざまな自立的形態が存立することであり、いいかえれば区別することそれ自体であるものを抑圧することである。すなわち、自体的には存在せず、いかなる存立も有さないということが抑圧されているのだ。第二の契機はいっぽう、くだんの存立を、区別の無限性のもとに屈服させることである。第一の契機において存在しているのは、存立する形態である。それはじぶんだけで存在するものとして存在している。ことばをかえれば、規定されていながら無限な実体として登場することで、形態は普遍的な実体に対立し、

その実体の流動性を、また実体との連続性を拒否して、じぶんはこの普遍的なもののうちで解消されるものではないと主張する。この実体は形態にとって有機化されていない自然[*1]であるけれども、形態はむしろかえってこの自然から分離することをつうじ、つまりその自然を喰らいつくすことによってみずからを維持しているというのである。生命は一般的な流動的媒体のうちにある場合、諸形態を静謐にたがいに離ればなれなかたちで展開する。そのとき生命はまさにそのことをつうじて、かえって諸形態の運動となる。あるいは過程としての生命となる。そのばあい単純な一般的流動性の側が自体的なものであり、いっぽう形態の区別のほうは他のものである。しかしながらこの流動性はそれ自身、この区別をつうじて他のものとなる。流動性自身がいまや区別に対して存在し、この区別がそれ自体として、また《アン・ウント・フュール・ジッヒ》それ自身だけ《ゼルプスト》で存在することで、区別はかくて無限な運動となるからだ。この運動によって、さきほど静謐な媒体とされたものは喰いつくされ、かくて〔過程としての生命である〕流動性は生命あるものとしての生命となる。——この顛倒は、しかしそれゆえにまたそれ自体そのものにおいて顛倒である。喰いつくされるものこそが実在《ヴェーゼン》であって、普遍的なものを犠牲にしてみずからを維持し、みずからが自己自身とひとつのもの《アインハイト》であるという感情をじぶんに与えるのは、個体として《インディヴィ》のありかた《デュアリテート》である。このような個体性《インディヴィデュアリテート》がなりたっていることによって、かくてまたまさに当の個体性と他のものとの対立——この対立をつうじてこそ、個体性はみずからに対して存在するのであるが——が廃棄されている。じぶん自身との統一を、個体性はみずからに与える。ところがこの統一がほかでもなく、区別されたものの流動性であり、いいかえれば〔区別の〕普遍的な解消なのである。いっぽう逆に、個体が存立していることを廃棄すれば、それは同様にまた当の個体の存立を産出することになる。というのも、個体的な形態の本質（*Wesen*）は普遍的な生命であり、自立的に存在する《フュールジッヒザイン》ものは自体的にいえば単純な実体であるかぎり、このじぶんだけで存在する《フュールジッヒザイン》ものは、それが〔単純な実体という〕他のものをじぶんのうちに定立する場合、このみずからの単純なありかた、ことばをかえればじぶんの実在《ヴェーゼン》を廃棄してしまうからである。すなわちじぶんに対して存在する《フュールジッヒザイン》ものは〔みずからの本質《ヴェーゼン》である〕単純《アインファッハ》なありかたをふたつに《エントッ》分裂《ヴァイエン》させるのであり、かくて区別を欠いた流動性が分裂《エントツヴァイエン》するのであって、この分裂によってこそまさに個体性が定立されるのである。生命の単純な実体とは、したがってその実体そのものがさまざまな形態へと分裂してゆくことであり、同時にこのように〔諸
138 形態として〕存立している区別項を解消することなのだ。かくて、分裂を解消することが同様にまた分裂することであり、つまりは分肢化してゆくこととなる。かくてまた、運動全体のふたつの側面が〔さしあたり〕区別されていたけれども、それらはたがいに相手へと帰着する。ふたつの側面とはすなわち、自立性をもった普遍的な媒体のうちで静謐に離れればなれに展開される形態化と、生命の過程のことであるが、後者もまた形態

Ⅲ142

化なのであって、それは生命の過程が形態を廃棄することであるのと同様である。前者つまり形態化もまたおなじく一箇の廃棄する作用であり、これもそれが形態化であるのとまったくひとしい。流動的な境位とされるものは、それじしん実在《ヴェーゼン》を抽象したものであるにすぎず、べつのいいかたをするなら、その境位はひとえに形態としてのみ現実的なのである。II 145 だからその境位が分肢化してゆくことは、ふたたびまた分肢したものが分裂することであり、ことばをかえれば分肢したものの解消なのだ。このような円環過程の全体が生命をかたちづくっている。――最初に語りだされたもの、すなわち生命の本質《ヴェーゼン》にぞくする直接的な連続性とその堅固さとが、生命を形成するのではない。存立している形態と、それだけで《フュール・ジッヒ》存在する離散的なものもそうではない。さらに形態の純粋な過程も、それらの契機を単純に総括することもまた、生命をかたちづくることがない。みずからを展開し、その展開を解消する全体、そのような運動のただなかでじぶんを単純に維持する全体こそが、生命を形成するのである。 IX 107

＊1 unorganische Natur. この語については、本書、五四頁の訳註参照。

類としての生命と、自己意識の登場

最初の直接的な統一から出発しながら、形態化と〔生命の〕過程という契機をつうじてこのふたつの契機の統一と、かくてまたふたたび最初の単純な実体へと還帰している

かぎり、この反省的に立ちかえった統一は最初の統一とはことなった統一である。最初の直接的な、あるいはひとつの「存在」として言明された統一に対して、この第二の統一は普遍的な統一であって、そこにはいま挙げたすべての契機が止揚されたものとしてふくまれている。この普遍的な統一が単純な「類」であるけれども、この類は生命そのものの運動にあっては、この単純なものとして自身に対して現実存在しているわけではない。むしろこの〔普遍的な統一としての「類」という〕結果において生命が指示しているものは、生命とはことなった他のものである。指示されているのはすなわち意識であって、この意識に対して生命が右にいう統一として、いいかえれば類として存在している。

　この他の生命は、それに対して類が類そのものとして存在し、自己自身に対して《フュール・ジッヒ・ゼルプスト》〔自覚的に〕類であるものである。そのような生命とは自己意識であるけれども、この自己意識はしかしさしあたりは、じぶんにとってただこのような単純な実在として存在するにすぎず、「純粋な〈私〉」〔フィヒテ〕であるみずからを対象としている。以下で考察されなければならない自己意識の経験のただなかで、自己意識にとってこの抽象的な対象が豊かなものとなり、展開を手にしてゆくことになるが、その展開は、私たちが〔いまあらかじめ〕生命にそくして見てきたところなのである。 Ⅲ143

　単純な〈私〉がこのような類であり、いいかえれば単純に普遍的なものである。この

Ⅱ146

普遍的なものに対しては、区別はいかなる区別でもない。この件はひとえに、単純な〈私〉が否定的な実在であって、形態化された自立的な諸契機を否定するものであることによっている。かくて自己意識が自己自身を確信するのは、ひたすらこの他のものを廃棄することをつうじてであり、他のものは自己意識にとって、自立的な生命としてあらわれているのである。自己意識とはつまり「欲望」である。自己意識は、この他のものがなにものでもないこと《ニヒティッヒカイト》を確信しているがゆえに、それが無であること《ニヒティッヒカイト》をじぶんに対してみずからの真理として定立し、自立的な対象を無化《フエアニヒテン》しようとする。そうすることで自己意識は、みずからに自己自身についての確信を真の確信として与える。つまり、じぶん自身にとって対象的なかたちで生成している確信として与えようとするのである。

自己意識が満足に到達するのは他の自己意識においてのみである

この満足にあって、しかし自己意識が経験するのは、みずからの対象の自立性についてである。一方で欲望があり、他方ではその欲望の満足において到達される、自己自身にかんする確信があるが、その両者は対象をつうじて条件づけられている。確信は〔対象という〕この他のものを廃棄することによって得られるからである。こうした廃棄がおこなわれるからには、当の他のものが存在しなければならない。自己意識は、こうして、〔対象に〕じぶんが否定的に関係することによっては、対象を廃棄することができない。自己意識は否定的な関係をつうじて、対象をむしろふたたび産みだしてしまう。これは欲望がもういちど生みだされるのと同様である。じっさいのところ自己意識とはことなる他のものが、欲望の本質となっている。かくて、このような経験をつうじて、自己意識自身にとってくだんの真理《ヴァールハイト》が生成してきている。たほう同時に、自己意識はおなじくまた絶対的にじぶんだけで《フュール・ジッヒ》存在するものであり、この件はただ対象を廃棄することによっているのであって、かくして自己意識にとってはみずからの満足が生じるはこびとならざるをえない。なんといっても、絶対的に自立的に《フュール・ジッヒ》存在することが〔自己意識にとって〕真のありかた《ヴァールハイト》であるからだ。対象が自立的なありかたをしているのだから、自己意識が満足に到達しうるとすれば、それはひとえに対象そのものが否定をじぶんの側で遂行する場合にかぎられる。しかも対象がこの自己自身の否定を、それ自体としてみずから遂行せざるをえないのは、対象がそれ自体として否定的なものであるからであり、他のものに対しても、自身がそうであるもの〔否定的なもの〕となるほかはないからである。対象はそれ自体そのものとして否定であり、しかも否定であることにおいて同時に自立的なものだというのだから、そのような対象は意識ということになる。生命とは欲望の対象であり、そのような生命についていえば、否定はつぎのどれかのかたちで存在する。すなわち、或る他のもの、つまり欲望においてであるか、他の没交渉的な形態に対して規定されたありかたとして存在するか、あるいは生命にとって有機化

III144

IX108

されていない、普遍的な自然として存在するか、のいずれかなのである。この普遍的で自立的な自然にかんしていえば、いっぽう、そこでは否定が絶対的なものとして存在するから、そのような自然は類としての類、いいかえれば自己意識としての類である。こうして、自己意識がみずからの満足へと到達するのは、ただ他の自己意識においてのみであることになる。

自己意識の概念

以上の三つの契機をそなえることではじめて、自己意識の概念は完結する。すなわち、a 純粋な、区別を欠いた〈私〉が自己意識にとって最初の直接的な対象である。b この直接性《ウンミッテルバーカイト》はしかしそれじしん絶対的な媒介をふくんでおり、それはひとえに自立的な対象を廃棄することとして存在する。いいかえれば、この直接的なありかた《ウンミッテルバーカイト》は欲望なのである。欲望の満足はたしかに、自己意識が自己自身へと反省的に立ちかえること《レフレクシオーン》であり、ことばをかえると、真理となった確信である。c しかし確信のこの真理はむしろ二重化された反省《レフレクシオーン》であって、自己意識が二重化することなのである。ここで意識に対して対象となっているのは、それ自体そのものとして意識にとって他のものであることを、あるいは区別を、なにものでもないものとして定立し、しかもそのように定立することにあって自立的であるものである。区別された、ただ生命を有するにすぎない形態であっても、生命そのものの過程のなかでたしかにみずからの自立性を廃棄もする。とはいえこうした形態は、そのような区別とともに、その形態そのものであることを止めてしまう。自己意識の対象はいっぽう、このような自己自身を否定するありかた《ネガティヴィテート》にあっても同様に自立的であって、かくてまたその対象はそれ自身に対して《フュール・ジッヒ・ゼルプスト》〔自覚的に〕類であり、みずから分離した固有のありかたのただなかで普遍的な流動性である。つまりこの対象は、生ける自己意識なのである。

精神の概念——「私たちである私、私である私たち」

ひとつの自己意識がひとつの自己意識に対して存在する。かくてはじめて、自己意識はじっさいに存在するのだ。そうであってこそはじめて、自己意識に対してじぶんにとって他であるものにおけるじぶん自身との統一が生成するからである。〈私〉、この自己意識にとってその概念の対象であるものは、じっさいには対象ではない。欲望にとって対象であるものは、たほうひたすら自立的である。後者の対象は普遍的な、絶滅することのできない実体であり、流動的で、じぶん自身とひとしい実在だからである。ひとつの自己意識が対象となる場合には、〔これに対して〕その対象は〈私〉であるとともに対象なのである。——こうしてすでに精神の概念が、私たちに対しては目のまえに存在している。これからさき意識に対して生成してくるものは、「精神とはなんであるか」を

Ⅲ145

II 148
めぐる経験である。つまり精神とは絶対的な実体であって、その実体においては、みずからがふくんでいる対立、すなわちあいことなった、それぞれに《フュール・ジッヒ》存在する自己意識という対立が存在し、おのおのがかんぜんな自由と自立性をもちながらも、その対立が統一されている。絶対的な実体である精神とはすなわち、「私たちである〈私〉であり、〈私〉である私たち」なのである。意識は精神の概念である自己意識にあってはじめて、その転換点を手にすることになる。その転換点において意識は、感覚的此岸という彩られた仮象、超感覚的彼岸という空虚な夜から脱出して、現在という精神の白昼へと歩み IX 109
いっているのである。

141

A　自己意識の自立性と非自立性
支配と隷属

自己意識は他の自己意識に対して、承認されたものとして存在している

自己意識はそれ自体として、またそれ自身に対して存在しているが、それは自己意識がひとつの他の自己意識に対してそれ自体として、またそれ自身に対して《アン・ウント・フュール・ジッヒ》存在する場合、かつそのことによってである。すなわち自己意識は、ただ承認されたものとしてのみ存在するのである。自己意識の概念とはこのように、自己意識が二重化しながらみずから統一されているというものである。この概念は自己意識において実現しつつある無限性の概念なのだ。そこには多面的かつ多義的な絡みあいが存在しているから、その絡みあいにふくまれるさまざまな契機が、一方では厳密に区別して取りあつかわれなければならない。他方では、諸契機がそのように区別されるさいに同時にまた区別されていないものとして、いいかえればつねにその反対の意義で考えられ、認識されなければならないのである。区別されたものにぞくする二重の意義は、自己意識の本質のうちに存している。その本質とはつまり無限なものであることであって、ことばをかえるなら、規定されたありかたのうちで自己意識が定立されても、自己意識は直接にその反対のものであるということなのだ。自己意識は二重化しながらも、このように精神的な統一をたもっている。その自己意識の概念が分析されることで私たちに対しては、承認の運動があらわれてくることになるだろう。

承認の概念とその運動 (一)

自己意識に対して、ひとつの他の自己意識が存在する。つまり自己意識は、じぶんの外部に出ているわけである。この件には二重の意義がある。第一に、自己意識はみずから自身を喪失してしまっている。自己意識はじぶんを他の実在として見いだすことにな

III146

るからだ。第二に、自己意識はかくて他のもの《ダス・アンデレ》を廃棄している。自己意識はまた他　者《ダス・アンデレ》
が実在であるとは見なさず、みずから自身を他のもののうちにみとめるからである。
　自己意識は、このじぶんにとって他であるものを廃棄しなければならない。これは第
一の二重の意味を廃棄することであるから、それじしん第二の二重の意味をそなえてい
る。第一に、自己意識は他の自立的実在を廃棄することに向かい、かくてみずからが実
142 在であるしだいを確信しなければならない。第二に、自己意識はかくてまたじぶん自身
を廃棄することへと向かう。この他のものは自己意識自身であるからだ。
　こうして自己意識にとって二重の意味で他のものである存在《アンデルスザイン》が、二重の意味において
廃棄される。この件が、おなじように二重の意味にあってのじぶん自身への還帰なので
II 149 ある。第一に、自己意識はこの廃棄をつうじて、じぶん自身をふたたび取りもどすから
である。その理由は、自己意識がみずからにとって他であるもの《アンデルスザイン》を廃棄することによっ
て、じぶん自身とふたたびひとしくなる点にある。第二にしかし、自己意識は他の自己
意識に、ふたたびじぶん自身であることを与えかえす。自己意識は、それじしん他のも
ののうちにあったからである。自己意識はみずからがこのように他のもの《ダス・アンデレ》のうちに存在
することを廃棄することで、他　者《ダス・アンデレ》をふたたび自由にするのだ。
IX 110 　自己意識はこのように、他の自己意識との関係において運動する。その運動はこれま
でのやりかたでは、一方の行為として表象されてきた。とはいえ一方の側のこうした行

為には、それじしん二重の意義がある。つまり、みずからの行為であるのと同様に、他者の行為でもあるということだ。他者もまたおなじく自立的であって、じぶんのうちで閉ざされており、その他者のうちに存在するもので、当の他者自身によって存在するのではないものなど、ひとつとして存在しないからである。第一の自己意識が対象をじぶんの目のまえにしているのは、その対象がたださしあたり欲望に対して存在するにすぎないしかたにおいてのことではない。むしろ対象はそれだけ《フュール・ジッヒ》で存在する自立的なものであり、その対象に対して第一の自己意識はそれゆえじぶんだけ《フュール・ジッヒ》ではなにごともなしえないのであって、そのためには対象の側がそれ自体そのものとして、第一の自己意識がその対象に為すところを為してくれなければならない。ここで運動はしたがって端的に、双方の自己意識によって二重化された運動である。おのおのの自己意識は、他方がじぶんの為すのとおなじことを為すのを見ている。それぞれがじしん為すところは、めいめいが他方に対して要求することである。おのおのがみずからの為すところを為すのは、他方がおなじことを為すがゆえにであり、またひとえに他方がおなじことを為すかぎりにあってのことである。一方的な行為は、だから無益なものだろう。生起すべきことがらは、ただふたつの自己意識によって成就されうるものであるからだ。

行為が、したがって二重の意味をもつにいたるのは、ただたんにその行為が他方に対してむかう行為であるのと同様に、みずからに対してむかう行為であるかぎりにおいて

Ⅲ147

Ⅱ150
143

のことではない。かえってまたその行為がわかちがたいかたちで、一方の行為であるのとおなじように他方の行為でもあるかぎりで、二重の意味を有するのである。

承認の概念とその運動 (二)

この運動のうちに私たちは、或る過程が反復されているのを見てとることになる。その過程とは、かつては力のたわむれというかたちであらわれていたのであるが、それがいまや意識のなかで反復されているのだ。さきには私たちに対して存在していたものが、ここでは両極そのものに対して存在している。媒語は自己意識であって、その自己意識が両極へと分解する。かくてそれぞれの極は、みずからの規定されたありかたをこのように交換しあい、対立する極へと絶対的に移行してゆく。おのおのの極はしかし〔力のたわむれの場合とことなって、それじしん〕意識であるから、じぶんの外部に出てはいても、それでもみずからの外部にありながら同時にじぶんのうちに引きもどされて、みずからに対して存在し、この「じぶんの外部に」という件が意識に対して存在している。つまり意識に対して存在しているのは、めいめいの極が直接に他方の意識であるとともに、他方の意識ではないということなのである。おなじように、この〔他方の意識である〕他のものがじぶんだけで《フュール・ジッヒ》存在するのもひとえに、それがじぶんだけで存在するものとしては廃棄されて、もう一方のものがじぶんだけで存在することにおいてのみ、じぶんだけで存在する場合だけである。それぞれが他方に対して媒語となっており、その媒語をつうじておのおのはじぶん自身と媒介され、推理的に連結される。かくして各極が、みずからにとっても他方の極にとっても直接にじぶんだけで存在する実在であるけれども、その実在は同時にひたすらこのような媒介によって、まさにじぶんだけで存在するのである。つまり、両極は相互に承認しあっていることをたがいに承認しあっている。

右に述べたことがらが「承認」の純粋な概念であるが、承認とはすなわち自己意識が統一《アインハイト》されたありかたをしていながら二重化することなのであって、いまやそのしだいが考察されなければならない。しかも、当の過程が自己意識に対して現象するがままに考察されなければならないのである。その過程についてはまず、双方の自己意識がひとしくないありかたをしている側面があらわれてくる。いいかえるなら、媒語が両極へと歩みでてきて、両極は両極として対立しており、その一方はただ承認されたものであり、他方はひたすら承認するものであることになる。

自己意識の確信とその相互性

自己意識はさしあたり単純な自立的存在《フュールジッヒザイン》であり、いっさいの他のものをじぶんから排除することで自己自身とひとしい。その実在《ヴェーゼン》であり絶対的な対象であるものは、自己意識にとっては〈私〉である。だから自己意識はこのような直接的なありかたにあって、

Ⅲ148

Ⅱ151

144

いいかえればみずからがじぶんだけで存在する《フュールジッヒザイン》こうしたありかたにおいて個別的なものなのである。自己意識に対して他のものとはなにかについていえば、それは非本質《ヴェーゼン》的な対象として存在するもの、否定的なものという性格によってしるしづけられた対象としてあるものである。とはいえこの他のものもまたひとつの自己意識であるから、ひとつの個体がひとつの個体に対立して立ちあらわれることになるだろう。そのように直接的に登場する場合には、ふたつの個体はたがいに対して通常の対象というしかたで存在している。これらはそれぞれ自立的な形態であって、生命という存在のうちへと――なぜ生命といったかというと、ここでは存在する対象は生命として規定されているからだ――沈みこんでいる意識である。このようなふたつの意識はたがいに対して、絶対的な抽象の運動、すなわちすべての直接的な存在を根絶して、自己自身とひとしい意識という純粋に否定的な存在となる運動を、いまだかんぜんには遂行していない。いいかえれば相互になお、純粋な自立的存在であることを、つまり自己意識であることを呈示してはいないのだ。それぞれの意識はたしかにじぶん自身については確信しているとはいえ、他方の意識にかんしてはそうではないがゆえに、みずからについてのじぶんに固有の確信も、いまだ真理とはなっていない。というのも、おのおのの確信が真理でありうるとすれば、それはただ、じぶんに固有の対自的存在《フュールジッヒザイン》がみずからにとって自立的な対象であるしだいを呈示すること、あるいはおなじことであるけれども、対象（他方の意識の存

Ⅸ111

在」がじぶん自身にかんするこのような純粋な確信であるはこびを呈示すること以外のものではないだろうからである。この件が可能となるのは、とはいえ承認の概念からいって、他方が一方に対してそうするように、一方がまた他方に対して——つまりそれぞれがそれ自体そのものとして、じぶん自身の行為によって、さらにはまた他方の行為をつうじて——じぶんだけの存在《フュールジッヒザイン》というこの純粋な抽象を遂行することによる以外にはありえない。

承認をめぐる生死を賭した闘争

おのおのは、じぶんが自己意識という純粋な抽象であることを呈示する。しかしそのような呈示がなりたつのは、じぶんがみずからの対象的なありかたを純粋に否定するものであるしだいを示すことにおいてである。ことばをかえると、示されなければならないのは、規定されたどのような現に存在するありかたともむすびついてはいないこと、現に存在するもの一般にぞくする一般的な個別性とも、生命ともむすびあってはいないことなのである。この呈示は二重の行為であって、他者の行為であるとともに、じぶん自身による行為である。それが他者の行為であるかぎりで、各人はかくて他者の死をめざしている。そこにはいっぽうまた第二の行為、じぶん自身による行為も現に存在《フォアハンデン》している。他者の死をめざすことのうちには、みずからの生命を賭することがふくまれてい

Ⅱ152

るからだ。ふたつの自己意識の関係が規定されているありかたは、したがって、両者がじぶん自身を、またたがいを、生死を賭するたたかいをつうじて確証しようとする、というものである。——両者はこのようなたたかいに入ることを余儀なくされる。双方ともにじぶんだけで存在するという自己自身の〔主観的に〕確信《ゲヴィスハイト》しているありかたを、他者についてもみずから自身にかんしても、〔客観的に〕真なるありかた《ヴァールハイト》へと高める必要があるからだ。くわえて、ただ生命を賭することによってのみ、自由が確証される。そこで確証されるのはつまり、自己意識にとっては存在も、それが登場したさいの直接的なありかたも、生命のひろがりへと沈みこんでいるありようも本質ではないという消息である。むしろ、自己意識にとって目のまえにあるもので、自己意識に対して消失する契機でないようなものは、なにひとつとして存在せず、自己意識とは純粋なじぶんだけの存在（*Fürsichsein*）にほかならないしだいが確証されるのである。——生命を危険にさらさなかった個体も、たしかに人格として承認されることがありうる。それでもそうした個体は、そのように承認されていることの真のありかた《ヴァールハイト》を、すなわち一箇の自立的な自己意識であるという真理《ヴァールハイト》を達成するところがなかったのだ。各人はまた他者の死を目ざさざるをえないのであって、それは各人がみずからの生命を賭するのと同様である。他者《ダス・アンデレ》は各人にとって、じぶん自身以上のものではないからだ。他者の実在は各人にとって、ひとつの他のもの《アイン・アンデレス》としてあらわれ、それはみずからの外部に存在する。

Ⅲ149

IX112

だから各人は、このようにじぶんがみずからの外部に存在することを廃棄しなければならない。他であること《ダス・アンデレ》とはさまざまなしかたで囚われ、存在している意識のことである。各人は、かくてみずからが他であることを、純粋なじぶんに対する存在《フュールジッヒザイン》として、いいかえれば絶対的な否定として直観しなければならないのである。

145

「主人」と「奴隷」の成立

右で述べたことがらは、死をつうじた確証ということになる。そのような確証によっては、しかしながら、そこから生じてくるはずだった真理も廃棄されるにいたる。そればかりではない。かくてまた、自己自身であるという確信もおよそ廃棄されてしまう。というのも、生命が意識の自然的な肯定であり、自立性であって、そこには絶対的な否定性が欠けているように、死とは意識の自然的な否定であり、しかも自立性を欠落させた否定であるからだ。この否定は、したがって、承認に対して要求されている意義を持たないままなのである。死をつうじて確信が生じていることはたしかなところであって、その確信とは、両者ともにみずからの生命を危険にさらし、つまりじぶんについても他者にかんしても生命を軽んじた、ということである。しかしこの確信がなりたっているのは、くだんのたたかいに耐えぬいた者たちに対してではない。両者は、みずからにとって異他的なこの存在《ディーゼ・フレムデ・ヴェーゼンハイト》のしかた——これがつまり〔意識にとって〕自然的なしかたで現に存在するありかた〔すなわち生命〕ということである――のうちで定立された意識を廃棄する。ことばをかえれば、じぶん自身を廃棄してしまうから、みずから自身だけで《フュール・ジッヒ・》存在《ザイン》しようとする両極であることも廃棄されてしまう。いっぽうかくてまた〔承認という〕交替のたわむれからは、本質的な契機が消失してゆくのであって、それはたがいに対立し、規定されたありかたをともなって、両極に分散したままにとどまるという契機なのである。こうして、媒語となるものは死せる統一に帰してゆく。その統一が、死せる両極、たんに存在し、もはや対立しているわけではない両極へと分散して存在していることになる。かくて両極がみずからをたがいに与えあい、また取りもどすことになるとしても、それは相互にたがいから意識をつうじて与えあい、取りもどすわけではない。かえって相互に対してひたすら無関心に、〔たがいにたんに〕事物であるものとして解きはなちあうにすぎない。両者がじっさいに為したところは抽象的な否定であって、意識による否定ではない。意識であるならば、それが廃棄するしかたは、廃棄されたものを保存し、維持するというものである。そうすることで意識は、みずからが廃棄されたこと[*1]をも超えて、生きのこるものなのだ。 Ⅲ150

＊1 sein Aufgehobenwerden. この前後の aufheben には「止揚」という意味がつよく響いている。本書、四〇頁の訳註参照。

このような経験をたどることで、自己意識にとって生成するにいたるのは、自己意識にとっては生命もまた、純粋な自己意識とおなじように本質的であるという消息である。直接的な自己意識にあっては、単純な〈私〉が絶対的な対象であるとはいえ、この対象が私たちに対しては《フュール・ウンス》、あるいは《オーダー》それ自体として《アン・ジッヒ》は絶対的な媒介であって、存立している自立性を本質的な契機として有している。くだんの単純な統一が解消されるのは、最初の経験がたどられた結果ということになる。その経験をつうじて、〔一方には〕純粋な自己意識が定立され、〔他方では〕ひとつの意識が定立されている。後者の意識は純粋にじぶんに対して《フュール・ジッヒ》ではなく、他の意識に対して存在する意識である。この意識はすなわち存在する意識として、あるいは事物であることという形態における意識として存在している。――双方の契機は、ともに本質的なものである。両者はさしあたりひとしくはなく、むしろ対立しており、統一へと双方が反省的に立ちかえることはなお生じていない。だから両者が存在しているのは、意識の有するふたつの対立した形態としてである。

一方の形態は自立的な意識であり、その意識にとってはじぶんだけの存在《フュールジッヒザイン》が本質である。他方の形態は非自立的な意識であって、その意識にとっては生命が、あるいはひとつの《ザイン・》他のものに対する《フュール・アイン・アンデレス》存在が本質となる。前者の意識が主人、後者の意識が奴隷なのである。

「主人」とはじぶんだけで存在する意識である。しかももはや、そのような意識の概念にすぎないものではなく、〔現実に〕それだけで存在する意識であって、その意識は他の意識をつうじてみずからと媒介されている。他の意識とはつまり、その本質にぞくしていることがらによって、自立的な存在と、いいかえれば事物であること一般と総合さ Ⅸ113 れているような意識のことなのだ。主人は、この契機の双方に関係する。すなわち、欲 Ⅲ151 望の対象である事物そのものと、事物であることを本質的なことがらとする意識とに関係するのである。そのさい主人は、a 自己意識の概念としては、じぶんだけで存在するという直接的な関係であるいっぽう、b いまや同時に媒介として、ことばをかえれば、じぶんだけで存在する《フュールジッヒザイン》ものでありながら、ひとえにひとつの他のものをつうじてじぶんに対して《フュール・ジッヒ》存在するものとして存在している。だから主人は、a 直接に両者へと関係するとともに、b 間接的にはそれぞれの契機に対して、他方の契機を介して関係している。主人は奴隷へと関係するが、それは間接的なしかたで自立的な存在を介してのことである。ほかでもなくこの自立的存在に、奴隷は繋がれているからだ。自立的存在こそが奴隷にとっての鎖であって、その鎖を奴隷は〔承認をめぐる〕たたかいにあって断ちきることができなかったのである。奴隷はそれゆえにじぶんが非自立的であるし Ⅱ154 だいを、つまりみずからの自立性をむしろ事物であることのうちに有する消息をあかしたのであった。主人はそのうえ、この存在に対する威力である。主人が〔生死を賭した〕

147

たたかいにあってあかしたのは、存在がじぶんにとって否定的なものにすぎないことであるからだ。主人は存在に対する威力であるいっぽう、当の存在は他方の者に対する威力であるがゆえに、主人はこのような推論をたどって、この他方の者をみずからに従属させている。同様に主人は、間接的に奴隷を介して事物へと関係する。奴隷の側も自己意識一般であるかぎり、事物に対してやはり否定的に関係し、事物を廃棄する。とはいえ事物は同時に、奴隷に対しては自立的なものなのであって、奴隷はそれゆえにじぶんのふるう否定作用によって事物を無化して、片づけてしまうところまでは達することができない。いいかえれば、奴隷は労働をくわえて、事物を加工するだけである。[*1]主人にとっては、これに対して、この媒介をつうじて直接的な関係が生成しており、その関係とは事物を純粋に否定することであって、いいかえれば享受なのである。欲望が達成するところのなかったものが、主人にとっては到達されている。すなわち事物を片づけてしまって、享受において満足をうることとである。欲望がこの件に達することがなかったのは、事物の自立性のゆえにである。主人はしかし、奴隷を事物とじぶんのあいだに差しはさんでおき、そうすることでみずからをひたすら事物の非自立性とだけ推論的に連結して、[*2]事物を純粋に享受している。たほう事物が自立的である側面については、主人はこれを奴隷にゆだねる。奴隷のほうが、事物に労働をくわえて、加工するのだ。

*1　er *bearbeitet* es nur.

＊2　zusammenschließen という動詞。

Ⅱ155

支配と隷属㈡——不均等な承認の成立

この双方の契機にあって主人に対して生じているのは、他方の意識によってみずからが承認された存在であるということである。この他方の意識はそのいずれの契機においても、非本質的なものとして定立されているからだ。つまり、一方では事物を加工することにあって、他方では一定の現存在《ダーザイン》に依存していることにおいて、ということである。どちらの契機についても、当の意識は存在に対する支配者となって、絶対的な否定へと到達することができない。したがってここには承認の契機があらわれているのであるが、その契機とは、他方の意識は自立的存在《フュールジッヒザイン》であることを廃棄され、かくてまた第一の意識〔主人〕がじぶんに対して為すところをみずから為すということである。おなじように、もうひとつの〔承認の〕契機もあらわれているのであって、それはつまり、第二の意識のこのような行為が第一の意識による固有の行為であるということだ。というのも奴隷が為すところは、ほんらい主人の為すことがらだからである。主人にとってはひとえに、じぶんだけの存在《フュールジッヒザイン》こそが本質である。主人は純粋な否定的威力であって、その威力にとって事物はなにものでもなく、したがって〔主人の行為の側が〕この関係にあっては純粋な本質的行為である。奴隷〔のほうの行為〕は、いっぽう純粋な行為ではなく、非本

Ⅲ152

質的な行為ということになる。とはいえここでは、本来の承認へといたるための契機が欠けているのであって、その契機とは主人が他方に対して為すところを主人がじぶん自身に対しても為し、奴隷がみずからに対して為すことを他方に対しても為すということである。かくして、そこで生じているのは一面的で不等な承認ということになる。

支配と隷属㈢——反転する関係

非本質的意識が、この関係にあっては主人にとって、自己自身についての確信が真のありかたをとった対象である。とはいえあきらかに、この対象は〔主人の確信の真のあり《ヴァールハ》かた《イト》であるという〕その概念に一致していない。むしろ、主人がみずからのありかたを完成するさい、そこで主人にとって生成しているものは、自立的な意識とはまったくべつのなにかであることは、あきらかなのである。自立的意識が主人に対して存在しているのではない。存在するのはかえって、一箇の非自立的意識なのだ。こうして主人が真理《ヴァールハイト》として確信しているのは、じぶんだけで存在していることではない。主人にとって真のありかた《ヴァールハイト》はむしろ非本質的意識であり、その意識の非本質的行為なのである。

自立的意識の真のありかたは、したがって奴隷の意識である。奴隷の意識があらわれるのは、たしかにさしあたりはじぶんの外部においてのことであり、それはだから自己意識の真理としてはあらわれない。とはいえ主人であること《ヘルシャフト》〔支配〕が右で示したのは、

IX 114

148

その本質はじぶんがそうであろうとするところを顚倒したものであることであった。おなじように奴隷であること《クネヒトシャフト》〔従属〕もまたおそらくは、むしろそのありかたが完成したさいには、みずからが直接的にあるありようの正反対のものに転じるかもしれない。つまり奴隷であることも、じぶんのなかに押しもどされた意識としてみずからのうちへといたり、真に自立的なありかたに反転するだろう、ということである。

支配と隷属㈣――「奴隷」であること

これまで私たちが見てきたところは、「奴隷であること」は「主人であること」との関係においてなんであるか、にすぎない。いっぽう「奴隷であること」も自己意識〔の形態〕であるのだから、この「奴隷であること」がこの点からすると、それ自体として、《アン・ウント・フュール・》またそれ自身に対して《ジッヒ・ゼルプスト》どのようなことがらであるのかを、いまや考察しなければならない。さしあたり、奴隷であることに対しては主人こそがその本質である。したがって、自立的でそれだけで存在する意識が奴隷であることにとっては真理であることになる。この真理は、そうはいっても、奴隷であることに対して存在するものであるとはいえ、いまだ奴隷であることにそくして存在するわけではない。しかしながら奴隷であることも、この真理《ヴァールハイト》、すなわち純粋に否定的なものであり、それだけで存在するものであるという真《ヴァールハイト》のありかたを、じっさいにはじぶん自身にそくして手にしている。奴隷であ

Ⅲ153

Ⅱ156

るというありかたは、自身にそくしてこの本質を経験するものであるからだ。奴隷の意識が不安をいだいたのはすなわち、「このもの」や「あのもの」についてではない。また「この瞬間」や「あの瞬間」にかんしてでもなく、みずからの全実在《ヴェーゼン》をめぐってである。その意識は死の恐怖を感じたのであって、死とは絶対的な主人だからである。奴隷の意識はこの恐怖を感じることで、内的に解体されており、じぶん自身のすみずみにいたるまで震撼させられて、いっさいの固定されたものがみずからのうちで揺りうごかされている。このような純粋で普遍的な運動とは、すべての存立するものを絶対的に流動化することである。このことがしかも自己意識の単純な本質《ヴェーゼン》であり、絶対的な否定性、純粋なじぶんだけの存在であって、そのような存在がかくていまや、奴隷の意識にそくして存在することになる。この純粋なじぶんだけの存在《フュールジッヒザイン》という契機はまたこの意識に対しても存在している。主人にあっては、この契機は主人の意識にとってじぶんの対象であるからだ。この奴隷の意識はさらにただたんに総じてこういった普遍的な解体であるばかりではない。むしろ奉仕においてこの意識は、そのような普遍的解体を現実的に遂行する。奴隷の意識はそこであらゆる個別的な契機にわたって、じぶんが自然的な定在《ダーザイン》に依存しているありかたを廃棄して、現に存在するもの《ダーザイン》に労働をくわえて、それを除きさるからである。

支配と隷属（五）――「労働」という契機をめぐって

絶対的な威力に対する感情はしかし総じていえば、また奉仕という個別的な場合については、それ自体として解消であるというにすぎない。たしかに「主人に対する恐怖こそが智慧のはじまり」〔詩篇一一一・一〇〕であるとはいえ、意識はそのような恐怖をいだくことにおいて、意識自身に対して（*für es selbst*）存在するにしても、じぶんだけで存在するもの（*Fürsichsein*）とはなっていない。労働することをつうじて、意識はしかしじぶん自身へと到達するのである。〔奴隷の意識の側に〕或る契機が存在し、その契機は主人の意識にあって欲望に対応している。この契機においては、奉仕する意識にはたしかに、事物への非本質的な関係という側面がぞくしているかに見えるのであった。事物はそのような関係にあって、みずからの自立性を保持しているからである。いっぽう〔主人の〕欲望は、対象を純粋に否定する作用をじぶんの側に取っておき、かくてまた
149
紛れもない自己感情〔満足〕をみずからのために保留していた。このようにしてえられる満足は、しかしだからこそそれ自身たんに消失してゆくことであるにすぎない。そのような満足には対象的な側面、あるいは存立ということがらが欠落しているからだ。労働とは、これに対して、阻止された欲望であり、延期された消失である。いいかえれば、労働とは形成するものなのだ。対象へと否定的に関係することは対象の形式〔を与えること〕となり、かくて持続的なものとなる。なぜなら、ほかでもなく労働する者にとっ

Ⅲ154

Ⅸ115

てこそ、対象は自立性を有しているからである。この〔労働という〕否定的な媒語、つまり形成する行為は同時に個別的なありかたをそなえている。いいかえれば、意識が純粋にそれだけで存在《フュールジッヒザイン》することであって、このじぶんに対する存在《フュールジッヒザイン》がいまや労働にあっては、みずからの外部に出て、持続するものの境位のうちへと歩みいる。したがって労働する意識は、このような消息をたどって、自立的な存在をじぶん自身として直観するにいたるのだ。

「死」という絶対的主人——「恐怖」と「形成」

形成するはたらきには、いっぽう、このような積極的な意義、つまり奉仕する意識が、形成することにあってみずから純粋なじぶんに対する存在として存在するものとなる、という意義があるばかりではない。むしろそこにはまた否定的な意義があるのであって、その意義は奉仕する意識の最初の契機、すなわち恐怖に対抗するものなのである。というのも、事物を形成するにさいして、奉仕する意識にとってはじぶん自身の否定的《ネガティヴ》なありかた《イテート》、つまりじぶんのみずからに対しての存在《フュールジッヒザイン》が対象となるけれども、それもひとえに、当の意識がじぶんに対立して存在している形式を廃棄するはこびをつうじてのことだからである。しかしこの対象としての否定的なものこそが、そのまえで意識が戦慄した異他的な実在にほかならない。いまやしかし、意識がこの異他的で否定的なものを破壊し、むしろみずからを否定的なものとして持続する境位のうちへと定立する。意識はかくて、じぶん自身に対して一箇のじぶんに対する存在となる。[*1] 主人にあっては〔これに反して〕、奉仕する意識にとってじぶんに対する存在はひとつの他のものであり、いいかえればただ意識に対して存在するものであるにすぎない。いっぽう恐怖にあって、じぶんに対する存在は意識自身にそくして存在している。形成するさいには〔これに対して〕、じぶんに対する存在が、じぶんに固有なものとして意識に対して存在する。かくて奉仕する意識が意識するにいたるのは、じぶん自身が絶対的《アン・ウント・フュール・ジッヒ》に存在するという消息である。形式というものは、それが外部へと定立されることをつうじて、当の意識にとって、じぶんとはことなる他のものとなるわけではない。外部に定立された形式こそが、意識自身の純粋なじぶんに対する存在《フュールジッヒザイン》であるからだ。じぶんだけの存在《フュールジッヒザイン》は形式のうちで真なるありかたへと生成するのである。このように、みずからじぶん自身をふたたび発見することによって、自身に固有な意味が生まれる。それはしかも、ほかでもなく労働することにおいて、つまりこの意識がひたすら他者の意味〔主人の意向〕にしたがっていたかに見えたところで生まれるのだ。――奉仕する意識がこのようにじぶんのうちへ立ちかえる《レフレクシオーン》ためには、ふたつの契機が、つまり恐怖ならびに奉仕一般もまた、形成することとおなじように必要であり、しかも同時に双方の契機がふたつとも普遍的なしかたで存在していることが必要である。奉仕と服従という訓育が存在しなけ

れば、恐怖は形式的なものにとどまって、現にあるものが意識された現実的なありかた
へひろがってゆくことがない。形成することを欠いているなら、恐怖は内にあるだけで
150 沈黙しており、意識が意識自身に対して生じてくることがない。かりに意識がはじめに
絶対的な恐怖をおぼえることなく形成をおこなえば、意識はただむなしく自身に固有な
意味を手にするにすぎない。意識の〔形成をつうじて与えられる〕形式、あるいは否定的《ネガティ》
なありかた《ヴィテート》は否定性《ネガティヴィテート》それ自体ではないからである。そこでは意識が形成するはたら Ⅲ155
Ⅱ158 きは、意識にとってはしたがって、じぶんが実在であるという意識を与えることができ
ないのである。意識が絶対的な恐怖に耐えぬいたのではなく、ただいくばくかの不安を
堪えたにすぎなかった、としてみよう。その場合には、否定的な実在は意識にとって一
箇の外的なものにとどまっており、意識の実体がこの否定的な実在《ヴェーゼン》によってすみずみ
まで染めあげられることはない。意識にとってはじぶんの自然的意識を充たしているも
ののすべてが動揺するにいたったわけではないから、意識はそれ自体としてはなお一定
の存在に所属するにとどまる。それでは、自身に固有な意味《デア・アイゲネ・ジン》とはいっても我がまま（*Eigen-*
sinn）のこととなってしまう。それはつまり、いまだ奴隷であることのうちに立ちとど
まる自由なのだ。そこでは意識にとって純粋な形式《フォルム》〔形相〕が意識の本質《ヴェーゼン》となりえて Ⅸ116
いない。形相《フォルム》〔形式〕とは、個別的なものを超えて〔そのすべてに〕ひろがってゆくもの
と見られるかぎりでは、普遍的に形成するものであり、絶対的な概念である。純粋形相

が意識の本質となっていないのとおなじように、形相もまた絶対的な概念とはなっていないのである。そこに存在するのはむしろひとつの熟練であって、それはただいくばくかのものを支配するにすぎず、普遍的な威力と対象的な実在の全体を支配するにはいたっていないのだ。

＊1 wird hierdurch *für sich selbst* ein *Fürsichseiendes*.

151

B 自己意識の自由
ストア主義、懐疑主義、ならびに不幸な意識

主人と奴隷の対立から、ストア主義への移行

自立的な〔主人という〕自己意識にとっては、一方で〈私〉という純粋な抽象のみがその本質《ヴェーゼン》であり、他方ではこの抽象が形成され、区別項が与えられるさいに、当の区別するはたらきはその自己意識にとって対象的なしかたでそれ自体として存在する実在《ヴェーゼン》とはなっていない。くだんの自己意識は、したがって、みずからの単純なありかたにあって真に自己を区別する〈私〉、いいかえれば、そのような絶対的区別においてじぶんとひとしいものでありつづける〈私〉とはなっていないのである。みずからのう

ちに押しもどされた〔奴隷の〕意識のほうは、これに対して、形成するはたらきにあっ
て、形成された事物の形式というかたちでじぶんが対象となっており、その意識は主人
において、自立的な存在《フュールジッヒザイン》を同時に意識として直観している。とはいえ奉仕する意識その
ものにとっては、このふたつの契機——じぶん自身が自立的な対象であることと、この
対象が意識であり、かくてまたみずからに固有の本質であること——が離ればなれにな
っている。いっぽう私たちに対して、あるいはそれ自体としては、〔対象の〕形式と〔意
識の〕じぶんに対する存在はおなじものであって、自立的な意識の概念においては自体
的に存在するものとは意識のことである。それゆえ、自体的な存在あるいは事物である
Ⅱ159 という側面——事物であるとは、形式〔形相〕を労働において受けいれることである
Ⅲ156 ——は、意識以外のいかなる実体でもありえない。かくて私たちにとっては、自己意識
のあらたな形態が生成していることになる。つまり、みずからにとって無限性が、こと
ばをかえれば意識の純粋な運動が本質であるような意識がそれである。その意識が思考
152 する。すなわち当の意識は自由な自己意識なのである。というのも、抽象的な〈私〉と
してではなく、〈私〉でありつつ同時に自体的な存在という意義をそなえたものとして、
じぶんにとって対象であること、いいかえれば、対象的な実在に対して関係するが、そ
のさいこの対象的な実在が意識、つまりみずからに対する存在という意義を有しており、
その意識に対して実在が存在していること、これこそが思考することにほかならないか

らである。——思考にとって対象は、さまざまな表象や形態のなかで運動しているのではない。概念のうちで、すなわち〔意識からいったんは〕区別されて、自体的に存在するものにおいて運動しているのであるけれども、この自体的に存在するものは直接に意識に対して、なんらじぶんから区別されたものではないのである。表象されたもの、形態化されたもの、存在するものは、そのものとして、意識とはことなった或る他のものであるという形式をそなえている。概念はたほう、同時に存在するものであって、この区別は、それが意識そのものにそくして存在するかぎりで、意識にとって一定の内容である。とはいえこの内容が同時に概念的に把握されたものであることにおいて、意識はみずからが、この一定の区別された存在者と統一されているしだいを直接に意識しつづけている。概念はこの点で表象とはことなっているのであり、表象の場合であれば、それでもまずとりたてて注意しておく必要があるのは、「この存在者はじぶんの表象である」という消息なのである。これに対して概念の場合であるならば、それは私にとって直接にじぶんの概念なのだ。思考にあって、私は自由である。私はなんらかの他のもののうちに存在しているのではなく、端的に私自身のもとにとどまっているのであって、対象は、じぶんにとって実在でありながら、私がじぶんに対して存在すること《フュールミッヒザイン》と分かちがたくひとつのありかた《アインハイト》をしているからだ。だから概念のなかで展開される私の運動は、私自身における一箇の運動なのである。——自己意識の目下の形態はこのように規定さ

IX117

Ⅱ160

れるけれども、それについてはしかし、本質的にいって劃定されるべきことがらがある。すなわちこの形態は、思考する意識一般であること、ことばをかえれば、この形態にとってその対象は、自体的存在と対自的存在との直接的な統一[*1]であることだ。同名の意識[*2]がじぶんからじぶん自身を排斥して、自体的に存在する境位となっているとはいえ、この意識がそのような境位へといたるとしても、その境位はなおようやく普遍的な実在一般であるにすぎない。つまり、このような対象的な実在は意識が多様な存在へと展開し、運動したものというわけではないのである。 Ⅲ157

＊1 *unmittelbare* Einheit des *Ansichseins* und des *Fürsichseins.* それ自体として存在することと、自覚的《フュールジッヒ》なしかたで存在することがただちにひとつであること。

＊2 Das sich gleichnamige Bewußtsein.「同名」という表現については「悟性」章参照。

「ストア主義」の原理——主人と奴隷からの解放

自己意識にぞくするこうした自由は、よく知られているとおり、自覚された現象として精神の歴史にあって登場したさいには、「ストア主義」と呼ばれてきたものである。ストア主義の原理はこうである。すなわち、意識とは思考する存在者《ヴェーゼン》であって、なんらかのものが意識に対して実在的なありかた《ヴェーゼンハイト》を有するとすれば、ことばをかえれば意識に対して真であり、善であるとするならそれはひとえに、意識がそこで思考する実在《ヴェーゼン》としてふるまうからにほかならない、というものである。

多層的なしかたで、みずからのうちで区別されながらひろがってゆき、個別化し、また絡みあってゆくのが、生というものである。生のこのようなありかたが、欲望と労働のはたらきかけてゆく対象となる。そのさいの多層的なふるまいが、ここ〔ストア主義〕では単純な区別へとことごとく引きいれられていることになるけれども、その区別は思考の純粋な運動のうちに存在するものなのである。区別について、それが一定の事物として、あるいは一定の自然的な現に存在するものの有する意識として、つまりひとつの感情、いいかえれば欲望と欲望に対する目的として存在する場合を考えてみよう。そのばあい区別は、じぶん自身の意識が定立したものであろうと、もしくは他者の意識が定立したものであろうとかまわない。いずれにしてもそのような区別は、もはや実在的なありかたをそなえていない。むしろ実在的なありかたを有する区別はただ、思考された区別だけであって、いいかえれば〔私によって思考された区別である以上〕ただちに〈私〉からは区別されていないことになる区別にかぎられる。この意識は、かくて、支配《ヘルシャフト》と隷属《クネヒトシャフト》という関係に対して否定的な態度をとる。その為すところは、主人である《ヘルシャフト》場合にはみずからの真理を奴隷において有することではなく、奴隷としてはじぶんの真理を主人の意志とみずからの奉仕にあって有するものでもない。かえって王座についても〔マルクス・アウレリウス〕鎖につながれていても〔エピクテトス〕、じぶんが置かれた個

別的な現存在《ダーザイン》に依存しているありかたのいっさいにおいて自由であることである。つま
りアパテイア（Leblosigkeit）をたもつことで、たえず現にあるもの《ダーザイン》の運動から身を退き、
「はたらくこと」からも「はたらきかけること」からも身を引いて、思想の単純に実在
的なありかたへと退隠してゆくことである。我がままもひとつの自由であるけれども、 IX 118
それは個別的なありかたに固着して、奴隷であること《クネヒトシャフト》の内部にとどまるものである。ス
トア主義が、これに対して、自由であるのは、それが直接的につねにこの個別的なあり
かたから超えでて、思想の純粋に普遍的なありかたへと立ちかえるからである。ストア
II 161 主義は、だから世界精神の普遍的な形式としては、ただ一定の時代のなかで登場するこ
とができたのだ。その時代とは、普遍的な恐怖と隷属の時代でありながら、普遍的な
教養《ビルドゥング》の時代でもある。その時代が、〔精神の〕形成《ビルデン》を〔ストア主義の境位である〕思考 III 158
にまで高めたのである。

ストア主義の限界——抽象的な自由

ところでこの自己意識にとってはたしかに、じぶん自身以外のものは実在ではなく、〈私〉という純粋な抽象も実在ではない。むしろ〈私〉が実在であるのは、それが他の存在《アンデルスザイン》を、とはいえ思考された区別としてみずからのうちに有している場合である。そのけっか自己意識はじぶんにとって他であるもの《アンデルスザイン》のうちで、直接に自己のうちに立ちかえっ

ている。そうはいってもこの自己意識にとっての実在《ヴェーゼン》は、同時にただ抽象的な本質《ヴェーゼン》であるにすぎない。自己意識の自由は、自然的に現にあるものに対しては無関心だから、その自由によってそれゆえこの現にあるものは〔自己意識と〕同様に手ばなされているのであって、そのかぎりで反省は二重の反省なのである。こういった思想における自由は、ひとえに純粋な思想のみをみずからの真のありかた《ヴァールハイト》としているから、その真理《ヴァールハイト》には生の充実が欠落している。かくてここでは「自由」とはいっても、ただ自由の概念であるにすぎず、生き生きとした自由そのものではない。ここでいう自由にとっては、ただようやく思考一般が実在であるにすぎないからである。思考一般とはつまり形式そのものであり、そういった形式は事物の自立性から離脱して、じぶんのうちに引きこもってしまっているのだ。とはいえ個人については、それが行為するものであるかぎり、生き生きとしたものであることが呈示されなければならない。あるいは思考するものであるかぎりでは、生き生きとした世界を一箇の思想の体系として把握すべきものであるはずである。それゆえ思想そのもののうちで、行為のひろがりに対しては善であるものの内容が存していなければならず、思想のひろがりにとっては真であるものの内容がふくまれている必要がある。そのけっか、意識に対して存在するものにあってはいたるところで、概念以外のどのような成素も存在していないはこびとなるはずである。この概念こそが実在であるからだ。しかしながら概念はここでは、抽象として事物の多様なあ

Ⅱ162

りかたから分離されているから、概念はおよそどのような内容もそれ自身としては有しておらず、なんらかの与えられた内容をそなえているにすぎない。意識が内容を異他的な存在としては廃滅していることはたしかであって、それは意識が内容を思考しているからである。とはいえ概念は規定された概念であり、概念がこのように規定されていることこそが異他的なものであって、その異他的なものを概念としてはみずからそなえているわけである。ストア主義はそれゆえ困惑に陥るのであり、それはストア主義が——その当時の表現でいえば——「真理一般の規準はなにか」と尋ねられる場合であったのだ。すなわち「そもそも思想そのものの内容はなにか」と問われたときである。ストア主義に対して「善であり、真であるものとはなにか」と問えば、ストア主義としてはふたたび、内容を欠いた思考自身を回答として与えるはこびともなった。つまり「理性的なありかたのうちに、真なるものと善なるものは存立するはずである」ということである。しかしここで思考は自己自身とひとしい《ジッヒゼルプストグライヒハイト》ということであって、そのような自己《ジッヒゼルプス》同等性《トグライヒハイト》とはふたたびたんに純粋な形式であるにすぎない。そのような形式のなかでは、およそなにごとも規定されていないのだ。一般的なことば、すなわち真なるものと善なるもの、智慧と徳といったことばが、ストア主義が止まらざるをえないところであって、それらのことばはしたがって一般的なしかたではかくもこころを昂揚させるとはいえ、それはじっさいには内容のひろがりへと到達することがまったくありえないかぎり、ほ

Ⅲ159

どなく退屈を感じさせはじめるはこびとなるのである。

この思考する意識は、かくて抽象的な自由として規定されたことになる。そのような意識にあっては、だから、他であること《アンデルスザイン》の否定はいまだ不完全なものである。現にあるものからただじぶんのうちへ退引したというだけでは、この意識は他のもの《アンデルスザイン》の絶対的な否定であることをみずからにそくして完遂したわけではない。内容が意識にとってひたすら思想としてのみ妥当するのはたしかであるとはいえ、そのさい内容はまた規定された内容として妥当しているのであって、しかも同時に規定されたありかたそのものとして妥当しているのである。

IX 119

155

ストア主義を実現するものとしての懐疑主義

懐疑主義が実現するのは、ストア主義ではなお概念に止まっていたものであり、つまり「思想の自由とはなんであるか」についての現実的な経験である。思想の自由はそれ自体としては否定的なものであり、否定的なものとして呈示されるほかはない。自己意識は〔ストア主義においては〕自己自身にかんする単純な思想のうちへと反省的に立ちかえっていた。その場合このような反省に対抗してじっさいには、〔その思想にふくまれる〕無限性から、自立的な現に存在するもの、あるいは持続して規定されたありかたが離れおちてしまっている。懐疑主義にあっては、いまや意識に対して生成している消息は、この他なるもの《アンデレス》がまったく非本質的であり、非自立的であるしだいである。思想もかんぜんな思想となって、多層的に規定された世界の存在を否定する思考となり、自由な自己意識が有する否定的なありかた《ネガティヴィテート》は、生にふくまれるこの多様な形態化にそくして遂行される実在的に否定的なはたらき《ネガティヴィテート》となっている。これまでのところから、以下の件はあきらかである。ストア主義は自立的な意識の概念――これは主人であることと奴隷であることの関係としてあらわれたものである――に対応している。それとおなじように、懐疑主義はこの概念の実現に対応している、ということだ。すなわち、他であることに対してそれを否定する方向であり、つまりは欲望と労働ということである。とはいえ欲望と労働は、自己意識に対して否定を遂行しきることができなかった。それに対して〔懐疑主義にぞくする〕このような対抗的方向[*1]の場合は、事物のさまざまに自立的な《ゼルプシュテン》ありかた《ディッヒカイト》に向けられているのであるから、そのような効果をおさめることになるだろう。なぜならくだんの対抗的な方向は、あらかじめじぶんのうちで完結している自由な自己意識であるかぎりで、事物の自立性《ゼルプシュテンディッヒカイト》に立ちむかっているからである。より明確に語るとすれば、その理由は、当の方向には思考あるいは無限性がそなわっているかぎり、そこでは自立性はみずからの区別にかんして、そのような方向にとって「消失する量」[*2]として存在するにすぎない、という点にある。区別は、〔ストア主義では〕自己自身にかんする純粋な思考にあって、ひとえに区別という抽象にすぎなかったけれども、

Ⅲ160

ここ〔懐疑主義〕ではいっさいの区別となり、そのうえあらゆる区別された存在が自己意識によるひとつの区別となるのである。

＊1　polemisch. セクストス・エンペイリコス『ピュロン主義哲学の概要』によれば、古代懐疑主義が目ざす「判断中止」（エポケー）は、現象どうし、あるいは思考どうし、あるいはまた現象と思考との対置によって可能となる。たとえば「おなじ塔が遠くからは丸いものと現象するのに対して、近くでは四角いものとして現象する」というようにである。ちなみにこの例は（十個あげられるトロポスのうち）第五のものでもあり、おなじ例にデカルトが『省察』六のなかで言及している。

＊2　verschwindende Größen. 微分法における無限小を指すが、ここでは「消失する契機 verschwindende Momente」というほどの意味。

右に述べたことをつうじて、懐疑主義のふるまいが一般に規定され、そのふるまいの様式もまた規定されている。懐疑主義が指示するのは一箇の弁証法的運動であって、その運動とはすなわち感覚的確信、知覚ならびに悟性〔がすでに示したところ〕である。同様にまた懐疑主義が指示するのは、支配と奉仕との関係にあって妥当する事情が非本質的であること《ウンヴェーゼンハイト》であり、くわえて、抽象的思考そのものに対して規定されたものとして妥当している消息もまた非実在的であること《ウンヴェーゼンハイト》である。前者の関係はなんらかの規定された様式を同時にうちに包含しているのであり、その様式《ヴァイゼ》にあってはまた人倫的な法則が支配の命令として現に存在《フォアハンデン》している。〔後者の〕抽象的思考にぞくする規定はたほう〔ストア主

義が有する」学の概念のことであって、その概念へと内容を欠落させた思考がひろがっ
てゆく。そのような思考は概念を、じっさいにはたんに外面的なしかた《ヴァイゼ》で、概念から自
156 立した存在に依存させているにすぎない。このような存在が概念の内容をかたちづくっ
ているのだ。だから、そういった思考はただ規定された概念のみを、妥当するものとし
て手にしているにすぎず、その間の消息は、概念がまた純粋な抽象であったとしてもか
わるところがないのである。

懐疑主義における弁証法的なもの

弁証法的なものとは、それが直接的に存在するかぎりでは否定的な運動である。その
弁証法的なものが意識にとって現象するのは、さしあたりは、その弁証法的なものに意
識が翻弄されることがらとしてであり、だから弁証法的なものは意識自身によって存在
するのではないものとして現象することになる。懐疑主義として〔あらわれるときに〕
IX120 は、これに反して、弁証法的運動は自己意識の契機である。だからここで自己意識に生
起することがらは、自己意識がそれとは知らないうちに、自己意識にとって〔以前は〕
II164 真にして、実在的な〔実在的であった〕ものが消失するといったことではない。むしろ
自己意識はみずからの自由を確信しつつ、このようにじぶんには実在的なものが与えら
れているとする他者たちをじぶんで消失させるのだ。対象的なもののそのものだけが消失

させられるばかりではない。かえって、みずから自身の対象的なものに対する態度が、つまりそのうちで対象的なものが対象的なものとして妥当し、また妥当させられるさいの態度が消失させられるのである。したがって消失するものはまた、みずからが知覚するはたらきであり、それとならんでまた、喪失させられてしまう危険に直面しているものをじぶんが固定して引きとめることである。つまりはソフィスト的詭弁と、みずからがじぶんで規定し、確定した真なるものが消失してゆくのだ。このようにみずから意識された否定をつうじて自己意識は、じぶんの自由をめぐる確信をみずから自身に対して〔自覚的に〕つくり出し、この確信にかんする経験を産みだして、かくてまたその確信を真理へと高めてゆく。消失するのは規定されたものであり、いいかえれば区別である。この区別がどのようなしかたのものであれ、またどこから由来するものであれ、ともかく確乎として不変なものとして提示されるものであれば、おなじことである。その区別はなんら持続的なものをそなえていないからであり、思考にとっては消失せざるをえないからだ。その理由は、区別されたものはまさしくそれ自身において存在するのではなく、その実在的《ヴェーゼンハイト》なありかたをひとり他のものにあってのみ有するものである点にある。思考するとは、しかし、この区別されたものがこのような本性を有しているしだいを見とおすことなのだ。思考とはつまり否定的な実在《ヴェーゼン》であり、しかも単純なものとして否定的実在なのである。

III161

懐疑主義とこころの平静《アタラクシア》

懐疑主義的な自己意識がこうして、自己意識に対して固定されようとするいっさいの
ものが変転してゆくことで経験することになるのは、じぶん自身の自由が自己意識その
ものによって与えられ、獲得されるという消息である。懐疑主義的な自己意識とは、か
くてみずから、じぶん自身を思考するこころの平静《アタラクシア》〔古代懐疑主義が判断中止《エポケー》によって到
達しようとする境地〕であり、それこそが変転することなく、真に自己自身を確信して
いることなのである。この確信は、なんらかの異他的なもの、つまり多様な展開をみず
からのうちで崩壊させてしまっているものから生じてくるわけではない。そうであれば
確信は一箇の結果であって、みずからの生成を背後に残していることになるだろう。そ
うではなく、意識自身が絶対的に弁証法的な動揺であり、感覚的な表象と思考された表
象のさまざまがこのように混じりあったものなのだ。これらの表象の区別が崩れさって、
それらの同等性が生じたとしても——同等性もそれじしん不等なものに対して規定され
157 ているのだから——それもまたふたたび同様に解体されてしまう。この意識は、しかし
ほかでもなくこの点で、じっさいにはみずから自身と同等な意識ではなく、かえってた
だ端的に偶然的な混乱であるにすぎず、たえずあらたな無秩序が生まれてくる眩暈であ
Ⅱ165 るにすぎない。意識がじぶん自身に対して〔自覚的に〕この混乱であり、眩暈なのであ
る。意識自身が維持し生みだすものこそ、このみずから運動してゆく混乱であるからで

ある。意識はそれゆえに、この件を告白もしている。意識が告白するのはつまり、じぶんが一箇のまったく偶然的で、個別的な意識であることなのだ。すなわち意識とはここで経験的なものであり、意識に対してなんら実在性《レアリテート》をもたないものにしたがい、意識にとって実在《ヴェーゼン》ではないものに随順している。つまり意識がおこない、現実へともたらすものは、意識にとってすこしも真理を有していないのである。しかしながら、意識はこのようにして個別的で偶然的な意識であり、つまりじっさいには動物的な生命であって、かくて自己意識としては失われていることをみずからみとめる。それとはちょうど反対 Ⅲ162 にまたこの意識は、みずからをふたたび普遍的なしかたで自己自身とひとしい意識ともみなしている。くだんの意識とは否定する《ネガティヴィテート》はたらきであって、その否定性《ネガティヴィテート》はあらゆる個別性とすべての区別とにかかわるからである。この自己とひとしいありかたから、あるいはそのありかた自身において、むしろ当の意識はふたたび例の偶然性と混乱のうちへと転落してゆく。なぜなら、ほかでもなくこのみずから動いてゆく否定的なありかた《ネガティヴィテート》がかかわるのは、ただ個別的なものであって、そのありかたは偶然的なものだけを追いまわしているからである。この意識はかくて、意識せずにこのような愚行を演じているのであり、愚行とはつまりじぶん自身とひとしいものである自己意識という一方の極と、偶然的で混乱し、また混乱させる意識という他方の極とのあいだを行ったり来たりするということである。この意識そのものによっては、意識自身にまつわるこうした双方の Ⅸ121

思想は統合されない。意識はみずからの自由を一面では、現に存在するものが有する混
乱のいっさいと偶然性のことごとくを超えて高められたありかたとして認識している。
いっぽう意識がおなじく自認するところでは他面、意識はふたたび非本質的なありかた
へと転落して、そのありかたのうちで右往左往するものなのだ。この意識は非本質的な
内容を、みずからの思考のうちで消失させる。たほうほかでもなくそうすることで当の
意識は、非本質的なものをめぐる意識なのである。意識が言明するのは絶対的な消失で
あるいっぽう、この言明〔そのもの〕は存在している。だからくだんの意識とは、言明
された消失である。意識が言明するところによれば、見ること、聞くこと等々はなにも
のでもない。しかし意識みずからは見たり、聞いたりしている。意識は人倫的に実在《ヴェー》
的なもの《ゼンハイト》がなにものでもないことを言明する。だが意識はじぶんではそれらを、みずか
らが行為するさいの威力としているのだ。その行為とことばはいつでも矛盾する。おな
じくまた当の意識そのものが、二重の矛盾した意識にとらわれており、その矛盾は不変
II 166 158 性と同等性、かんぜんな偶然性とみずからとの不等性とのあいだで起こっている。だが
意識はこの自己自身との矛盾を隔離しておいて、その矛盾〔している側面のそれぞれ〕に
対して関係してゆき、じぶんが純粋に否定的な運動一般のうちにいるかのようにふるま
う。この意識に同等性が示されると、意識の側は不等性を指ししめす。さらに、意識に
いまさっき言明された不等性をいまのところ保っているかと思うと、意識は同等性を示

すことへと移行してしまう。こうした意識のおしゃべりはじっさいには、強情な若者どうしの口論めいたものである。つまり、他方がBと言えば、一方はAと言い、片方がAと言おうものなら、こんどはBと言うのだ。かれらとしては、自己自身と矛盾していることで、たがいに矛盾したままでありつづけるという歓喜を贖っているのである。

III163

「不幸な意識」への移りゆき

懐疑主義というかたちで意識が経験するにいたるのは、ほんとうのところ、じぶんがじぶん自身のなかで矛盾している意識であるということである。この経験にもとづいて生まれてくるあらたな形態は、ふたつの思想を統合するものであって、そのふたつを懐疑主義が分離してしまっていたのである。懐疑主義はじぶん自身について立ちかえって思考するところがないが、そのようなありかたは消えさってゆかなければならない。〔懐疑主義という〕意識は、じっさいにはひとつの意識でありながら、このようなふたつの存在様式《ヴァイゼ》をそなえているものだからである。さきにふれたあらたな形態は、こうして、じぶんだけでみずからを二重化した意識である。二重化しているとはつまり、一方でみずからを解放し、不変で自己同等的な意識であるとともに、他方ではじぶんが絶対的に混乱し、顛倒する意識でもあるということだ。かくてくだんのあらたな形態は、このようにみずからの矛盾を意識するものとなる。――ストア主義にあって、自己意識とはじぶん自身が単純に自由であることだ。懐疑主義においてこの自由が実現され、規定されて現にあるものというもう一方の側面が否定されるが、かくてしかし自由はむしろみずからを二重化して、いまやじぶんにとって二重のものとなる。そのことをつうじて二重化は――これは以前なら、主人と奴隷というふたつの個別的なものに割りあてられていたものである――ひとつのもののうちに立ちかえっているのである。自己意識がこのようにじぶん自身のうちで二重化することは、精神の概念にあって本質的なことがらである。そのような二重化がいまやここであらわれて《フォアハンデン》いるとはいえ、二重化したものはいまだ統一されているわけではない。かくして「不幸な意識」こそが、二重化された、ひとえに矛盾のうちにある実在《ヴェーゼン》としてみずからを意識する意識となるだろう。

II167 IX122
この不幸な意識は、じぶんのなかでふたつに分裂した意識である。そのような意識はしたがって、みずからの本質《ヴェーゼン》がそのように矛盾していることがじぶんにとってひとつの意識として存在しているのだから、一方の意識のなかでつねにまた他方の意識をもつ
159
ものとならざるをえない。かくて意識は、どちらの意識についてであれ、一方から直接的に――たとえ勝利をえて、統一された安らぎに到達したと思うことがあったとしても――ふたたびその外へと駆りたてられ〔て、他方の意識へと追いたてられ〕ざるをえない。この不幸な意識が真にじぶん自身のうちへと立ちかえり、あるいはその意識がみずから

と和解《フェアゼーヌング》することがあるとすれば、その和解から生じるのは、生き生きとして、現実存在へと立ちあらわれた精神の概念を呈示するものというはこびとなるだろう。なぜならば、この意識にとってすでになりたっていることがらがあるからであって、それは当の意識がひとつの不可分な意識でありながら、二重化された意識でもあるという消息なのである。不幸な意識そのものが、一方の自己意識が他の自己意識へと観入するということであり、*1不幸な意識それ自身が双方の自己意識であって、両者の統一がくだんの意識にとってはまたその本質《ヴェーゼン》なのだ。とはいえ〔ここでは〕なお、当の意識がじぶんに対して〔自覚的に〕この実在《ヴェーゼン》そのものとなっているわけではなく、いまだ両者の統一が実現しているというわけでもない。 III164

*1 「不幸な意識そのものが、一方の自己意識が他の自己意識へと観入するということであり」の部分の原文は、es selbst *ist* das Schauen eines Selbstbewußtseins in ein anderes.

「不変的なもの」と「可変的なもの」との対立

不幸な意識はとりあえずはただ〔右で二重の意識として挙げた〕両者の直接的な統一であるにすぎず、この意識に対して〔自覚的に〕《フュール・エス》はたほう双方は同一のものではなく、むしろ対立している。そのかぎりで当の意識にとっては一方が、すなわち単純で不変的な意識が実在（das *Wesen*）として存在し、他方の意識、つまり多様で可変的な意識はいっぽう非本質的なもの（das *Unwesentliche*）として存在することになる。ふたつのものはこの意識に対して、たがいに異他的な実在なのである。意識自身は、このような矛盾を意識しているのだから、じぶんを可変的な意識の側に位置づけ、みずからにとって非本質的なものである。しかし不変性を、あるいは単純な実在を意識しているものとして、不幸な意識が同時に目ざすところは、非本質的なものから、いいかえれば自己自身から解放されることである。というのも、この意識がじぶんにとって〔自覚的に《フュール・ジッヒ》〕はたしかに可変的なものにすぎず、不変的なものは当の意識にとって異他的なものであるにしても、くだんの意識自身が単純な意識、そのことをつうじてまた不変的な意識でもあり、その件をかくてまたみずからの本質《ヴェーゼン》として意識もしているからである。それでもなお、意識自身が自覚的に〔じぶんにとって《フュール・ジッヒ》〕やはりいまだそのような不変的な実在《ヴェーゼン》ではない、ということなのだ。意識が両者に与える位置は、したがって双方がたがいに対して無関心であるというものではありえない。ことばをかえれば、意識自身が不変的なものに対して無関心なものではない、ということである。かえって、意識は直接的にそれじしん〔可変的、不変的の〕両方のものなのである。かくてこの意識に対しては、両者が関係していることが実在《ヴェーゼン》が非実在《ウンヴェーゼン》へと関係していることなのであるから、非本質的なもの《ウンヴェーゼン》である後者は廃棄されなければならない。いっぽう不幸な意識にとっては双方ともにひとしく本質的であって、しかもふたつは矛盾しているかぎり、この意識はひたすら矛盾す

る運動であるほかはない。その運動にあって、対立する〔一方の〕ものがみずからに対
立している〔他方の〕もののうちで安らぎに到達することはない。対立するもののなか
でただ、みずからを対立するものとしてあらたに生みだすだけなのである。

勝利なきたたかいとしての不幸な意識

ここではかくて、ひとつの敵対者に対するたたかいが目のまえ《フォアハンデン》にある。しかしこの敵
対者に対して勝利することはかえって一箇の敗北であり、一方のものに到達したとは、
160 むしろそれを対立するもの《ゲーゲンタイル》のうちで喪失することなのである。生を意識すること、生の
ありかた《ダーザイン》とそのふるまいを意識することは、そのありかたとふるまいとについて痛みを
覚えることにすぎない。意識するとはここでは、ひとえにみずからに対立するものを実
在として意識することにほかならず、つまりは自身が空無であるしだいを意識すること III165
にすぎないからだ。意識はそこではこの空無から超出して高められ、不変的なものへと
移行してゆく。とはいえこのように高められることがそれ自身、みずからが空無である
ことを意識するゆえんである。高められてゆくことは、かくして直接的にその反対のもの《ゲーゲンタイル》
を意識することである。すなわち、じぶん自身を個別的《アインツェルハイト》なありかたにおいて意識するこ IX123
となのだ。不変的なものが意識へと立ちあらわれる場合には、それがまさに立ちあらわ
れることで同時に個別性《アインツェルハイト》によって浸食されており、だからただ個別的《アインツェルハイト》なものとも

に現前する。つまり、個別的なものを不変的なものの意識にあって絶滅するのではなく、個別的なありかたは不変的なものの意識のなかで、つねにあらたに立ちあらわれてくるのである。

不幸な意識がたどる運動の概観

右で述べたような運動にあっていっぽう不幸な意識が経験するのは、このように個別的なありかたが不変的なものにおいてあらわれてくること、また不変的なものが個別性《アインツェル》にあって立ちあらわれてくるしだいにほかならない。かくて意識に対しては、個別的な《アインツェル》もの《ハイト》一般が不変的な実在にそくして生成することになり、同時にみずからの個別性《アインツェルハイト》も不変的な実在にそくして生成するはこびとなる。なぜなら、この運動の真なる《ヴァール》あり《ハ》かた《イト》とは、右にいうような二重の意識が「ひとつであること」にほかならないからだ。この統一が意識にとって生じてくるのであるが、その統一はしかしさしあたりはそれ自身、そのうちでなお両者のことなりのほうが支配的であるような統一である。かくして三重の様式が意識に対して目のまえにあることになるだろう。その様式がかかわるのは、「どのようにして個別的なもの《アインツェルハイト》が不変的なものとむすびあっているか」なのである。第一に、意識それ自身がふたたび立ちあらわれてくるのは、不変的な実在と対立したものとしてである。だから意識は例のたたかいのはじまりへと投げかえされたことになるけ

Ⅱ169

れども、それも、このはじまりが〔三重の〕関係全体にとってその境位《エレメント》でありつづけるからだ。第二にはたほう、不変的なものそのものがじぶん自身において個別性を意識に対して有している。そのけっか個別性こそが不変的なものの採る形態であることになり、不変的なもののほうへと、かくてまた現実に存在する様式の全体が移ってゆくはこびとなる。第三として意識自身みずからを、不変的なものにおけるこの個別的なものとして見いだす。第一の不変的なものは意識にとって異他的な、個別的な《アインツェルハイト》ものを裁く実在であるにすぎない〔三位一体における「父なる神」〕。第二の不変的なものが、意識自身とおなじように個別性という一箇の形態をまとって〔「子なる神」がイエスとなることで〕、意識は第三に精神(Geist)〔「聖霊《ガイスト》」としての神〕となる。かくて意識はこの精神のうちに自己自身を見いだす歓びをえて、みずからの個別性が普遍的なものと宥和しているしだいを意識するにいたるのである。

不幸な意識の「経験」と「私たち」の視点

ここにあらわれているのは、不変的なもののありかたと〔その可変的なものへの〕関係である。それがあきらかとなるのは経験としてであって、その経験とはふたつに分裂した自己意識がその不幸においてかさねることになるものなのだ。くだんの経験がところ
161
で、自己意識の側だけの一面的な運動ではないことはたしかなところである。自己意識

はここではそれじしん不変的な意識であり、不変的意識もかくて同時にまた個別的な意識であることで、運動はおなじくこれも不変的意識の運動であって、その運動のうちには他方の可変的な意識と同様に、この不変的意識も登場してくるからである。そもそも運動が経過するのは、〔以下の三つの〕契機をつうじてである。つまり第一に不変的な意識が個別的意識一般に対立しているという契機、第二には不変的な意識がそれじしん個別的意識でありながら、べつの個別的意識に対立しているという契機、さいごに不変的な意識が個別的な意識とひとつのものとなっているという契機がそれである。とはいえ以上のような考察は、それが「私たち」の側にぞくしているかぎり、ここではなおその場所ではない。これまでのところ私たちにとってはただ、不変性とはいっても意識の不変性として生じているにすぎないからである。そのような不変性はそれゆえに真の不変性ではなく、いまだひとつの対立に付きまとわれている不変性であって、それ自体として、またそれ自身に対して不変的なものが生じているのではない。私たちとしては、だからまだ、不変的なものがどのように〔個別的なものと〕関係するかについては知るところがないのである。これまであきらかになっているのはただひとつの件であって、それはここで私たちにとって対象となっている意識にとって、右に示されたような規定が不変的なものにそくして現象しているということにほかならない。

Ⅲ166

「受肉」の意味とイエスの死

そのような理由によって、したがってまた不変的な意識はその形態を得たときであってもなお、個別的意識に対して分裂しており、それだけで存在しているという性格とそ IX 124 の基礎とを手ばなすことがない。かくして個別的意識に対しては、一般《アインツェルハイト》に〔偶然的な〕できごとと化することがらがある。それは、不変的なものが個別的なものという形態を取る〔イエスの受肉〕ことである。おなじように個別的意識はまた、不変的なものに対 II 170 立したものとしてじぶんをただ見いだすはこびとなり、したがってまた自然を介して不変的なものとの関係を手にするしだいともなるのである。個別的意識はみずからを最後には不変的なもののうちで見いだすことになるが、この件は個別的意識にとって部分的にはたしかに個別的意識自身によって生みだされたものであるかのようにあらわれる。あるいは、個別的意識そのものが個別的であるがゆえに生じたことであるかのごとくに現象する。しかしながらこの統一の一部分は、不変的なものに帰属しているのであって、それは統一の生成からしても、そのような統一が存在していることからしても、そのとおりなのである。かくて対立が、当の統一それ自身のうちにもなお存続することになる。じっさい、不変的なものが〔個別的なものへと〕形態化することをつうじても、「彼岸」という契機は残りつづけている。それればかりではない。むしろいっそう鞏固なものとされるのだ。その理由は、不変的なものが個別的な現実という形態を手にすることで、個

162

別的意識により近づけられるかに見えることは一面ではたしかなところであるにしても、不変的なものは個別的意識にとって、他面からいえば、いまや見とおすことのできない感覚的な「一者」として――しかも現実的なものが有する冷酷さのすべてをともなって――対立している点にある。不変的なものとひとつになるという希望は、希望にとどまるほかはない。すなわち、充たされることも現在することもないものに止まらざるをえないのだ。希望とその充足とのあいだには、ほかでもなく絶対的な偶然が立ちはだかっているからである。つまり立ちはだかるのは動かしがたく交渉を欠いたありかた《グライヒギュルティッヒカイト》であって、〔不変的なものと個別的意識とがたがいに〕無関心《グライヒギュルティッヒカイト》であることは形態化そのもののうちに、つまり希望を基礎づけることがらのなかにふくまれているのである。「存在する一者」という本性からして、つまり不変的なものが引きよせる現実をつうじて必然的に生起するところは、不変的なものが時間のなかで消えうせること〔イエスの死〕であり、空間のうちで、しかも遠くへだたってゆき、端的に距たったままでありつづけることなのだ。

Ⅲ167

可変的なものと不変的なものが「ひとつ」であること

分裂した意識のたんなる概念が手はじめに規定されたところによれば、その意識は個別的意識としてのみずからを廃棄し、不変的な意識へと生成することを目ざすべきなのであった。いっぽうこの意識の努力がいまや帯びている使命は、純粋な形態をもたない不変的なものへの関係をむしろ廃棄して、ひたすら形態化された不変的なものへと関係してゆくべきである、というものである。個別的なものと不変的なものとがひとつであることこそが、これからはくだんの意識にとって本質であり、対象となるからである。それはちょうど〔この意識の〕概念にあっては、ひとえに形態を欠いた、抽象的に不変的なものが本質的な対象であったのと同様である。〔当の意識の〕概念にとっては、〔個別的なものと不変的なものの両者が〕このように絶対的に分裂して存在しているという関係がなりたっていたけれども、その関係こそいまや意識が離脱しなければならないものなのだ。さしあたりはしかし、形態化された不変的なものへの関係も外面的なものであり、不変的なものもそこでは異他的な現実であるにすぎない。その関係を意識は、絶対的に「一」となるところまで高めなければならないのである。

非本質的な意識は〔みずからが〕運動してゆくことで、不変的なものと「ひとつとなること」を達成しようとつとめるが、その運動はそれじしん三重のものである。それは、形態化されたみずからの「彼岸」に対してこの意識が取りむすぶことになる、三重の関係に応じている。非本質的な意識はすなわち、第一に純粋意識として、第二に個別的実在として「彼岸」へと関係する。第二の個別的実在は、欲望と労働というかたちで現実に対してかかわるのである。非本質的な意識が「彼岸」へと関係するのはまた第三には、じぶんに対してみずからが存在していることを意識しているものとしてである。――非本質的意識が存在するさいのこの三つの様態《ヴァイゼ》がいったいどのように、くだんの〔不変的なものとの〕普遍的関係にあって現《フォアハンデン》にあり、また規定されるのか。この件がいまや見てとられなければならない。

純粋意識としての非本質的意識

手はじめに、したがって、非本質的な意識を純粋意識として考察してみよう。そのばあい形態化された不変的な者は[*1]、その者が純粋意識に対して存在しているときであっても、それ自体として、またそれ自身に対して存在するがままに定立されているかのように見える。しかしながら、この不変的な者がどのように、それ自体として、またそれ自身に対して存在しているのか。このことについては、すでに注意しておいたように、まだ現になりたっているわけではない。その者が意識のうちにあり、しかもそれ自体として、またそれ自身に対して存在するとおりに意識のなかにある、としよう。そうすれば、このこと〔自体〕はおそらく不変的な者から発することがらであって、むしろ意識から発する消息ではないはずだろう。にもかかわらずしかし、このように不変的な者が現前することが、ここではようやく一面的なしかたで、意識をつうじて現にあるにすぎない。その件はまさにそれゆえに完全ではなく、真実でもないのであって、かえって不完全性

Ⅲ168

Ⅸ125

を、あるいは対立を負わされたままなのである。

＊1　これまでの「不変的なもの」が das Unwandelbare という中性・単数形であったのに対して、ここでは der Unwandelbare で、男性・単数形。この箇所からはじめて明確に、キリスト教におけるイエス＝キリストの位置について言及されていると見ることもできる。

163

不幸な意識は、したがって、この〔不変な者にぞくする〕現在を所有していない。にもかかわらずしかし不幸な意識は同時に、純粋な思考を超えでている。それはこの純粋な思考が、抽象的なストア主義の思考――これは個別性一般を度外視する思考である――であり、また懐疑主義のたんに休みなき思考であるかぎりでは、そのとおりである。後者はじっさいただの個別性にすぎず、しかも意識されざる矛盾とその休みなき運動であるにすぎない。不幸な意識はこの両者を超えでて、純粋な思考と個別性とをともにそなえ、また保持している。それはしかしなお、〔一定の〕思考〔の水準〕までは高められていないのであって、そのような思考となるならば、それに対して、〔自覚的に〕意識の個別性が純粋な思考そのものと和解していることになるだろう。不幸な意識のほうはむしろこの中間に位置しているのであり、そこでは抽象的な思考が意識の個別的《アインツェル》なありかた《ハイト》としての個別《アインツェルハイト》性を触発している。意識そのものがこのように触発することである。意識が純粋な思考と個別的《アインツェルハイト》なものとの統一なのである。さらにまた意識に対してこの思考する個別性が、あるいは純粋な思考が存在しているのだから、不変的なものが本質的にいってそれじしん個別的なものとして意識に対して存在しているのだ。とはいえ〔ここではなお〕意識に対して存在していないことがらがある。つまり、この意識にとっての対象、すなわち不変的なものが、意識にとって本質的に個別性という形態を有しているにしても、それはむしろ意識自身であること、意識の個別性としての意識そのものであることである。

不幸な意識は、それゆえ、この第一の様態、つまり私たちがそれを純粋意識として考察する様態においては、みずからの対象に対して思考しながら関係するわけではない。この意識自身がそれ自体としては純粋な思考する個別性であることはたしかであり、また意識の対象もこの個別的なものにほかならない。とはいえ〔意識と個別性の〕両者が、たがいに関係すること自身が純粋な思考となっているわけではない。そこで意識はいってみれば、ただ思考へと向かっているにすぎない。だから、この意識は帰依（*Andacht*）なのだ。この意識が展開する思考そのものは、〔教会の〕鐘楼の音がかたちもなくざわめくようなものに留まっている。あるいは霧のように立ちこめる〔香炉の〕おだやかな煙であり、〔教会〕音楽的な思考であるに止まる。それは概念に、つまりおそらくはゆいいつ対象に内在する様態に到達していない。この無限で純粋な内面的感情にとっても、おそらくはその対象が生じてはいる。当の対象が歩みいってくるさまは、しかし、概念 III 169

II 173

164

的に把握された対象というかたちを取っていない。対象は、それゆえ、ひとつの異他的なものとして歩みよってくるのである。だから、ここであらわれている《フォアハンデン》のは純粋な心情の内面的運動である。心情はじぶん自身を、しかも分裂したものとして痛切に感得する。それは無限な憧憬（*Sehnsucht*）の運動であって、その憧憬の確信しているところでは、みずからの本質《ヴェーゼン》がこのような純粋な心情であり、純粋な思考であって、くわえてその思考はじぶんを個別性として思考しているのである。またくだんの憧憬はこの対象について——その対象もみずからを個別性として思考するという、ほかならぬその理由によって——認識しており、かつまた当の対象によって承認されているとも確信しているのだ。同時にいっぽう、この実在《ヴェーゼン》は到達することのできない「彼岸」であり、それは摑まえたそのとき逃れさり、あるいはむしろあらかじめ逃れさっている。「あらかじめ逃れさっている」というのは、一方でその実在がみずからを個別性として思考する不変的なものであるかぎり、意識はそれゆえその不変的なもののうちで直接にじぶん自身に到達するとはいえ、〔他方ではここで〕「じぶん自身」というのはしかし不変的なものに対立したじぶん自身だからである。実在を摑みとるかわりに、この意識はひとえに感得するにすぎないかぎりでは、意識は〔かえって〕じぶん自身のうちへとふたたび転落している。意識は〔実在へと〕到達したときであっても、このように〔実在に〕対立したものであるみずからを遠ざけることができないのであるから、意識は実在《ヴェーゼン》を摑むかわり

IX 126

に、ひたすら非本質的なありかた《ウンヴェーゼントリッヒカイト》を摑みとったにすぎない。この意識が一面で、実在のうちでみずからに到達しようとつとめてみても、ただじぶん自身の分離された現実を捕えるほかはない。それと同様におなじ意識が他面では、他なるものを個別的なものとして、あるいは現実的なものとして捕えることができない。どこに捜しもとめられようと、その他なるものは見いだされることがありえないのだ。他なるものはほかでもなく一箇の「彼岸」とされているからであり、彼岸ともなれば見いだされようもないのである。個別的なものとして探しもとめられるさいには、この他なるものは、普遍的な、思考された個別性ではなく、概念でもない。かえって対象というかたちを取った個別的なものであり、ことばをかえれば一箇の現実的なものである。となれば、それは直接的な感覚的確信の対象ということになり、まさにそれゆえに消え去ってしまったものということになる。意識にとっては、だからただ、他なるものの生命がのこした墓〔イエスの墓〕が現在してくるにすぎない。しかしながら墓それ自身も一箇の現実であって、持続的な占有をゆるすのはその本性に反するところである。それゆえまた墓がこのように現在していることは、ただ困難にみちたたたかい〔十字軍のこと〕を呼ぶだけであり、しかもそのたたかいには敗れざるをえないのである。にもかかわらず、意識によって経験されるところは、じぶんの現実的で、不変的な実在がのこした墓がいかなる現実性も有してはいないことであり、消失した個別性は、消失したものであるかぎり真の個別性ではな

Ⅲ170

いことである。この件が経験されるとき、意識は不変的な個別性を現実的なものとして追いもとめるのを放棄する。ことばをかえれば、それを消失したものとして固執することを断念するのだ。かくてはじめて意識には、個別性を真実の個別性として、あるいは普遍的なものとして見いだすことが可能となるのである。

不幸な意識における欲望と労働ならびに享受の次元

さしあたりはしかし、心情がじぶん自身へと回帰することも、それが個別的なものであるかぎりで現実性をそなえていることと解するべきである。純粋な心情とは、私たちに対して、あるいはそれ自体としては、みずからを見いだして、じぶんのうちで満ちたりているものにほかならない。心情はたしかにじぶんに対して〔自覚的に〕は、みずからの感情において実在がみずからとは分離されているとみとめるけれども、それ自体としてはこの感情とは自己感情であって、心情は自己の純粋な感得が対象とするものにふれ、この対象が心情自身であるからである。心情はこうして、このような事情からいって、自己感情として、あるいはじぶんだけで《フュール・ジッヒ》存在する現実的なものとして登場することになる。こうした自身への回帰にあって、私たちに対しては不幸な意識の第二の関係が生成してきている。つまり欲望と労働の関係がそれであって、この欲望と労働によって、意識にとっては自己自身の内面的確信が確証されるのである。その確信は〔ことがらの自体的なありかたを見とおす〕私たちに対しては意識がすでに到達していたものであるけれども、〔意識そのものに対しては〕異他的な実在を廃棄し、享受すること〔ミサでパンを食べ、ぶどう酒を飲むこと〕で〔はじめて〕確証されることになる。異他的な実在とはすなわち、自立的な事物という形式を取るもののことなのだ。不幸な意識が、しかしみずからを見いだすのはひとえに、欲望し労働するものとしてであるにすぎない。意識に対してはあらわれて《フォアハンデン》いないことがある。それは、みずからを欲望し労働するものとして見いだすさいには、じぶん自身の内的な確信が根底に存しており、意識が実在にかんしていだく感情は、そうした自己感情であるという消息である。不幸な意識はくだんの確信を自己自身に対して〔自覚的に〕有しているわけではないから、その意識にとっての「内なるもの」はむしろなお、自己自身の確信が引き裂かれたありかたに止まっている。確証を、この意識は労働と享受をつうじて手にしているはずであるが〔じっさいには、意識そのものに対しては獲得されておらず〕、その確証はそれゆえ同様に引き裂かれたものなのである。あるいは、意識はかえってこの確証をみずから否定せざるをえないのだ。そのけっか意識がこの確証のうちになんらかの確証を見いだすにしても、その確証はただ意識がじぶんに対して《フューール・ジッヒ》存在するありかたにかんする確証となるにすぎない。つまりは、みずからが分裂していることの確証を見いだすだけである。

欲望と労働が立ちむかう現実は、不幸な意識にとってもはやそれ自体としてはなにも

のでもなく、意識がそれをただ破棄し、食いつくせばよいといったものではない。現実
はむしろ意識自身が存在しているとおりのもの、つまりふたつに引き裂かれた現実であ
る。現実がそれ自体として《アン・ジッヒ》はなにものでもないというのはその一面であるにすぎず、現
実は他面からすればしかしまた、神聖化された世界でもある。現実とは不変的なものの Ⅲ171
とる形態であって、それは不変的なものが個別性をそれ自体としては保持しているから
だ。くわえて、不変的なものは不変的なものとして普遍的なものでもあるのだから、そ
の有する個別性は総じていっさいの現実という意義をそなえているのである。
かりに意識がそれだけで《フュール・ジッヒ》自立的な意識であり、意識にとって現実はそれ自体として、《アン・ウント・》
またそれ自身に対して《フュール・ジッヒ》なにものでもないものとしてみよう。そうであれば意識は、労働
と享受とにあってみずからの自立性の感情へと到達するはこびとなるだろう。それはし
かも、意識自身が現実を廃棄するものであることによるものであるはずである。しかし
ながら現実は意識にとって不変的なものがとる形態なのであるから、意識は現実をじぶ
んの力では廃棄することがかなわない。かえって、意識がたしかに現実を無化して、享
166 受へと到達する場合であっても、意識に対してこの件が生起するのは本質的にいえば、
Ⅱ175 不変的なもの自身がみずからの形態を犠牲にし、じぶんを享受へと引きわたすことによ
るのである。——意識の側もそのばあい現実とおなじように、やはり現実的なものとして
立ちあらわれるが、たほう意識も同様に内面的に引き裂かれており、この分裂が意識の

遂行する労働と享受のなかであらわれる。つまり、現実への関係あるいはじぶんに対する存在と、自体的存在とに分断されているということである。現実に対する例の〔労働という〕関係は、変更すること、もしくははたらきかけることであり、じぶんに対する《フュールジッヒ》存在《ザイン》であって、そうした存在は個別的な意識そのものにぞくしている。とはいえ意識はまたこのじぶんだけの存在《フュールジッヒザイン》において自体的にも存在するのであって、この自体的存在の側面は不変的な「彼岸」に帰属する。後者の側面は能力、力能であり、異他的な贈与であって、これもまた不変的なものがおなじく意識に引きわたし、それらを意識が使用しうるようにさせたものなのである。

不変的な意識の犠牲と、個別的な意識の感謝

みずからがはたらきかけることにあって、それゆえ意識はさしあたりふたつの極がかたちづくる関係のさなかにある。すなわち意識は能動的な「此岸」としては一方の側面に立ち、意識にとっては受動的な現実が対立しているのである。双方の極はたがいに関係しているとはいえ、両者はまた不変的なもののうちへと立ちかえっており、かくて自体的にいえば固定されている。ふたつの側面から、したがってただ一方の表面だけが他方に向かって剝がれおち、その表面が他方に対抗する運動というたわむれのなかへと入ってゆくにすぎない。——現実の極は能動的な極によって廃棄されるいっぽう、現実が

みずからの側面からみて廃棄されうるのはひとえに、現実にとっての不変的な実在が現
実そのものをじぶんで廃棄するからにほかならない。つまり不変的な実在は、じぶんで
じぶんを突きはなし、かく突きはなされたものを能動的なはたらきに委ねるのである。 III 172
能動的な力はここで威力としてあらわれ、その威力のなかで現実は解体される。そうで
あるがゆえに、しかしこの意識に対しては、その意識にとって自体的なものもしくは実 IX 128
在が、意識にとって他なるものであるかぎり、この威力は、意識〔そのもの〕が能動的
なはたらきにおいてその威力として立ちあらわれるにもかかわらず、じぶん自身にとっ
ての「彼岸」なのである。意識は、だからじぶんがはたらきかけて、そのはたらきから
みずからに立ちかえり、じぶん自身《フュール・ジッヒ・ゼルプスト》でじぶんを確証したというわけではない。そのか
わりに意識はむしろはたらきかけるこの運動を〔彼岸という〕もうひとつの極へと反省
的に立ちかえらせる。こちらの極が、こうして純粋に普遍的なものであり、絶対的な威
力であることが呈示されるのだ。この絶対的威力から、すべての側面へと向かう運動が
II 176 発出したのであって、かくてその威力こそが実在《ヴェーゼン》となる。それは、はじめに登場した
すがたではそうであった、分解してゆく極についても、〔ふたつの極の〕交替にかんして
もそのとおりなのである。
　不変的な意識がその形態を断念し、それを犠牲として与え、この件に対して個別的意
167 識が感謝する。これはつまり、みずからの自立性の意識に満足することをじぶんで断念

して、はたらきかけの本質《ヴェーゼン》をじぶんから切りはなして「彼岸」にあるとすることだ。この双方の契機、つまり両方の部分が相互にみずからを放棄して与えるという契機をつうじて、かくてまたたしかに意識にとっては不変的なものとじぶんとの統一が生じている。けれども同時にこの統一も分離によって触発されて、みずからのうちでふたたび引き裂かれており、かくしてその統一から、普遍的なものと個別的なものとの対立がまたしても立ちあらわれてくるのだ。というのも、意識が断念したのはたしかに一見したところではみずからの自己感情の満足であったとはいえ、意識はその自己感情にかんして現実的には満足に到達しているからである。そもそも意識とは欲望と労働と享受であったのであり、意識が意識として意欲し、行為して、かつ享受したのだ。意識は感謝することにおいて、もう一方の極が実在であることを承認し、みずからを廃棄している。この感謝すらもやはりそれじしん意識そのものの行為なのであって、その行為によって意識はもう一方の極の行為と張りあい、みずからを犠牲にして与える恩恵につりあう行為として対抗しているのである。もう一方の極の側は、意識にじぶんの表面だけを委ねているのに対して、意識はそれでもなお感謝し、感謝することで――意識はじぶんの行為、すなわちみずからの本質そのものすらも放棄しているのだから――、他方の極よりも多くのことを本来なしていることになる。この他方の極はといえば、ただ表面のみを手ばなしているにすぎないからだ。運動の全体が反省的に立ちかえるのは、したがって、現

Ⅱ177

実に欲望し、労働し、享受することにおいてばかりではない。むしろそれらとは反対のことが起こっているかにみえる感謝することにあってすら、個別性の極へと反省的に立 Ⅲ173 ちかえっているのである。意識はそのように反省的に立ちかえることで、みずからをこの個別的なものとして感得しており、じぶんが断念したという見かけによって瞞着されはしない。断念したかにみえることの真相《ヴァールハイト》は、意識が自己を放棄などしなかったということだからである。ここで成りたつにいたっているのは、両極へと二重に反省的に立ちかえることであるにすぎず、その結果はふたつの意識への繰りかえされる断裂である。その一方は不変的なものという対立した意識であり、もう一方の意識はこれに対抗する意欲であり、遂行であり、享受であり、さらには自己の断念そのものであって、ことばをかえればじぶんだけで存在する個別性一般なのである。

不幸な意識における第二の関係から第三の関係への移行

こうして登場してきているのが、この〔不幸な〕意識の運動における第三の関係である。この第三の関係は第二の関係そのものから立ちあらわれるのであり、当の第二の関係にあって意識は実のところ《イン・ヴァールハイト》、みずからの意欲と遂行とをつうじて、じぶんが自立的なものであることをたしかめていたのである。第一の関係にあって意識はただ、現実的な意識の概念であったにすぎない。いいかえれば内的な心情にすぎなかったのであるけれ

168

ども、そのような心情であるならば、行為と享受においてなお現実的なものとなってはいないのである。第二の関係はこの行為と享受とを実現するものであり、それらは外的に行為し、享受することとして実現される。この実現からまた立ちかえったとき第二の関係は、みずからが現実的《ヴィルクリッヒ》意識であり、現実にはたらく《ヴィルケン》意識であることを経験したものとなる。ことばをかえれば、この意識にとって真であるのは、絶対的に（*an und für sich*）存在することなのだ。ここにこそしかしいまや〔内部の〕敵が、そのもっとも固有な形態で見つけだされたことになる。心情のたたかいにあって、個別的な意識はただ音楽的で抽象的な契機として存在するほかはない。労働と享受は、この実在なき存在を実現するものであるから、そこで意識はただちにじぶんを忘れることができる。またこの現実のなかで我意が意識されたとしても、それは感謝して承認するふるまいに打ちまかされる。かく打ちたおされることこそが、しかしほんとう《イン・ヴァールハイト》は意識がじぶん自身へと立ちかえることなのであり、しかもこの場合じぶんとは意識にとって真実な現実なのである。

この第三の関係は、そこで当の真実の現実が一方の極となるものである。この関係とは、くだんの現実が普遍的な実在へと関連してゆくことなのであるが、その場合この現実はなにものでもないと見なされているのだ。そうした関連がしめす運動を、なお考察しておく必要がある。

IX129

Ⅱ178

意識の不幸と個別性の廃絶

意識には対立している関係があり、その関係のなかで意識にとっては、みずからの実在性は直接的になにものでもない。まずこの関係についていえば、したがって意識の現実の行為はなにものでもない行為となり、意識が享受するところはみずからの不幸の感情となる。こうしてまた行為と享受が失うことになるのは、普遍的な内容と意義とのいっさいである。普遍的なものであれば、行為と享受は、それ自体として、またそれ自身に対して存在するものであったであろうが、両者ともに個別性へとひるがえって関係しているからであって、この個別性へと意識は立ちむかって、それを廃棄しようとしているのである。意識はみずからを、この現実に個別的なものとしては、動物的な諸機能のかたちで自覚している。これらの機能はなんの囚われもなく、まったくのところ《アン・ウント・フュール・ジッヒ》なにものでもないものとして、つまりどのような重要性も本質的なありかた《ヴェーゼンハイト》も精神に対して獲得しえないものとして果たされるわけではない。それどころかこれらの機能こそ、〔内部の〕敵がその独特な形態であらわれるものなのだから、そういった機能〔を果たすこと〕はむしろ真摯な努力の対象であって、ほかでもなくもっとも重要なことがらともなるのである。いっぽうこの敵は打ちまかされてもまた生まれてでてくるうえ、意識はかえってその敵を固定してしまうのだから、その敵から自由になるどころではない。意識はいつまでもそこに滞留することになり、つねにじぶんが不純なものとさせられているの

Ⅲ174

169

を目撃するのだ。同時に意識が尽力する内容はといえば、本質的なものどころか、卑しいかぎりのものであって、普遍的なものであるかわりに、ひどく個別的なものである。だから私たちが見てとるところはただ、じぶんとじぶんの卑小な行為に制限されて思いわずらう、不幸にしてみじめな人格なのである。

しかしながらこの両者のいずれにも、つまり意識が不幸と感じることも、その行為がみじめなものであることにしても、そこにやはりむすびついているのは、みずからが不変的なものとひとつのもの《アインハイト》であるという意識である。意識がじぶんの現実的な存在を直接に〔媒介を経ず〕絶滅しようとこころみたとしても、こころみを媒介するのは不変的なものにかんして考えられたこと《ゲダンケ》であり、そのこころみは不変的なものとの関係のなかで生起するからだ。この間接的な〔媒介を経た〕関係が、〔意識の〕否定的な運動の本質をなしており、その運動のなかで意識は、みずからの個別的なありかた《アインツェルハイト》に立ちむかう。この運動はたほう同様に関係することとしてはそれじたい肯定的なものであって、意識自身に対して例の〔不変的なものと〕ひとつであるありかたを生みだすにいたる運動なのである。

不幸な意識における個別性の断念——喜捨と苦行

このような媒介を経た〔間接的な〕関係は、かくて一箇の推論《シュルス》である。個別的なあり《アインツェル》かた《ハイト》はじめ、自体的なもの〔不変的なもの〕に対して対立するかたちで固定されていた。当の推論のなかで、その個別性《アインツェルハイト》が他方の〔自体的なものという〕極と、第三項を介してのみ推理的に連結《ツザメンシュリーセン》されているのである。この媒語〔中間〕《ミッテ》をつうじて、不変的な IX130 意識という極が非本質的な意識に対して存在している。この非本質的意識にあっても同 Ⅲ175 時にまた、なりたっていることがらがある。それは、当の意識が不変的な意識に対して存在するのも、おなじくひとえにこのおなじ中間〔媒語〕《ミッテ》をとおしてのことである、という消息なのである。そこでくだんの媒語は、かくてまた両極をたがいに対して表象し、Ⅱ179 一方のもとにあるときには他方に対して、かわるがわる奉仕者であることになる。この中間はそれじしん意識をそなえた存在者《ヴェーゼン》である〔カトリックにおける司祭のこと〕。媒語となるのは、意識を意識として媒介する行為《トゥーン》であるからだ。この行為の内容とは絶滅することであって、しかもその絶滅は、意識がみずからの個別的なありかた《アインツェルハイト》についてくわだてるものなのである。

この媒語において、したがって〔不幸な〕意識はじぶんのものとしての行為と享受から解放される。意識はじぶんだけで存在する極であるにもかかわらず、そのように存在するじぶんからみずからの意志という本質を突きはなす。かくて意識が媒語あるいは奉仕者に対して投げだしてしまうものは、決断という我意と自由であり、かくてまたみずからの行為への責任である。この媒介者は、不変的な実在との直接的な関係のうちにあるかぎりで、「なにが義であるか」にかんしてみずからの忠告をもって奉仕する。行為《ハンドルング》というものは、それが異他的な決定を遵守するものである場合には、ふるまい《トゥーン》あるいは意志という面からいえば、じぶんのものであることを止めるのである。とはいえ、なおそのふるまいの対象的な側面が、非本質的な意識には残されている。それはつまりみずからの意識の労働の果実とその享受ということである。意識は、したがってこの享受をもおなじくじぶんから手ばなし、またみずからの意志を断念したのとおなじように、労働と享受にあって獲得されたじぶんの現実的なありかたをも断念する。ここで現実的なありかた《ヴィルクリッヒカイト》とは、ひとつにはじぶんの自覚された自立性によって達成される真理ということであり、意識はこれを断念するのだ。——意識がそれを断念するのは、まったく異他的な、じぶんには意味もないことを思いうかべ、口にしながら動きまわることによってである〔ラテン語を唱えながら巡礼すること〕。——もうひとつには、断念される現実的なもの《ヴィルクリッヒカイト》とは外面的な所有物ということである。意識はその所有物を、労働をつうじて獲得した占有物からいくらかのものを喜捨することで断念するのである。いまひとつ断念される　現　実《ヴィルクリッヒカイト》とはいったん手にされた享受ということであって、これを意識は断食と苦行とによって、ふたたびまた徹底的に拒絶するのだ。

　非本質的意識は〔第一に〕じぶん自身の決意を廃棄する。つぎに所有物と享受とを廃棄し、さいごに理解されてもいない業をいとなむ。第三の契機は積極的なものであるが、

Ⅱ180

このような〔三つの〕契機をつうじて非本質的意識は真にかんぜんに、内的ならびに外的な自由という意識を、つまりじぶんがみずからに対して存在しているという現実性の意識を、じぶんから奪いとってゆく。かくて当の意識が手にする確信は、真にじぶんの〈私〉を放棄〔外化〕《ジッヒ・オイセルン》し、みずからの直接的な自己意識を一箇の事物と化して、対象的な存在に変じた、というものである。——自己断念を非本質的な意識は遂行するけれども、それはただこのような現実の犠牲をつうじてのみ確証されることができたものである。ただその犠牲においてのみ欺瞞が消失するからである。その欺瞞は感謝という内的な承認のうちにふくまれているのであって、感謝というものは胸のうちで、心情をつうじて、また舌先でおこなわれるものなのだ。この内的な承認もたしかに、じぶんに対し《フュールジッ》て《ヒ》存在《ザイン》することにぞくする威力のいっさいを投げだして、それを「天からの賜物」に帰することになる。だが、そのように投げだすとはいっても、それでも外的な我意は、放棄せずにいる占有物のうちで維持しておいて、内的な我意についてはたほう、じぶん自身でくだす決断という意識のなかで保持している。つまりじぶんが規定したみずからの内容の意識のうちではそれを手ばなしてはいない、ということだ。その内容とは、意識が異他的な、意識を意味もなく充たすものとは交換しなかったものなのである。

Ⅲ176

「自己意識」の段階から「理性」の段階への移行

とはいえ犠牲が現実に遂行されると、そのときそれ自体としては、意識がじぶんのものとしての業〔おこない《トゥーン》〕を廃棄したのとおなじように、意識の不幸もまた意識から解きはなたれて《アブゲラッセン》いる。この赦免《アブラッセン》がそれ自体としては生起しているということは、しかしながら推論における他方の極の御業《トゥーン》によるものであって、つまり自体的に存在する実在の施すところ《トゥーン》なのである。〔一方の極である〕非本質的な極がおこなう例の犠牲も、たほう同時に一面的なおこないであったというわけではなく、他方のおこないもそのうちにふくまれていた。じぶん自身の意志を放棄することは、一面では否定的なことがらにすぎないけれども、その概念からすれば、いいかえると自体的には同時にしかし積極的なものであるからだ。それはすなわち意志を他者の意志として定立し、はっきりと個別的ではなく普遍的な意志として定立するものなのである。この意識に対しては、そのような肯定的な意義、つまり否定的に定立された個別的な意志が他方の極の意志〔神の思し召し〕であるという意義が存在していることになるが、この〔神の〕意志は意識にとって――それはこの意識に対しては、ほかでもなく一箇の他なるものなのだから――じぶん自身によってではなく第三極をつうじて、つまり媒介者〔司祭〕を介して忠告として生じてくることになる。それゆえ意識に対してはその意志はたしかに普遍的な意志となり、それ自体として存在する意志となるとはいえ、意識自身がみずからにとって〔自

Ⅱ181

覚的に〕この自体的なものであるわけではない。個別的なものとしてのじぶんの意志を放棄することが、意識にとっては、概念にしたがってそうであるものではない。すなわち普遍的な意志という積極的なものではないのである。同様に、意識が占有物と享受とを放棄することも、ひとえにおなじように否定的な意義をもっているにすぎない。だから普遍的なものは、それが意識に対して放棄をつうじて生成しているにもかかわらず、意識にとってじぶん自身のおこないとはなっていないのである。対象的なものとじぶん《フュー》に対する《ルジッヒ》存在《ザィン》との統一は行為《トゥーン》の概念のうちに存在している。その統一はそれゆえ意識にとって、本質であり対象であるものとして生成してくる。この統一は〔しかし〕意識にとってみずからの行為の概念ではないのとおなじように、意識にとってはまた、この統一が対象として意識に対して生成するしだいが、直接的に、また意識自身をつうじて存在しているわけではない。かえってこの意識は、媒介する奉仕者によって、それ自身なお引き裂かれている確信を口にするよう仕向けられるのである。その確信とはつまり、それ自体としては意識の不幸は顚倒したものにすぎず、すなわちじぶんの行為にみずから満足している行為であるにすぎないこと、いいかえれば祝福された享受であるということだ。意識の貧しい行為も同様にまたそれ自体としては顚倒しており、つまり絶対的な行為であって、概念からすれば行為であるものも、ただ個別的なものの一般の行為であるものとして行為なのである。とはいえ意識自身に対しては、行為、つまり意識の現

Ⅲ177

実の行為は貧しい行為であるにとどまり、その享受も苦痛でありつづける。だからそうしたものが廃棄されたありかたといえば、肯定的な意義では一箇の「彼岸」なのである。しかしながら、この〔彼岸という〕対象においては、意識にとってその行為と存在は、この個別的な意識のものであるにしても、存在と行為それ自体であるから、この対象のなかで意識にとっては理性の表象が生成している。理性とはつまり意識が確信したありかたなのであって、その確信しているところとは、意識はその個別性においてそれ自体として絶対的なものであり、ことばをかえればいっさいの実在性であるというものなのだ。

V　理性の確信と真理

Ⅱ182
175

「不幸な意識」から「理性」へ――「媒語」としての意識

意識は、個別的な意識がそれ自体としては絶対的な実在であるとする思想を把握する Ⅲ178 Ⅸ132
ことで、じぶん自身のうちへと立ちかえってゆく。不幸な意識に対しては、自体的に存在するものはじぶん自身の「彼岸」である。しかし不幸な意識の運動がじぶんにそくして成しとげたところにしたがえば、個別性は、それがかんぜんに発展したさいには、あるいは個別性も現実的な意識となった場合には、意識自身にとって否定的なものとして、すなわち対象的な極として定立されている。いいかえれば、意識はみずからのじぶんに《フュール》対する存在《ジッヒザイン》をじぶんから引きだして、それを〔対象的な〕存在へと変えたことになる。このことによって意識に対してはまた、くだんの普遍的なものとみずからとの統一も生成している。そうした統一は意識に対して――廃棄された個別的なものが普遍的なものということになるから――もはやじぶんの外部にぞくするものではない。さらに、意識はこのようにみずからが否定《ネガティヴィテート》されたありかたにおいて、じぶん自身を維持するのだから、くだんの統一は意識そのものにおいて、意識の本質であることになる。つまり意識の真のありかた《ヴァールハイト》は、両極がまったく《アプソルート》離ればなれに保たれたまま登場してくる推論にあって媒語としてあらわれてくる、というものである。その媒語が不変的な意識に言明するところは、個別的なものがみずからを断念したということであり、いっぽう個別的なものに向かっては、不変的なものはもはや個別的なものに対して〔対象的な〕極となるもの

II183

ではなく、個別的なものと宥和していると言明するのである。この媒語は両極を直接に知って、双方を関係づけて統一するものであり、また両者の統一を意識しているものである。この統一を媒語は意識に言明し、かくてまたじぶん自身にも言明する。すなわちこの媒語は、あらゆる真理《ヴァールハイト》であるとする確信なのである。

理性の立場と「観念論」の成立

176

自己意識が理性となるとともに、自己意識がいままで他なる存在に対して有していた否定的な関係が、肯定的な関係へと変換する。これまで自己意識にとってはただ、みずからの自立性と自由のみが問題であって、じぶん自身のために世界を犠牲にし、あるいはじぶん自身の現実すら犠牲にして――この両者は自己意識にとって、ふたつながらじぶんの本質《ヴェーゼン》を否定するものとしてあらわれたからである――みずからを救いだし、維持しようとしてきたのであった。しかし理性としてじぶん自身を確信するにいたると、自己意識は世界とみずからの現実に対して安らぎを獲得して、それらに耐えることができるようになる。自己意識はじぶん自身が〔いっさいの〕実在であることを確信しているからである。ことばをかえれば、いっさいの現実が自己意識にほかならないということだ。自己意識の思考は直接にそれじしん現実である。自己意識はしたがって、現実に対して「観念論」として関係するのである。自己意識にとっては、このようにみずから

III179

を把握することによって、あたかも世界がいまはじめてじぶんにとって生成してきたかのようになる。以前には、自己意識は世界を理解していたのではない。世界を欲望し、労働をくわえて加工していたのである。かくて自己意識は世界からみずからへと退引し、世界をじぶんのために《フュール・ジッヒ》廃滅して、意識であるかぎりでの自己自身をも廃滅したのであった。意識とはそこではつまり、世界を実在《ヴェーゼン》として意識するものであるとともに、世界がなにものでもないこと《ニヒティッヒカイト》をも意識しているものでもあったのである。かくて自己意識にとっての真理の墓が喪われ、みずからの現実を廃滅することそのものが廃滅されて、意識の個別性が意識にとってそれ自体として絶対的な実在となる〔中世の終焉〕。それ以後はじめて自己意識は世界をみずからのあらたな現実的世界として発見し、その現実的な世界は、それが存続することにおいて自己意識に対して関心を呼ぶのである。それは以前ならば、世界がただその消失にあって関心の対象であったのと同様なのだ。世界の存立することが、自己意識にとってじぶん自身の真なるありかたであり、その現在だからである。かくして自己意識の確信するところでは、世界のうちで経験されるのはただ自己だけであることになる。

「断言する」観念論

理性とは、いっさいの実在性であるという意識の確信である。このように観念論は、

Ⅸ133

177 理性の概念を言いあらわす。意識は、それが理性として登場するとき、直接にくだんの確信自体をそなえている。それゆえ観念論もまた当の確信を直接に言明するのだ。つまり「〈私〉は〈私〉である」〔フィヒテ〕ということである。その意味するところはこうである。私にとって対象である〈私〉は、自己意識一般にあってそうであるような〈私〉ではない。かといってまた、自由な自己意識における〈私〉〔ストア主義〕というわけでもない。前者の場合であれば、「私にとって対象である〈私〉」は空虚な対象一般ということになり、後者の場合には対象はただ、他のさまざまな対象から身を退くだけのものとなる。そのような諸対象は〈私〉のかたわらでなお成りたっているのだ。むしろ「私にとって対象である〈私〉」というとき、その〕対象は、なんら他の対象は存在しないという意識をともなっている。それはつまり、ただひとつの対象であり、いっさいの実在性であって、現在である、ということなのである。自己意識は、しかしながらただたんにじぶんに対してばかりではなく、自体的にもいっさいの実在性であるが、その件は自己意識がこの実在性となること、むしろことばをかえれば、みずからをその実在性として証示することによってはじめてなりたつことだろう。自己意識がそのようにみずからを証示するのは、以下のようなみちゆきにあってのことである。すなわち第一に、思いなしと知覚と悟性との弁証法的な運動において他であるもの《アンデルスザイン》が自体的には消滅する。また第二には、支配と隷属にあっての意識の自立性をつうじた運動において、また自由の思

Ⅲ180

想、さらには懐疑主義による解放、ならびに自己のうちで分裂している意識が絶対的な解放のために格闘することを介して、他である存在《アンデルスザイン》がただ意識に対して存在するにすぎないかぎりで、意識自身に対して消え去ってゆく。ここであいついで立ちあらわれているのは、ふたつの側面である。その一方の側面にあっては、意識に対しての実在あるいは真なるものは、存在することとの規定されたありかた《ベシュティムトハイト》であって、他方の側面においては、存在することはただ意識に対して存在することであるという規定性《ベシュテイムトハイト》をともなっている。しかしこの両者はひとつの真理へと還元される。つまり、存在するもの、あるいは自体的なものは、ただそれが意識に対して存在するかぎりで存在し、意識に対して存在するものはまた自体的にも存在する、ということだ。意識とはこの真理であるけれども、その意識もこの〔みずからが辿った〕みちゆきを背後に残し、それを忘れさって、直接的なしかたで理性として登場してきている。ことばをかえれば、この直接的に登場する理性は、ただくだんの真理を確信するものとして立ちあらわれるということである。理性はひたすら「いっさいの実在性である」と断言するだけで、その件をしかしじぶんでは概念的に把握《ベグライフェン》していない。忘却された例のみちゆきこそ、この直接的に表現された主張を概念的に把握するものであったからである。おなじように、このみちゆきを辿らなかった者にとっても、この主張を純粋なかたちで耳にする場合には――「純粋なかたちで」というのは、具体的な形態においてはその者もおなじ主張をじぶんでもたしかにおこなっているからだ——、それをやはり把握しがたい《ウンベグライフリッヒ》ものなのである。

観念論が右で挙げたようなみちゆきを示すことをせず、この主張からいきなりはじめ
る場合には、そうした観念論もまたしたがって純粋な断言となる。そうした断言はじぶ
ん自身を概念的に把握しておらず、他者たちに対して理解させることもできない。そう
II 185 いった観念論が言明するのは直接的な確信であって、その確信に対しては他の直接的な
IX 134 確信が対立する。それらの確信はしかし、さきに述べたみちゆきで消えうせているはず
のものなのだ。同等の権利をもって、かくてくだんの確信の断言のかたわらに、こうし
た他の確信のさまざまにまつわる断言もまたならんでいることになる。理性が訴えるの
は、各人の意識にそなわった自己意識に対してである。つまり「〈私〉は〈私〉であり、
私の対象と本質は〈私〉である。いかなる意識も、理性に対してこの真理を否認しない
ことだろう」というわけだ。とはいえ理性がみずからの真理をこのような訴えによって
基礎づけているときには、理性は他の確信にぞくする真理をも荘重に是認していること
になる。その確信とは、すなわちこうである。「〈私〉に対して他なるものが存在する。
〈私〉以外の他なるものが私にとっては対象であり、実在《ヴェーゼン》である。いいかえれば、〈私〉
が私にとって対象であり本質《ヴェーゼン》であるとしても、私が対象であり本質であるのは、〈私〉
III 181 が他なるもの一般から身を退いて、ひとつの現実として他なるもののかたわらにならん
で立ちあらわれるときである」。——理性がこのように対立している確信から反省的に

立ちかえったものとして登場してはじめて、じぶんについての理性の主張はただたんに確信であり断言であることをやめて、真理として登場することになる。しかも他の真理とならぶそれとしてではなく、唯一の真理として立ちあらわれるのだ。直接的に登場するということは、真理が目のまえに存在していること〔だけ〕を抽象したものであって、この存在の本質と自体的なありかたは絶対的な概念である。すなわち「その存在が生成してきた存在である」という運動にほかならない。——意識というものは、他なる存在に対するその関係、あるいはみずからの対象との関係をさまざまなしかたで規定することだろう。そのさい規定のしかたは、意識がほかでもなく、みずからを意識してゆく世界精神のいかなる段階に立っているのかに応じている。世界精神がじぶんとその対象を、そのつどのようなしかたで直接に見いだし、規定しているのか。いいかえれば、世界精神がみずからに対してどのように存在しているのか。これは世界精神がすでになにに成っているのか、あるいはそれ自体としてすでになんであるのか、にかかっているのである。

「カテゴリー」と悪しき観念論

理性とは、いっさいの実在性であるという確信である。ここで自体的なものあるいは実在性は、しかしなおまったく一般的なものであり、実在性という純粋な抽象であるに

Ⅱ186

すぎない。この自体的なもの、実在性は最初の肯定的なありかたであって、自己意識がそれ自体として、それ自身に対してそうであるものである。〈私〉は、だからただ存在するものの純粋に本質的なありかたであるにすぎず、いいかえれば単純なカテゴリーなのである。カテゴリーがこれまで有していた意義は、存在するものの本質的なありかたであるというものであって、そのさい存在するものが存在するもの一般であるのか、もしくは意識に対して存在するものであるのかは、規定されていなかった。カテゴリーはいまや〔観念論にあっては〕存在するものの本質的なありかたであり、あるいはその単純な統一である。ただし、この統一とは思考する現実としての統一にすぎない。ことばをかえれば、カテゴリーとは自己意識と存在とがおなじ実在《ヴェーゼン》であることを意味している。ここで「おなじ」というのは「比較において」ということではなく、ぜったい的《アン・ウント・フュール・ジッヒ》に「おなじ」ということなのである。ひとえに一面的で悪しき観念論によって、この統一はふたたび意識として一方の側に置かれ、その統一に対立して自体的なものが登場させられることになるのだ。――このカテゴリーとは、ところで自己意識と存在との単純な統一であって、そこにはとはいえそれ自体としては区別が存在する。カテゴリーの本質は、ほかでもなく他であることにあって、もしくは絶対的な区別において直接に自己自身とひとしくあることだからである。区別はそれゆえ存在するとはいえ、それはかんぜんに見とおされるものであり、区別でありながら同時にいかなる区別でもない区

Ⅲ182

別としてなのだ。この区別がカテゴリーの数多性としてあらわれるのである。〔悪しき〕観念論は、自己意識の単純な統一をいっさいの実在性であると言明し、この統一を直接に、つまり絶対的に否定的な本質《ヴェーゼン》として——そのような本質のみが否定を、規定されたありかたを、いいかえれば区別をそれ自身にそくして有しているのにもかかわらず——概念的に把握しておくことなく、実在《ヴェーゼン》としてしまう。だから、〔理性がいっさいの実在性であるとする〕第一のことがらにもましてなお理解しがたいことがらがある。その第二のことがらとは、カテゴリーのうちには区別が、あるいは種類が存在するということである。このような断言は一般に、カテゴリーには一定の数の種類があるという断言とおなじく、あらたな断言であって、しかもその断言そのもののうちにふくまれているのは、当の断言をもはや断言とみなしてはならないとする主張なのである。その理由はこうである。「純粋自我」において、つまり「純粋悟性」そのものにあって区別がはじまる以上は、それとともに定立されていることがらがある。つまり、ここでは直接的なありかたや断言すること、「見いだすこと」は廃棄されていて、「概念的に把握すること」が開始されているはずだ、ということである。とはいえ、カテゴリーの数多性をなんらかのしかたでふたたび見いだされたもの、たとえば判断〔表〕からふたたび見いだしたものと受けとって、それをみとめるといったことがあるとすれば、それはじっさいには学にとって一箇の恥辱と見なされざるをえない。悟性はなおも、この必然性をいっ

IX 135

たいどこで示すことができるというのだろうか。もしも悟性がそれをじぶん自身において、純粋な必然性であるみずから自身にあって示すことができないとすれば、ということだ。[*1]

*1 以上、この段落では、カテゴリーとは「存在するものの純粋に本質的なありかた」とするアリストテレスの存在論的なカテゴリー理解が近代にあって変容し、カントにあっては純粋悟性概念としてのカテゴリーが「自己意識の単純な統一」(超越論的統覚)にぞくするものとされ、判断表にもとづいて導出(「見いだ」)されて、またそのカント的な理解がフィヒテへと継承されたことが踏まえられている。

ひとつの純粋なカテゴリーと、多くのカテゴリー

いまこのように理性に帰属するのは、事物の純粋に本質的なありかたであるとともに事物の区別なのだから、本来そもそもはや事物については問題とはなりえないことになるだろう。すなわち、意識に対してたんにじぶん自身を否定するものであるような事物は問題ではないはずである。というのも、多くのカテゴリーが純粋なカテゴリーの種であるということは、純粋カテゴリーとはやはりさまざまなカテゴリーにとってはその類であり、いいかえればその本質であって、それらに対立しているものではない消息を意味するからである。とはいえ「多くのカテゴリー」というのが、すでに両義的なもの

なのである。それは同時に純粋なカテゴリーに対立して他であることであって、つまりそれが多であることとそれ自体において他であることをそなえているのだ。多くのカテゴリーは、純粋なカテゴリーに対して、この「多であること《フィールハイト》」をつうじてじっさいに矛盾している。だから純粋な統一は、この数多性《フィールハイト》それ自体を廃棄せざるをえない。廃棄することで純粋なカテゴリーは、区別を否定的に統一したものとして構成されることになる。否定的な統一であるかぎり、いっぽう純粋なカテゴリーは同様にまた区別そのものをも、例の最初の直接的で純粋な統一とならんでじぶんから排除するはこびとなり、かくて個別的なありかたをとることになる。これはあらたなカテゴリーであって、排除する意識のことである。排除する意識であるとはつまり、なんらか他のものが意識に対して存在することにほかならない。個別的なありかた《アインツェルハイト》とはカテゴリーが移行することであって、そこでカテゴリーは概念から出て、なんらかの外的な実在性へと移ってゆき、純粋な図式となる〔カント〕。この図式も同様に意識ではあるけれども、それが個別性《アインツェルハイト》であり、排除する「一」であることで、或る他のものを指示するものとなるのである。とはいえこのカテゴリーにとって他のものというのは、じつは最初の他のさまざまなカテゴリーのことにすぎない。すなわち純粋に本質的なありかたであり、純粋な区別なのだ。だからここでは個別性というカテゴリーがなりたち、つまりほかでもなく他のものが定立されており、いいかえればこの他のもの自身がなりたっている。そのさなかでも、

Ⅲ183

Ⅱ188

意識はやはり意識自身なのである。これらのさまざまな契機のそれぞれが他の契機を指示している。これらの契機はおのおののなかでは、同時に他であるものに到達することがない。純粋なカテゴリーが指示するものは種であって、この種が否定的なカテゴリー、あるいは個別性へと移行してゆく。最後の個別的なありかた《アインツェルハイト》はいっぽう、最初のカテゴリーを指示するのである。個別的なもの《アインツェルハイト》はそれじしん純粋意識である。その純粋意識はどのようなカテゴリーにあっても、この明晰な、自己との統一でありつづけている。一箇の「統一」であるとはいえ、それもやはりまた他のものへと指示されているのであって、この「他のもの」といわれるものも、それが存在するときには消えうせており、それが消失するさいにまた生みだされるものなのだ。

空虚な観念論はむしろ絶対的な経験論である

私たちがここで見てとるところは、純粋意識が二重のしかたで定立されていることである。つまり純粋意識は一方では、休みなく往来することとして定立されている。この純粋意識はじぶんのあらゆる契機を駆けめぐり、その契機のすべてにおいて他であるものが浮かびあがってくるが、それが摑まれると、この他であるものは廃棄されてしまう。他方では純粋意識はむしろ安らぎをえた、みずからが真理であることを確信した統一である。この統一にとっては前者の運動のほうが他のものであり、この運動に対してはし

Ⅸ136

かしくだんの静的な統一のがわが他のものなのである。かくて意識と対象は、この対立した規定にあって交替することになる。意識はこうしてみずからが一方ではあちらこちらへと探しまわるはたらきであって、その対象のほうが純粋に自体的なものであり、実在《ヴェーゼン》である。他方では意識のがわこそがみずから単純なカテゴリーであって、対象のほうが区別されたものの運動なのだ。意識はしかしその本質《ヴェーゼン》においては、右にみたような経過の全体そのものであり、単純なカテゴリーとしてのじぶんの外に出て個別的なありかたへ、また対象へと移行し、対象においてこの移行の経過を直観して、じぶんから区別されたものである対象を廃棄したうえで、それを我がものとし、みずからがこの確信であることを、つまりいっさいの実在性であり、くわえて自身が対象でもあることを言明するものなのである。

意識が最初に言明するところはただ、この抽象的な空語であり、すなわち「すべてがじぶんのものである」ということにすぎない。なぜなら「いっさいの実在性である」とする確信は、ようやく純粋なカテゴリーとなったところだからである。理性はこのように手はじめに対象においてみずからを認識するが、そのような理性が表現するのは空虚な観念論である。その観念論が理性を把握するしかたはいまだたんに、理性がみずからにとってさしあたり存在するすがたにおいてのものにすぎない。この観念論はつまり、いっさいの存在について、それが意識にとって、このように純粋に私のものであること

Ⅲ184

を指摘し、事物とはさまざまな感覚あるいは表象にほかならないと言明することで、この純粋な「私のもの」がかんぜんな実在性を有しているしだいを示しおえたと妄想しているのである。空虚な観念論とは、それゆえ同時に絶対的な経験論となるはずである。空虚な私のものを充実するため、すなわちそれを区別し、あらゆる展開と形態化を与えるためには、この観念論にとっての理性は、なんらかの異他的な「衝突」〔フィヒテ〕を必要とするからだ。そのような衝突が起こることではじめて、感覚作用の、もしくは表象作用の多様性が〔意識には〕ふくまれることになるとされるのである。この観念論は、したがってたがいに矛盾する二義的なありかたをそなえていることになる。それは懐疑主義の場合と同様であって、ただ懐疑主義は否定的に、この観念論は肯定的に表現されるというだけである。そうはいってもくだんの観念論もやはりおなじように、みずからの相互に矛盾した思想を――なにしろ純粋意識がいっさいの実在性であるいっぽう、同様に異他的な「衝突」、あるいは感性的な感覚作用と表象作用が純粋意識と同等な実在性を有するというのである――いっしょにし、総合することはしない。むしろ一方から他方へと代わるがわるに身を投じ、悪無限に[*1]、すなわち感覚的な無限性に落ちこんでしまっている。理性は抽象的に「私のもの」がこの「私のもの」(*Mein*)であるという意義でいっさいの実在でありながら、「他のもの」がこの「私のもの」にとって無関係な異他的なものである。そうである以上この場合でも理性のうちには、ほかでもなく他のものにかんして理性の有する知が定立されていることになる。その知とはかつては「思いなすこと」(*Meinen*)、「知覚すること」として、さらに思いなされたこと、知覚されたものを把捉する「悟性」として立ちあらわれたものなのだ。そういった知については同時に、それが真の知ではないしだいが、この観念論そのものにぞくする概念をつうじて主張されている。「統覚の統一」〔カント〕だけが知の真のありかただからである。こういった観念論にとっての「純粋理性」は、かくてじぶん自身によって、この他のものへと――当の他のものは純粋理性にとって本質的であり、したがってつまり自体的なものであるが、それを純粋理性はしかしみずから自身のうちには有していないのだから――到達するために、真なるものの知ではない知へと送りかえされることになる。純粋理性が、じゅうじゅう承知でこころえたうえでみずからに宣告するところによれば、純粋理性とは真ではない知なのであって、だから「思いなすこと」や「知覚すること」から、それらが理性自身に対していかなる真理ももたないにもかかわらず、はなれることができない。純粋理性が置かれているのは直接的な矛盾なのであって、その理性は二重のもの、端的に対立しているものが実在であると主張する。つまり、統覚の統一と、同様にまた事物とである。事物がそのさい、異他的な衝突と呼ばれようと、経験的な実在もしくは感性、あるいはまた物自体と名づけられようと、その概念にあってはおなじものであり、例の〔統覚の〕統一にとっては異他的なものでありつづけるのである。

Ⅲ185

Ⅸ137

*1 「悪無限 schlechte Unendlichkeit」は、どこまでも延長する直線のように、おわりなく際限のないだけの無限。これに対して「真無限」は、閉じた円環のように、みずからのうちで自足した無限。いいかえれば、悪無限が有限と対立するのに対して、真無限は有限を内含する。

II 190

182

この観念論がこのような矛盾を逃れられないのは、そこでは理性の抽象的な概念が真なるものとして主張されているからである。したがってこの観念論にとって直接的なしかたでただちに生じてくる実在そのものは、ほかでもなくむしろ理性にとっては実在ではない実在である。にもかかわらずたほうで理性は同時に、いっさいの実在性であるはずだ、とされているのである。かくて理性は休みない探究でありつづけ、その探究とは、探しもとめていながらも発見して満足することはまったく不可能だと宣言するような探究なのだ。――しかし現実の理性は、これほどまでに首尾一貫していないものではない。むしろ理性はようやく「いっさいの実在性である」とする確信にすぎないかぎり、理性がこのような概念にあって意識しているのは、じぶんが確信であり、〈私〉であるにとどまり、まだほんとうは実在性ではないということである。かくして理性は駆りたてられて、みずからの確信を真理へと高めようとし、空虚な「私のもの」を充実させようとするのである。

A　観察する理性

観察する理性への移行――理性とは世界であり、世界は理性的である

意識にとっていまや、存在はじぶんのものという意義を有している。そのような意識がここでふたたび「思いなすこと」や「知覚すること」へと入りこんでゆくことはたしかであるとはいえ、私たちが見るところではしかし、意識はたんに他のものである確信のうちに入りこんでゆくのではない。むしろ、理性がこの他のもの《アンデレ》自身であるという確信をもって入りこんでゆくのである。以前なら意識にとってただ生起したにすぎなかったのは、いくつかのことがらを事物にそくして知覚し、経験することだった。ここでは意識が観察と経験そのものを設定する。思いなすことと知覚することが廃棄されたのは、以前は私たちに対してのことであった。それらがいまや意識によって、意識自身に対して廃棄されるのだ。理性がむかうのは、真理を知ることである。これは、思いなすことと知覚することに対して一箇の事物であるものを、概念として見いだすことであり、すなわち事物であることにおいて、ただ理性がじぶん自身であるという意識を手にすることにほかならない。理性はかくしていまや、世界に対して普遍的な関心を有している。理性とは〔みずからの〕現在を世界のうちに有するという確信であり、ことばをかえれ

Ⅲ186

ば理性は、〔世界の〕現在が理性的であることを確信しているからである。理性は、じぶんにとって他であるもの《アンデレス》を索《もと》めるが、そのさい理性は、そこで所有されるのはじぶん自身以外のなにものでもないしだいを知っている。理性が求めているものは、ひとえにみずから自身の無限性なのである。

理性は最初、現実のなかにみずからが存在していることを予感しているにすぎない。あるいは、現実がたんに一般に理性のものであるのを知っているだけである。それでも理性がこの意味でも向かってゆくところは、じぶんに保証された所有物をあまねく占有
Ⅱ191
しようとすることであり、かくて理性はすべての高みとあらゆる深みとにあって、みずからの主権のしるしを植えつけるのである。とはいえこのように表面的なしかたで「私のもの」とすることが、理性の究極的な関心というわけではない。そのようにあまねく
Ⅸ138
占有することで歓喜がえられるにしても、そのさい理性の所有物においてなお見いだされるものは、よそよそしい他のもの《フレムト》であって、そうした他のものを、抽象的な理性はじぶん自身では手もとに置いていないのだ。理性はじぶんが、純粋な〈私〉がそうであるよりも深い実在であると予感している。だから理性が要求せざるをえないのは、区別、
184
つまり多様な存在が〈私〉にとって「じぶんのもの」それ自身となることである。すなわち〈私〉はみずからを現実として直観し、みずからが形態と事物として現在するのを見いだすべきなのだ。しかしたとえ理性が事物の胃の腑のすべてを抉りだし、そのいっ

さいの血の道を切りひらいて、理性がそこから迸りでるようにしたとしても、理性が到達するところはこのような幸福というわけではない。理性はむしろじぶん自身においてあらかじめ完結していなければならず、そののちにはじめてみずからが完結するのを経験することができるのである。

観察する理性とその運動

意識は観察する。すなわち理性の欲するところは、みずからを存在する対象として、現実の、感覚的に現在するしかたで見いだし、所有することである。このように観察する意識が思いなし、また語るところによればたしかに、意識はじぶん自身ではなく、その反対に事物としての事物の本質を経験しようとするのである。当の意識がこのように思いなし、語るゆえんは、意識が理性であるにしても、意識にとって理性はなおそのものとしては対象となっていないことにある。かりにこの意識が、「理性とは事物についても、じぶん自身にかんしてもひとしく実在である」しだいを知っていたとすれば、また「理性はひたすら意識のうちでのみその特有な形態で現在しうる」はこびを知っていたとするならば、意識はむしろみずから自身の深みへと降りてゆき、理性をその深みに索め、事物のうちには求めないことだろう。かりに意識が、この深みのなかで理性を見いだしたものとしてみよう。その場合には理性はその深みから出て、ふたたび現実へと

Ⅲ187

向かうように指示され、現実のうちでみずからの感覚的な表現を直観することになるだろう。理性はとはいえ、この表現をただちに本質的には概念であると考えるはずである。理性は、それが直接に「いっさいの実在性である」という意識の確信として登場するさいには、みずからの実在性を存在の直接的なありかたという意味で考え、同様に〈私〉Ⅱ192とこの対象的な実在との統一をも一箇の直接的な統一という意味でとらえる。この統一において理性は、「存在」と〈私〉という契機を分離して、それをふたたび合一させることをなお果たしていないのだ。いいかえれば、理性はいまだその統一を認識するにいたっていなかったのである。理性は、かくして観察する意識として事物へとむかう。そのさい思いなされているところでは、理性は事物を感覚的な事物、〈私〉に対立した事物としてその真《ヴァール》なるありかた《ハイト》においてとらえようとするけれども、理性が現実におこなうことがらはこの思いなしと矛盾している。理性は事物を認識するのであり、事物の感覚的《ジンリッヒカイト》なありかたを概念に転換することになるからである。つまりほかでもなく、同時185に〈私〉である「存在」に転換するのであって、思考はかくてまた存在する思考に、いいかえれば、思考された存在における存在に転換されているのだ。理性がじっさいに主張するのも、さまざまな事物はひとえに概念としてのみ真　理《ヴァールハイト》を有するということなのである。この観察する意識に対してそのさい生成するのは、「事物がなんであるか」であるにすぎない。私たちに対してはしかし、「観察する意識自身がなんであるか」も生成してくる。観察する意識の運動から生まれてくる結果は、いっぽうでは、意識が自体的にそうであるありかたが、じぶん自身に対しても〔自覚的に〕生成してくるというものとなるだろう。

観察する理性のふるまいが、その運動のさまざまな契機にそくして考察されなければならない。つまり、観察する理性が、自然と精神、最終的には両者の関係を、感覚的存在としてどのように受けとり、さらにみずからを存在する現実としていかに探しもとめるのかが、考察されなければならないことになる。

a　自然の観察

記述すること一般について

思想をもたない意識は、観察することと経験することが真理の源泉であると言明する。 Ⅸ139
そのばあい観察や経験から発せられることばはたしかに、あたかも問題がひとえに味わうこと、嗅ぐこと、ふれること、聞くこと、見ることにのみかかっているかのように響 Ⅲ188
くことだろう。そうした意識が熱心に、味わうこと、嗅ぐこと等々を推奨するあまり、付けくわえるのを忘れていることがある。つまり、当の意識はじっさいにはまた同様に、本質的にいってこのような感覚作用の対象をじぶんですでに規定しており、その規定もまた意識にとってすくなくとも例の感覚作用とおなじていどに重要である、ということだ。くだんの意識がただちにまた告白するだろうところは、その意識にとって、ことがおよそたんに知覚することにかかわっているばかりではない、ということである。だからたとえば、「このナイフはその煙草入れのかたわらに置かれている」といった知覚な
II 193 どを、観察として通用させることはできない。知覚されたものは、すくなくとも普遍的なものという意義を有しているべきであって、「感覚的なこのもの」という意義をもっている〔だけ〕というわけにはいかないのである。

右にいう普遍的なものは、こうしてなおようやくみずからとひとしくありつづけるものであるにすぎず、その運動もひとえにおなじふるまいが繰りかえし同型的なかたちをとるものとなるにすぎない。意識はそのかぎりでは、対象においてひたすら普遍的なありかたを、いいかえれば抽象的な「私のもの」を見いだすだけであるから、意識が対象ほんらいの運動をじぶん自身の側で引きうけざるをえない。くわえて、意識はなお対象をとらえる悟性とはなっていないにしても、すくなくとも対象を記憶するものでなければならない。[*1] 記憶とは、現実にはただ個別的なしかたで目のまえにあるものを、普遍的なしかたで表現するものなのである。個別的なありかた《アインツェルハイト》から〔普遍的なありかたを〕《アルゲマインハイト》記
186 憶がとり出すやりかたは表面的なものであり、〔とり出された〕普遍《アルゲマインハイト》性の形式もおなじくまた表面的なものである。その形式のうちへと感覚的なものがただとり入れられる

とはいえ、感覚的なものがそれ自体そのものとして普遍的なものとなっているわけではないからだ。こういったものが事物を記述することであって、それはいまだ対象そのもののうちで運動を有してはいない。運動はかえって、ひたすら記述することのうちにあるにすぎないのである。対象はしたがって、いったん記述されてしまえば、関心を引かなくなってしまう。ひとつの対象が記述されると、他の対象がとり上げられなければならず、いつでもべつの対象が捜しもとめられて、記述するはたらきが途絶えないようにされる必要がある。そこで、もはやそうたやすくは全体としてあらたな事物が発見されない場合には、すでに発見された事物に立ちかえらざるをえない。つまりその事物をさらに分割し分析して、事物のありかた《ディングハイト》のあたらしい側面をその事物にそくしてなお掘りかえすことになるのである。こうした忙しなく、休まるところのない本能にとっては、材料にこと欠くことなどありえない。あらたに劃定された類を見いだすとか、あたらしい惑星、しかもひとつの個体でありながらも、普遍的なものという本性が帰属するような惑星を発見したりすることともなれば、ただ幸運な者にのみその機会が恵まれることだろう。しかしながら限界についていえば、それが象や柏、金を劃定するものの限界、 III189
類であり種であるものの限界ということになれば、多くの段階をへて無限な特殊化へと IX140
移行してゆく。その特殊化は、〔限界が〕混沌としている動物、植物、岩石類や、力ずくの技巧ではじめて呈示されうる鉱物や土壌などにかかわってくるわけである。普遍的なものがなお規定されていないこの領域では、特殊化はさらに個別化に接近してゆき、それどころかそこかしこで個別化までまったく降りていってしまう。そのような領域のなかには、汲みつくすことのできない在庫が、観察することと記述することに対して開かれていることになる。ここではしかし、観察と記述にとって見わたすことのできない領野が拓かれているとはいっても、その領野にあって普遍的なものの限界に接して、観察と記述が測りつくすことのできない富を見いだしたというわけではない。むしろたんに自然の制限と、観察と記述そのもののふるまいの制限とが見いだされたにすぎない。そこで観察と記述がもはや弁えるところがないのは、それ自体として存在するかに見えるものがはたして一箇の偶然であるかどうか、なのである。ここでは刻印が、混乱し、あるいは未熟で脆弱な、原始的な未規定性からほとんど展開されていない形象そのものに対して刻みこまれている。そのような刻印をともなったものであるならば、それは記述されることとさえ要求することができないのである。

＊1　「記憶 Gedächtnis」という語は、ここではやや唐突であるが、『精神現象学』の執筆に先だち、また並行するイエナ期の体系構想では、「主観的精神」のなかで「知性 Intelligenz」が論じられ、その展開が「像 Bild」「言語 Sprache」「名称 Namen」「記憶」というかたちですすんでゆく。

187

認識の「標識」について

このような探究と記述とにさいして問題となるのは、たださまざまな事物だけであるかのように見える。そうであるにせよ、私たちの見るところでは、じっさいには探究や記述は感覚的に知覚することにそくして進行しているわけではない。むしろそれを手がかりに事物が認識されるものが、探究と記述にとってはそれ以外の範囲にぞくする感覚的な性質よりも重要となるのである。後者についても、事物そのものとしては欠くことができないだろうけれども、意識の側はそれらなしで済ませることができるのだ。このように〔性質をめぐって〕本質的なものと非本質的なものとを区別することで、概念が感覚的に散乱したありかたから浮かびあがってくる。だから認識作用はそのような消息にもとづいて、じぶんにとってはすくなくとも同様に認識自身も事物とならんで本質的なものであると宣言する。認識は、本質的なありかた《ヴェーゼンハイト》がこのように二重化するにあたって、動揺に陥ることになるだろう。つまり、認識に対して本質的となり必然的となるものが、事物にそくしても本質的であり必然的なものであるかどうか、ということである。一方で標識はひたすら認識のために役だつはずのものである。標識をつうじて認識は、さまざまな事物をたがいに区別することになるからだ。しかし他方、事物について認識されるべきは非本質的なものではなく、それによって事物そのものが存在一般の普遍的な連続性から引き裂かれ、他のものから分離されて、じぶんだけで存在することになる

Ⅲ190

ものである。標識が本質的な関係を有するべきなのは、ひとり認識に対してというわけではない。標識にはまた、事物の本質的な規定性もふくまれていなければならない。だから人為的な体系であっても、自然そのものの体系に適合したものであるべきであって、ただ自然そのものの体系のみを表現するべきなのである。理性の概念からして、この件は必然的である。だから理性の本能——〔本能といったのは〕理性はこうした観察にあっては本能としてだけふるまうからである——もまたみずからの体系においては、このような統一へと到達していた。そこではつまり理性の対象そのものの性状が、なんらかの本質的なありかた、あるいはじぶんだけの存在をみずからにそくしてそなえており、その性状はただたんにこの瞬間もしくはこの「いま」による偶然ではない、ということだ。動物を区別する標識は、たとえば爪と歯から採られている〔アリストテレス、リンネ〕。じっさい、ひとり認識のみがこれらをつうじて或る動物を他の動物から区別するだけではなく、動物も爪と歯そのものによってじぶんを分断しているからである。要するに、それらの武器をつうじて動物はみずからをじぶんで維持し、〔生命一般という〕普遍的なものから分離しているわけである。植物なら、これに対して、じぶんだけで存在するまでにはいたらない。植物はむしろひとえに、個体性の限界にふれているだけである。この限界において、植物は見かけじょう両性への分裂を示すけれども、植物は、したがってその限界でとり上げられ、区別されていることになる。いっぽうさらに低い段

IX 141

188 階に立つものの場合には、もはや自身を他のものから区別することもできず、対立に直面するにいたると消失してしまうのだ。静止している存在と関係のうちにある存在とがたがいに争いあうようになり、事物は前者と後者とではなにかべつのものとなるのである。これに反して「個体」であるならば、他のものとの関係にあってもみずからを維持することになる。たほうこのようにじぶんを維持することがかなわず、化学的なありかたからすると、それが経験的なかたちで存在するのとはべつのものになってしまうものがある。そのようなものが認識を混乱させて、認識を〔静止している存在と関係のうちにある存在とのあいだに生じるのと〕おなじ争いのうちに連れこんでゆく。すなわち、認識は一方の側面と他方の側面の、いったいどちらに依拠すべきか、ということである。事物そのものがすこしもひとしく止まるものではなく、ふたつの側面が事物において分離してしまっているからである。

観察と記述の限界

このような体系は、普遍的でみずからとひとしくありつづけるものからなっている。そこではしたがって、このみずからとひとしくありつづけるものが、認識にあってみずからとひとしくありつづけるものであるのと同様に、事物そのものについてもそうであるという意義をもっている。しかしながら、ひとしくありつづける規定性のさまざまが

Ⅱ196 Ⅲ191 このように〔体系をなすかたちで〕ひろがってゆくことは——この規定《ベシュティムトハイト》性のそれぞれは、静謐にその進行の系列を記述し、おのおのがそれだけで存在する余地を確保しているかぎり——、本質的にいえばおなじくその反対のありかたへと移行してゆくものであって、そういった規定されたありかた《ベシュティムトハイト》が混乱してゆくことなのである。標識とは、普遍的に規定されたもの《ベシュティムトハイト》として、対立するものの統一《アインハイト》、つまり規定されたものとそれ自体として普遍的なものがひとつであるありかた《アインハイト》であって、その統一は、したがって、このような対立へとばらばらに分かれてゆかざるをえないからである。ここで規定されたありかたは一面からすれば、じぶんの実在《ヴェーゼン》を普遍的なもののうちに有しているにもかかわらず、この普遍的なものに打ちかかっている。そうであるにしても後者の普遍的なものの側は、これに対して他面からするならば同様に、規定されたありかた《ベシュティムトハイト》に対する支配を手にしており、規定《ベシュティムトハイト》性をその限界へと駆りたてて、その限界においてさまざまな区別と本質的なありかた《ヴェーゼンハイト》を混淆させてしまう。観察はこれらの区別や本質的なありかたを秩序ただしく切りはなしておき、それらについてなんらかの確乎たるものを手にしていると信じていた。この観察が〔いまや〕見るところでは、ひとつの原理のうえに他の原理が覆いかぶさって、移行や混乱のさまざまが形成されている。かくて第二の原理にあっては、観察が最初は端的に分離されているととらえていたものが結合されており、いっしょに数えていたものが分離されているのである。そのけっか、静謐に、ひとしいものでありつづける存在を固持していた、この観察のありかたもここにいたると、ほかでもないみずからのもっとも普遍的な規定において――たとえば「動物や植物は、本質的な標識としていったいなにをそなえているのか」といったことである――実例によって愚弄されているのをみとめざるをえない。実例とは、観察からいっさいの規定を奪いさり、普遍的なありかた《アルゲマインハイト》へと観察が高められていたとしても、その普遍《アルゲマインハイト》性を沈黙させ、思想を欠いた観察と記述へと送りかえしてしまうものなのである。

189

「標識」の観察から法則の概念へ

ここで観察は単純なものに局限されている。ことばをかえれば、感覚的な散乱を普遍的なものをつうじて制限しているだけである。このような観察がじぶんの対象について見いだすのは、したがって、観察の原理が混乱させられていることなのである。なぜなら規定されたものはみずからの本性によって、その反対のもののうちで失われざるをえないからである。理性はそれゆえにむしろ、惰性的に規定されたありかた《ベシュティムトハイト》、つまり見かけじょう持続するものであったありかたから、当の規定《ベシュティムトハイト》性がその真のありかたにあってどのように存在するか、を観察することへとすすんでゆかざるをえない。真のありかたとはすなわち、反対のものに関係してゆくことなのである。本質的な標識と呼ばれるものとは、静止して規定されたありかたのことである。そのありかたは、それらが単

IX142

II 197

純な規定性として表現され、把握されている場合には、これらの本性をかたちづくっていることがら、すなわち自己をみずからのうちに取りもどしてゆく運動にあっては消失する契機であるというしだいを呈示していないのだ。しかしいまや理性本能が到達するにいたっているのは、規定性をその本性にあわせて——規定性の本性とは、本質的にいって独立《フュール・ジッヒ》に存在するのではなく、対立したものへと移行するというものにほかならない——探究するということである。それゆえここで理性本性が捜しもとめるのは、法則とその概念なのである。たしかに法則や概念とはいって、そこでは同様に存在する現実としてのそれである。とはいえそうした現実は理性本能にとって、じっさいには消失してゆくことになるから、法則のこういった側面は〔理性概念にとっても〕純粋な契機あるいは抽象となるだろう。そのけっか法則が、概念の本性にあって立ちあらわれてくる。概念とは、感覚的現実の〔みずからにとって〕どうでもよい存立を、それ自体として廃絶してしまっているものなのである。

III 192

法則の概念と「経験」

観察する意識にとって、法則の真理は経験のうちに存在する。真理が経験のなかに存在するしかたは、感覚的な存在が意識に対して存在するように、ということであって、真理がそれ自体として、またそれ自身に《アン・ウント・フュール・ジッヒ・ゼルプスト》対して存在するとおりにではない。しかし法則が概念のうちでその真のありかた《ヴァールハイト》を有していないのならば、法則とはなにかしら偶然的なものとなるのであって、一箇の必然性ではないはこびとなる。つまりじっさいには、それはひとつの法則ではないのである。いっぽう法則が本質的に概念として存在することは、それが観察に対して目のまえにあることと矛盾しない。そればかりか、法則はそれゆえにこそむしろ必然的に現に存在する《ダーザイン》しだいとなり、かくて観察に対して存在するのである。普遍的なものは、理性の普遍性という意味でそうであるならば、それが普遍的なものであるというのはまた、概念がじぶんでそなえている意味においてのことである。すなわちこの普遍的なものは意識に対して、現在的で現実的なものとしてあらわれてくるのであり、ことばをかえれば概念が、事物であり、感覚的に存在するというしかたで立ちあらわれてくるのである。しかしだからといって、概念はみずからの本性を喪失して、惰性的な存立もしくは無関心な継起へと落ちこんでしまうというわけではない。普遍的に妥当的なものはまた、普遍的に妥当するものとして存在している。存在すべきものは、じっさいにもまた存在している。いっぽうたんに存在すべきであって、存在していないものは、およそいかなる真理も有していない。この点に理性の本能が固着しているとすれば、それはそれなりに正当なところである。そこで理性の本能はただ考えられたものになど惑わされはしない。そうしたものはたんに存在すべきであるとされて、「すべき」であるがゆえに真理を有するはずである《ゾレン》というにとどまり、およそいかなる

II 198 経験のうちにも見いだされはしないのだ。また理性の本能は、仮説によっても惑わされないし、おなじく永続的な「すべし《ゾレン》」〔カント〕といった、その他の不可視なものたちによっても惑わされることがない。理性とはほかでもなく、実在を手にしているというこの確信であって、一箇の自己存在として意識に対して存在するのではないもの、すなわち現象しないものは、意識に対してはなにものでもないからである。 III 193

「実験」は「真理」を確証するか？

法則の真のありかたは、本質的にいって実在性である。意識はなお観察するにとどまっており、そのような意識にとってたしかにこの件はいまだ、ふたたび概念とは反対のもの、それ自体として普遍的なものとは反対のものとなる。あるいは意識にとっての法則であるようなものは、この意識にとって理性の本質ではない。意識の思いなすところでは、法則においてなにか疎遠なものが手にされていることになるわけだ。しかしながら意識はこういったじぶんの思いなしを、みずからの行為《タート》によって反駁している。じっさいになすところ《タート》をみれば、意識自身が意識にとっての普遍性をとらえるさいのそ IX 143
の意味は、すべての個別的な感覚的事物が、意識にとって法則の現象であることを示すべきであって、そのあとでなければ、法則が真理であることを主張することはできない、などといったものではない。「石が地上から持ちあげられ、手を放されれば、落下する」

というために要求されるのは、あらゆる石にかんしてこうした実験がなされるといったことではいささかもない。意識の語るところはおそらくはむろん、この件がすくなくとも相当数の石についてためされてきたのでなければならない、ということだろう。そうであってはじめて、他の石にかんしても最大の蓋然性〔真とみえること《ヴァールシャインリッヒカイト》〕をもって、もしくは完全な権利とともに、類推にしたがって推論されうる、というわけである。とはいえ類推が与えるものは、完全な権利ではまったくないのだ。そればかりではない。類推は、その本性のゆえにしばしば自己矛盾に陥ってしまう。そのけっか、類推そのものにしたがい推論されうることは、類推はかえっていかなる推論をおこなうこともゆるさない、というしだいとなる。真理らしさ〔蓋然性《ヴァールシャインリッヒカイト》〕といったものが類推の結果として帰結するところだろうが、それも真理〔真のありかた《ヴァールハイト》〕のまえでは、蓋然性がより低いか高いかといった区別をことごとく喪失してしまう。蓋然性がどれほど高かろうと、真理をまえにしてはなにものでもないからだ。理性の本能も一方でじっさいには、この〔自由落下の〕ような法則を真理として想定している。他方でその本能は、こうした法則が必然性と関係しているしだいを認識していない。その必然性と関係することではじめて、理性本能は右で述べた〔真理と蓋然性との〕区別に嵌まりこんで、ことがら
191 自身の真理を蓋然性へと引きおろしてしまう。そのけっかくだんの本能は、真理が意識に対して現に存在する《フォアハンデン》不完全な様式――ここで意識は、純粋概念を見とおすにはなおい

Ⅱ199
Ⅲ194

たっていないのだ——をしるしづけることになる。普遍性はここではひとえに、単純で、直接的な普遍性としてのみ目のまえにある《フォアハンデン》からである。とはいえ同時にこの普遍性があるからこそ、法則は意識に対して真理を有している。「石が落下する」のが意識にとって真理であるのも、意識にとっては石が重いからなのである。すなわち石は重さのうちに、それ自体として、またそれ自身だけで本質的に地上への関係を有しているから、ということになる。その関係が落下として表現されるのだ。この意識はしたがって、経験のうちに法則の存在を手にしている。たほう同様に法則を概念としても有しており、ただこの〔存在としての法則と、概念としての法則という〕双方の事情がひとつになってこそ、法則は意識にとって真理であることになる。要するに、法則が法則として妥当するのは、それが現象のなかに立ちあらわれ、同時にそれ自体そのものとして概念でもあるからなのである。

「実験」とはなにか？

このような意識の有する理性本能は、法則が同時にそれ自体としては概念であるがゆえに——必然的に、とはいえじぶんのなそうとするところを知ることなく——、みずから法則とその契機を概念へと純化することに向かってゆく。そこで理性本能としては、法則にかんして実験を設定してみようとする。法則は手はじめにどのように現象するのか。この件についていえば、法則は不純なしかたで、個別的で感覚的な存在に覆われたかたちであらわれるのだ。たほう概念は、法則の本性をかたちづくるものでありながら、経験的な素材のうちに沈みこんださまで立ちあらわれる。理性本能がみずから設定する実験にあって目ざすところは、あれこれの事情のもとでなにが帰結するか発見する、ということになるだろう。法則は、このようなしだいで、ますます感覚的な存在に浸されたものにすぎないすがたを取っているように見えてくる。しかしそういった感覚的存在は、実験をしてゆくうちにかえって失われてゆくものなのである。こうした探究の有している内的な意義は、法則の純粋な諸条件を発見するということである。この件が語りだそうとしているのは、ほかでもない、（かりに意識がそのようなしかたでみずからを表現している場合でも、そのことでなにかべつのことを語っていると、じぶんとしては思いなしているにしても）法則をかんぜんに概念の形態へと高め、法則の諸契機が一定の存在に繋縛されているありかたのすべてを廃滅するということである。陰電気であれば、たとえばなにか最初は樹脂電気というかたちで、同様に陽電気のほうはガラス電気というしかたで登場してくる。これらは実験をつうじてそういった意義をまったく失ってしまい、純然たる陽電気となり、陰電気となる。そのどちらも、もはやなにかとくべつな種類の事物にはぞくしていない。そうなると語られることができなくなるのは、なんらかの事物が存在して、それがプラスに荷電し、他の事物の場合にはマイナスに荷電

IX 144

II 200
192
していることなのである。おなじようにまた、酸と塩基との関係、ならびに両者のあいだの反応もひとつの法則をかたちづくっているけれども、その法則のなかで〔酸と塩基との〕対立は物体のかたちであらわれてくる。とはいえそのように分離された事物には、いかなる現実性もそなわっていないのだ。両者をばらばらに引きさく力であっても妨げることができないのは、双方がただちになんらかの過程へとふたたび入りこんでゆくことなのである。酸と塩基は、ひとえにこのような関係としてだけ存在するからである。くだんの両者は、歯や爪がそうであるようには、それだけで《フュール・ジッヒ》存在しつづけるわけにはいかず、また独立《フュール・ジッヒ》にそれとして挙示されることもかなわない。酸と塩基の本質は、たちどころに中和された産物に移行してゆくことであって、この消息によって、両者の存在はそれ自体としては廃棄された存在、ことばをかえれば一箇の普遍的な存在となっている。だから酸と塩基が真のありかた《ヴァールハイト》を有しているのは、ただ普遍的なものとしてだけなのである。したがって、ガラスと樹脂がひとしくプラスにもマイナスにも荷電しうるのとおなじように、酸と塩基もまた性質としてあれこれの現実に繋縛されているわけではない。むしろあらゆる事物は、ひたすら相対的に酸性であり、あるいは塩基性であるにすぎない。遊離された酸もしくは塩基であるかに見えるものも、いわゆる[*1]合体のなかでは他のものに対して対立した意義を帯びるのだ。——実験の結果によってこのようなしかたで廃棄されるのは、一定の事物の性質としてとらえられた契機あるい
III 195

は精気づけること[*2]であり、また述語はその主語から解放される。それらの述語は、その真のありかたにあっては、ただ普遍的な述語としてだけ発見され、この〔普遍的なものであるという〕自立性のゆえに、述語はかくて「物質」[*3]という名称を獲得するのである。この物質は物体でも性質でもなく、だからひとはしかるべく警戒して、酸素などを、また陰陽の電気や、熱等々を物体と呼ぶのを憚っている。

＊1 Synsomatien. ふたつ以上の成素が触媒なしに化合すること。

＊2 Begeistungen. 化合するふたつの成素は、いわばたがいに精気を与えあって（sich begeistern）いる、という理解。

＊3 Materien. 素、自由な物質。本書、二〇二頁の訳註参照。

物質あるいは「素」から「有機的なもの」へ

物質は、これに対して、存在するひとつの事物というわけではなく、普遍的な存在としての存在である。ことばをかえれば、概念という様式における存在なのである。理性はなお本能であって、こうした正当な区別を設定するとはいうものの、そこでは意識されていないことがらがある。つまり理性が法則を、あらゆる感覚的存在について実験してみるさいに、ほかでもなくそうすることで、みずからのたんに感覚的な存在を廃棄しているということだ。さらにはまた、理性がじぶんの契機をさまざまな物質として把握

するとき、諸契機の本質的なありかたが理性の本能にとっては普遍的なものとなってお
り、非感覚的に感覚的なものであるというこの〔物質という〕表現のうちでは、物質は
物体というありかたを欠いたものでありながら、それでも対象的な存在として言明され
ていることも意識されてはいないのである。

II 201 いまや見てとられなければならないのは、理性の本能に対してどのような転換を、そ
の本能の結果がもたらすことになるかであり、いかなるあらたな形態が、理性本能のお
こなう観察についてかくてまた登場してくるのかである。この実験を遂行する意識にと
って真理であるのは、私たちの見るところでは純粋な法則である。純粋な法則は感覚的
193 な存在から解放されているのだ。私たちはまた、その法則を概念として見てとるのであ III 196
って、この概念は感覚的な存在のうちに現《フォアハンデン》にありながら、その存在のなかで自立的で、
そこに繋縛されることなく運動している。つまり感覚的存在のうちへ沈みこんでいる一
方で、そこから自由であって、要するに単純な概念なのである。この概念は真に結果で
あり本質であるが、そうした概念がいまや意識自身に対して登場している。けれどもそ
れは対象というかたちで立ちあらわれているのであって、しかも対象はそのさい、まさ
にこの意識に対しては結果ではなく、先行する運動との関係を欠落させている。だから IX 145
それは、とくべつな種類の対象として登場してくるのであり、この対象が意識に対して
有する関係も〔これまでとは〕べつのしかたで観察することとして立ちあらわれてくる。

有機的なものと非有機的なもの

対象はところで、それが過程を概念という単純なありかたのうちでそなえている場合には、有機的なものである。有機的なものは、このように絶対的に流動的なありかたを有している。そこでは規定されたありかたが、それによって有機的なものがただ他のものに対して存在するにすぎないものである〔限定である〕かぎりでは、解消されているのだ。非有機的な事物は、限定〔規定〕されたありかたをその本質《ヴェーゼン》として有しており、そのためただ他の事物とともに在ることで、概念の契機を完全にかたちづくることになって、それゆえ運動のうちに入りこむことで消えうせてゆく。そうであるとすれば、これに対して有機的な存在者《ヴェーゼン》にあっては、すべての規定〔限定〕されたありようをつうじて存在者は他のものに対して開かれており、それらの規定されたありかた《ベシュティムトハイト》は有機的で単純な統一のもとで繋ぎとめられている。本質的なものとして立ちあらわれるどのような規定《ベシュティムトハイト》性も、他のものに自由に関係するものとしてはありえないのだから、有機的なものはしたがってみずからがむすぶ関係そのものにおいてじぶんを維持するものなのである。

法則にぞくする〔ふたつの〕側面——法則を観察することに、ここで理性本能は向かっているのであるが——は、右にみた規定から帰結するところであるとおり、さしあたり有機的自然と非有機的自然であって、その両者はたがいに関係しあっている。後者は

Ⅱ202

194

有機的自然に対して、その単純な概念と対立している、繫がりを解かれた限定性《ベシュテイムトハイト》にぞくする自由にほかならず、その限定されたありかた《ベシュティムトハイト》のうちへと、個体的な自然は同時に解消され、かつその連続性から同時に分離して、独立に（*für sich*）存在している。空気、水、大地、地帯、気候といったものが、こうした普遍的な境位《エレメント》であって、それらは、さまざまな個体性にとって未規定の、単純な実在《ヴェーゼン》をかたちづくるとともに、その境位のうちでこれらの個体性《インディヴィデュアリテート》は同時に自分のうちへと反省的に立ちかえっている。個体的なありかた《インディヴィデュアリテート》のほうが端的に絶対的《アン・ウント・フュール・ジッヒ》に存在するというわけではなく、四大をなす境位（das Elementarische）もまたそうではない。両者はそれぞれの自立的な自由において、観察に対してたがいに対立して立ちあらわれるが、その自由にあって同時に本質的に関係づけられたものとしてたがいにかかわりあっている。とはいえそのかかわりでは、双方が自立しており、たがいに対して無関心であることが支配的なものとなっているのであって、両者にとって〔関係という〕抽象へと移行してゆくことは、ただ部分的なことがらにすぎない。ここで目のまえに存在するのは、かくして関係としての法則であり、その関係は境位が有機的なものの形成に対して有するとされるものである。そのさい有機的なものは四大をなす境位的な存在を、一方ではじぶんに対立するものとして持っており、他方で有機的なものはみずからが有機的なしかたで反省的に立ちかえることで、その存在を呈示するということだ。しかしながらそこでは法則とはいっ

Ⅲ197

ても、空に棲む動物は鳥類の性状をそなえ、水に棲むものは魚類の性状をそなえており、北方の動物ならぶあつい毛皮をまとっている等々というところなのであって、そうした法則がただちに示すにいたる貧しさは、およそ有機的なものの多様なありかたに対応するものではない。有機的なものの有する自由は、こうした規定のさまざまからじぶんのかたちをふたたび脱却させるすべを知っているのであり、だから必然的にいたるところでそういった法則、あるいはそう名づけたければ規則の例外を提供している。それば IX 146 かりではない。〔境位の与える〕こうした規定は、右にいう法則や規則のもとにぞくする有機的なものについてさえ、きわめて表面的な規定であるにとどまっており、そのけっか法則や規則の必然性を表現するものも、おなじく表面的なものとなるほかありえず、「大きな影響」といったところを超えでるものではない。その場合およそ知られていないのは、いうところの「影響」には、そもそもなにならぞくし、なにはぞくさないか、ということなのである。四大をなす境位に対して有機的なものの有するこのたぐいの関係は、したがってじっさいには「法則」と名づけられるべきものではない。その理由はひとつには、すでに注意しておいたように、そうした関係は内容的にいって、有機的なもののひろがりを汲みつくすものではいささかもない、ということである。もうひとつには他方またくだんの関係そのものの契機が、たがいに無関係《グライヒギュルティッヒ》なものであるにと II 203 どまっていて、それらの関係はいかなる必然性も表現してはいない、ということだ。酸の概念のうちには塩基の概念がふくまれている。これは、プラスの電気の概念中にマイナスの電気〔の概念〕がふくまれているのと同様である。いっぽうどれほどの頻度で、ぶあつい毛皮と北の大地が、あるいは魚類の構造と水が、鳥類の構造と大気がともに見いだされたとしても、北の概念のうちにはぶあつい毛皮で覆われていることの概念はふくまれておらず、海の概念中には魚類の構造の概念がふくまれていないし、大気のそれ

Ⅲ198

のなかに鳥類の構造の概念がふくまれているわけでもない。両側面がこれほどたがいに自由であるがゆえに、陸棲動物であって、しかも鳥類や魚類などの本質的な性格をそなえたものも存在する〔*gibt es* 与えられている〕のである。ここでは「必然性」といっても、実在《ヴェーゼン》の内的な必然性としてはまったく把握されえないのだから、感覚的なかたちで現に存在する《ダーザイン》ありかたを有するのも止めてしまっている。だから必然性をもはや現実

195

にそくして観察することはできないのであって、必然性は現実から離脱してしまっている。必然性はこのように実在的な本質《ヴェーゼン》自身にそくしたかたちで見いだされないのだから、それは必然性とはいっても目的論的関係と呼ばれるものであって、関係づけられるものにとって外的なのである〔カント〕。それゆえむしろ法則とは反対のものなのだ。ここで必然性とは、必然的な自然からはまったく解きはなたれたしかたで考えられたもの《ゲダンケ》である。その思想《ゲダンケ》は必然性を捨てさって、必然性の上方をじぶんだけで《フュール・ジッヒ》運動している。

カントの「自然目的」について

これまでふれてきたとおり、境位的な自然への有機的なものの関係は、有機的なものの実在《ヴェーゼン》を表現するものではない。そうであるならば、当の本質《ヴェーゼン》は、むしろ逆に目的概念のうちにこそふくまれていることになる。ここで観察する意識にとっては、目的概念が有機的なものに固有な本質ではないことはたしかである。むしろ観察する意識にとって目的概念は、本質の外部にぞくするものであり、だからその場合くだんの外的な目的論的関係であるにすぎない。しかしながらさきに有機的なものをそう規定しておいたとおり、有機的なものとはじっさいには実在的な目的自身〔カントのいう「自然目的 Naturzweck」〕なのである。その理由はこうである。有機的なものは、他のものとの関係にあってさえみずからを維持している。だから有機的なものとはほかでもなく自然的な存在者《ヴェーゼン》でありながら、そのうちで自然本性が概念のうちへ反省的に立ちかえるものであり、必然性という面からいえば離ればなれな契機である原因と結果、能動的なものと受動的なものとが、ひとつのものとして集約されたものである。その結果そこでは、或るものがたんに必然性の結果というかたちで立ちあらわれてくるのではない。むしろその或るものがじぶんのうちへ立ちかえってもいるのだから、最後のもの、いいかえれば結果は同様に最初のものなのであり、その最初のものが運動を開始し、かつみずからが実現する目的でもある、ということなのである。有機的なものはなにかを産出するのではない。ひとえにみずからを維持するだけである。ことばをかえれば、産出されるものは、産出されるのとまったく同様に、すでに目のまえに存在するものなのだ。

目的論的関係をめぐって

このような〔有機的なものの〕規定は、それ自体として、また理性本能に対してどのようなものなのか。この件をさらに究明しなければならない。そのことで見てとられる必要があるのは、理性本能がこの規定のうちでみずからを見いだしながら、しかしじぶんが発見したもののなかで自己を認識しないのはどうしてか、ということである。目的概念にまで、したがって、観察する理性は高まってゆく。その目的概念は、理性にとって意識された概念であるのと同様に、一箇の現実的なものとして現に存在《フォアハンデン》している。それは現実的なものの有するたんに外的関係であるばかりではなく、その本質なのである。この現実的なものはそれじしん一箇の目的であって、現実的なものは合目的的なしかたで他のものに関係してゆく。この件が意味するところは、この関係がひとつの偶然的な関係であることである。それは、〔ひとつの現実的なものと他のものの〕両者が直接的に存在するところにしたがえば、偶然的な関係なのだ。双方はつまり直接的には自立的であり、たがいに対して無関心なのである。両者の関係の本質は、とはいえ、それが一見そうみえるのとはことなっている。つまり、双方のふるまいが有している意味は、感覚

III199

IX147

的な知覚に対して直接に存在するのとはべつのものである、ということだ。必然性は、生起するものにおいては隠されており、おわりにいたってはじめて示される。しかも、ほかでもなくこの「おわり」が示すのは、必然性が「最初のもの」でもあったということである。おわりがこのようにじぶん自身に先だっていることになるが、その件が示されるのは、行為《トゥーン》がくわだてた変化をつうじて生みだされるものは、すでに存在していたものにほかならないことによってである。ことばをかえれば、私たちが「最初のもの」からはじめるとして、その最初のものがみずからの「おわり」にあって、あるいはじぶんのはたらき《トゥーン》の結果において、ただみずから自身に立ちかえってゆき、まさにそのことをつうじて、最初のものがじぶん自身をみずからのおわりとして有しており、したがって最初のものであることですでにみずからに立ちかえって、つまりはそれ自体として、それ自身だけで存在するものであるしだいを証示する、ということだ。最初のものが、かくて、みずからがはたらいて運動することをつうじて到達するものは、最初のものそれ自身である。かくてまたただじぶん自身に到達することが、その自己感情となる。その場合たしかに区別が、最初のものがそれであるものと、最初のものが求めるものとのあいだに現に存在《フォアハンデン》している。とはいえ、これはたんに見かけ上の区別であるにすぎない。このような消息によって、最初のものはそれ自身において概念なのである。

目的論と自己意識

いっぽう自己意識にも同様の性状がある。つまり、このようなしかたでじぶんをじぶんから区別しながら、そのように区別することにあって同時にいかなる区別も生まれてこない、ということだ。自己意識がしたがって、有機的な自然の観察において見いだすものは、こうした〔みずからの〕本質にほかならない。つまり自己意識はじぶんをひとつの事物として、しかも一箇の生命として見いだしながら、それでもなおなんらかの区別を、みずからが自身そうであるものと、みずからが見いだしたものとのあいだに設定するとはいえ、その区別はいかなる区別でもない、ということなのである。動物の本能は餌となるものをもとめ、それを食いつくす。だが、そのことで産出されるのは、動物自身以外のものではない。それとおなじように理性の本能もまた、じぶんの探究にあってただ理性自身のみを見いだす。動物の場合は、自己感情を得ることでおわりとなる。理性本能の場合には、これに対して、それは同時に自己意識でもある。しかし理性は〔ここではまだ〕本能であるにすぎないから、その本能は、意識に対して一方の側に置かれ、意識にそくしてみずからに対立するものを有している。理性の本能が得ることになる満足は、それゆえこのような対立によってふたつに分裂《エントツヴァイエン》するにいたる。理性の本能は、たしかにじぶん自身を見いだす。すなわち目的を見いだすけれども、その目的は同様に事物として見いだされる。けれども目的は理性の本能にとって、第一に目的として立ち

Ⅲ200

あらわれる事物の外部にぞくしている。目的としての目的〔カントのいう「自然の目的」とその体系〕も、第二には同時に対象というかたちをとっているから、目的は理性の本能にとって、したがってまた意識であるじぶんのうちにではなく、〔人間とは〕「べつの悟性」〔カントにあって「自然の目的」を整序する直観的悟性、あるいは知性的直観〕のなかに存在していることになるのである。

有機的な事物の合目的性と偶然性

もうすこし考えてみる。こういった規定も、〔有機的な〕事物の概念のうちに同様にふくまれているのであって、その概念とはつまり〔有機的な〕事物とはそれ自身における目的〔カントの自然《ナトウーラ》目的〕であるということである。〔有機的な〕事物はすなわち、みずからを維持する。いいかえれば、同時にくだんの事物はその本性《ナトウーラ》からして、必然性を隠して、それを偶然的な関係という形式にあって呈示するということだ。というのも、そのような事物の自由は、あるいはそれが自立的な存在であること（*Fürsichsein*）は、じぶんにとって必然的であるものに対して無関係《グライヒギュルティゲス》なものとしてふるまうことにほかならないからである。〔有機的な〕事物が、かくして自身を呈示するのは、その概念がみずからの存在の外部にぞく〔し、したがって偶然的なものとして現象〕するものというしかたにおいてなのである。おなじように理性の側も、必然的にじぶん自身の概念がみずか

II 206

らの外部にぞくするものであるかのように、かくてまたその概念が事物であるかのように直観せざるをえない。事物であるかのようにというのはつまり、それに対して理性が没交渉的（*gleichgültig*）であり、そのことでまた事物の側も理性に対して、また事物の概念に対して無関心《グライヒギュルティッヒ》であるようなものとして、ということである。理性はなお本能であるから、そのような理性はまた事物がこのように〔たんに〕存在し、いいかえれば無関心であるという消息の内部にとどまっている。だから事物も、それが概念を表現するものであっても、理性の本能にとっては当の概念とはことなった或るもの《アイン・アンデレス》でありつづけ、概念の側も事物とはべつの或るもの《アイン・アンデレス》にとどまっているのである。だから有機的な事物が理性に対し、それ自身において目的であるとはいっても、必然性が事物のはたらきにおいては隠されたものとして呈示されるのだから、はたらきかけるものは事物のなかで、無関心な自立的存在《フュールジッヒザイン》としてふるまうかぎり、必然性は有機的なものの自身の外部にぞくすることになる。——とはいえ有機的なものはそれ自身における目的として、それ以外のしかたでふるまうことができない。だからまた現象し、感覚的に現在しているすがたからすれば、有機的なものとはそれ自身における目的であるということであって、有機的なものはそのようなものとして観察される。有機的なものがあらわれるのは、じぶん自身を維持するもの、じぶん自身に立ちかえり、すでに立ちかえったものとしてである。しかしそのような存在のうちに、この観察する意識が認識するものは目的概念で

III 201

はない。観察する意識が認識しないのは、ことばをかえれば、目的概念がどこかほかの〔カントの語る、人間以外の他の〕なんらかの悟性のうちにあるのではなく、まさしくここに現実存在し、一箇の事物として存在している、ということなのだ。観察する意識は区別を、目的概念と、じぶんだけで存在《フュールジッヒザイン》し、じぶんを維持することとのあいだで設定するけれども、その区別はいかなる区別でもない。この区別が区別でないしだいは、意識に対しては存在せず、意識されているのはひとつのふるまいが偶然的で、じぶんが成就するものに対して無関心なものとして現象する、という消息である。統一が、それでも〔はたらきと結果の〕両者を結合するものとして存在する。だが、くだんのはたらきとこの目的は、意識にとって離ればなれになっているのだ。

はたらきとしての有機的なもの

このような観点にあって有機的なもの自身に帰属するのは、最初のものと最後のものとのあいだでその中間に存するはたらきであり、しかもそれが個別的なありかた《アインツェルハイト》という性格をそなえているかぎりでのはたらきである。はたらきは、いっぽうそれが普遍的《アルゲマイン》なありかた《ハイト》という性格を有していて、はたらきかけるものがはたらきによって産出されるものと等置されているかぎりでは、合目的的なはたらきそのものは有機的なものに帰属しないことになるだろう。くだんの個別的なはたらきはたんに手段であって、それが

II 207

個別《アインツェルハイト》性であるがゆえにまったく個別的な、あるいは偶然的な必然性という規定のもとに立っている。有機的なものが、個体としてのじぶん自身を維持し、もしくは類としてのみずからを維持するためにおこなうはたらきは、したがってこの直接的な内容からするならば完全に法則を欠いている。というのも普遍的なものと概念が、有機的なものの外部にあるからである。有機的なもののはたらきは、かくして空虚な活動であって、そこには活動そのものに内容が欠落している。そうした活動は、機械のそれですらないだろう。機械にはなんらかの目的があり、その活動はそのことで一定の内容をそなえているからだ。これほどまでに普遍的なものから見すてられているのだから、有機的なもののはたらきはたんに存在者としての存在者にぞくする活動となるはずである。すなわちその活動は、同時にみずからのうちへと反省的に立ちかえった活動ではないことになる。そのいみで、酸や塩基のはたらきとひとしいのだ。だからこの活動は、じぶんが直接に現に存在《ダーザイン》するしかたから切りはなされることができず、またその定在《ダーザイン》を——それが〔酸と塩基のように〕じぶんに対立するものに関係する場合には消えうせてしまうのに——放棄することもできないにもかかわらず、自己を維持することができるものということになる。ここでその活動が考察されている存在は、しかしじぶんに対立するものとの関係にあって自己を維持する事物として定立されている。そのばあい活動そのものは純粋に実在を欠いた形式にほかならず、つまりその事物がそれだけで存在《フュールジッヒザイン》することで

IX 149

III 202

あって、その活動の実体、すなわちたんに規定された存在ではなく、普遍的なものである実体、いいかえれば目的は、その活動の外部にあるものではない。〔この点では〕活動はそれ自身にそくしてじぶんのうちへと立ちかえってゆく活動であり、なにか異他的なものを介してみずからのなかへ連れもどされる活動ではないのである。

ここには普遍的なありかたと活動との統一があるとしても、その統一はしかしだからといって観察する意識に対して存在するわけではない。なぜなら、くだんの統一は本質的にいって有機的なものの内的運動であって、ひとえに概念としてだけ把握されうるものだからである。観察することが求めるものはたほう、存在し、立ちとどまる形式をそなえた契機なのである。しかし有機的な全体は本質的に、このような形式においては契機をそなえておらず、またそのような形式にあって自身に契機を見いださせるものでもないのだから、観察する意識はみずからの見解にそくして、対立をじぶんの見解に適合した対立へと変換してしまうのだ。

「内なるもの」と「外なるもの」の登場

199
かくて観察する意識にとって、このようなしかたで発生してきている有機的存在者《ヴェーゼン》は、ふたつの存在し、固定されている契機の関係としてのそれである。ふたつの契機は一箇の対立であるけれども、その対立の両側面は、意識にとってしたがって一面では観察に

Ⅱ208

おいて与えられているように見える。ふたつの側面は、他面からいえばその内容からして、有機的な目的概念と現実との対立を表現している。とはいえ概念そのものはこの対立にあって廃滅されているのだから、〔その表現は〕あいまいで表面的なしかたであらわれるものとなる。つまりそこで思想は、表象作用へと切りさげられているのだ。だから私たちの見てとるところ、前者〔目的概念〕のもとではおおよそ内なるものが意味されており、後者〔現実〕のもとではほぼ外なるものが意味されている。かくて両者の関係が生みだす法則は「外なるものは内なるものの表現である」というものとなる。

この内なるものをそれと対立するものとともに、また両者のたがいに対する関係をより立ちいって考察してみよう。するとあきらかになるのは第一に、右に述べた法則の両側面が、もはや先行するさまざまな法則のもとでそうであったような響きを持っていないということである。さきに問題とされたさまざまな法則にあってふたつの側面は、自立的な事物として、おのおのがとくべつな物体として現象していたのである。さらにまたあきらかなのは、普遍的なものは存在するものの外部のどこかでその現実存在を有するなどとはされていない、ということだ。かえって有機的な存在者《ヴェーゼン》が総じて不可分なしかたで根底に置かれており、それはしかも内なるものと外なるものの内容として根底に置かれているのであるから、有機的な存在者はその双方に対しておなじものであることになる。対立とはいっても、そういうしだいでなお純粋に形式的なものであるにすぎな

Ⅲ203

い。その対立の実在的な側面にしても、おなじ自体的なものをその実在《ヴェーゼン》として有しているのである。同時にたほう、内なるものと外なるものとは対立した実在性でもあり、くわえて観察するはたらきに対してはことなった存在なのだから、両者は観察にとってそれぞれに固有な内容を持っているかに見える。この固有な内容も、それが同一の実体であり、つまり有機的な統一なのであるから、他方でじっさいにはただ、おなじこの統一のことなった形式でしかありえない。かくてこの件が、観察する意識によって、「外なるものは内なるものの表現にすぎない」と言われるさいに暗示されている消息なのである。関係にかかわるこのような規定――すなわち、あいことなるものがたがいに無関心な自立性を有し、その自立性にあって両者が統一されており、その統一のなかで双方が消失してゆくこと――を、私たちはさきほど目的概念にかんして見ておいたところであった。

「内なるもの」にかんして――感受性、反応性、再生

いまや見てとられなければならないのは、内なるものと外なるものとが、どのような形態をその存在において有しているか、である。内なるものそのものも、やはり一箇の外なる存在と、ひとつの形態を持たなければならないが、それは外なるもののそのものとおなじことなのだ。内なるものも対象であり、いいかえればそれじしん存在者であって、

IX150

II 209
200

観察に対して目のまえにあるものとして定立されているからである。

内なる実体である有機的な実体は単純なたましいにほかならず、純粋な目的概念であり、いいかえれば普遍的なものである。この普遍的なものは、それが分割されても同様にあまねく流動的なありかたをたもっており、それゆえその存在においてもはたらきとして、ことばをかえれば消失してゆく現実の運動として現象する。これに対して外なるものは、例の存在する内なるものに対立している場合には、有機的なものの静止した存在のうちに存立している。法則とはくだんの内なるものをこの外なるものへと関係づけるものであって、その法則はかくてみずからの内容を、一方で普遍的な諸契機の呈示、あるいは単純な本質的ありかたの呈示において表現している。法則が表現されるのは他方では、現実化された本質的ありかたの呈示、もしくは形態の呈示にあってのことなのである。例の最初の単純な有機的な諸性質は、そう名づけるとするなら、感受性、反応性、それに再生である。これらの性質は、すくなくとも最初のふたつについていえば、たしかに有機体一般にかかわるものではなく、ひとえに動物の有機体に関係するものであるように見える。植物の有機体が表現するのも有機体の概念ではあるとはいえ、それはじっさいには、ただ単純な、その諸契機をなお展開していない概念であるにすぎない。したがって私たちとしては、そうしたさまざまな性質にかんして、それらが観察に対して存在するとされるかぎりでは、これらが展開されて呈示されるにいたって、現に存在

III 204

II 210

しているありかたに依拠するほかはない。

さて、そういった性質そのものにかんしていうならば、それらはあきらかに、「自己目的」〔自然目的〕であるという〔有機的存在者の〕概念から直接に帰結する。というのも、感受性が表現するものは、総じて有機的な自己への反照《レフレクシオーン》という単純な概念、ことばをかえればこの概念にぞくする一般的な流動性であり、反応性はたほう有機的な弾力性を表現しているからである。有機的な弾力性とは、〔自己へと〕反省的《レフレクシオーン》に立ちかえりながらも同時に反応的にふるまうということだ。これは最初の静的な自己内存在（*Insichsein*）に対立して、現実化することなのであって、その現実化にあってくだんの抽象的な自立的存在《フュールジッヒザイン》が一箇の他のものに対する存在となっている。いっぽう再生についていえば、それはこのように自己内反省している有機体全体の作用であり、目的自体あるいは類としての有機体のはたらきである。そこでは、したがって個体はじぶんをじぶん自身から排斥して、みずからの有機的な部分を生産し、もしくは個体全体を産出しながら、みずからを反復している。自己保存一般という意義で考えれば、再生が表現しているものは有機的なものの形式的な概念であり、いいかえると感受性である。いっぽう再生はがんらい実在的な有機的概念、すなわち全体であって、その全体は個体として、自己自身の個々の部分を生みだすことをつうじて、そうでなければ類として、諸個体を産みだすことをつうじて、じぶんのうちに立ちかえっているのである。

IX 151

神経システム、筋肉システム、内臓システム

こういった有機的な要素《エレメント》が有するもうひとつの意義、すなわち外なるものとしての意義にかんしていえば、それは要素の形態化された様式ということになる。その様式からすると、それらの要素は現実的な、しかし同時にまた普遍的な部分として、いいかえれば有機的な体系として現に存在《フォアハンデン》している。感受性はいってみれば神経システムとして、反応性は筋肉システムとして、再生であれば、個体と類を維持する内臓〔システム〕として目のまえにある《フォアハンデン》ということである。

有機的なものに固有な法則がかかわるのは、したがって有機的な契機が有する二重の意義において、当の諸契機がたがいに有する関係についてである。二重の意義とはつまり、第一に有機的な形態化の部分であり、第二にはあまねく流動的に規定されているということである。後者が意味するところは、右に挙げたいっさいのシステムに浸透し、駆けめぐっている、ということだ。こういった法則が表現されるにさいしては、それゆえたとえば一定の感受性は有機体全体の契機として、一定のしかたで形成された神経システムにそくして表現されることになるだろう。あるいはくだんの感受性はまた、個体にぞくする有機的な部分の一定の再生、もしくは全体の繁殖とむすびつけられる、等々のはこびとなることだろう。——そうした法則が有する両側面が、観察されることができる。外なるものは、その概念からして他のものに対する存在である。感受性であるな

201

Ⅲ205

らたとえば、感受するシステム〔神経システム〕のうちに、それが直接に実現された様式を有している。感受性はまた普遍的な性質でもあるから、それが発現する（*Äußerungen*）さいには同様にやはり対象的なものとなる。内なるものと呼ばれる側面が、それに固有な外的側面を有するわけであるけれども、その側面は、全体について外なるものと称されるものとは区別されている。

有機的な法則の双方の側面は、したがってたしかに観察されうることだろう。しかしながら、両者の関係にかかわる法則についてはそうではない。つまり観察は法則にまでは到達しないのであるけれども、その理由は観察が観察であるかぎり、あまりに近視眼的であるという点にあるのではない。また観察というものが経験的な手つづきを踏まず、理念から出発すべきであったから、というわけでもない。この種の法則は、それがなにほどか実在的なものであったとするならば、じっさい現実として目のまえに存在していなければならず、かくてまた観察にかかるものでなければならない。むしろ〔関係のかかわる法則が観察されえないのは〕、そもそもこの種の法則をめぐる思想には、なんら真理がそなわっていなかったしだいが証示されるからなのである。

有機体をめぐる諸法則の絡みあいについて

かくて法則としてあきらかになった関係は、以下のようなものである。すなわち、有

202

機体の普遍的な性質は、有機体の一箇のシステムにおいて事物というかたちを取り、事物にそくしてみずからの形態化された表現を手にするはずであって、そのけっか〔性質とシステムの〕双方はおなじ本質のものとなるだろう、というものである。その本質が一方で普遍的な契機として現にあり《フォアハンデン》、他方では事物というかたちで目のまえにある《フォァハンデン》わけである。とはいえ、そればかりではない。内なるものという側面も、それだけで《フュール・ジッヒ》多くの側面からなる関係であって、したがってさしあたり提示される法則の思想とは、有機体の普遍的な活動もしくは性質どうしの関係というかたちを採るものである。はたしてこのような法則が可能であるのか。この件は、そういった性質の本性にもとづいて決定されなければならない。性質とはいっても、いっぽうでは普遍的な流動性というかたちで存在している。だからその性質は一面では、ひとつの事物という様式にあわせて制限されている或るものではない。したがってそれは、なにか現に存在する《ダーザイン》ものの区別のうちに止まっているものではない。事物の形態が現に存在するものを形成するとされるはずだからである。むしろ〔たとえば〕感受性ならば、神経システムを超えでて、有機体の他のいっさいのシステムのうちを駆けめぐっている。他面からいうなら感受性とは普遍的な契機であって、その契機がそこから本質的に分離されず、不可分であるのは、反応であり、あるいは反応性もしくは再生なのである。感受性がじぶんのうちに反省的に立ちかえる《レフレクシオーン》ことであるかぎり、それは端的に反応《レアクツィオン》をそなえているからである。みずか《インジ》

III 206

IX 152

Ⅱ212

らのうちに立ちかえっている《ツヒレフレクティールトザイン》というだけでは、受動性であり、いいかえれば死せる存在というにすぎず、一箇の感受性ではない。たほう同様にまた作用《アクツイオン》も、おなじように反作用《レアクツイオン》も、じぶんのなかに反照している《インジッヒレフレクティールトザイン》ことがなければ反応性ではない。一方に作用もしくは反作用における還帰《レフレクシオーン》があり、他方で反省《レフレクシオーン》にあっての作用あるいは反作用がある。ほかでもなくこのありかたが統一されることで、有機的なものをかたちづくるのだ。つまりその統一とは、有機的な再生と同義なのである。帰結するところはこうである。どのような様式で現実化されていた《ヴィルクリッヒカイト》としても、反応性とおなじだけの量の感受性が——私たちとしてはまず、感受性と反応性相互の関係を考察しているのだから——現に存在《フォアハンデン》しなければならない。だから有機的な現象は、感受性と反応性のどちらについても同様に把握され、規定されうるし、あるいはそう言いたければ説明されうる、ということである。或る者がたとえば高度な感受性と考えるものを、べつの者はまったく同様に高度な反応性として、しかもおなじ高度の反応性として考察することができるのだ。感受性と反応性が要因（*Faktoren*）と呼ばれ、そのような呼びかたが意義を欠いた語ではないものとしよう。その場合には、ほかでもなくそのように呼ぶことで言明されていることがらは、それらが概念の契機（*Momente*）であること、したがって実在的な対象は、その対象の本質をこの概念がかたちづくっているかぎり両者をおなじしかたでそなえていること、くわえてまた、当の対象が一方できわめて感受的なものであると規定さ

203

れるなら、それは同様に他方ではきわめて反応的なものと言明されうる、ということなのである。

諸法則の絡みあいの実相——同義反復としての諸法則

両者〔感受性と反応性〕は区別され、そのことは必然的にそうでなければならない。だとすれば、双方がそのように区別されているのは概念によることであって、だからその対立は質的なものであることになる。両者についてはこの〔質的〕区別が真の区別であるけれども、しかしその区別のほかにやはりまた存在し、表象に対するものとして、双方は法則の〔両〕側面でありうるかのように、ことなったしかたで定立される。そのばあい両者は量的相違において現象するわけである。ふたつのもののあいだのほんらい質的な対立が、かくてまた大きさへとかわってゆく。そこで生じてくる法則は、こういったたぐいのものだ。つまりたとえば、「感受性と反応性とはその大きさにあって反比例する関係にあり、そのけっか一方が増加すれば、他方が減少する」といったものである。あるいは大きさそのものをただちに内容と考えるならば、「或るものの大きさが増加するのは、その小ささが減少するのとひとしい」といったほうがよい。——この法則に、しかし一定の内容が与えられるものとしてみよう。たとえば「孔の大きさが増加するのは、その穴を埋めているものが減少するのに応じている」といったことだ。その場

Ⅲ207

II 213

合この反比例の関係はおなじく正比例の関係へと変換され、つぎのように表現されることができる。「孔の大きさは取りのぞかれたものの嵩と正比例して増加する」。これは同義反復的な命題というものであって、正比例として表現されようと反比例として表現されようとおなじことである。その命題がほんらいのところ表現しているものについていえば、それが意味するのは「なんらかの大きさは、その大きさが増加するときに増加する」ということでしかない。たしかに孔と、それを埋めていて、取りさられるものとは質的に対立している。だが両者を実在的にかたちづくっているもの《ダス・レアーレ》と、その一定の大きさは、双方において一箇同一である。かくて同様に、大きさの増加と小ささの減少もまた同一であって、かくてまた両者を対立させることには意義がなく、一箇の同義反復に帰着する。以上の消息とおなじように、〔感受性と反応性といった〕有機体の契機も不可分なのであって、それは両者の実在的なもの《ダス・レアーレ》についても、その量《グレーセ》、つまり実在的なものの大きさ《グレーセ》である量にかんしても、ひとしくそのとおりなのである。一方の契機はひとえに他方の契機とともに減少し、それとともに増加する。一方が意義をもつのは、端的にいって他方が現に存在《フォアハンデン》するかぎりにおいてだからである。あるいはむしろ、ひとつの有機的な現象を反応性と考えようと感受性として考察しようとどうでもよい《グライヒギュルティッヒ》ことであり、しかもそもそもすでに一般に無関係な《グライヒギュルティッヒ》ことだからである。くわえてまた、双方の大きさにかんして語られる場合も同様なのだ。これがひとしく妥当する《グライヒギュルティッヒ》というのは、孔の

IX 153

204 増加を空虚としての孔の増大と言おうと、取りさられたなかみの増大と語ろうとおなじことであるのとひとしい。例をかえよう。数、たとえば3は、それをプラスと考えようとマイナスと取ろうと、いずれにせよおなじ大きさである。私が3を4まで増やせば、正も負も同様に4になっている。おなじように、ひとつの磁石における北極はその磁石の南極とまったく同等な強さであり、またひとつの陽電気あるいは一箇の酸は、陰電気 Ⅲ208 もしくは酸が作用する塩基とちょうどひとしい強さのものである。ここにいう3あるいは磁石などとおなじような大きさをそなえているのが有機的な定在（*Dasein*）であり、増加させられたり減少させられたりするのはこの定在なのである。だから、当の定在が増加させられれば、おなじ定在の〔感受性と反応性という〕双方の要因が増加してゆくのであって、それは磁石の両極あるいは陰陽の電気が、磁石〔や電極〕などが強くされると増加するのとおなじことである。――〔感受性と反応性といった〕ふたつのものは同様に、内包と外延にしたがってことなりうるものでもない。片方が外延にあって減少しても、これに対して内包においては増加しうるいっぽう、もう片方は逆にその内包について減少し、これに反して外延にかんしては増加するはずである、というわけではない。このような〔シェリングに代表される考えかたがあるとすれば、そうした〕ことは、空虚な対立というおなじ概念に帰せられる。実在的な内包はまったく端的に、外延とおなじ大きさのものであり、またその逆なのである。

II 214

法則定立という空虚なたわむれ

このような法則定立がそもそもどのように生起するものなのかは、もはやあきらかである。つまり、最初は反応性と感受性が一定の有機的な対立をかたちづくっている。この内容がしかし失われて、そのけっか対立が帰着してゆくのは、量《グレーセ》の増加ならびに減少という形式的対立、もしくは内包と外延がたがいにことなり、対立するという形式的な対立なのだ。——この対立は、感受性と反応性の本性とはもはやかかわりのないものであり、その本性をすでに表現してもいないものである。したがって、法則定立のこのような空虚なたわむれは、いまや有機的な契機に拘束されているものではない。それはむしろいたるところで、あらゆるものについて遂行されうる。そうしたたわむれが一般にもとづいているものは、右に挙げたような対立がどのような論理的本性を有するものであるかにかんして、無知であることなのである。

さいごに、感受性と反応性にかえて、再生がそれらの一方あるいは他方と関係づけられるものとしてみよう。その場合には、右で問題としたような法則定立に対して、それを与える機縁すら亡失されてしまう。再生はくだんの〔ふたつの〕契機に対して対立しているわけではなく、両契機がたがいに対立しているのとは、再生はそこがちがうのだ。いっぽうそのような対立に例の法則定立はもとづいているのだから、ここではまた法則定立が成立するという見かけすら崩れさってしまうのである。

IX 154

「内なるもの」、内なるもの自身の「外なるもの」

たったいま考察した法則定立にふくまれているものは有機体における区別であり、そ
の区別が有している意義は有機体の概念にぞくする諸契機であるということである。そ
III209 の法則定立は、だから本来は、一箇のア・プリオリな法則定立であるはずであった。だ
が、この法則定立そのものに本質的にふくまれている思想は、区別は目のまえにあると
205 いう意義を有しており、たんに観察する意識はいずれにせよ区別が現に存在《ダーザイン》することに
のみ依拠せざるをえない、というものである。有機的なしかたで実現《ヴィルクリッヒカイト》されたものは、必
然的にそのような対立をそなえていて、その対立を有機的な現実《ヴィルクリッヒカイト》の概念が表現し
ている。そこで対立は、反応性と感受性というかたちで規定されうるのであって、「そ
のように対立が規定されるのと」同様に双方はふたたび再生とはことなるものとして現象
するのである。——ここでは有機的な概念の契機が外面性において考察されている。そ
の外面性とは、内なるものに固有な、直接的外面性であって、全体としての外なるもの
であり、形態であるような外なるものではない。この後者のいみでの「外なるもの」と
の関係で「内なるもの」を考察することは、こののちになされなければならないところ
である。

II215 しかしながら契機のあいだの対立を、それが現に《ダーザイン》あるすがたでとらえるなら、感受性、
反応性、再生といったものは、ありふれた性質まで切りさげられてしまう。ありふれた

性質というのはつまり、たがいに対して無関心に普遍的なありかたということであって、それは比重、色彩、硬度などと同様なのである。このような意味であっても、たしかに観察されうることがらはある。すなわち、なんらかの有機的なものが他の有機体よりも感受的であり、あるいはより反応的であって、もしくはいっそう大きな再生力をそなえているといったことである。ならびに、或る有機的なものの感受性等々が、他の有機体のそれと種的にことなっていること、ひとつの有機体は一定の刺戟に対して、他の有機的なものとはべつのしかたでふるまうことなども観察されよう。たとえば馬は燕麦に対して乾草に対してとはことなったふるまいをし、犬ならばその双方に対してまたことなるふるまいを示す、といったことである。これは、なんらかの物体はべつの物体とくらべてより硬い等々が観察されうるのとおなじことなのである。——そうはいっても、このような感覚的性質、たとえば硬度や色彩等々といったものは、乾草という刺戟に対する感受性という現象、荷重に対する反応性といった現象、あるいはまた仔を産む数やしかたのような現象とならんで、それらをたがいに関係づけてみたり、相互に比較したりしてみても、なんらかの法則性といったものとは本質的に背反するものである。というのも、こうした現象は感覚的存在として規定されているけれども、そういった規定性がなりたつのはほかでもなく、それらがたがいに対してかんぜんに没交渉的なかたちで現実存在し、概念の拘束からはなれた自然の自由さを示すのであって、なんらかの関係の

統一を呈示するのではない、という点においてであるからである。つまりそれらの現象
はむしろ、理性を欠いたしかたで上下するたわむれを、偶然的な量の目盛のうえで、概
念にぞくする契機のあいだにかんして呈示するのであり、概念の諸契機そのものを示す Ⅲ210
のではない、ということなのである。

内なるものと「形態」としての外なるものについて

もうひとつの側面からも〔感受性、反応性、再生という〕有機的な概念の単純な契機が、
形態化の契機と比較される。その側面によってはじめて、本来の法則が与えられるはず Ⅸ155
であって、その法則こそが真に外なるものを内なるものの表現として言明することにな
るはこびとなるように思える。ところで、くだんの単純な諸契機は〔有機体の全体に〕
206 浸透する、流動的な性質である。だからそれらの契機は有機的な事物において、たがい
に分離された実在的な表現を有することはない。つまり、形態の個別的なシステムとし
て名ざされるようなものではないことになる。ことばをかえれば、有機体の抽象的な理
Ⅱ216 念がくだんの三つの契機にあって真に表現されているとすれば、それはひとえに、それ
らの契機が静止しているものではなく、それぞれが概念と運動の契機にほかならないか
らである。であるとするなら有機体はこれに対して、形態化としては、そのような特定
の三つのシステムのうちに封じこめられているものではない。解剖学がそうしたシステ

ムを分解する〔にすぎない〕のだ。こういったシステムはそれが現実に存在していることが見いだされ、そのように見いだされることで正当化されているはずであるとされるなら、そのかぎりでまた注意されなければならないのは、解剖学はただたんにその種の三つのシステムを挙示しているだけではなく、他の多くのシステムも提示しているという事情なのである。――この件は措いておくとしても、つぎにそもそも感受的なシステムが意味するところは、神経システムと名づけられるものとはまったくべつのものであるはずである。おなじく反応的なシステムも筋肉システムとはべつのものを意味し、再生的なシステムについても、それが意味するところは再生のための内臓〔システム〕とはべつのなにものかである。形態そのもののシステムにあって有機体は、死せる現存《エクジステンツ》という抽象的な側面からとらえられている。有機体の契機にしても、そのように受け取られる場合には、解剖学に所属し、つまりは屍にぞくするものであって、認識のものでもなければ、生ける有機体のものでもないことになる。そのような部分であるかぎりでは、契機はもはや存在することを止めてしまっているのである。それらは過程たることを終えているからだ。有機体が存在するということは本質的に、普遍的なありかたとして存在し、じぶん自身に反省的に立ちかえることとして存在することである。だから有機体全体の存在も、その契機とおなじように、一箇の解剖学的なシステムのうちにあるのではない。現実的な表現も、諸契機の外面性もかえってただひとつの運動として目のまえにあるのであって、その運動が形態化のさまざまな部分を駆けめぐり、その運動のなかでは、〔解剖学によって〕個別的なシステムとして引きだされて、固定化されるもの III211 も本質的にいって、流動的な契機として立ちあらわれる。だから現実は、解剖学が見いだすような例のしかたで、実在と見なされることが許されない。むしろ過程としての現実のみが実在なのであって、その過程のうちでだけまた、解剖学的な部分のさまざまがなんらかの意味を有するのである。

したがって、以上からあきらかなことがらがある。ひとつには、有機的な内なるもの、にぞくする契機は、それだけで《フュール・ジッヒ》考えられる場合には、存在の法則についてそのいくつかの側面を与えることのできるものではない、ということである。それらの契機は、存在の法則においては、ひとつの現に存在する《ダーザイン》ものにかんしてそれぞれ言明され、たがいに II217 207 区別されることになり、おのおのがおなじしかたで、他の契機のかわりにその名を挙げられるといったことはありえないはずであるからだ。もうひとつには、それらの契機が一方の〔内なるものという〕側面に置かれたときには、もう一方の〔外なるものの〕側面にあっては、固定されたシステムにそくしてそれぞれの実現〔された形態〕を有するものでもない、ということである。この固定されたシステムは、そもそも有機体の真のあ《ヴァー》りかた《ルハイト》をそなえているものではなく、内なるものという例の契機を表現するものでもないからなのである。有機的なものにとって本質的なことがらは——有機的なものはそれ《アン》・

自体において《ジッヒ》普遍的なものなのだから——むしろ総じて、みずからの諸契機を現実のなかでも、〔それ自体において存在する場合と〕おなじように普遍的なしかたで有していること、すなわち〔有機体の全体を〕駆けめぐる過程というかたちで所有していることであって、遊離させられた事物において普遍的なものの像を与えることではないのである。

「法則」という表象と思想について

このようにして有機的なものにあっては、法則という表象がそもそも喪われてゆく。ここで法則とは、対立を静止した〔両〕側面として把握し、また表現しようとするものであって、くわえてその側面について規定性《ベシュテイムトハイト》をも把握し、表現しようとするものである。この規定されたありかた《ベシュテイムトハイト》こそが、両側面のたがいに対する関係なのである。内ないかるものには現象する普遍的なありかたが所属し、外なるものについては静止した形態の諸部分が帰属している。その両者がそれぞれ法則においておのおの対応している側面をかたちづくるはずであったにもかかわらず、そのように離ればなれにされると、めいめいの有機的な意義が失われてしまうことになる。いっぽう法則という表象の根底に存しているのは、ほかでもなく、その双方の側面がそれだけで《フュール・ジッヒ》存在する、たがいに無関心な存立をたもっており、さらに両側面に対して関係が、相互に対応する二重の規定性として割りあてられるはずである、とする消息である。有機的なもの〔について、その内な

るものと外なるもの〕のそれぞれの側面が、むしろそれ自身においてそなえているもの
は、単純に普遍的なありかた《アルゲマインハイト》であることであり、その普遍性《アルゲマインハイト》にあっていっさいの規
定は解消されているのであって、有機的なものの各側面はかくてそれ自身において、こ
の解消の運動として存在しているのである。
　このような法則定立が先行する形式に対して有している区別を見とおしてみるならば、
この法則定立の本性が完全にあきらかになるだろう。すなわち私たちがさかのぼって見 Ⅲ212
ておきたいのは、知覚するはたらきの運動と、悟性がその知覚の運動のなかでみずから
へと反省的に立ちかえって、じぶんの対象をかくて規定するさまである。そうすると、
悟性はそのさいみずからの対象にそくして、抽象的な規定——普遍的なものと個別的な
もの、本質的なものと外面的なものといった規定——どうしが有する関係を目のまえに
しているのではなく、かえって悟性自身が〔ひとつの規定から他の規定へと〕移行するこ
Ⅱ218 とであって、〔移行することである〕悟性〔そのもの〕にとってはこの移行が対象的なか
たちを取っていない〔ことがわかる〕。〔観察する理性が問題となる〕当面の場面では、こ
208 れに対して、有機的な統一が、いいかえればまさにいま挙げたような対立どうしの関係
が——この関係は純粋な移行である——、それじしん対象なのである。この移行は、そ
の単純なありかたにあっては直接的に普遍的なありかたをそなえている。いっぽうその
普遍的なありかた《アルゲマインハイト》が区別へと入りこみ、その区別のしめす関係が法則を表現すべきもの

とされる場合には、当の法則の諸契機はこの意識にとって普遍的な対象として存在するから、法則の告げるところでは「外なるものが内なるものの表現である」というはこびとなるのである。悟性はここにいたると、法則の思想そのものを把握している。これに対して以前には悟性は、たんにともかくも法則を求めていたにすぎないのだ。そこでは法則の諸契機は悟性にとって一定の内容として思いうかべられていたのであって、法則の思想というかたちで思いうかべられていたわけではない。――〔有機的なものという〕内容にかんしていえば、かくていまでは、法則として維持されるべきものは、ひたすら静的なものとして純粋に存在する区別を受けいれ、それを普遍《アルゲマインハイト》性の形式においてとらえるような法則ではない。むしろここで維持されるべき法則は、このような区別において直接にまた概念の不安定さをたもち、かくてまた同時に諸側面の関係がしめす必然性をもそなえているものなのである。しかしながら、ここでほかでもなく対象であるものは有機的な統一であって、その統一が、存在の無限な止揚《アウフヘーベン》を、いいかえれば存在の絶対的な否定を、静的な存在と直接に統合し、くわえて諸契機となるものが本質的にいって純粋な移行なのであるから、ここで生じてくるのは、そういった存在する側面のさまざまではない。ところが、そのような側面こそが、法則に対して要求されるものなのだ。

質的区別の量的区別への転換

このような側面を維持するために悟性が依拠せざるをえなくなるのは、有機的な関係 IX157
がしめす〔純粋な移行とはべつの〕もうひとつの契機である。つまり有機的な定在《ダーザイン》は、
じぶん自身のうちに反省的に立ちかえって存在しているという契機がそれである。しか
し〔有機的に現に存在するもの《ダーザイン》が〕そのようなしかたで完全にじぶんのなかに立ちか《レフレクテ》
えって《イールト》存在しているならば、その存在にとっては、他のものに対して規定されている《ベシュティム》
ありかた《トハイト》はなにひとつ残っていないことになる。直接的な感覚的存在は、規定性《ベシュティムトハイト》そ III213
のものとただちに《ウンミッテルバー》ひとつのものであるから、それゆえ質的な区別をそれ自身において表
現するものである。たとえば「青」は「赤」に対して、「酸」ならば「アルカリ」に対
して、そうであるようなものなのだ。しかし有機的な存在がじぶんのうちに立ちかえって《ツリュクコメン》
いる場合には、その存在は他のものに対してかんぜんに没交渉《グライヒギュルティッヒ》的であり、有機的な
II219 存在が現に在る《ダーザイン》ありかたは単純に普遍的なありようを示している。かくてその定在《ダーザイン》が
拒絶するにいたるのは、持続的な感覚的区別を観察に対して与えることであり、おなじ
ことを言いかえれば、当の定在はじぶんの本質的に規定されているありかた《ベシュティムトハイト》をただ、存
在する規定性《ベシュティムトハイト》の交替というかたちで示すのである。それゆえ、存在するものとして
の区別が表現されるそのしかたは、ほかでもなく、この区別が〔質的な区別に対して〕
無関心な区別であるというものであって、つまり区別は量として存在することになる。

この量であることにおいて、しかし概念は廃滅され、そこで必然性は消えさっているのだ。――いっぽう、この無関心《グライヒギュルティッヒ》な存在が有する内容と、それを充たす内実は、感覚的な規定のさまざまが交替してゆくことである。その内容あるいは交替が、有機的な規定の単純なありかたにあって総括されると、そのとき同時に表現されるのは、その内容あるいは交替がまさに直接的な性質であるという、くだんの規定性をすこしもそなえていないという消息である。つまり質的なものは量にのみぞくすることになるのであって、この件については私たちがすでに右で見ておいたところであった。

したがって、対象的なものはすでに、それが有機的に規定されたありかたにおいてとらえられる場合には、それ自身にそくして概念を有しており、概念をそなえていることをつうじて、悟性に対して存在する対象的なものとは区別されている。悟性はみずからの法則の内容を把握するにさいして、純粋に知覚するものとしてふるまっているからである。それにもかかわらず〔有機的なものをとらえる〕前者の把握作用もそれでもまったく、たんに知覚するにすぎない悟性の原理と手法へとふたたび転落してしまう。その理由は、把握されたものが法則の契機として使用されることになる点にある。というのも、そのように使用されることで、〔有機的なものとして〕把握されたものが獲得する様式も、確乎として規定されたありかたとなり、直接的な性質という形式、あるいは静的な現象の形式をそなえることになるからである。把握されたものは、かくしてさらに量という規定のうちへと取りいれられて、概念の本性は抑圧されるはこびとなるのである。――〔以上で述べたことは〕ただ知覚されたものを〔有機的に〕みずからのうちに反省的に立ちかえったものと取りかえることであり、たんに感覚的に規定されたありかた《ベシュティムトハイト》を有機的な規定性《ベシュティムトハイト》と交換することである。そのように取りかえ、交換すること《ウムタウシュング》は、かくてふたたびその価値を喪失してしまう。それはしかも、悟性が法則定立をなお廃棄していなかったことによるのである。

Ⅱ220

感覚的なものと有機的なもの、知覚されたものと悟性が把捉するものとの取りかえ

この交換にかんする比較を、二、三の実例にそくして示してみよう。たとえば知覚に対して強い筋力をそなえた動物であるなんらかのものが、〔法則を定立する悟性にとっては〕高度の反応性をともなう動物的な有機体として規定される。あるいは知覚に対しては脆弱さにおいて目につくひとつの状態が、より高次な感受性の状態として規定されることもある。もしくはそう言いたければ、正常ではない敏感さ（Affektion）として、そのうえ感受性の次元昂進（Potenzierung）〔シェリング〕としても規定されよう（こうした〔Affektion とか Potenzierung といった〕表現は、感覚的なものを概念に置きかえるものではなく、ラテン語〔的な響きをもったドイツ語〕に、しかもそのためにはなお拙劣なものに翻訳しているにすぎない）。「動物が〔知覚にとって〕強い筋肉をもつ」というの

Ⅲ214

Ⅸ158

は、悟性によって表現されるところではまた「動物が大きな筋力をもつ」でもありうる。――これは〔知覚にとっての〕大きな脆弱さが〔悟性に対して〕ちいさな力として表現されるのとおなじことである。反応性をつうじた規定は力という規定にくらべて、後者の規定がじぶんのうちへ反省的に立ちかえることを不定なしかたで、前者はいっぽうそれを一定のしかたで表現しているという長所をそなえている。筋肉に固有の力こそ反応性にほかならないからである。くわえて反応性をつうじた規定には、強い筋肉をつうじた規定にくらべると、すでに力のうちでそうであるように、みずからへの反省が、反応性による規定のうちに同時にふくまれているという利点がある。これは、脆弱さあるいはちいさな力、すなわち有機的な受動性が、〔法則定立的な悟性の場合には〕感受性をつうじて明確に表現されるのと同様なのである。とはいえこの感受性が、このようにそれだけで《フュール・ジッヒ》考えられ、固定され、しかもなお量の規定と結合されて、より大きな、もしくはちいさな感受性として、大小をことにした反応性と対立させられるものとしてみよう。その場合には感受性と反応性のいずれについても、それらはまったく感覚的な場面《エレメント》へ引きさげられ、性質というありふれた形式へと切りさげられる。かくて両者の関係も概念ではなく、その反対に大きさ《グレーセ》であることになる。この量《グレーセ》へといまや対立は落ちこんで、思想を欠いた区別と化するのだ。その場合たしかに未規定なところが、力や強さや脆弱さといった表現には存在しており、これについては遠ざけられたとはいえ、ここでは同

Ⅱ221

様に空虚で未規定なしかたでさまざまな対立にあれこれとかかわりあうふるまいが生じているのであって、その対立は感受性、反応性の高低やら、両者それぞれと双方のあいだの上昇やら下降やらにかんして示されている。強さや脆弱さはまったく感覚的で、思想を欠いた規定であるけれども、それに劣らず、感受性や反応性の大小といったものも思想をともなわずに把握され、思想がないままに言明された、感覚的な現象なのである。前者にみられた、概念を欠いた表現のかわりに、概念が登場してきているのではない。むしろ強さや脆弱さを充たしている規定は、それだけ《フュール・ジッヒ》でのみ考えれば概念にもとづき、概念をその内容としているとはいっても、そのような根源と性格とをことごとく喪失してしまっているものなのだ。——したがってこうなるだろう。単純で直接的なありかたという形式をとっていることで、こうした内容は法則の側面であるとされる。また量が区別にかかわる境位を、そういった規定についてかたちづくっている。こうしたことをつうじて、根源的には概念として存在し、定立される本質が、なお感覚的な知覚の様相を保持し、認識からは依然としてとおく距てられたままなのである。それは規定が、力の強さや脆弱さや、あるいは直接的な感覚的性質を介してなされる場合とかわるところがないのである。

Ⅲ215

外なるものにとっての内なるものと、外なるものとの関係について

ここでなおまた残されていて、それだけでのみ考察されなければならないのは、有機的なものにぞくする外なるものであり、この外なるものにあって、その外なるものそのものの内なるものと、外なるものとがどのように規定されているか、という件である。これはまず全体についての内なるものが、それ自身の外なるものとの関係で考察されたのとおなじことである。

外なるものは、それだけで《フュール・ジッヒ》考察されると、形態化一般であり、存在の境位においてみずからを分肢化してゆく生命の体系である。また本質的にはこれと同時に、他のものに対する有機的な存在者《ヴェーゼン》の存在でもあり、有機的なものがそれだけで存在する（Fürsich-sein）さいに対象としてある実在《ヴェーゼン》である。ここで他のものが現象するのは、さしあたり有機的なものにとって外的な、非有機的自然としてである。この〔有機的なものと、その非有機的な自然との〕双方を、一箇の法則との関係にあって考察すれば、私たちがさきに見ておいたところであるように、非有機的な自然はひとつの法則の側面を、有機的な存在者に対してかたちづくる、というわけにはいかない。なぜなら有機的な存在者は〔非有機的な自然からの影響を受けると〕同時に端的に独立《フュール・ジッヒ》に存在しており、一般的で自由な関係を非有機的自然に対して有しているからである。

法則のこの〔内なるものと外なるものという〕双方の側面の関係を、いっぽうでは有機

IX 159

II 222

的な形態そのものにそくして、より立ちいって規定してみるとしよう。この形態はその場合、一方の側面からすれば非有機的な自然に向かっており、他方の側面ではしかしそれだけで存在し、じぶんのうちに反省的に立ちかえっている。現実の有機的な存在者が媒語《ミッテ》であって、その媒語によって生命の自立的存在（*Fürsichsein*）が外なるもの一般あるいは自体的存在（*Ansichsein*）と推理的に連結《ツザメンシュリーセン》されているのである。——自立的存在の極とはところで、無限な「一」である内なるものであり、この「一」なるものが形態そのものの諸契機を、その〔外的な〕存立から、つまり外なるものとの連関から、じぶんのうちに取りもどしている。この極は内容を欠いたものであって、形態においてみずからの内容を与えられ、形態のうえにその過程として現象しているのだ。この極は単純に否定的なありかた《ネガティヴィテート》をしており、いいかえれば純粋な個別性にほかならない。だからこのような極にあって有機的なものはみずからの絶対的な自由を手にするのであり、その自由をつうじて有機的なものは、他のものに対する存在に抗して、また形態の諸契機にぞくする規定されたありかたに対して没交渉的であり、かつ保護されている。この自由は同時に、さまざまな契機そのものが有する自由でもある。つまり諸契機の可能性であって、それによって契機のさまざまは現に存在する契機として現象し、またそのようなものとして把握されるのである。そこで形態の諸契機はこの自由によって外なるものに対して自由なものとされ、没交渉《グライヒギュルティッヒ》的なものであるのとおなじように、契機どうしの

III 216

たがいに対する関係においても同様である。このような自由が単純なありかたをしている場合、それは存在することであり、いいかえればさまざまな契機の単純な実体だからである。この概念もしくは純粋な自由は一箇同一の生命でありつづけるのであって、それは形態あるいは他のものに対する存在がどれほどなお多様なたわむれのうちで彷徨していようとかわることがない。この生命の奔流にとっては、それが駆動する水車の種類がどのようなものであろうと無関係《グライヒギュルティッヒ》なのだ。——ここで第一に注意されなければならないことがある。それは、この概念はいまや、かつて本来の内なるものが考察されたさいとはことなって、過程というその概念の形式において、ことばをかえれば概念の契機の展開という形式にあって把握されるべきではなく、単純に内なるものとしての形式のなかで把握されなければならないということである。この単純に内なるものが純粋に一般的な側面を、現実に生きている存在者《ヴェーゼン》に対して形成しているのである。あるいはこの形式は、形態にぞくする存在する分肢が存立するための境位なのだ。この形態を私たちはここで考察しているのであるけれども、その形態にあっては生命の本質《ヴェーゼン》は存立するための単純なありかたただからである。つぎに〔注意されなければならないのは〕他のものに対する存在、もしくは現実の形態化にともなう規定されたありかた《ベシュティムトハイト》も、このような単純な一般性のうちに引きいれられると、その一般性がその規定《ベシュティムトハイト》性の本質であるかぎり、おなじように単純に一般的な、非感覚的な規定性となるということである。だ

Ⅱ223 からその規定されたありかたが存在しうるとすれば、それはひとえに数として表現される規定性としてだけなのである。——数が形態にとっては媒語であり、その媒語によって未規定的な生命が、現実の〔外なるものである〕生命とむすびあわされる。その媒語は前者のように単純でありつつ、後者のように規定されたものなのだ。前者つまり内なるものについては数[*1]として存在するであろうものを、外なるものはその様式にしたがって、多形的な現実として、つまり生態、色彩等々というかたちで表現せざるをえないことだろう。総じて区別の集合の総体として表現するほかはないのであって、その区別が現象のうちで展開されるのである。 Ⅸ160

＊1　たとえば、植物を分類するにさいして用いられる花弁の数や、動物を分類するさいに使用される肢の数等のこと。

内なるものの外なるもの、外なるものの内なるもの

Ⅲ217 有機的な全体にはふたつの側面があり、その一方は内なるものであって、他方はしかし外なるものである。そこでそのおのおのが、ふたたびじぶん自身にそくして一箇の内なるものと外なるものを有している。全体の両側面を双方がそれぞれに有している内なるものについて比較してみると、第一の側面の内なるものは概念であり、この内なるものは抽象という不安定なものであった。第二の側面はいっぽうみずからの内なるものと

して、安定した普遍的《アルゲマインハイト》なありかたを有しており、そのうちにはまた安定した規定性《ベシュテイムトハイト》、すなわち数をそなえている。したがって第一の側面は――この側面において概念がみずからの契機を展開するのだから――関係が必然的であるかのような見かけをつうじて、法則を与えるかのように約束して欺くことになった。そうであるとするなら第二の側面は、法則を与えることをただちに断念してしまう。数が、その法則の一方の側面を規定するものであることが示されるからである。その理由は、数とはほかでもなく、まったく静的で、死んだ、なににでもあてはまるような《グライヒギュルティッヒ》規定性《ベシュテイムトハイト》であって、数によって規定されたありかた《ベシュテイムトハイト》においては、いっさいの運動と関係が消滅しており、この規定性は生けるものへの橋――それは衝動であり、生態である――を、またその他の感覚的に現に《ダー》あるもの《ザイン》への橋を、断ちきってしまっているという点にある。

有機的なものの形態そのものをこのように考察すること、さらには内なるものをたんに形態の内なるものとして考察することは、しかしじっさいにはもはや有機的なものを考察することではない。なぜなら、双方の側面が関係づけられるべきであったのに、両側面はただたがいに対して没交渉なものとして定立されているにすぎず、かくてまたじぶんのうちに反省的に立ちかえったありかたが廃棄されてしまっているからだ。この後者のありかたこそ、有機的なものの本質をかたちづくるものなのである。むしろここでは非有機的な自然へと、内なるものと外なるものとの比較が移されてしまっている。か

Ⅱ224

つて比較は、内なるものと外なるもの〔そのもの〕についてこころみられていたのである。無限な概念がここでもわずかに実在ではあるとはいえ、その実在は内側に隠されている。いいかえると外側に、つまり自己意識にぞくするにすぎない。それはもはや、有機的なものについてはそうであるように、みずからの対象的な現在を有するものではないのである。このような内なるものと外なるものとの関係が、したがってなお、その本来の領圏のうちで考察されなければならない。

有機的なものにとっての数と量――比重について

第一に形態のくだんの内なるものは、なんらかの有機的な事物が単純に個別的な《アインツェル》ありかた《ハイト》をしているのだから、それは比重ということになる。比重は単純に存在することとして、数という規定性《ベシュテイムトハイト》とおなじように――数とは、比重がただひとつ有しうる規定されたありかた《ベシュティムトハイト》である――観察されることができる。あるいはほんらい、さまざまな観察を比較することをつうじて見いだされうる。かくて比重がこのようなしかたで、法則の一方の側面を与えるものであるかに見える。〔第二に〕形態、色彩、硬度、粘性、さらには無数の集合をなすその他の性質が合一して、外なるものという側面をかたちづくり、内なるものの規定性を、つまり数を表現したはずであるから、一方が他方においてその対となるものを有することになる、とされたわけである。

Ⅲ218

ところで否定的なありかた《ネガティヴィテート》はここでは、過程にぞくする運動ではなく、静的な統一として、もしくは単純にじぶんだけで存在することとして把握されている。それゆえ否定性《ネガティヴィテート》が現象するのはむしろ、それによって事物が過程に対抗し、じぶんをみずからのうちに保ち、過程に対して無関係《グライヒギュルティッヒ》なものとして保つものとしてであることになる。しかしながら、このように単純にじぶんだけで存在すること《フュールジッヒザイン》が、他のものに対して無関心で静的なありかた《ルーイゲ・グライヒギュルティッヒカイト》であることによって、比重は他の性質とならぶひとつの性質としてあらわれる。かくて消失するのは、この数多性に対して比重の有するあらゆる必然的な関係であり、ことばをかえれば法則性のいっさいである。――比重はこのように単純に内なるものであるから、区別をじぶん自身としては有していない。あるいは比重がそなえているのは、ひとえに非本質的な区別であるにすぎない。比重のもつ純粋に単純なありかたによって、すべての本質的な区別立てが廃棄されてしまうからである。比重は非本質的な区別を有することになるが、それは量であって、量はしたがって他方の側面にあって――この側面とは性質の数多性である――その対となるものを、あるいは他のものを手にすることになる。くだんの非本質的区別は、他のものを有することでそもそもはじめて区別となるからだ。この数多性そのものが対立するものとしての単純なありかたへと総括されて、凝集力といったものとして規定されるとしよう。そのばあい凝集力は他の存在における自立的存在（das *Fürsichsein im Anderssein*）であることにな

IX 161

Ⅱ225

214

り、それは比重が純粋な自立的存在であるのと同様である。そうであるとすれば、そのさいこの凝集力はさしあたり、このように純粋に概念のうちで定立されて規定されたあり《ベシュティムト》かた《ハイト》であるというはこびとなり、〔比重にぞくする自立的存在という〕くだんの規定《ベシュティムト》性《ハイト》に対抗していることになる。かくて法則定立の手法は、さきに感受性の反応性への関係を問題とするにさいして考察されたものとひとしいものとなるだろう。――その場合にはさらに、凝集力が他の存在における自立的存在という概念であるかぎり、それは比重に対立する側面だけを抽象したものにすぎず、抽象であるかぎりではいかなる現実存在もともなっていない。というのも「他の存在における自立的存在」とは過程のことであって、その過程とは非有機的なもの〔がそのような過程を有するとすれば、当の非有機的なものが〕みずからの自立的存在を自己保存として表現するであろうようなものだからである。その場合には、自己保存〔の過程〕によって非有機的なものが保護されて、化合物の契機として過程から離れでることがないようにされることだろう。しかしながら、このようなことこそまさに、非有機的なものの本性に反している。非有機的なものはその本性からして、目的あるいは普遍性をみずからそなえることがないからだ。非有機的なものの過程であるならば、それはかえってひとえに一定のふるまいを示すものにすぎず、示されるのはつまり、どのようにして非有機的なものの自立的存在が、その比重が廃棄されるか、なのである。この一定のふるまいにあって、非有機的なものの凝集

Ⅲ219

力がその真の概念において存立するしだいとなるだろう。しかし、そのふるまい自身と非有機的なものの有する比重の一定の量とは、たがいに対してまったく無関係な概念である。ここでふるまいのしかたは完全に考慮のそとに置いて、量の表象〔されるしかた〕だけに問題を制限してみるとしよう。その場合でも、たとえばつぎのような規定を考えてみることはできるかもしれない。すなわち、より大きな比重はより高度な自己内存在(Insichsein 強度)であるかぎり、それが過程に入るさいにしめす抵抗は、よりちいさな比重のそれよりも大きなものだろう、といったことである。しかしながらこれとは反対に、自立的存在がしめす自由があかされるのはただ、あらゆる過程のうちに入りこみながら、そうした多様なありかたのうちでみずからを維持する軽やかさにおいてだけである。くだんの〔過程への参入に抵抗する〕強度には、関係のひろがり《エクステンジオン》が欠けている。そうした強度は内実のない抽象なのである。外延《エクステンジオン》こそが強度《インテンジテート》の現に存在するしかたを形成するからだ。非有機的なものが〔他のものと〕みずからの関係にあって自己保存するといったことは、しかしすでに注意しておいたように、非有機的なものの本性の外部にある。非有機的なものは運動の原理をみずからそなえていないからである。ことばをかえれば、非有機的なものの存在とは、絶対的な否定性や概念ではないということなのである。

非有機的なものとしての非有機的なもの

非有機的なものの有する〔外なるものという〕この他の側面を、これに対して、過程
としてではなく、静的な存在として考察してみるとしよう。そうすると、この側面はあ
IX 162 りふれた凝集力ということになる。つまり凝集力は単純な感覚的性質として一方の側面
にあらわれ、他の存在という自由に解きはなたれた契機に対抗していることになるだろ
う。他の存在とは、多くの没交渉的な性質へと散在しているものでありながら、たほう
そういった諸性質自身のもとに、比重と同様にぞくするものとしてあらわれるものなの
II 226 215 だ。これらの性質の集合が合一して、そのばあい〔凝集力として〕比重に対するもうひ
とつの〔外なるものという〕側面をかたちづくることとなるのである。比重にあっては、
しかし他の諸性質についてもそうであるように、数こそが唯一の規定されたありかた《ベシュティムトハイト》で
ある。この規定性《ベシュティムトハイト》は関係と移行とを、これらの諸性質どうしのあいだで表現するも
のではないばかりか、まさしく本質的にいって、なんら必然的な関係を有するものでは
ない。それはむしろ、いっさいの合法則性の廃滅を呈示する。数は規定されたありかた
III 220 を表現するものであるとしても、それを非本質的な規定性として表現するからである。
そのけっか、したがってなんらかの物体の系列を考え、その系列が区別を、それらの物
体のあいだの比重の数的な区別として表現するとしてみても、当の系列はまったく、他
の性質の区別をしめす系列に対して並行的にすすむものではない。ことがらを簡単にす

るために、これらの性質のうちただひとつの、あるいはいくらかの性質だけをとり上げておくにしても同様である。というのもじっさいのところ、〔比重以外の他の〕性質を束ねた全体だけが、この並行関係にあって〔比重に対して〕他の側面をかたちづくるはずのものとして存在しうるにすぎないだろうからである。この性質を束ねた全体をその内部で秩序づけ、かくて一箇の全体へと結合するさいには、量という規定されたありかたがこのさまざまな性質にかんして、観察に対して一方では目のまえに存在するが、他方ではしかしそれらの性質の区別が、質的なものとして入りこんでくる。ここでそのような堆積のうちで、なにが積極的なものもしくは消極的なものとしてしるしづけられなければならず、かくてなにがたがいに廃棄しあうことを余儀なくされるのか。これは総じて公式に内的な布置を与え、それを提示することであるけれども、この件はきわめて複合的なものとなるだろう。そういったことは概念にぞくしているにもかかわらず、概念はほかでもなくこのような様式においては――つまり、諸性質が存在するものとしてそこに横たわり、そのようなものとして拾いあげられるべきである、とするようなしかたでは――排除されているのである。このように存在している場合にはいずれの性質にせよ、それが示すのは、他の性質に対して否定的なものであるという性格ではない。そこではむしろ、ひとつの性質は他の性質と同様に存在しているのであり、どの性質にせよ、それ以外のしかたでは全体の配置におけるみずからの位置を示すことがない。ひとつの

II 227

216

系列を考え、その系列が並行する区別項のなかをすすんでゆくとした場合——そのさい関係が両側面について同時に上昇すると見なされる《マイネン》にしても、一方の側面においてのみ上昇し、他方の側面にあっては減少すると見なされるにしても——問題となるのはひとえに、どのような最終的で単純な表現が、この総括された全体について与えられるかである。この全体が法則の一方の側面を、比重に対してかたちづくるものとされるのである。とはいえこの一方の側面は、それが存在する結果となるかぎりではまさに、すでに言及されたものにほかならない。つまり個別的な性質であって、たとえば凝集力とでもいったありふれたものなのである。その凝集力とならんで、他のさまざまな性質が無関係に現にあり《フォアハンデン》、しかもそのなかには比重もふくまれているのだ。かくて〔比重以外の〕他の性質のどれもがおなじ権利で、ということはひとしく不法なことに、他のすべての側面を代表するもの（Repräsentant）としてえらばれうるということである。つまりひとつの側面も他の側面も実在をただ代わりにあらわす（repräsentieren）というだけで、これをドイツ語で表現すれば「表象する *vorstellen*」というしだいになる。ということはしかし、ことがらそのものではない。そのけっか、物体の系列を見いだそうとこころみて、その系列はふたつの側面の単純な並行関係にそって進行し、そのことで物体の本質的な自然を、このそれぞれの側面の法則にしたがって表現するものであるとしても、そのようなこころみは〔たんに〕或る思想と見なさざるをえないのであって、その思想

III 221

IX 163

は、みずからの課題とその課題を遂行すべき手段とを知るところがないというしまつになるのである。

有機的なものと非有機的なものの比較から生じる帰結

先だっては、外なるものと内なるものとの関係が、〔有機的なものの〕形態においては、――その形態が観察に対してみずからを呈示するとされるかぎりで――ただちに非有機的なものの領圏へと移されることになった。この関係をその領域へと引きいれる理由となる規定は、いまやより立ちいって挙げられることができるのであって、かくて結果としてあきらかとなるのは、この関係にぞくするなおべつの形式であり、関連である。有機的なものにあっては要するに、総じて崩れさっていることがらがあり、それは非有機的なものにおいては、内なるものと外なるものとのそのような比較がなされる可能性を提供するかに見えるものである。非有機的なものにおける内なるものは単純な内なるものであって、その内なるものは知覚に対して、存在する性質としてあらわれてくる。この内なるものを規定するありかたは、だから本質的にいって量であり、その内なるものは存在する性質として現象して、外なるものに対して無関心《グライヒギュルティッヒ》な、あるいは他の多くの感覚的性質に対してかかわりをもたない《グライヒギュルティッヒ》性質としてあらわれる。有機的に生命あるものにおいてみずからに対して存在する《フュールジッヒザイン》ありかた〔内なるもの〕はいっぽう、その〔非有機的なものの場合の〕ように外なるものに対して一方の側に立つのではなく、他であることという原理をみずからにそなえている。私たちとしてはこの対自的存在《フュールジッヒザイン》を、単純にじぶん自身に関係しながら自己を維持することと規定することにしよう。そうすればこの対自的存在にとって他であることは、単純に否定的なありかた（*Negativität*）であ
Ⅱ228 って、有機的な統一《アインハイト》とは、みずからとひとしいものが自己自身に関係することと、この純粋な否定性《ネガティヴィテート》とがひとつである《アインハイト》ありかたということになる。このような統一が統一として、有機的なものにおける内なるものなのである。この内なるものは、かくてまたそれ自体として普遍的なものであり、いいかえれば類である。類はそれが現実となる《ヴィルクリ》ありかた《ツヒカイト》に対して自由であるけれども、その自由は比重が形態に対して有している自由とはべつのものだ。後者の自由は一箇の存在する自由であり、いいかえれば、その自由は〔比重という〕特別な性質として〔他の諸性質に対して〕一方の側面に立っている。しかし存在する自由であるがゆえに、比重はまたたんに規定性のひとつでもあるのであって、その規定性はくだんの形態に本質的に所属している。ことばをかえればこの規定性は、それをつうじて当の形態が本質〔実在〕として一箇の規定されたものとなるものなのである。類の自由はいっぽう普遍的な自由であり、それゆえこのような形態に対して、
217 つまり形態が現実にとるありかた《ヴィルクリッヒカイト》に対して無関心である。なんらかの規定されたありか Ⅲ222
たが、非有機的なものについては、それがじぶんだけで存在するありかた（*Fürsichsein*）

有機的なものにおける類、種、個別性

そのものに帰属するけれども、それゆえ有機的なものにかんしては、その規定された《ベシュティムト》ありかた《ハイト》がみずからの対自的存在《フュールジッヒザイン》〔内なるもの〕のもとであらわれる。それは規定性《ベシュテイムトハイト》が非有機的なものについては、その存在のもとでだけ立ちあらわれるのと同様である。そのような規定性が、かくして非有機的なものにそくしていえば、すでに同時にひたすら〔一箇の〕性質であるにすぎないにもかかわらず、その規定されたありかたには、それでも本質であるという尊厳が帰属する。当の規定性は単純に否定的なものであるかぎり、他のものに対して存在することである、現にある《ダーザイン》ことに対立しているからである。この単純に否定的なものとは、その最終的な個別的規定性にあってはひとつの数なのである。有機的なものは、いっぽう個別的なありかた《アインツェルハイト》をしているとはいっても、その個別性《アインツェルハイト》そのものが純粋に否定的なありかた《ネガティヴィテート》をともなっており、それゆえ数という固定された規定性――これは没交渉的な存在に帰属する――をみずからのうちで廃滅している。有機的なものも没交渉的な存在という契機を有しており、その契機において数という契機をそなえているかぎりでは、数は有機的なものにあってはたんなるたわむれとして受けいれられるにすぎない。有機的なものの生き生きとしたありかたにかんして、その本質となるものとは受けとられていないのである。

Ⅱ229

ところで一方では、純粋な否定《ネガティヴィテート》性はすでに過程の原理であって、有機的なものの外部にぞくするものではない。有機的なものは、したがってこの否定性をひとつの規定されたありかたというかたちで、じぶんの本質においてそなえているのではない。むしろ個別的なありかた自身が、それ自体として普遍的なものなのだ。にもかかわらずそれでも、この純粋な個別性がそのさまざまな契機というしかたで、それじしん抽象的あるいは普遍的なものとして有機的なものにあって展開され、かくて現実的なものとなるのではない。かえってこのような〔展開され、現実的となった〕表現はくだんの普遍性の外部に踏みだしているのであって、普遍性の側は内面性のうちへと退いている。そこで現実あるいは形態とのあいだには、いいかえればみずからを展開する個別性と、有機的に普遍的なもの、つまり類とのあいだには、規定された普遍的なもの、すなわち種が入りこむはこびとなる。現実の存在《エクジステンツ》へと普遍的なものの有する否定的なありかた《ネガティヴィテート》が、あるいは類の否定《ネガティヴィテート》性が到達すると、この現実の存在はなんらかの過程の運動が展開されたものにすぎなくなる。つまりその過程は〔それ以前に〕存在する形態にぞくする諸部分にそって経過しているということである。かりに類が、静止して単純なありかたをしており、そのようなみずからにそくして区別されたさまざまな部分を有していて、かくてまた類の単純な否定性そのものが同時に運動であったとしよう。さらにその運動が経過してゆくものが、おなじように単純で、直接それ自身において普遍的な部分であって、

Ⅸ164

218 それらの部分がそのように普遍的な契機でありつつも、ここでは現実的なものでもある III223
としてみよう。その場合には有機的な類は意識であることになるだろう。しかし〔いまは〕単純に規定されたありかたは種として規定されたありようであり、そのように規定されたものとして、精神を欠いたしかたで目のまえにある。現実は種からはじまる。いいかえれば、現実のうちに入ってくるものは類そのものではないということだ。類そのものではないとは、総じて思想ではないことを意味する。類は現実の有機的なものとしては、ひとえにそれを代表するものによってあらわされる。この代表するものとは、しかし数である。この数がしるしづけるのは、類から移行して、個別的な形態化へといたる過程であるかにみえ、また観察に対しては、ふたつの側面で必然性を与えるものであるかにみえる。すなわち一面では単純に規定されたものとして必然性を与え、他面では必然性を展開されたものとして、多様性をも形態として生みだすまでに展開されたものとして与えるかに見えるのである。だが数がしるしづけるのはかえって無関心さと自由であって、普遍的なものと個別的なものがたがいに没交渉であることなのだ。そのさい個別的なものは類によって、量という本質なき区別のなすがままに委ねられているとはいえ、それじしん生けるものとして、このような区別から自由であることも同様に証示している。真の普遍性は、これまで規定されたとおり、ここではなお内的な本質であるにすぎない。種というかたちで規定されたありかたとしては、普遍性《アルゲマインハイト》とは形式的に普遍的なありかた《アルゲマインハイト》のことであって、これに対抗して、例の真なる普遍性がむしろ個別性《アインツェルハイト》の側に立ってあらわれる。かくて個別的なありかた《アインツェルハイト》こそが生けるものであり、その内なるものをつうじて、種としてみずからが規定されたありかたのかなたに超えでている。しかしこのような個別性が同時に普遍的な個体というわけではない。すなわち普遍的な個体にあって普遍性は〔普遍性であるのと〕同様に外的なありかたで現実的なありかた《ヴィルクリッヒカイト》を有することになるだろうが、〔個別性はこのような普遍的個体ではなく〕むしろそのような個体は有機的に生けるものの外部にぞくしている。こういった普遍的な個体であってもいっぽう、それが直接的に自然的な形態化によって生まれた個体であるかぎりでは、意識そのものではない。そのような個体が現に存在《ダーザイン》するのは個別的で有機的な、生ける個体としてであるから、そうした定在《ダーザイン》がみずからの外部に出ることはないはずであるとすれば、それは普遍的な個体が意識であるべき場合であろう。

有機的なものにおける「推論」の成立

私たちが、したがってここで見てとることになるのは、一箇の推論である。その推論の一方の極は普遍的なものとしての普遍的な生命、あるいは類であるそれであり、他方の極はしかしおなじ生命が個別的なものとして、いいかえれば普遍的な個体として存在しているものである。媒語となるのはいっぽう両極から合成されたもので、一方の極が

媒語のうちに入って適合しているかに見えるのは、みずからが規定された普遍性あるい
は種として存在することによってであり、他方の極はこれに対して本来の、あるいは個 IX165
別的な個別性としてである。この推論は一般に形態化の側面にぞくしているのであるか III224
ら、その推論のもとには同様に非有機的自然として区別されるものも包括されているの
である。

　ところで普遍的な生命は類という単純な本質として、じぶんの側からはじめて概念の
219 さまざまな区別を展開し、それらの区別を〔種という〕単純な規定性の系列として呈示
せざるをえない。そこでこの系列は、たがいに無関係に定立された区別の体系、すなわ
ち一箇の数列となる。さきには有機的なものは個別性という形式にあるものとして、こ
の本質を欠いた区別に対立させられていた。その区別は生ける自然を表現するものでは
ないし、それをふくんでもいないのだ。くわえて非有機的なものにかんしても、それが
現に存在《ダーザイン》する全体についていえば——当の定在《ダーザイン》はその諸性質の集合というかたちで展
開されているのである——まったくおなじことが語られなければならない。そうである
とするならば、いまやくだんの普遍的な個体こそが、類が展開するいかなる分肢化から
も自由であるばかりか、類にぞくする威力としても存在するものとして考察される必要
がある。類というものは、数という普遍的な規定性にしたがって種へと区分されてゆく。
あるいはまたみずからが現に存在《ダーザイン》する個別的に規定されたありかた、たとえば形状、色

II 231

彩等々をその区分の根拠とすることもあるだろう。どちらにしても類は、区分というこの静的ないとなみにさいして普遍的な個体の側から暴力をこうむることになる。ここで普遍的な個体とは大地のことであって、その普遍的な個体は普遍的な否定性として、さまざまな区別を——大地がこれらの区別をそれ自体として有しているのであるから、またその本性は、それらの区別が所属している実体のゆえに類の本性とはことなったものであるから——類の体系化に対抗して浮きたたせる。類がいとなむ〔区分という〕おこないは、かくてまったく制限された仕事《ゲシェフト》となるのであって、そのいとなみ《ゲシェフト》を類としては、ただあの〔大地にぞくする〕強力な諸元素《エレメント》の内部で遂行することを余儀なくされるのである。だからこの仕事は、諸元素の馴致すべくもない暴力をつうじていたるところで中断され、隙間だらけのものとなり、みすぼらしいものとなる。

普遍的な生命とは偶然的理性である

かくて帰結することがある。観察にとって形態化された定在にそくして生成してくることができるものは、ただ生命一般としての理性にすぎないということだ。この生命一般なるものは、しかしそれが分化するにさいしていかなる理性的な系列化も持たず、分肢化もそれ自体そのものとしては現実にそなえていないのである。そのような生命とは、形態化にかんして、じぶんのうちに根拠をもった体系ではない、ということである。

――有機的な形態化にかかわる推論にあって媒語としては、種と、種が個別的な個体性 Ⅲ225
というかたちで現実的なありかた《ヴィルクリッヒカイト》となるものとがぞくしている。かりにこの媒語がそれ
じしん両極として、内的な普遍性と普遍的な個体性とをそなえているものとしよう。そ
の場合にはこの媒語は、それが現実に存在する《ヴィルクリッヒカイト》ものの運動にそくして、普遍性を表現し、
220 また普遍性という本性をそなえることとなり、かくてじぶん自身を体系化する展開をし
めすものとなることだろう。じっさい意識であるならば、普遍的な精神とその精神の個
別的なありかたとのあいだで、つまり感覚的な意識とのあいだに、媒語として、意識の
さまざまな形態化の体系を有している。その体系は、全体として秩序づけられた、精神
の生命なのである。――この体系こそがここで考察されるものであり、世界史というか
たちで、みずからが対象的なかたちで現に存在する《ダーザイン》しかたを手にするものなのだ。しか
し有機的自然はいかなる歴史ももたない。この自然は、自然にぞくする普遍的なもの、
つまり生命から、ただちに定在《ダーザイン》という個別性へと転落してしまう。だから、自然が Ⅸ166
現実にあるありかた《ヴィルクリッヒカイト》において合一されているものが、単純に規定されたありかたと個別
的に生あるありかた《レベンディヒカイト》という契機であったとしても、それらの契機によってもたらされる
生成はただ、偶然的な運動であるにすぎない。その運動のなかでそれぞれの契機はじぶ
Ⅱ232 んの持分については活動的であり、全体も保たれているとはいえ、こういった立ちはた
らきはそれ自身だけをとれば（*für sich selbst*）、おのおのの極点のみに制限されている。

なぜなら全体は極点のいちいちのなかに現にある《フォアハンデン》ものではないからだ。全体がそこに現にあるのではないというのは、全体が全体として、ここでそれだけで存在するわけではないからなのである。

有機的なものを観察する理性の限界

こうして観察する理性が有機的な自然において到達することがらは、じぶん自身を普遍的な生命一般として直観することであるにすぎない。しかしそればかりではない。観察する理性にとって、この普遍的生命が展開し実現されるさまが直観されるにしても、その直観なるものはただ、まったく一般的なしかたで区別された体系にそくしたものにすぎない。これらの体系が有する規定されたありかた、それらの本質は、有機的なものそのもののなかにあるのではない。それはむしろ〔大地という〕普遍的な個体のうちに横たわっている。だから、大地の有するこのさまざまな区別のあいだで類がこころみようとするのは、系列化〔にすぎない〕のである。

こうして、その現実《ヴィルクリッヒカイト》のありかたにあって有機的生命の普遍性は、真にそれ自身によっ《フュールジッヒ》て存在《ザイエント》する媒介を経ることなく、直接的に個別性の極へと転落してしまう。だから観察する意識がまえにしているのは、事物というかたちを取った思いなしであるにすぎない。Ⅲ226
そこで理性が懐きうるのは、この思いなしを観察するというひまつぶしの関心《インテレッセ》といっ

Ⅱ233

221

たところであって、そのばあい理性〔の仕事〕は記述したり列挙したりすることを、自然にかんする思いなしや思いつきをめぐって書きとめることにかぎられる。思いなしの自由には精神が欠けている。そのような自由であっても、いたるところで法則のはじまりや、必然性の痕跡や、秩序と系列への暗示や、気のきいた、見かけ上の関係を提示するだろうことはたしかである。とはいえ観察が、有機的なものと、非有機的なものの存在する区別との関係において——その区別とは、環境《エレメント》とか生圏《ツォーネ》とか、気候《クリーマ》のそれである——、法則と必然性という観点から語りうるところは、「大きな影響がある」以上のところを超えることがない。だから他方の側面では、個体性は「大地」という意義を持つものではなく、有機的な生命に「内在する一」という意義を有する〔にすぎない〕。この「一」はたほう、普遍的なものと直接に統一されて、たしかに「類」をかたちづくりはする。しかし類の単純な統一は、ほかでもなくそれゆえにただ数として規定されるにすぎず、だからこの統一からは、質的な現象は放りだされてしまうのである。この他方の側面にあっても観察のもたらしうるところは、気のきいた注意を与えるとか、興味をひく関係をさぐるとか、好意をもって概念を迎えいれるとかいったことを越えることがない。けれども気のきいた注意はだんじて必然性の知ではなく、興味をひく関係は興味〔をひく〕にとどまる。興味《インテレッセ》とはしかし、なお理性にかんする思いなしにすぎない。個別的なものは友好的な態度をもって概念を暗示するものであるが、そのような態度は子どものような（kindlich）友好的態度である。それが子どもじみた（kindisch）ものとなるのは、このような態度がなんとしても《アン・ウント・フュール・ジッヒ》意味あるものであろうとし、あるいはそうであるべきだとされる場合なのである。

b　自己意識をその純粋なありかたにおいて、また外的現実への関係で観察すること　論理学的法則と心理学的法則

自然観察が概念を見いだすのは、非有機的な自然のなかで実現されたものとしてである。それは法則であって、その契機は事物であるけれども、その事物は同時に抽象としてたがいに関係する。いっぽうこの概念は、じぶんのうちに反省的に立ちかえった単純《アイン》なありかた《ファッハハイト》をしていない。有機的な自然にぞくする生命は、これに対してひとえに、このようにみずからへと反省的に立ちかえった単純性《アインファッハハイト》なのである。この生命自身には対立があり、それは普遍的なものとしての生命と、個別的なものである生命との対立である。この対立は、生命そのものの本質にあっては分離してあらわれることがない。その本質が類であるとすれば、その場合の類とは、自身の区別のない境位のうちで分割され、運動して、その対立のなかにありながらじぶん自身《フュール・ジッヒ・ゼルプスト》では同時に区別を持たないものだろう。〔だが生命の本質はそのような類ではない。〕観察がこの〔類のように〕自由な概念

III 227

IX 167

を見いだすのは――つまり、その普遍的なありかたのうちに展開された個別的なありかたがふくまれており、しかも〔普遍的なありかたと〕おなじように、絶対的にじぶん自身のうちにふくまれているような概念を発見するのは――、ただ現実に存在する《エクジスティーレン》概念としての概念自身のうちだけである。ことばをかえれば、それが発見されるのは自己意識においてのみ、ということなのである。

222

思考の法則の二面性――その抽象性と実在性

観察はいまやじぶん自身のうちへと立ちかえり、自由な概念として現実的な概念に立ちむかう。そこで観察がまず見いだすのは、思考の諸法則である。個別的なありかたを、思考はそれ自身においては採っている。そのありようは、抽象的で、まったく単純なありかたへと引きもどされた、否定的なものの運動なのである。だから思考の諸法則は、実在性の外部に存在していることになる。これらの法則にはなんの実在性もないことに

II 234

なるが、その意味するところは総じて「それらの法則には真理が欠落している」という消息にほかならない。思考の法則はたほう真理の全体ではないことはたしかであるとしても、それでも形式的な真理ではあるとされるのだ。しかしながら純粋に形式的で、実在性を欠くものは、〔たんに〕思考されたもの《ゲダンケンディング》、あるいは分裂をそれ自身そなえていない空虚な抽象である。この分裂が、内容にほかならないはずなのである。――他方では

しかし、問題となっている法則は純粋な思考の法則であり、純粋な思考はいっぽうそれ自体として普遍的なもの、したがって一箇の知であって、その知は直接的に存在を有し、そのことでいっさいの実在性をそなえている。そのかぎりではここで法則は絶対的な概念であり、形式という本質的なありかたであって、その件と分かちがたくまた事物の本質的なありようなのである。普遍性がみずからのうちで運動する場合、その普遍性は分裂した単純な概念となるから、この概念はそのように分裂することでそれ自体として内容をそなえており、しかもその内容はあらゆる内容であるような内容である。ただ、感覚的な存在ではない、というだけのことだ。ここで存在する内容は形式と矛盾するものではなく、一般に形式から切りはなされているわけでもない。それはむしろ本質的に形式そのものである。というのも形式とは、その純粋な契機へと分離されてゆく普遍的なものにほかならないからである。

思考の法則における「形式」と「内容」

しかしながらこのような形式が、あるいは内容が、観察としての観察に対してどのように存在しているのか。この件についていえば、形式がふくんでいるのは規定であって、Ⅲ228
しかもその規定は見つけられ、与えられた、すなわちたんに存在する内容なのである。この内容はさまざまな関係にぞくする静的な存在となり、たがいに分離された必然性か

Ⅱ235
223

らなる集合と化する。それらの必然性が固定された内容として絶対的に《アン・ウント・フュール・ジッヒ》、その規定されたありかたにおいて真理を有するとされ、必然性はかくてじっさいには、形式から引きはなされているのである。ここには絶対的な真理があり、その真理は固定された規定性、あるいは多くのあいことなる法則からなるとされる。この件はとはいえ、自己意識の統一に矛盾し、いいかえれば思考と形式一般の統一に矛盾している。固定された、自体的なものでありつづける法則と称されるものは、みずからのうちに反省的に立ちかえる統一にとって、その契機のひとつたりうるにすぎない。それらが登場することができるのは、ただ「消失する量」としてだけである。いっぽうこういった運動の連関から、考察によって引きはがされて、個々別々なかたちで立てられる場合には、そのような法則に欠けているのは――ともあれなんらかの規定された内容はもっているのだから――内容ではない。それらの法則はむしろ形式を欠いているのであって、その形式こそがくだんの法則の本質なのだ。じっさいこれらの法則がたんに形式的で、なんら内容も持たないとされることが理由ではなく、むしろ反対の根拠によって――つまり法則がその規定されたありかたにあって、あるいはまさに一箇の内容として形式を奪われているにもかかわらず、絶対的な或るものとされているがゆえに――それらの法則は思考の真のありかた《ヴァールハイト》ではないのである。その真のありかたにおいて、すなわち思考の統一のなかで消失してゆく契機としては、くだんの諸法則は知、いいかえれば思考する運動〔自

Ⅸ168

身〕と考えられなければならないだろう。つまり知の法則としてはとらえられないはずである。観察は、しかし知そのものではなく、知〔がなんであるか〕を知ってもいない。観察はむしろ知の本性を顚倒させて、存在という形態へと変じてしまう。その意味するところは、知の否定的なはたらき《ネガティヴィテート》をひとえに知の法則（*Gesetz*〔存在として〕定立されたもの）ととらえてしまうということだ。——ここでは以下の件を示しただけで充分である。つまり、いわゆる思考の法則が妥当するものではないしだいを、ことがらの一般的な本性から示したということである。さらに立ちいった展開は思弁哲学〔論理学〕にぞくする。そこでは思考の法則が、その真《イン・ヴァールハイト》に存在するすがたで示される。すなわちそれらは個々の消失してゆく契機であって、それらの契機の真理《ヴァールハイト》はひとえに思考する運動の全体、知そのものであるということだ。

観察する意識から行為する意識へ

思考のこのような否定的統一は、それ自身だけで存在する《イスト・フュール・ジッヒ・ゼルプスト》。あるいはむしろじぶん自身だけの存在（*Fürsichselbstsein*）であり、個体性の原理であって、その実在性《レアリテート》においては行為する意識である。この行為する意識が例の〔論理学的な〕諸法則が実在するありかた《レアリテート》であり、その意識へと、したがって観察する意識はことがらの本性をつうじてみちびかれてゆく。こういった連関が観察する意識に対して存在するわけではないから、か

Ⅲ229

えって意識が思いなすところでは、思考はその諸法則においては、依然としてじぶんにとって一方の側面に止まりつづけている。他方の側面で思考はひとつの他の存在を、みずからにとっていまや対象であるものにそくして受けとっている、というわけである。その他の存在とはすなわち行為する意識であり、この行為する意識はじぶんだけで存在するから、その意識は他の存在を廃棄し、かくてじぶん自身を否定的なものとして直観することにおいて、みずからの現実性を手にしていることになる。

心理学的法則について

こうして観察に対してあらたな領野が拓かれてくる。その領野は意識にとって行為する現実にそくして披《ひら》かれるのである。心理学のうちにふくまれているのは一群の法則であって、Ⅱ236 その法則にしたがい精神は、みずからにとっての現実が有するさまざまな様式、つまり目のまえに見いだす他の存在であるみずからの現実が有する様式に対して、多様なしかたでかかわることになる。一方では精神はそのような現実をじぶんのうちに受容して、Ⅸ169 目のまえに見いだされる習慣、習俗《ジッテ》や思考様式――精神はそうした習慣、習俗、思考様式において、じぶんにとって現実である対象となる――に適合したものとなろうとする。224 他方ではそういった「目のまえの」現実に対してみずからが自己活動的であるしだいを知ろうとし、傾向性と激情とにしたがい、じぶんに対して特別なものだけをそこから摑みとろうとして、対象的なものをみずからに適合させようとするのだ。前者にあって精神は、個別的なありかたをしたみずから自身に対して否定的にふるまおうとしており、後者においては普遍的な存在であるじぶんに対して否定的にかかわろうとしているわけである。――自立性が目のまえに見いだされたものに与えるのは、第一の側面からすれば、意識された個体性一般という形式にすぎない。内容にかんしていえば、目のまえに見いだされた一般的な現実の内部に止まっているのである。いっぽう他方の側面からすれば、自立性がこの現実に与えるものは、すくなくとも特有な変様である。この変様は〔最低限の場合であれば〕現実の本質的な内容と矛盾するものではない。あるいはまたその変様をつうじて個体が、とくべつな現実となり、特有な内容となって、現実と対立するはこびとなる変様であることもある。この場合には変様が犯罪となる。それは個体が現実をたんに個別的なしかた《ヴァイゼ》で廃棄することによるときもあれば、あるいはまたこの個体が当の廃棄を普遍的なしかたで、したがってまたいっさいの現実に対しておこなって、一箇のべつの世界、他の権利、法律、習俗を、目のまえにあるそれらにかえてもたらすことによる場合もあるのである。

観察する心理学が最初に言明するのは、普遍的な様態のさまざまにかんする自身の知覚についてであって、それらの様態《ヴァイゼ》は心理学にとって、能動的な意識にそくして現前してくる。その心理学が見いだすのは、さまざまな能力、傾向性、激情である。いっぽう

Ⅲ230

〔心理学は自己意識の統一にかんしても憶えていて、その〕自己意識の統一に対する記憶は、こういった集まりを語りだすさいにも抑圧されているわけではない。だからそのような心理学であっても、すくなくともつぎのような驚嘆へとみちびかれることになる。つまり、精神のうちには、それがあたかも一枚の袋であるかのように、かくもさまざまで、しかもこれほど異質な、たがいに偶然的なもの《ディンゲ》たちがいっしょに存在しうるものなのか、ということだ。とりわけ、精神のなかでそれらが死せる静的な諸事物《ディンゲ》としてではなく、不安的な運動としてあらわれてくるからには、驚かざるをえないのである。

法則における個体性と普遍性

II 237 こういったさまざまな能力を物語るにあたって、観察が置かれているのは普遍的な側面である。対して、この多層的な力能を統一するのは、この普遍性に対立した側面、つ
225 まり現実的な個体性である。現実的な個体性が区別されて、その個体性がふたたび把握され、物語られるしかたは、つぎのようなものとなる。つまり、ひとりの人間はこの人間よりも多くの傾向を有し、他の人間はあの人間よりも多くの傾向をもっており、一方の人間は他方の人間よりも多くの悟性をそなえている、といったところである。こういった把握と語りは、しかしなにほどかひどく興味を削ぐものであって、それはさまざまな種類の昆虫や苔などを数えあげることにすらおよばない。昆虫や苔であれば、それら

が観察に与える権利は、そうしたものを個別的に、概念もともなわずにとらえることであって、それは昆虫や苔が本質的にいって、偶然的な個別化の境位にぞくしているからである。意識をもっている個体性にかんしては、これに対して、その個体性を、精神を欠いて、個別的な存在する現象として数えあげ、とらえることには矛盾がふくまれている。つまり、個体性の本質とは精神の普遍的なものである、ということだ。しかしながら、把握するはたらきが個体性を、同時に普遍性の形式へと参入させる場合には、把握することで見いだされるのは個体性の法則であって、かくて把握はいまや理性的な目的を手にして、必須のいとなみに従事しているかに見えるわけである。

〔個体性の〕法則についてその内容をかたちづくる契機は、一方では個体性そのものであり、他方では個体性の普遍的な非有機的自然であって、後者はつまり目のまえに見いだされる環境や状況、習慣や習俗、宗教等々ということになる。こういったものから、一定の個体性が把握されるべきなのである。それらにふくまれているのは、規定されたものであるとともに普遍的なものであり、同時に目のまえにあるものであって、その目のまえにあるものが観察に対して提示され、かくて他面では、個体性の形式にあって表現されるのだ。

Ⅲ231

Ⅸ170

環境、状況、習慣、習俗、宗教等々が個体に与える「影響」なるもの

　このふたつの側面の関係にかんして法則がなりたつものとすれば、ここでその法則に
ふくまれていなければならないのは、この一定の環境がどのような作用と影響を個体性
に対しておよぼすのか、ということだろう。ここでいう個体性とは、しかしほかでもな
く、普遍的なものであり、したがって静的で直接的なしかたで、目のまえにある普遍的
II 238 なもの、すなわち習俗、習慣といったものと合流して、それらに適合したものとなろう
とするのかと同様に、習俗や習慣等々に対して対立したかたちでふるまい、それらをむし
ろ顛倒しようとするものである。またおなじく、習俗、習慣などに対してまったく無関
心なままに個別的なありかたを守りつづけて、これらがじぶんに作用をおよぼすことを
許さず、それらに対して働きかけることもしないこともあるものなのだ。なにが個体性
に影響をおよぼし、どのような影響をふるうことになるはずなのか――これはほんらい
同義なのである――は、それゆえひとえに個体性そのものに左右されることになる。
「このような影響をつうじて当の個体性はこのように一定の個体性となった」といわれ
る。その意味するところは「くだんの個体性がすでにそのようなものであった」という
226 こと以外のなにものでもない。環境、状況、習俗等々は、一方で目のまえに存在するも
のとして示される。それらは他方ではこの一定の個体性において、当の個体性の未規定
な本質だけを表現するものとされる。この未規定な本質など、じつはここでは問題では

ないのである。こういった環境、思考様式、習俗、総じて世界の状態が存在していなかったとするならば、ともあれ個体はそれが現に在るとおりのものとはならなかったことだろう。そういった普遍的な実体とは、この世界の状態のうちに置かれたすべてだからである。当の世界の状態は、とはいえこの個体にあって——この個体こそ把握されるべきものなのだ——どのように特殊化しているのかが問題であって、それに応じてくだんの世界の状態もそれ自体として、それ自身に対して《アン・ウント・フュール・ジッヒ・ゼルプスト》特殊化されていたはずであり、かくて世界の状態に与えられるその規定されたありかたにおいて、個体に対して作用をおよぼしたはずなのである。ただそのようなかたちでのみ、世界の状態は個体をこの一定の個体へ、それが現にあるがままに形成したことだろう。外なるものが絶対的に《アン・ウント・フュール・ジッヒ》或る性状をそなえていて、その性状は外なるものが個体性にそくして現象してくるとおりのものであるとするならば、この個体性は外なるものにもとづいて把握されるはこびとなるだろう。そのばあい私たちは、画像について二重の画廊を手にすることになり、その一方は他方の反映であるはずである。つまり一方の画廊が与えるのは、外的な環境がかんぜんに規定され、境界づけられたありかたであり、他方の画廊はそのおなじものがあるしかたで移されて、意識をもった存在者《ヴェーゼン》のうちであるとおりのものを示すことに Ⅲ232
なるだろう。前者は球面であり、後者は中心点であって、球面をじぶんのなかに表象《フォアシ》し、代理《ユテレン》している。

心理学的法則の崩壊

しかしながらこの球面、個体の世界には、直接に二重の意義がある。つまり、それ自体として、またそれ自身に対して（*an und für sich*）存在する世界であり、状況であるとともに、個体の世界である。後者であるのはしかも、以下のどちらかのかぎりにおいて、ということになる。すなわち第一に、個体が世界とたんに合流しただけである場合がある。そのさい個体は世界を、それが存在しているがままにじぶんのうちに流れこませ、世界に対してただ形式的な意識としてかかわっていたことになるだろう。あるいはたほう世界とは個体の世界であって、そこで目のまえにあるものは個体によって顛倒されてしまっている、ということである。この〔個体の有する〕自由が存在することで、現実は右に挙げた二重の意義を有することができる。それゆえ個体の世界はひたすら個体そのものから把握されなければならず、現実が個体に対して影響すること——この現実は絶対的《アン・ウント・フュール・ジッヒ》《アプゾルート》に存在するものと表象《フォアシュテレン》されているのだ——には、この件をつうじてまったく対立した意味がふくまれている。つまり個体は、じぶんに流れこみ影響を与える現実の奔流を、そのなすがままにさせておくか、あるいは個体がその奔流を断ち切って顛倒するか、そのどちらかなのだ。かくてしかし、心理学的必然性なるものは一箇の空虚なことばとなる。だから、そのような影響を有するとされたものについても、否みようもない《アプゾルート》可能性が現にある《フォアハンデン》のであって、要するにそれは影響をもたなかったかも

227

Ⅸ171

しれないのである。

かくてまた〔現実という〕存在が崩れさってしまう。その存在はそれ自体として、それだけであるとされ、法則についてその一方の、しかも普遍的な側面をかたちづくっているとされたものなのだ。個体性とは、じぶんのものとしてのみずからの世界がなんであるか、ということである。個体性そのものがその行為の円環であり、この円環のうちで個体性は現実として呈示されたのであって、かくて個体性とは端的に目のまえにある存在と、なされた存在との統一にほかならない。この統一についていえば、その両側面が——心理学的法則にあってはそう考えられていた《フォアシュテルング》ように——自体的に目のまえにある世界と、それだけで存在する個体性というかたちで離ればなれになることがない。ことばをかえれば、その両側面がそのようにそれぞれべつべつ《フュール・ジッヒ》に考察されるときには、いかなる必然性も法則も、両者のあいだの関係には存在《フォアハンデン》しないのである。

c　自己意識がみずからの直接的な現実に対して有する関係の考察

人相術と頭蓋論

心理学的観察から人相術へ

心理学的な観察はいかなる法則も、自己意識が現実について有する関係をめぐって、

Ⅲ233

あるいはじぶんに対立する世界に対して有する関係にかんして見いだしはしない。かくてその観察は、両者がたがいに対して無関係であることを見てとって、本来的に規定されたありかたを実在的な個体性にそくしてもとめることへと押しもどされる。この個体性こそがそれ自体として、またそれ自身に対して（an und für sich selbst）存在する。いいかえるとそこでは、対自的存在（Fürsichsein）と自体的存在（Ansichsein）との対立が、その個体性が絶対的に媒介することで廃滅されて、ふくまれている。そのような個体性がいまや観察にとって生成してきている対象である。いいかえれば観察はこの対象へと移行しているのである。

個体はそれ自体として、またそれ自身に対して存在している。「それに対して」存在しているというのは、つまり個体とは一箇の自由な行為であるということだ。個体はたほうまた「それ自体として」存在しているが、これはいいかえれば個体自身が根源的に規定された存在を有するということである。個体のこの規定性とは、概念からすれば、心理学が個体の外部に見いだそうとしたものとおなじものである。個体自身にそくして、したがって対立が立ちあらわれてくる。〔対立をかたちづくる〕二重のものとは、意識の運動であることと、現象する現実の固定された存在であることとである。現実とはいってもここでは、個体にそくして直接にじぶんのものであるような現実のことなのだ。このような固定された存在が、規定された個体性の身体である。身体とは個体性のそなえる

IX 172

228

根源的なありかたであって、個体がじぶんでは「なさなかったもの」なのだ。いっぽう個体とは同時にただ、それがなしたところなのであるから、個体の身体はまた個体によってつくり出された個体自身の表現となる。身体とは同時にしるしであり、このしるしは直接的な事象であるにとどまらない。そのしるしにおいて個体がなんであるかが認識されるのである。それは個体が、なんらかの根源的な自然をはたらかせるものであるという意味にあってのことなのだ。

身体が与える形態――「身体」と「相貌」について

私たちの立場から、ここで目のまえにある契機を、先行する見かたとの関係で考察しておこう。そうしてみると、ここに存在するのは普遍的な人間の形態、あるいはすくなくともなんらかの気候のもとに、世界の或る部分に棲む、ひとつの民族にとって普遍的な形態である。これは先行する見かたにあっては、おなじく普遍的な習俗と教養であったものにあたる。そこではこれらの習俗や教養に、さらに特殊な環境や状況が普遍的な現実の内部で付けくわわってきていた。当面の場面ではこの特殊な現実が特殊な形成(Formation)というかたちで、個体の形態について存在している。べつの側面には、以前は個体の自由な行為と現実が、じぶんのものとして、目のまえにある現実と対抗するしかたで定立されていた。ここではそのべつの側面に立っている形態は、形態とはいっ

Ⅲ234

Ⅱ241

てもじぶんの表現、しかも個体自身によって定立されたみずからの現実化をつうじた表現であり、それは個体の自己活動的な本質にぞくする相貌（Züge）であって、またそのかたち《フォルム》なのである。普遍的な現実にしても特殊的な現実にしても、観察は以前なら個体の外部でじぶんのまえに見いだしていたものである。いっぽうそうした現実もここではともに個体の現実であり、つまりそれが生まれつきそなえている身体である。ほかでもなくこの身体に表現がぞくしており、その表現はしかも個体の行為に帰属しているのだ。心理学的な考察にあっては、それ自体として、それだけで存在する現実と、一定の個体性とが、たがいに関係づけられるはずであったが、ここではしかし、一定の個体性の全体が観察の対象である。だから対象にふくまれる対立のどの側面にしても、それ自身この全体となる。外なるものの全体にぞくしているのも、したがって根源的な存在、つまり生まれつきそなえている身体ばかりではない。同様に身体の形成《フォルマツィオン》もまたその全体に所属しており、その形成は内なるものの活動に帰せられるのである。身体とは、形成《ビルデン》されていない存在と、形成された存在との統一であって、自覚的存在《フュールジッヒザイン》によって浸透された、個体の現実である。この身体という全体が、根源的に規定されている固定的な部分と、ひとり行為をつうじてのみ発生する相貌をうちに包括している。そのような全体が存在し、しかもその存在が内なるものの表現なのだ。つまり意識として、また運動として定立された個体の表現なのである。――この内なるものはおなじくまた〔以前とはことなって」もはや形式的で内容を欠いた、あるいは未規定な自己活動ではない。そうした自己活動はその内容と規定性を、以前には外的な環境のうちに有しているとされたのである。内なるものは〔いまや〕それ自体として規定された根源的な性格であって、その形式はひとえに活動としてのみ存在する。この〔内なるものと外なるものという〕ふた
229 つの側面のあいだになりたつ関係が、したがってここで考察されなければならない。問題はすなわち、その関係はどのように規定されるべきかであり、また外なるものにおける内なるものの表現のもとに、いったいなにが理解されるべきか、にほかならない。

語る唇、はたらく手

この外なるものは、まずはただ器官として内なるものを見えるものとする。あるいは IX173
総じて、一箇の他のものに対する存在にするのである。内なるものは、それが器官のうちにあるかぎり、活動そのものだからである。ことばを口にしている「唇」、はたらい III235
ている「手」は――そうしたければ、なおまた両脚をくわえてもよい――、現実化し、遂行しつつある器官であって、それらは行為としての行為を、あるいは内なるものその
II242 ものをそなえている。外面性はいっぽう、内なるものがこれらの器官をつうじてそれを獲得するわけであるが、じっさいには個体から切りはなされた現実的なありかた《ヴィルクリッヒカイト》である。言語と労働とは外化であって、そこで個体はもはやじぶん自身のもとでみずからを保持

し、所有していない。むしろ内なるものを、まったくじぶんの外部にもたらしてしまい、内なるものを他者に委ねている。ひとがそれゆえ、どちらもひとしく語ることのできるとおり、この外化は内なるものを過剰に表現しているとともに、また過小に表現しているのだ。「過剰に」というのは、内なるものそのものがこれらの外化にあって迸りでて、外化と内なるものとのあいだに、なんら対立が残っていないからである。外化は内なるものの表現を与えているばかりではない。外化が直接に内なるものそのものなのである。「過小に」という理由は、内なるものは言語と行為《ハンドルング》とにおいてひとつの他のものとなっており、かくてまた変転という境位に委ねられている点にある。その境位によって、語られたことばと遂行された行為《タート》が顛倒され、ことばと行為とはなにかべつのものとなる。それらがそれ自体として、それ自身に対して、この特定の個体の行為として存在しているのとはことなったものとなるのである。行為によってなされた仕事がこの外面性に曝され、他者たちの働きかけを受けて喪失することになるのは、ただたんに他の個体性に対抗して或るものでありつづけるという性格ばかりではない。これらの仕事は、じぶんがふくんでいる内なるものに、そこから分離され、没交渉となった外なるものとして関係する。だからそれらの仕事は、内なるものとしては、個体自身によっても、それが現象するのとはことなったものとなることがありうる。——〔ことなったものとなるというのは、つぎのふたつのうちのどちらかである。つまり〕ひとつには個体がくだんの仕事

230 Ⅱ243

を意図的に、現象においてはそれが真にあるのとはべつの或るものにしてしまう、という場合である。もうひとつには個体が不器用で、じぶんがもともと欲していた外面を与えることができず、その当の仕事を確乎としたものとして、他者たちによってじぶんにとってみずからの仕事が顛倒されないようにすることができない、ということだ。――行為は、したがってかんぜんに遂行された仕事としては、二重の対立した意義を有している。すなわちそれは一方では内的な個体性であり、その表現ではないか、他方では外的なものとして、内なるものから自由な現実であるか、なのである。後者の現実は、内なるものとはまったくことなった或るものなのだ。この両義性のゆえに、私たちとしては内なるものを求めて見まわさざるをえない。つまりなお個体そのものにそくして存在していながらも、それでも見られることができ、すなわち外面的であるものを求めるほかはないのである。器官においてはしかし、内なるものはただ直接的な行為そのものとして存在している。この行為《トゥーン》がみずからの外面性へとなされたこと《タート》にあって到達するにしても、この外面性は内なるものを代理して表象《フォアシュテレン》することもあれば、しないこともある。器官というものをこの対立にそくして考察するならば、それが保証するものは、こうして、求められている表現ではないことになる。

　かりにいま外的な形態は、それが器官ではないとすれば、いいかえれば行為ではなく、かくてまた静止した全体として存在するかぎりでのみ、内なる個体性を表現しうるにす

Ⅲ236

ぎないものとしてみよう。その場合この外的形態は、したがって存立する事物としてふるまうことになるだろう。そのような事物は内なるものを一箇の異他的なことがらとして、みずからが受動的に現にあるありかた《ダーザイン》のうちへ静謐に受容して、かくしてまた内なるもののしるしとなるはずである。――そのようなしるしであるならば、それは外的で偶然的な表現であって、その現実的な側面はそれだけ《フュール・ジッヒ》では意義をもたないものとなる。つまりそれはことばであっても、その音も音の結合もことがらそのものではなく、恣意的な自由によってことがらとむすびつけられ、ことがらに対して偶然的なものであることになるだろう。

人相術と占星術、手相占い

このような恣意的な結合を、たがいに外的であるようなもののあいだでこころみても、そのことではいかなる法則も与えられない。人相術は、とはいえそれ以外の芳しからぬ技巧や手のつけられない研究からは区別される。それは人相術の場合なら一定の個体性を、内なるものと外なるものとのあいだの必然的な対立において考察するからである。つまり、意識された本質としての性格と、存在する形態としてのおなじ性格とのあいだの対立にあって考察するということである。くわえて人相術は、このふたつの契機をたがいに関係づけるときに、それらの契機がその概念をつうじて相互に関係づけられてい

IX174

231

るがままに、かくてまた法則の内容をかたちづくることになるはずであるとおりに関係づける〔と称する〕のである。占星術や手相占い、その他こういった学〔と称するもの〕にあっては、これに対して、ひたすら外なるものが外なるものに、なにか或るものがそれとは異他的なものに関係づけられているにすぎないように見える。生まれたときのこの星座の布置は――またこの外なるものがより身体そのものに近づけられると――、手のひらのこの相が、寿命の長短に対する外的な契機であり、一般に個々の人間が有する運命となる。〔相互に〕外面的なもの《オイセリッヒカイト》としてそれらの契機はたがいに没交渉的であり、相互に対して必然性をもたないにもかかわらず、必然性が外なるものと内なるものとの関係のなかにあるはずだ、とされるのである。

II 244

とくに「手」について――手とは精神の器官である（アリストテレス）

手についていえば、それはもちろんこれほどまでになにか外的なものとして運命に対して存在するようには見えず、むしろ内的なものとして運命にかかわっているようにも思われる。運命とはいってもそれもまたふたたび現象にすぎず、つまり一定の個体性がそれじたい内的に根源的に規定されたありかたとして存在するもののあらわれだからである。――ところで、個体性がそれ自体としてなんであるかを知るためには、手相見は人相見ともおなじように、たとえば〔ヘロドトスの伝える〕ソロンよりも簡単な方法

III 237

を採るものである。ソロンの場合は、全生涯が経過して、そののちにはじめてそこから「個体性がそれ自体としてなんであるか」を知りうると考えた。ソロンが現象を考察したのに対して、手相見は〔直接に〕自体的なものを考察する〔と称する〕のである。ところで手は個体性についてその自体的なものを、個体性の運命にかんして呈示せざるをえない。この件はたやすく見てとられるのであって、それも手というものはことばの器官のつぎに、もっともすぐれて、それによって人間が現象へともたらされ、現実化されるものだからである〔アリストテレス『デ・アニマ』参照〕。手とは、人間の幸不幸をめぐって、たましいを与えられたはたらき手であり、だから手にかんして語りうるところは「手は人間が〔現に〕なすものである」ということなのだ。手とは人間がみずから自身を実現する能動的な器官であるから、手にそくして人間は、たましいを与えるものとして現前している。また人間が根源的にみずから自身の運命なのだから、かくて手が表現するものとはこの自体的なもの〔根源的なものとしての運命〕であるはこびとなるだろう。

手、口、声、書記をめぐって

このような事情からして、活動の器官はみずからにおいて行為（*Tun*）であるのと同様にひとつの存在（*Sein*）であり、あるいは内的な自体的なものそのものが器官にあっ

II 245
232

て現前し、他者たちに対する一箇の存在を手にしている。器官をめぐるこういった規定からあきらかとなるのは、器官にかんする以前とはことなった見解である。つまりこうである。さきにおよそ器官というものを、内なるものの表現とは考えることができないしだいが示されたけれども、その理由は、器官においてはなすこととしてのなすこと《トゥーン》は現前しているにしても、いっぽうなされたこと（*Tat*）であるなすことはたんに外なるものである、という点にあった。かくて内なるものと外なるものは、このようなしかたで離ればなれとなり、たがいに異他的であり、あるいは異他的でありうるわけである。これに対して、さきほど考察された規定にしたがえば、器官はふたたびまた〔内なるものと外なるものの〕両者の中間項（*Mitte*）〔媒語〕と考えられざるをえない。それはほかでもない、なすことが器官にそくして現前しているということは同時に、なすこと《トゥーン》の外面性をかたちづくっているからである。しかもその外面性は、なされたこと《タート》の外面性とはべつのものなのだ。すなわち前者の外面性は個体においてとどまり、個体にそくしてありつづけるのである。――内なるものと外なるものとについて、その媒語であり統一であるものは、ところで第一にはそれ自身また外的である。第二にしかしこの外面性《オイセリッヒカイト》は、同時に内なるもののうちに取りこまれている。この外面性は単純な外面性として、分散した外面性に対立している。分散した外面性であるならば、それはただ個々別々な、個体性の全体に対して偶然的な仕事もしくは状態であるか、あるいはたほうでは外面性

IX 175
III 238

の全体として、仕事と状態の多数性へとばらばらにされてゆく運命であるか、そのどちらかなのである。単純な手相や、したがってまた同様に声の響きや深さも、後者の場合はことばの個人的に規定されたありかたとして――ことばであるならまたさらに、それが手によってより確乎とした現実存在を、声によるものにもまして獲得したものとして、書字、しかも手書きとしての特殊性をそなえたそれもくわわる――、これらいっさいが内なるものの表現である。その結果この表現は単純な外面性として、行為や運命にはらまれる多層的な外面性にふたたび対抗してかかわり、みずからは内なるものというかたちでこれらにかかわる。したがってまず個体の一定の自然〔天賦〕やその生来の固有性が、それらが形成をつうじて獲得したものとあわせて、内なるものとして、つまり行為と運命の本質として考えられる。この内なるものがみずからの現象と外面性を手にするのは、第一にくだんの個体の口、手、声、手書きにおいてのことであり、またその他の器官と、それらの持続的な規定性にあってのことである。そののちはじめてこの内なるものはさらにくわえて外部に向かい、世界のうちにあるじぶんの現実にそくしてみずからを表現するのである。

「なすこと」〔行為〕と「外化」〔表情〕

さてこの中間項《ミッテ》は外化であると規定されていながら、同時に内なるものへと取りもど

Ⅱ246

233

されている。それゆえこの媒語《ミッテ》が現にあるところ《ダーザイン》は〔たとえば「手」といった〕行為《トゥーン》する直接的な器官に限定されていない。この中間項であり媒語であるもの《ミッテ》はむしろ、なにごとも遂行しない運動であり形式であるような、顔つき《ゲジヒト》や姿態《ゲシュタルトゥング》一般ともなる。そのような相貌《ツューゲ》とその運動は、中間項のこのような概念からすると、なすこと《トゥーン》であるとはいえ、引きもどされて、個体のうちに留まるものである。だから現実になすことへの個体の関係からいえば、現実の行為《トゥーン》を個体自身が監督し、観察することであって、現実の外化《オイセルング》にかんする反省としての表出（*Äußerung*）〔表情に出ること〕なのである。——だから個体は、じぶんが外的になすことに対しても、それをなすにさいしても沈黙しているわけではない。なぜなら個体はそのばあい同時にみずからのうちへ反省的に立ちかえっているからであり、そのようにじぶんのうちに反省的に立ちかえっていることをも外化《オイセルン》〔表現〕しているからなのである。このように観照的《テオレーティッシュ》ないみで行為すること、あるいは外的になすことをめぐって、個体がじぶん自身とかわすことばは、他者たちにとっても聴きとられるものとなる。そのことばもそれじしん外化であるからだ。

　このような内なるものは、それが外化されても内なるものでありつづける。そのような内なるものにそくしては、したがって、個体がみずからの現実《ヴィルクリッヒカイト》のありかたから反省的に立ちかえっているありよう（Reflektiert*sein*）が観察されることになる。それゆえ見てとられなければならないのは、どのような事情が、この必然性——ここで必然性とはつ

Ⅲ239

Ⅸ176

まり〔内なるものと外なるものとの〕統一において定立されているものである――にかんしてなりたっているのか、ということである。このように反省的に立ちかえっている存在は第一になされたこと《タート》自身とはことなっているから、したがってなにかべつのものでありえ、つまりなされたこととはべつの或るものと考えられることもできる。要するにひとが顔つきについて見てとろうとすることがらは、そのひとが真剣に語り、あるいは行為しているか、ということなのである。これとは反対にしかしながら、内なるものの表現であるとされているものは同時に存在する表現であって、したがってまたそれじしん存在の規定に転落し、その存在はまったく《アプソルート》偶然的なものとして、自己を意識する存在者《ヴェーゼン》に対して存在する。内なるものの表現とされるものは、それゆえたしかに表現であるとはいえ、同時にまたしるしといったものにすぎないのである。そのけっか表現された内容にとっては、それをつうじて表現されるものの性状はまったく《フォルコメン》どうでもよいものとなる。内なるものはこの現象にあって、たしかに可視的な不可視のもの（sichtbares Unsichtbares）となっているが、そのさいしかし〔この特定の〕現象にむすびついてはいないのだ。内なるものはつまり他の現象のうちで〔表現されて〕存在することもでき、それはべつの内なるものが同一の現象のなかに存在しうるのと同様である。だからリヒテンベルク[*1]がこう語るのはただしい。「手相見がその人間を一度でもとらえたとしよう。そうすれば必要なのは勇断をくだすことだけで、じぶんとしてはあらためて数千年にわたって不可解なものになってしまえばそれでよい」。——いぜん問題とした関係では、目のまえに横たわっている環境が、ひとつの存在者《ザイエンデス》であった。そこから個体性が選びとったものが、みずからが為しあたうもの、欲したことである。それは〔環境という〕存在者に身を委ねるか、それを顚倒するかによって選びとられる。この理由によって当の存在者は、個体性の必然性も本質もふくんではいなかったのである。Ⅱ247 おなじようにここでも、個体性が現象するさいの直接的な存在は、個体性が現実から反省的に立ちかえって存在し、個体性としてみずからの内にある存在《インジッヒザイン》を表現するものであるか、個体性にとってたんに一箇のしるしであるにすぎないものであるか、のいずれかである。後者で言うしるしはしかも、しるしづけられるものに対して無関心《グライヒギュルティッヒ》で、それゆえ Ⅲ240 ほんとうはなにもしるしづけていない。直接的な存在こそ個体性にとってはみずからの顔《ゲジヒト》であるとともに、その仮面《マスク》であって、個体性はそれを脱ぎすてることができる。234 個体性はじぶんの形態のうちで浸透し、そこで動き、そこで語っている。けれどもこの現にある《ダーザイン》ものの全体は、おなじく無関係《グライヒギュルティッヒ》な存在として意志と行為に対してふるまい、それらを踏みこえている。個体性が現にあるものにおいて廃滅するのは、この定在《ダーザイン》がかつて有していた意義である。つまり現にあるものはかつて、個体性がみずからのうちへ反省的に立ちかえった存在であり、ことばをかえれば、みずからの真の実在《ヴェーゼン》をこの定在においても有していたにもかかわらず、個体性は〔いまや〕逆にむしろこの本質《ヴェーゼン》を意志と行為《タート》のうちに置きいれるのである。

＊1　リヒテンベルク『人相術』（第二版、一七七八年）が参照されているよし。

「外化」としての相貌から「内なるもの」を表現する行為へ

ここで個体性が放棄するのは、みずからのうちに反省的に立ちかえったくだんのありかたであり、それは相貌のうちで表現されるとされていたものであった。これにかえて個体性は、みずからの本質を仕事のうちに置きいれるのである。そうすることで個体性が抗弁しているのは〔人相術が設定する〕関係であって、その関係は理性本能が、自己を意識している個体性を観察することに向かうさいに、「なにが個体性の内なるものと外なるものとされるのか」にかんして確定しようとするものである。こうした観点が私たちをみちびく本来の思想があるとすれば、それは人相術という――そう言いたければ――学の根底に存している思想なのである。この観察がそこで遭遇することになる対立は、形式からすれば実践的なものと理論的なものとの対立であるが、要するに両者ともに実践的なことがら自身の内部で定立されている。つまりその対立は、行為《ハンデルン》のうちで（ただしこのことばはもっとも一般的な意味で解されている）実現されつつある個体性と、当の行為のうちにありながら同時にそこから踏みだして、みずからのうちへと反省的に立ちかえり、行為をじぶんの対象とするような個体性とのあいだに存在している。

IX177

Ⅱ248

観察がこの対立を取りあげるのは例の顚倒された関係にしたがってのことであり、顚倒された関係とはつまり、そこで対立が現象のうちで規定されている関係なのである。ここで非本質的な外なるものとして観察にとって妥当しているのは、なされたことそのものであり、仕事であって、それはことばであろうと、確乎とした現実であろうとえらぶところがない。本質的な内なるものとして妥当しているのはたほう、個体性がみずからのうちにあるありかた（*Insichsein*）〔自己内存在〕なのだ。このふたつの側面を実践的な意識はそなえており、それは意図されたものとなされたこと《タート》ということになる。その両側面のうちで――いいかえれば、みずからの行為にかんする思いなしと、行為そのものということになるけれども――観察は前者の側面をえらんで、真に内なるものとみなす。この内なるものがみずからの多かれすくなかれ非本質的な外化を、なされたことのうちに有し、いっぽうその真の外化についてはみずからの形態のなかで有している、とされるのである。後者の外化とは、個体的な精神にぞくする、直接的で感覚的な現在のことであり、真の内面性とされる内面性は、意図のみずからに固有のもの《アイゲンハイト》であって、つまりじぶんに対する存在《フュールジッヒザイン》が個別的なもの《アインツェルハイト》であることである。〔意図であれ行為であれ〕双方ともに思いなされた精神なのだ。観察がじぶんの対象として手にしているのは、したがって思いなされた定在であり、観察はその両者のあいだで法則を捜しもとめることになる。

Ⅲ241

235

人相術はじっさいにはなにを問題としているか

直接的な思いなしが、精神がそこで現在していると思いこまれたものについて存在している。そのような思いなしが自然的な人相術というものなのだ。それは性急な判断なのであって、その判断が下されるのは内的な本性と、その本性がまとう形態にぞくする性格にかんしてであり、その判断はしかも一目で下される。こうした思いなしの対象は、つぎのようなたぐいのものである。つまりその対象の本質のうちには、ほんとうはなにかべつの、感覚的で直接的な存在とはことなったものが存している、とするものなのである。たしかにまたほかでもなく、感覚的なもののうちにありながらも、そこから踏みでて、じぶんのうちに反省的に立ちかえったこの存在が現在しており、不可視なものの可視性として可視的となったもの（Sichtbarkeit als Sichtbarkeit des Unsichtbaren）が観察の対象である。しかし〔精神の〕この感覚的で直接的な現在こそが、まさに精神の現実的なありかた（*Wirklichkeit* des Geistes）であるにせよ、それはただ思いなしに対して現実《ヴィルクリッヒカイト》であるにすぎない。そこで観察があれこれと従事することになるのは、この側面からすれば、精神が現にある《ダーザイン》ありかたと思いこまれたものであり、要するに人相、手書きであって、声の調子等々なのである。観察がそうした定在《ダーザイン》を関係づけるのは、やはりおなじくそう思いなされた内なるものに対してである。人殺しや盗っ人であることが認識されるべきなのではない。そうありうる力能が認識されなければならない。確

Ⅱ249

定された抽象的な規定性《ベシュテイムトハイト》がかくて失われて、具体的に無限に規定されたありかた《ベシュテイムトハイト》となり、個別的な個体とかかわるものとなる。そのようなありかたがいまやより技巧的な描写を要求するのであって、それは右のような性格づけどころではない。そういった技巧的な描写ともなれば、それが語りだすのはたしかに人殺しや盗っ人、あるいはお人好し、擦れていない等々による性格づけ以上のものだろう。しかしその描写の目的が、思いなされた存在もしくは個別的な個体性を言明することであるとすれば、その目的を達するにはまったくもって充分なものとはいえない。それは、形態の描写が、平たい額、長い鼻などを越えでるものであっても、やはり目的に対して十分でないのと同様なのである。というのも、個別的な形態は個別的な自己意識とおなじように、思いなされた存在であって、そのかぎりでは言明不能なものであるからだ。人間知という学は、それが思いなされた人間に向かうものである場合には、人相術もまたそうであるように——人相術とは人間の現実と思いなされたものに向かい、自然的な人相術にぞくする無意識的な判断を知へと高めようとするものである——、したがってなにか終わりもなく、土台もなく、じぶんが思いなしているものを語りだすにいたることがけっしてできないものなのだ。なぜならそうしたものはただ思いなしているにすぎず、その内容もまた思いなされたものにほかならないからである。

Ⅲ242
Ⅸ178

人相術の「法則」なるものとはなにか

そうした「学」が見つけだそうとする法則なるものは、思いなされたこういった両側面の関係〔のあいだになりたつ法則〕であるから、それじしん一箇の空虚な思いなし以外のものではありえない。またこの知と思いこまれたものは、精神が現実に存在するあり《ヴィルクリッヒカ》かた《イト》を問題としている〔と思っている〕わけであるが、その「知」がほかでもなくみずからの対象としているのは、精神がその感覚的な定在《ダーザイン》から踏みだして、みずからのうちに反省的に立ちかえっているという事情であり、それゆえ規定されて現にあるありか《ダーザイ》た《ン》は精神に対してどうでもよい偶然的なことがらであるという消息である。だからこのような「知」がじぶんで法則を見つけだしたとしても、ただちに悟らざるをえないのは、そのような法則によってはなにも言われたことにならないしだいである。むしろ元来ただおしゃべりがなされただけなのであり、いいかえればじぶんについての思いこみが与えられたにすぎないのである。この〔じぶんについての思いこみ *eine Meinung von sich* という〕表現には、真理がふくまれている。それはつぎのふたつがおなじものだと言っているのであって、その両者とは「じぶんの思いこみを口にすること seine *Meinung* zu sagen」と「したがってことがらではなく、じぶんについての思いこみ（eine Meinung *von sich*）を提供すること」なのである。内容からすればたほう、こうした観察は以下のような観察を超えでるものではない。すなわち「じぶんたちの歳の市には、いつだっ

II 250

て雨が降る」と商人たちは言い、「私が洗濯物を乾すときも、かならずそうなのよ」と主婦たちは口にするものなのだ。

「思いなされたこと」から「なされたこと」へ

リヒテンベルクは人相術的な観察をそう特徴づけているけれども、かれがまた、くわえて語るところによれば、こういうしだいとなる。「もしだれかがこう口にしたとする。『おまえはたしかに正直者のようにふるまっているけれども、おれには分かるぞ、そんなものは、おまえがただ取り澄まして、無理やりそう見せているだけであって、おまえはこころの底ではごろつきなのだ』。そんなふうに話しかけられたとすれば、世界中どこへいったとしても、勇気ある者ならだれであれ、横っ面を張りとばして答えるのがほんとうだろう』。こうした返答は当たっている。その返答が反論するのは、思いなしにかかわるそういった学がふくんでいる第一の前提に対してだからだ。その前提によればすなわち、人間の現実的なありかたはその顔等々だということなのである。——人間の真の存在はむしろそのなすところ(*seine Tat*)にある。なされたこと《タート》のなかで個体性は現実的となるのであって、なされたことによって思いなされたこと(das *Gemeinte*)がその両面にわたって廃棄される。第一に思いなされたものは、身体の静的な存在として存在している。たほう個体性はむしろ行為《ハンドルング》にあって否定的な本質としてあらわれる。

III 243

そのような否定的本質が存在するのは、ひとえにそれが存在を廃棄するかぎりにあってのことである。したがってつぎに、なされたこと《タート》が思いなしにぞくする言明不可能性を廃棄するが、これも同様に、自己を意識した個体性にかんしてのことである。そのような個体性が、思いなしにおいては無限に規定され、また規定可能なものなのである。なされたことがいったん完遂されると、このような悪しき無限性は否定されている。なされたことは単純に規定されたものであり、普遍的なものであって、抽象的なしかたで把握されるべきものとなる。つまりそれは殺人であり、盗みであり、善行であって、勇気ある行為《タート》等々なのだ。だからなされたこと《タート》については、それがなんであるかが語られうる。なされたこととはそのものであり、その存在はしるしであるばかりでなく、ことがらそのものである。なされたこととはそのものであり、個体的な人間はなされたことが、あるとおりのものである。このように存在するという単純なありかたのただなかで個体的な人間は、他に対して存在する実在《ヴェーゼン》であり、普遍的な本質《ヴェーゼン》であって、かくてたんに思いなされたものであることを止めている。人間がその単純な存在にあって、精神として定立されているわけではないことはたしかである。とはいえ個体的な人間の存在が存在として問題となり、一方では二重の存在が、つまりすがたとなされたことがたがいに対立させられて、前者も後者もともに人間が現実に存在するありかた《ヴィルクリッヒカイト》であるとされる。その場合には、むしろただなされたことの側だけが、人間の真正な存在であると主張さ

IX179

Ⅱ251

れるべきであって、そのすがたではない。すがたの側が表現するとされるのは、個体的な人間がみずからのなされたことにあって思いなしているものである。あるいはひとが、じぶんがなしうるとのみ思いこんでいることがらなのだ。同様に他方では、人間の仕事と、その内的可能性、力能あるいは意図が対置される。その場合なら前者のみが人間の真の現実とみなされるべきである。個体的な人間自身がこの件について錯覚して、じぶんの行為から自身のうちへと立ちかえって、その内なるものにあっては、なされたことにおいてそうであるのとはべつのものであると思いこんでいたとしても、この事情はかわらない。個体性は対象のかたちを取った境位に身を委ねることになるが、それは個体性が仕事というしかたで存在することになる場合なのである。個体性はそのことで仕事にまったく身をささげ、じぶんの側は変化させられ、顚倒されるがままに任せておくのだ。しかしながら、なされたことの性格をかたちづくるのは、ほかでもなく、なされたこととは一箇の現実的な存在であり、持続するものであるか、それともひたすら思いなされたひとつの仕事であって、みずからに閉じて虚しく滅びてゆくものであるか、である。対象的なありかたが、なされたこと自身を変化させるのではない。それが示すにいたるのはむしろただ、なされたことがなにであるかである。すなわち、それが存在するのか、それともなにものでもないかなのである。――そのような存在を分析することで、意図とかその他の気のきいたものにしてしまえば、現実の人間つまり人間によってなさ

238

れたことは、ふたたび一箇の思いなされた存在へと連れもどされて説明されるしだいとなってしまうはずである。当の人間が、じぶんとしてはどれだけとくべつな意図をみずからの現実〔なされたこと〕をめぐって創りだそうとしたとしても、思いなしという怠《ター》惰《テン》なものに委ねられるほかはない。そうした怠惰が許されれば――くだんの人間がおこないの伴わない、みずからの智慧を仕事に振りむけたにせよ――、理性という性格は行為する者について否定されてしまい、その者は不当に取りあつかわれることになってしまう。つまりその人間にかんしては、なされたことではなく、かえってすがたや人相がその者の存在なのだと宣言されてしまうということである。かくてさきに挙げた反論をたどって、そのような人間に証示されるところ、すがたは自体的なものではなく、むしろそうした取りあつかい〔横っ面を張りとばされること〕を受けるべき対象となることがある、というはこびとなるだろう。 III244

「頭蓋論」へと移行するにあたっての予備的考察

ここで私たちが諸関係全般の範囲を見わたしてみると――諸関係というのは、自己を意識した個体性がじぶんにとって外なるものに対して立っているものと観察されうるさまざまな関係ということだ――、ひとつの関係が残っていて、これを観察はなおみずからの対象とせざるをえないことになるだろう。心理学にあっては、さまざまな事象の外的で現実的なありかた（*äußere Wirklichkeit der Dinge*）が、精神においてみずからを意識したその対となるものを有し、精神を把握可能とするべきものである。人相術にあっては、これに対して精神はそれに固有な外なるもののなかで――この外なるものは一箇の存在でありながら、ことばという、精神の本質である可視的な不可視なありかた（die sichtbare Unsichtbarkeit）である――認識されるべきものとなる。ここでなお現実性という側面を規定するものとして残っているのは、個体性がみずからの直接的で固定的な、純粋にそこに存在《ダーザイン》する現実にそくしてじぶんの本質を言明するということがらである。この最後の関係が見わけられて、したがって人相術的な関係から区別されるのは、後者は個体がことばを語りながら現在しているという点においてのことである。そのさい個体はみずから行為するという外化のなかで、同時にじぶんのうちへと反省的に立ちかえり、観察する外化としてあらわれる。この外化は外化でありながらそれ自身が運動であり、静止した相貌である場合であっても、じしん本質的には媒介された存在なのである。これから考察されなければならない規定においては、たほう最終的に、外なるものはかんぜんに静止した現実性《ヴィルクリッヒカイト》であって、その現実性はそれ自身にそくしていえば、なにごとかを語りだすしるしではない。むしろ自己を意識した運動から切りはなされて、孤立《フュール・ジッヒ》して立ちあらわれるものであり、つまりはたんなる事物なのである。

IX 180

ふるまいと器官との対応――行為の器官、生殖器官、プラトンの肝臓

さしあたりあきらかなことがらがある。内なるものが、内なるものにとってのこの外なるものに関係するさいに、その関係は因果連関の関係として概念的に把握されなければならないかに見えるということである。ひとつの自体的に存在するものがもうひとつの自体的に存在するものへと関係し、その関係が必然的なものであるならば、それは因果連関という関係であるからだ。

ここで精神的な個体性は、身体に対して作用をおよぼすべきである。そのためには精神的個体性が原因となるから、その個体性はそれじしん身体的でなければならない。いっぽう身体的なものにあって個体性が原因であるからには、その身体的なものは器官であることになるけれども、身体的なものはそこでは、行為《トゥーン》の器官として外的な現実に向かうものではない。行為の器官であるとはいっても、むしろ自己を意識した実在《ヴェーゼン》が自己自身のうちで止まる行為のそれであり、外部に向かうとはいえ、みずからの身体に対してはたらきかけるさいの器官であることになる。ただちに見てとるわけにはいかないのは、どのようなものがこうした器官でありうるかなのである。かりにいま、たんに器官一般のことを考えてみるとしよう。その場合なら、〔たとえば〕労働一般の器官はたやすく「手」のもとで存在することになるだろうし、性衝動の器官やその他のものについても同様〔にそれぞれ器官が特定できる〕であろう。しかしながらそうした器官は、道

III245

具あるいは部位として考察されるべきであり、そのような道具や部位であるなら、精神はそれらを一方の極として、他方の極に対する中間項《ミッテ》〔媒語〕として有するが、そこでは他方の極は外的な対象である。ここでしかし「器官」のもとで理解されているもののうちでは、自己を意識した個体が極として存在し、じぶん自身の、みずからに対立する現実に対して、じぶんだけで維持されている。極である個体は同時に外部へと向かっているのではなく、みずからの行為《ハンドルング》のなかで反省的に立ちかえっており、だからここで器官とされるものにあっては、存在の側面は他のものに対する存在ではないのである。人相術が問題とした関係においても、器官はたしかにやはり自己のうちへ反省的に立ちかえって、行為《トゥーン》を語りだす定在として考察される。とはいえこの存在は対象的なものであって、人相術的な考察のしめす帰結によれば、自己意識はまさにこのみずからの現実に抗して、無関心ななにものかとして対立してあらわれる。その無関心さが消失するのは、このように自己のうちに反省的に立ちかえっているありかたがそれじしん効果を与えるものであることによってである。かくてくだんの定在は、自己意識に対して必然的な関係を手にすることになるのである。自己意識の側もたほう、定在に対して効果を与える《ヴィルケン》ものでなければならない。そのためには自己意識そのものも、ひとつの存在を、しかしほんらい対象的ではない存在を有する必要がある。つまりこのような「器官」として自己意識が示されなければならないのだ。

日常的な生にあってはところで、怒りがたとえばこういった内的な行為とみなされ、肝臓にその座を有するものと解される。そればかりか、プラトンは肝臓にさらに高次ななにごとかをみとめている〔『ティマイオス』〕。プラトンがみとめるこの或るものは、べつのいくらかのひとびとによれば、最高のものですらあって、すなわち予言すること、あるいは聖なるものと永遠のものを非理性的なしかたで言明する天賦の才なのだ。しかしながら運動は、個体がそれを肝臓、心臓などにあって有するものであるならば、完全にみずからのうちへと反省的に立ちかえった、個体の運動とはみなされない。そういった運動は肝臓や心臓のうちにあるかぎりではむしろ、個体にとってすでに身体のなかで刻みこまれているのであって、動物的なしかたで定在《ダーザイン》を有している。つまり内から出て、外面性へと向かっているかたちで現に存在《ダーザイン》するものなのだ。

Ⅲ246

神経系、脳髄、頭蓋

神経システムは、これに対して、有機的なものが運動において直接に保っている静止状態を示している。〔個々の〕神経そのものは、たしかにまた器官としては、すでに外部の方向へとかんぜんに向けられている意識の器官である。脳髄と脊髄はいっぽう、みずからのうちに止まっている、自己意識の――対象的ではなく、また外に向かっているのでもない――直接的な現在と見なされてよい。存在という契機は、このような器官が

Ⅸ181

II 254
240

そなえているものとしては、一箇の他のものに対する存在、現に存在するもの《ダーザイン》である。そのかぎりではこの存在の契機は死せる存在であり、〔解剖学の対象であって〕もはや自己意識の現在ではない。このように自己自身のうちに存在することは、しかしその概念からすればひとつの流動性であって、そのうちに投げこまれたさまざまな圏はただちに解体してしまい、存在する圏としての区別をまったく表現していない。ところで精神そのものは〔一方では〕抽象的に単純なものではなく、複数の運動からなるひとつのシステムである。そのシステムのうちで精神は諸契機へと区別され、この区別そのもののなかでしかし自由でありつづける。精神は〔他方では〕みずからの身体を全般にさまざまな配備へと分肢化させ、身体の個々の部位をただひとつの配備について規定している。そのような事情からまた、精神の自己内存在という流動的な存在もやはり分肢化したものと考えられることだろう。またそのように考えざるをえないように見えるのであるけれども、それは精神が自己のうちへと反省的に立ちかえって脳髄自身のなかで存在していることとそのものが、ふたたびたんなるひとつの中間項《ミッテ》であって、精神の純粋な本質と、その身体的な分肢化とのあいだにあるものにすぎないからだ。この媒語《ミッテ》はしたがってその双方の本性をそなえ、したがってまた後者の身体的な分肢化という側面からは、存在する分肢化〔という本性を受けついで、それ〕をそなえるはこびともう一度ならざるをえないのである。

精神の座はどこにあるか——脳髄ならびに脊髄と、頭蓋ならびに脊柱

この〔中間項であり媒語である〕精神的‐有機的存在は同時に、必然的な側面として、静止し、存立している定在《ダーザイン》をそなえている。精神的‐有機的存在の側はじぶんに対する存在《フュールジッヒザイン》の極として退いて、静止し、存立している側面をもう一方の対極としてもたざるをえないことになるが、その他方の極が、このばあい前者が原因として作用する対象なのだ。ここで脳髄と脊髄が前者の存在、つまり精神が身体的にじぶんに対してある存在であるとするならば、頭蓋と脊柱が〔この存在から〕切りはなされた、もうひとつの極として付けくわわってくる。後者はすなわち、固定され静止した事物ということになるのである。ところでだれであれ、精神がそこに存在《ダーザイン》する本来的な場について考えようとすれば、背中ではなく、あたまだけを思いつくものである。だから私たちとしては、とうめん問題となっている知を探究するにさいして、それだけの理由——この知にとってそう悪いものではない——で満足して、精神がそこにある定在《ダーザイン》を頭蓋に制限してよいだろう。だれかが背中について思いつくことがあるとすれば、それはたしかにまたときとして、背中をとおって知識と行為がひとつには内に引きいれられ、もうひとつにはしかし外に引きだされることもあるかぎりにおいてのことだろう。そうであるとしてもこの消息は、脊髄が〔脳髄と〕ともに精神がやどる場所に数えいれられ、脊柱がこの〔精神の〕対となる定在へと参入しなければならないという件に対して、なにごとも証明す

Ⅲ247

II 255

241

るものではないはずである。その理由は、右の事情があまりに多くを証明しすぎている点にある。というのも、同様に想起されてもよさそうなことがらは、なお多くの外的な方途が精神の活動を補助して、その活動を喚起したり、あるいは抑止したりするのに好んで用いられることがあるという事情だからだ。脊柱の場合は、こうして――そう言いたければ――正当なかたちで考慮から外れることになる。その他の多くの自然哲学的な教説とおなじように、「頭蓋のみがそれでもひとり、精神の器官をふくんでいるというわけではない」とする説も構成された[*1]ものなのである。この件はすでに、この〔精神と身体の〕関係という概念から排除されており、それゆえ頭蓋は定在の側面にぞくするものと考えられていたからである。あるいは、ことがらの概念に注意しておくことは許されないとするならば、経験がまさに教えるところでも、器官としての眼によって見られるようには、頭蓋によって人殺しや窃盗や、詩作等々がなされるわけではない、ということだ。――そのような理由でまた器官という表現を用いることは、これからなお語りだされるべき頭蓋の意義にかんしては差しひかえておいたほうがよい。というのも、そのように語られるのがつねであるように、理性的な人間にとってはことばではなく、ことがらが問題であるとしても、それでもその件から許可を引きだすわけにはいかないことがあるのであって、それはことがらを、そのことがらには相応しくない語をもってしるしづけることなのである。それは拙劣であるばかりか、同時に欺瞞ということになる

III 248

IX 182

からだ。つまり、ただ正当な語を手にしていないだけであると思いこみ、またそう公言しながらも、そこでみずからに隠しているのは、じぶんにはじっさいにはことがらが、すなわち概念が欠けているというしだいなのである。かりに概念が目のまえにあるというなら、みずからが表現すべき正当な語を手中にしていてもよさそうなものだろう。さしあたりここで規定されたことといえば、脳髄が生けるあたまであるのと同様、頭蓋は死せるあたま（*caput mortuum*）であるという消息だけである。[*2]

＊1　*konstruiert.* この語については、本書、八七頁の訳註参照。

＊2　ヘーゲルが念頭に置いているのは、当時の頭蓋論、とくにガル（D. F. J. Gall）のそれといわれる。

脳髄と頭蓋の関係、頭蓋と自己意識との関係

頭蓋という死せる存在のうちで、したがって、脳髄にぞくする精神的な運動と規定された様態のさまざまが、外的な現実というかたちでその呈示を手にするはずだろう。これの呈示はそれでもなお、個体自身にそくして与えられるはこびとなるだろう。これらの運動と様態が頭蓋に対して有する関係については――ここで頭蓋は死せる存在であるかぎり、精神をじぶん自身のうちにやどらせてはいない――さしあたりさきに確定された関係が提供される。その関係は外的で機械的なものであって、そのけっか〔精神にとっての〕本来の器官が――それらの器官は脳髄のうちにあるのだ――頭蓋をここでは外に

押しだして丸くし、そこでは打ってひろく、もしくは押しつけて平らにするわけである。あるいはひとがその他どのようにでも、当の作用を表現してもよいだろう。頭蓋とはいってもも有機体の一部位であるから、頭蓋のうちにもたしかに、他の骨のそれぞれについてとおなじように、生きた自己形成の作用があると考えるほかはない。だからその面から考察するならば、頭蓋の側こそがむしろ脳髄を圧して、その外的な〔形態の〕制限を設定している。この件についていえば、頭蓋はしかも〔脳髄とくらべて〕より硬いものである以上、かえってそのように制限する能力を有しているのである。そう考えたとしても、とはいえやはりなおおなじ関係が、両者相互の活動を規定するにさいしては残されていることだろう。頭蓋が〔形態を〕規定する側であれ、規定される側であれ、この件によっては、因果連関一般はまったく変化するところがないからである。ただしそのばあい頭蓋は自己意識の直接的な器官とされるはこびとなるはずで、それも頭蓋のうちにまさに原因としてじぶんに対して存在すること（*Fürsichsein*）〔自覚した存在〕という側面が存在するであろうからだ。しかしながら対自的存在（*Fürsichsein*）〔自立的存在〕を有機的に生命のあることととらえれば、それは〔脳髄と頭蓋の〕両者にひとしく帰属することになるから、じっさいには双方のあいだに因果連関は存在しないことになる。このばあい両者の形成が〔それぞれに〕進展してゆくけれども、その双方の進展はしかしともに内なるもののなかで連関しており、一箇の有機的予定調和をかたちづくることになるだろう。両側面は相互に関係してゆくが、予定調和によって当のふたつの側面はたがいに自由なものであり、それぞれに対しておのおの固有の形態をゆるし、一方に固有な形態は他方の形態に対応することを必要としない。まして形態と質はたがいに対してより自由であることになる。それはちょうど、ぶどうの実のかたちとぶどう酒の味がたがいに自由であるようなものなのである。――しかしながら脳髄の側にはじぶんに対して存在しているという規定がぞくし、頭蓋の側にはたほう定在という規定が帰属するのだから、有機的な統一の内部では、両者の因果連関もまた定立されることができる。この因果連関は双方の側面の必然的関係でありながら、その関係はたがいに対して外的であるような両側面の関係なのである。この意味するところ、それじしん外的な関係をつうじて、したがってそれぞれの形態がたがいに相手によって規定されるというはこびとなるだろう。

Ⅲ249

Ⅸ183

脳髄と頭蓋との関係をめぐるさまざまな語られかたについて

自己意識の器官〔脳髄〕が、対立する側面〔頭蓋〕に対してはたらきかける原因となる、とされる規定にかんしていえば、それはさまざまなしかたであれこれと語られうることだろう。原因の性状がどのようなものであるかが、そこで問題とされているにもかかわらず、その原因はどうでもよい定在の側から、つまり原因の形態や大きさという点

から考察されているからである。その原因の内なるもの、つまり対自的存在がほかでも
なくどのようなものであるべきかといえば、それは直接的な定在とはまったくかかわり
のないものなのだ。頭蓋の有機的な自己形成は第一に、〔脳髄からの〕機械的作用に対し
て無関係であり、この〔自己形成と作用という〕両者の関係は――前者は自己自身に対し
て関係するものなのだから――、その両者の関係の関係どうしの関係についていえば、
それはこのようなしかたでは規定をもたないもの、限界ももたないものにほかならない。
第二に、脳髄がつぎのようなものであるとしよう。つまり精神の立てるさまざまな区別
を存在する区別としてじぶんのうちで受けいれて、だから脳髄とは一箇の多数性であっ
て、その多数性は内的な器官、しかもそれぞれことなった空間を占める器官からなる、
と考えるとしてみよう。これは自然に矛盾することがらである。自然は概念の各契機に、
それぞれ固有の定在を与えるからである。それゆえ自然とは、有機的な生命の流動的で
単純なありかたを純粋に一方の側面に置き、おなじ生命の分節化と区分化を、やはりそ
243 の区別項において他方の側面に置くものなのである。そのけっか区別項は、ここで把握
されるべきかたちでは、それぞれ特殊な解剖学的事象《ディンゲ》としてあらわれてくる。それでも
〔第三に〕、つぎのような決定されない事情があるだろう。精神の契機は本源的にいって、
より強いかより弱いかのいずれかであって、そのどちらであるかに応じて、前者の場合
ではより膨張した脳髄器官をもち、後者の場合にはより収縮した脳髄器官をそなえてい

るのか、あるいはまたその正反対であるのか、これが決定されないことだろう。――おなじように、精神の発達が器官を拡大するのか、もしくは縮小するのか、おなじ器官を不恰好に厚くするのか、それとも上品に〔薄く〕するのかも決定されない。原因の性状がどのようなものなのかが未決定であるかぎり、おなじように決定されないままになることがらがある。それは原因が頭蓋に作用するとして、それがどのように生起するか、その作用によって〔頭蓋が〕拡げられるのか、それとも縮められて一緒にされるのか、ということだ。こうした作用がいくらか上品に刺戟と規定されたところで、いずれにしても未規定なままであるのは、その刺戟が吸出し膏薬のようなしかたで膨らませることになるのか、あるいは酢のようなかたちで縮みこませることで生起するのか、ということなのである。こういった見解のすべてにかんして、もっともらしい理由を持ちだすことができる。有機的な関係がどの場合でもおなじように介入してきて、ひとつの理由をそれ以外の理由とおなじく通用させるかぎり、有機的関係はそのような〔区別を設定する〕悟性のいっさいに対して無関心だからである。 Ⅲ250

観察する意識にとっての課題の限定

観察する意識にとって問題となるのは、しかしながら、このような〔脳髄の頭蓋に対
Ⅱ258 する〕関係を規定しようとすることではない。いずれにしても頭蓋が生命的（*animal-*

isch）な部位として一方の側に立っているのではなく、頭蓋とはここで自己を意識した個体性の存在であるからだ。——この個体性は、持続する性格であり、みずから運動する意識的な行為であるかぎりでは、じぶんに対して、またじぶんのうちで（*für sich und in sich*）存在し、この自覚的に自己内に存在すること《フュール・ウント・インジッヒザイン》に対して、個体性の現実的なありかた《ヴィルクリッヒカイト》と、他のものに対して現にあるありかた《ダーザイン》が対立している。この対自的で自己内的な存在《フュール・ウント・インジッヒザイン》が実在《ヴェーゼン》であり、主体《ズブイエクト》である。そのような主体が脳髄にあって一箇の存在を有するにしても、この存在は当の主体のもとに包摂されており、その価値を手にするのは、ひとえにうちにやどった意義をつうじてのことである。自己を意識した個体性にぞくするもう一方の面は、たほうその定在《ダーザイン》の側面であり、その側面とは自立的なもの、基体《ズブイエクト》としての存在である。その存在は、いいかえればひとつの事物であり、要するに骨である。かくて人間の現実的で現にあるありかたはその頭蓋骨である[*1]ことになる。——これが、〔内なるものと外なるものという〕くだんのかかわりの両側面が、そのかかわりを観察する意識において有する関係であり、その分別《フエアシュタント》なのである。

*1　die *Wirklichkeit und Dasein des Menschen ist sein Schädelknochen.* 頭蓋論の基本テーゼ。

この観察する意識にとっていまや問題となるのは、これらの両側面の関係をよりはっきりと規定することである。頭蓋骨がたしかに一般的に有している意義は、精神の直接

IX184

244 的な現実性《ヴィルクリッヒカイト》であるというものである。とはいえ精神には多面性があり、この多面性が精神の定在にも同様の多義性を与えている。獲得されるべきものは、限定されたかたちでの意義なのであって、その意義は個別的な位置《シュテレ》に、つまり精神の定在が割りあてられてゆく個々の場所《シュテレ》にぞくしている。だから見てとられなければならないのは、どのようにしてそれらの位置が、みずからの側から精神を指示しているか、ということなのだ。 Ⅲ251

頭蓋骨はなにも語るものではない

頭蓋骨は活動の器官ではない。またことばを語る運動でもない。頭蓋骨によって盗みや人殺し等々がなされるわけではなく、頭蓋骨がそうした所業《タート》にさいして顔をしかめ、ほんのすこしでも顔つきを示して、そのけっか頭蓋骨がことばを語る身ぶりをあらわすわけでもない。そればかりかまた、頭蓋骨というこの存在するものは、ひとつのしるしという価値さえも有してはいない。顔つき、身ぶり、声の調子はもとより、柱や杭が荒涼とした孤島に打ちこまれていても、それらがただちに告知するところは、なおなにかべつの或るものがそれらとともに意味されており、柱や杭は直接にただ存在する以上のものであるということである。それらはそれじしん即座にしるしであることを告げしらせている。これらのものには或る規定されたありかた《ベシュティムトハイト》がそなわっており、そのありかた
Ⅱ259 によってべつの或るものを指ししめすことになるが、そうした指示がなりたつのも、く

だんの規定性《ベシュテイムトハイト》が柱や杭にほんらい所属するのではないことによってなのである。ひとはもちろんまた頭蓋をまえに、ハムレットがヨーリックのそれを見たときのように、多くのことを思いうかべることはできる。しかし頭蓋骨自身《フユール・ジッヒ》はまったく無関心な、とらわれない事物であるから、頭蓋骨を目のまえにしても直接にはそれ以外のまったくなにも見てとることも思いなすこともできない。そこには頭蓋骨そのもの以外にはなにもないのだ。頭蓋骨はなるほど脳髄やその一定《ベシュテイムトハイト》のありかたを想起させ、べつのかたちの頭蓋骨を思いださせる。それがしかし、なんらかの意識された運動を思わせることはない。頭蓋骨は顔つきや身ぶり、その他なんであれ、意識されたふるまいに由来することを告げるものを、刻印されてそなえているわけではないからである。頭蓋骨は現実であるとはいっても、その現実は個体性について或る他の側面を呈示するはずのものであるからだ。つまりその側面とは、もはやじぶんのうちにみずから反省的に立ちかえって存在しているものではなく、むしろ純粋に直接に存在していることであるはずなのである。

頭蓋骨はなにも感じるものではない

頭蓋骨はさらにまた、みずから感じることのないものである。思うにこの件からして、よりはっきりした意義が、頭蓋骨についてなおいくらかあきらかとなりうることだろう。要するに、一定の感覚が〔頭蓋において〕隣接した位置を有することで認識されるのは、

「なにが頭蓋骨〔の位置と形状〕によって意味されているか」ということだ。精神の特定
の意識的様態は、頭蓋骨の一定の位置にその感情を有している。だからいってみれば当
の場所は頭蓋の形態にあって、精神のくだんの様態とその特殊なありかたを暗示するこ
とだろう。たとえば多くのひとは、根を詰めて考えると、あるいはおよそ考えることだ
245 けですでに、きりきりするような緊張をあたまのどこかしらに感じると訴える。これと Ⅲ252
おなじようにまた、盗みや人殺しや詩作などをすることも、それぞれ特有な感覚をとも Ⅸ185
なっており、おのおのの感覚はそのうえなおめいめい特殊な場所を占めるにちがいない。
脳髄の当該の箇所は、このようなしかたで頻りに動かされ、活動させられることで、お
そらくはまた〔頭蓋〕骨における隣接した位置をより発達させるにちがいないのである。
あるいはその位置が共鳴もしくは共振することによっても惰性的ではありえず、拡張も
しくは縮小するであろうし、ともあれどのようなしかたであっても形成されてゆくこと
だろう。——しかしながら、こういった仮説の信憑性を減じる事情がある。それは、感
Ⅱ260 情とは総じて未規定的ななにごとかであり、くわえてあたまのなかの感情は、あたまが
中枢であるかぎり、いっさいの受動からなる一般的な共通感情となるだろう、というこ
とである。その結果として、盗み／人殺し／詩作のあたまにおける快苦には、他のさま
ざまな感情が入りまじって、それらの感情がたがいに区別されないばかりでなく、たん
に身体的なものと呼ばれうる感情とも区別されえないはこびとなるだろう。これは、頭

痛という症状からは、その症状の意義を身体的なものにのみ限定してもなお、それがなんの病気なのか規定することができないのとおなじことなのである。

頭蓋論の本来的な欠陥をめぐって

そこでじっさいには、どのような側面からことがらが考察されようと、〔頭蓋と精神という〕両面の必然的な関係も、両側面がおのおの自身で語りだす〔たがいに対する〕暗黙の指示も崩れさってしまう。残されるところは――それでもおよそ〔両者の〕関係がやはり生じるべきだとするならば――概念を欠いた気まま《フライ》な予定調和にすぎないのであって、そうした調和が両側面に対応する規定のあいだでなおもなりたつとされるが、そうなるのも必然的なはこびなのである。およそ一方の側面は精神を欠落させた、たんなる事物であるはずだからである。したがって、ほかでもなく一方の側に立つものは動きのない頭蓋の位置の集合であり、他方の側面には精神のさまざまな性質の集合が立っているわけであるけれども、後者の性質の数と規定は、心理学の状態に依存することになる。精神にかんする表象が貧しいものであればあるほど、その側面からすればそれだけことがらは容易になる。ひとつには〔精神の〕性質がそれだけすくなくなるからであり、もうひとつにはその性質がそれだけはっきりと分離され固定されて、骨に近づいたものとなり、かくてまた骨の規定にそのぶん類似してゆくことで、それと比較可能なものとなる

からだ。しかしながら、たしかに精神にかんする表象が貧しいものであれば、多くのこ
とがらがたやすいものとされるにしても、それでもやはりなおきわめて夥しい集合が両
側面に残っている。だからまったくの偶然性が、両側面の関係について観察にとっては Ⅲ253
246 残されているのだ。「イスラエルの子ら」は「海辺の砂」に比定されるべきものである
と言われる〔創世記二二―一三等〕。そのイスラエルの子らがひとりひとり、それぞれの
しるしとなる砂粒を手にとったものとしよう。その場合にはひどくでたらめ《グライヒギュルティッヒカイト》で恣
意的に、おのおのにめいめいの砂粒が割りあてられることになるだろう。このでたらめ
な恣意《ヴィルキュール》に比肩するものがあるとすれば、それは〔頭蓋論者が〕たましいのそれぞれの
能力、おのおのの激情と——ここではおなじようなしかたで考察されなければならない
Ⅱ261 だろう——性格のさまざまな陰影、つまり洗練された心理学や人間知がそれについて語
るのをつねとする陰影のひとつひとつに、それらが占める頭蓋の場所と〔頭蓋〕骨のか
たちを配分するやりかたくらいのものである。人殺しの頭蓋には「この」、つまり器官
でもしるしでもなく、この隆起がある。とはいえその人殺しはほかにも、他の多くの性
質やべつの隆起や、また隆起があるなら陥没もそなえている。だからひとは、隆起と陥
没とのもとで選択しているわけである。さらにまたその人殺しの気質は、どのような隆
起にも陥没にも関係づけられうるし、隆起や陥没の側も、いかなる性質であれ関係づけ
られることができる。人殺しといっても、ただの「人殺し」という抽象物にすぎないわ Ⅸ186

けではなく、その者はただひとつの突起と、おなじくひとつの陥没を有しているというわけでもないからである。観察は、ここでなされるものについていえば、それゆえまさにまた雨降りにかんして商人たちと主婦たちが、おのおの歳の市をひらき、洗濯物を乾すときにおこなう観察と似たように響かざるをえないものとなるのだ。商人や主婦がくわえてまた観察しえたところによれば、「この」隣人が通りすぎるときはいつでも雨が降り、豚の焼肉を食べたときにもそうなのである。降雨がこういった状況に対して無《グライヒ》関係《ギュルティッヒ》であるように、観察にとっても精神のこの規定性は、頭蓋のこの規定された存在に対して無関心《グライヒギュルティッヒ》である。そのような観察にとって対象となるふたつのもののうち、一方が干からびた対自的存在〔自覚的存在《フュールジッヒザイン》〕、つまり精神の骨化した性質であるなら、他方もおなじく干からびた即自的存在〔自体存在《アンジッヒザイン》〕だからである。かくも骨に似た事物ということになれば——両者ともにそうなのだ——、それはじぶん以外のすべてのものに対してかんぜんに没交渉《グライヒギュルティッヒ》的である。高い隆起にとっては人殺しが隣近所に住んでいようがどうでもよく《グライヒギュルティッヒ》、おなじく人殺しにとっては〔頭蓋骨の〕平たさと隣りあわせていようと関係がない《グライヒギュルティッヒ》のである。

なお残される、しかし空虚な可能性——頭蓋論の拡大？

いずれにせよ、ひとつの可能性は残っている。つまり〔精神の〕なんらかの性質や激

Ⅱ262
247
Ⅲ254

情などと〔頭蓋の〕どこかの位置にある隆起が結合しているということで、この可能性は克服しがたいものである。ひとは人殺し〔の性質〕をこの頭蓋のこの位置にある高い隆起をともなうものとして、盗っ人のそれをその位置に隆起をもつものとして思いうかべることは可能である。この側面からすれば、頭蓋論にはなお大きく拡張される可能性がある。〔拡張というのは〕さしあたり頭蓋論は、〔頭蓋の〕なんらかの隆起が一箇同一の個体における〔精神の〕性質とむすびついている事情、したがってくだんの個体が〔隆起と性質の〕両者を所有している場合にのみ制限されているかに見えるからである。しかしながらすでに自然的な頭蓋論も――自然的な頭蓋論といったものも存在するはずであるからで、それは自然的な人相術があるのと同様である――こういった制限を乗りこえている。自然的頭蓋論の判断によれば、ただたんに「抜け目のない人間は、拳ほどの隆起を耳のうしろに隠している」ばかりではない。自然的頭蓋論の表象するところでは、「不実な妻はじぶんではなく、結婚相手である個人のひたいに隆起をもつことになる」のだ。おなじようにひとはまた、人殺しとおなじ屋根のしたに住んでいる者、あるいはまたその隣人、さらに外に出てゆけば人殺しとおなじ市の住民等々が、高い隆起を頭蓋のどこかの場所に持っているしだいを表象することもできる。これは「牝牛が走りだして、まずロバに乗ったカニに愛撫され、それから、それから」と思いうかべることができるのとひとしい。――しかしここでいう可能性が表象すること〔思いうかべること《フォアシュテレン》〕

の可能性という意味ではなく、内的な可能性、いいかえれば概念の可能性という意味で考えられるならば、〔頭蓋論の〕対象はひとつの現実であるとはいえ、その現実は純粋な事物であって、そうした〔精神の表現という〕意義を欠いており、またそうであるはずなのだ。こういった意義を有しうるとしても、それはしたがってただ表象《フォアシュテルング》においてのことであるにすぎないのである。

ひとつの空虚な逃げ道——「素質」とその「実現」をめぐって

〔精神と頭蓋という〕ふたつの側面はたがいに没交渉的なものである。それにもかかわ
らず観察者はそれでも仕事に取りかかって、両者のあいだのさまざまな関係を規定しよ
うとする。それはひとつには、一般的な理性根拠に鼓舞されてのことであって、つまり
「外なるものは内なるものの表現である」というわけである。観察者としてはいまひと
つには、動物の頭蓋からの類推に支えられていることになるだろう。動物の場合はたし
Ⅸ187 かに、人間にくらべてより単純な性格を持っているにしても、動物にかんしてはしかし
同時に、それだけかえって語るのが困難となることがらがある。つまり「動物はどのよ
うな性格を有しているのか」ということだ。どのような人間にせよ、思いうかべる《フォアシュテルング》のが
たやすいことではありえないのは、なんらかの動物の本性のなかに正しく入りこんで、
Ⅲ255 それを想像してみることである。それにもかかわらず観察者の確信するところ、法則を

発見したことになるのである。そこで観察者は卓越して手助けとなるものを、ひとつの区別〔を設定すること〕のうちに見いだすわけであるけれども、その区別についてなら私たちもここで、必然的に思いいたることになるはずだ。精神の存在を、すくなくともなにか端的に揺るがないもの、揺るがしがたいものと考えることはできない。人間は自由であるからだ。同時にみとめられるのは、根源的な存在はたんに素質であるにすぎないということである。素質にかんして人間は多くをくわえうるし、ことばをかえれば素質とは好適な環境を俟ってはじめて展開されうるものなのである。この件の意味するところは、精神の根源的な存在は存在であるとはいうものの、同様にまた存在としては現存《エクジスティーレン》しないものとして言明されなければならないというものである。〔じっさいの〕観察が、法則として断言することをだれかが思いついたことがらと矛盾したとしてみよう。〔たとえば〕好天が歳の市に、あるいは洗濯にさいしてひろがったものとする。そのばあい例の商人や主婦は、こう言えるはずである。「ほんらいなら雨が降るはずだったのだ」。つまり雨が降る素質はやはり現にあるというわけである。おなじく頭蓋の観察者なら、こう語ることだろう。「この個体は、ほんらいはこうあるはずだったのであり、それは頭蓋が法則にしたがって言明するところである」。すなわちこの個体は根源的な素質を持っているとはいえ、その素質が発達しなかったというわけだ。現にある《フォアハンデン》のはこの〔たとえば人殺しという〕性質《クヴァリテート》ではないけれども、その性質が現にあるはずだったというしだいである。——法則と「はず」〔当為《ゾレン》〕、がもとづいているのは、現実に雨が降ったこととの観察であり、頭蓋がこういう規定性をそなえているという場合なら、現実の気質の観察である。いっぽうこの現実が目のまえに存在《フォアハンデン》していないときには、空虚な可能性が現実とおなじものと見なされるわけである。ここで可能であるということ《メークリッヒカイト》は、設定された法則についていえばかえってその法則が現実的なものではないこと《ウンヴィルクリッヒカイト》であり、かくてまた法則とは矛盾することがらが観察されるということである。こうした事情が由来するのは、ほかでもなく個体の自由と、〔素質を〕展開してゆく環境は存在一般に対して無関心であるという消息からである。その両者は根源的に内なるものとしての存在に対しても、外的な骨のようなものに対しても無関心なのだ。かくて個体はまたなにかべつの或るものでありうる、すなわち個体が内的に根源的なしかたで存在するところとはべつのもの、ましてや〔頭蓋〕骨〔が示すの〕とはべつのものでありうるということなのである。

私たちがかくて手にしている可能性とは、こうである。頭蓋のこの隆起もしくは陥没がしるしづけているのは、或る現実的なものであるとともにまたたんなる素質でもある。しかもいったいなんのための素質であるかは未規定的なのだから、頭蓋の隆起がしるしづけているのは非現実的ななにかである、ということだ。私たちが見てとるところ、下手な逃げ口上がいつでもそうであるように、じぶんを助けてくれるはずのものが、じぶ

III256

んが逆ねじを喰らわせられるために使用される。私たちがさらに見てとるのは、思いなしというものが、ことがらの本性をつうじてみちびかれるところは、じぶんが固執しているのとは反対のことを、しかも考えもせずみずから口にすることである。つまり語られるのは、「この」隆起によってなにかが暗示されているとはいえ、しかし暗示されないこともまたある、というしだいなのである。

素質も頭蓋も精神の活動とはかかわりがない

思いなし自身には、このような逃げ口上を口にするさいなにが思いうかんでいるかといえば、それは真なる思考《ゲダンケ》であって、つまり思いなしをまさに廃滅するような思想《ゲダンケ》なのである。存在そのものは一般に精神の真のありかた《ヴァールハイト》ではない、ということだ。素質の側にしてからがすでに〔内なるものの〕根源的存在であり、精神の活動にすこしも関与しないものである。それとおなじように、〔外なるものである〕頭蓋のほうもやはりえらぶところなく、その活動とかかわりをもたない。精神的活動を欠落させて存在しているもの《ダス・ザイエンデ》は、意識に対する事物であって、意識にとってその本質ではない。だからそのような存在者《ダス・ザイエンデ》はかえって意識の反対物であり、意識がみずからにとって現実的なものとなるのは、ひとり、そういった存在を否定し、廃滅することをつうじてなのである。——こうした側面からして、理性をかんぜんに否認するものと目すべきことがらがある。それこそ、骨をもって意識の現実的な定在と公言することである。そして骨が意識の現実的定在と公言される場合があるとすれば、それは、骨が精神の外なるものと見なされるときなのである。外なるものとは、存在する現実にほかならないからだ。そこで、こう言ってみたところではじまらない。つまり、この外なるものから、ただ内なるものが推論されるにすぎず、内なるものは〔外なるものとは〕べつの或るものであると言っても、ことがらはかわらない。外なるものが内なるもの自身というわけではなく、たんにその表現であるにすぎない、と語ってもおなじことなのだ。〔内なるものと外なるものの〕両者相互の関係にあって、まさに内なるものの側面にぞくするのは、みずからを思考し、また思考される現実という規定であり、外なるものという側面にはいっぽう、存在する現実という規定がぞくしているからである。——したがってかりに或る人間に向かって、こう語られたとしてみよう。「きみ（きみの内なるもの）はかくかくである。なぜなら、きみの骨がしかじかの性状をしているからである」。その意味するところは、「私は一片の骨をもって、きみが現実にあるありかた（*deine Wirklichkeit*）とみなす」にほかならない。人相学の場合にこういった判断をすれば、それがどのように応酬されるかはすでに述べておいた。つまり横っ面を張られるわけだが、そのことによってさしあたりは、〔顔という〕柔らかな部分がその威信ある地位から引きおろされることになる。かくて証示されるのはただ、その部分が真に自体的に存在するものではなく、精神が現実に《ヴィル》

Ⅱ265

あるありかた《クリッヒカイト》でもないという消息にすぎない。ここ〔頭蓋論〕では応酬がもともと遥かさきにすすんでゆかざるをえない。つまりそんな判断をくだすだれかの頭蓋を叩きわって、まさにその者の智慧とおなじくらい分かりやすいしかたで証示しなければならないのは、骨は人間に対して自体的に存在するものではなく、まして人間が真に現実にあるありかたでもない、ということだ。

Ⅲ257

「救いの戸口に立つものこそが、もっとも遺棄される」

自己を意識した理性には粗野な本能といったものがあり、そうした本能なら、頭蓋学など一顧すら与えず投げすててしまうことだろう。この頭蓋学という、おなじ理性にぞくするもうひとつの観察する本能は、認識の予感にまでは成長しているけれども、認識を精神の欠落したしかたで、つまり「外なるものは内なるものの表現である」というかたちで把握していた。しかしながら思想がより拙劣なものであるほど、それだけかえってときとして見わけがたいことがらがある。いったい明確にいえばどこに、その思想の拙劣さが存しているのか、ということだ。それゆえますます困難になるのは、その拙劣さを腑分けすることなのである。というのも、思想が拙劣なものと呼ばれるのは、抽象されたものがより純粋に空虚になるのに応じてのことだからであって、この抽象こそが当の思想にとっては実在として妥当しているものである。対立がいっぽう、ここ〔頭蓋

250

論〕で問題となっているが、その対立をかたちづくる項とは、みずからを意識した個体性と、まったく事物にまでなりおおせた外面性という抽象である。前者が精神の内的存在であり、その存在は固定的で精神を欠落させたものとして把握されているのであって、そのような精神的存在がやはり同様な〔後者の事物という外面性の〕存在に対立させられている。――かくてたほうではまた、観察する理性はじっさいのところ、その尖端にまで到達したように思われる。その尖端から理性はじぶん自身を離れさって、反転せざるをえないことになる。まったく拙劣なものにしてはじめて、直接的な必然性そのもの《アン・ジッヒ》によってみずから顚倒しなければならないからである。――ユダヤ民族については、こう語られることがある。「その民族はほかでもなく、救いの戸口のすぐ近くに立っているがゆえに、もっとも打ちすてられており、また打ちすてられてきたのである」。みずからがそれ自体として、またそのものとして《アン・ウント・フュール・ジッヒ》そうであったはずのもの、この自身の本質的なありかたを、当の民族は自覚していない。むしろあやまって、そのありかたをみずからの彼岸へと置きいれてしまっている。ユダヤ民族はこのように〔じぶんを〕外化《エントオイセルング》することで、より高次なありかた《ダーザイン》を可能とする〔はずなのである。そのためには〕くだんの民族はみずからの対象をふたたびじぶんのうちに取りもどすことができればそれでよく、そうすればじぶんが存在という直接的なありかたの内部に立ちとどまっていたときよりも、より高次のありかたが可能となるはずである。なぜなら精神がより偉大《グロース》なもの

IX 189

Ⅱ266

となるのは、より大きな《グロース》対立からみずからのうちに立ちかえりうる場合であるからだ。このような対立を、しかし精神がみずから設定するのは、じぶんの直接的な統一を廃棄して、精神がじぶんだけで存在する《フュールジッヒザイン》ありかたを外化することによってである。しかしながらもしそういった意識が自身を反省することがないとすれば、その意識が立っている中間項は救いなき空虚となる。この空虚を充たすべきものが、固定された対極となってしまうからだ。〔ユダヤ民族のこの運命とおなじように〕かくて〔頭蓋論という〕観察する理性にとってのこの最終段階は、当の理性のもっとも拙劣な段階にほかならない。それゆえしかし、観察する理性の転回がここで必至となるのである。

Ⅲ258

観察する理性の回顧㈠——非有機的な自然と有機的な自然

ここでそもそも、これまで考察された諸系列を見わたしてみよう。その系列がふくむ関係は、観察の内容と対象をかたちづくるものである。そうすればわかるとおり、その最初の様式にあって問題とされたのは、非有機的な自然にふくまれる諸関係の観察であったけれども、そこでも観察にとってはすでに、感覚的な存在は消失している。非有機的自然にぞくする諸関係の契機が呈示されるのは、純粋な抽象としてであり、また単純な概念としてであった。それらの抽象や概念は事物の定在に緊縛されたものであるはずであったが、その定在はたほうでは失われることになるので、契機は純粋な運動であり、普遍的なものであることが証示されるのである。そこに見られるのは自由な、じぶんのうちで完結した過程であって、その過程は一箇の対象的なものという意義をたもっているとしても、そこではしかしただ「一」としてのみ立ちあらわれる。非有機的なものの過程においては、この「一」とは現実存在することのない内なるものであるとはいえ、「一」として現実存在するにいたると、過程は有機的なものとなるのである。――〔有機的なものとなると〕「一」はじぶんだけで存在するもの《フュールジッヒザイン》として、いいかえれば否定的な実在《ヴェーゼン》として、普遍的なもの〔環境〕に対立し、普遍的なものから逃れでて、自由にそれだけで《フュール・ジッヒ》ありつづける。そのけっか概念はひとえに絶対的な個別化の境位のなかで実現されるので、当の概念は有機的な現実存在のうちではその真の表現を、すなわち普遍的なもの、として現に存在するありかたを見いだしていない。むしろ外なるもの、あるいはおなじことであるけれども、有機的な自然にとっての内なるものにとどまっている。――有機的な過程は、それ自体として自由であるだけである。いっぽうそれ自身に対して〔自覚的に〕は自由ではない。目的というかたちでは、有機的過程の自由にぞくする対自的存在《フュールジッヒザイン》が入りこんでくるとはいえ、この自由が自覚されたもの《フュールジッヒザイン》として現実存在するのはべつの存在者《ヴェーゼン》として、つまりみずから自身を意識した智慧としてであって、この智慧はくだんの過程の外部に存在するものである。観察する理性が立ちむかうのは、かくてこの智慧、つまり精神に対してであり、その精神とは普遍性として現実存在する概念

Ⅱ267

であって、ことばをかえれば目的として現実存在している目的なのである。かくて観察する理性にとってみずからの本質《ヴェーゼン》が、いまやその対象であることになる。

観察する理性の回顧㈡――思考の法則から人相術へ

観察する理性が最初に向かうのは、みずからの純粋なありかたに対してである。とはいえこの理性が把握するところでは、みずから設定する区別のうちで自己運動する対象がひとつの存在するものというはこびとなるから、その理性にとって生成してくるのは思考の諸法則であり、つまり持続するものに対する持続するものの関係である。しかしながらこの法則の内容はただ〔全体の〕契機にすぎないかぎり、それらの法則の帰着するところは自己意識という「一」にすぎない。このあらたな対象も同様にまた存在するものとして考えられるのであるから、その対象も個別的で偶然的な自己意識であることになる。

Ⅲ259

観察はそれゆえ、思いなされた精神の内部にとどまり、偶然的な関係の内部にとどまる。その関係とは、意識された現実と、意識されない現実とのあいだになりたつものなのだ。精神はそれ自体そのもの《アン・ジッヒ・ゼルプスト》としては、ひたすらこのような関係の必然性であるにすぎない。

Ⅸ190

観察は、だから身体のより近くまで迫ってゆき、精神にぞくする意欲し行為する現実と、精神がじぶんのうちに反省的に立ちかえって、〔みずからを〕考察する現実とを比較するが、そのばあい後者の現実そのものも対象的なものである。この外なるものもたしかに個体のことばであり、そのことばを個体はみずから自身でそなえている。にもかかわらず、当の外なるものは同時に「しるし」であって、それがしるしづけるはずの内容に対して無関心なものなのだ。それは、しるしを定立するもの〔内なるもの〕が、〔外なるものである〕しるしに対して無関心であるのと同様なのである。

観察する理性の回顧㈢――頭蓋論の到達点「精神とは骨である」

252. このように転変してゆくことばから、それゆえ観察はさいごには固定された存在へと立ちかえってゆく。そこで観察が、みずからの概念にしたがって言明するところでは、外面的なありかた《オイセリッヒカイト》は器官としてではなく、またことばやしるしとしてでもなく、むしろ死せる事物として、精神にぞくする外なる、直接的な現実として存在するものなのである。もっとも手はじめに観察されたのは非有機的自然であったが、そこですでに廃棄されていたことがらがある。つまり、概念が事物として目のまえに存在するはずである、ということだ。その件をこの〔頭蓋論という観察の〕最後の様態が再興している。それは、精神そのものの現実的なありかた《ヴィルクリッヒカイト》を一箇の事物とみなすことによってであり、あるいは逆に表現するなら、死せる事物に精神という意義を与えることによってなのである。観察がかくてまた到達することになったのは、観察にかんする私たちの概念であったもの――すなわち「理性の確信とはみずから自身を対象的な現実《ヴィルクリッヒカイト》として探しもとめるものである」ということだ——を言明する段階である。ひとがそのさい思いなしているのは、たしかに、精神が頭蓋によって表象される場合、精神は事物として言表される、といったことではない。そう言われるところの唯物論が、この思想のうちに存しているのではない、ということである。〔ひとが思うに〕精神はむしろ、この骨とはなおべつの
Ⅱ268
或るものなのである。とはいえ「精神が存在する」が意味するところはそれ自身ほかでもなく、「精神とはひとつの事物である」ということなのだ。存在そのもの、あるいは事物である《ディングザイン》ことが精神に述語づけられる場合、その件を真に表現するものは、それゆえ「精神とはひとつの骨のようなものである」となる。したがってこのうえなく重要なことがらと見なされなければならないのは、真の表現が、精神について「それは存在す Ⅲ260
る」と純粋に語られることをめぐって見いだされた、ということである。つうじょう精神にかんして「それは存在する」とか「ひとつの存在を有する」とか、「一箇の事物である」とか「個別的な現実である」とか言われる場合、そのことで思いなされている或るものは、ひとが目で見たり、手で摑んだり、突いてみたりすることのできるものというわけではない。しかし現に語られているのは、そのようなものなのだ。だから真に語られていることがらからすれば、それはこう表現されるのである。「精神の存在はひとつの骨である」。

頭蓋論と「不幸な意識」との関係――「事物」と「カテゴリー」

この結果には、ところで二重の意義がある。そのひとつは真の意義であって、それはこの結果が補完するにいたったものが、自己意識の先行する運動の結果であるかぎりにおいてのことである。不幸な意識が外化し〔放棄し〕たものはみずからの自立性であり、当の意識は苦闘したあげく、じぶんの対自的存在〔自覚的存在《フュールジッヒザイン》〕を事物として外に押しだした。不幸な意識はそうすることで、自己意識からふたたび意識へと立ちかえったのであった。この場合の意識とはつまり、それに対して対象が一箇の存在であり、ひとつの事物であるような意識のことである。とはいえ事物である当のものは自己意識でもある。それはしたがって、〈私〉と「存在」とが統一されたありかた《アインハイト》であり、カテゴリーなのである。対象が意識に対してこのように規定されているさいには、「意識は理性を有する」ことになる。意識にせよ自己意識にせよ、それ自体としてはほんらい理性である。とはいえ意識にかんしてのみ、意識にとって対象がカテゴリーとして規定されるようになった場合に「理性を有する」と言われうるのである。もっともこの「有する」ということから、「理性がなんであるか」についての知はなお区別されている。――カテゴリーとは存在と「みずからのもの」との直接的な統一《アインハイト》であるから、カテゴリーは〔その統一を形成する〕ふたつの形式を遍歴しなければならない。そして観察する意識とはほかでもなく、カテゴリーがそれに対して存在という形式のうちであらわれるものな

IX191

Ⅱ269

のである。〔頭蓋論という〕その結果にあって意識が言明するものが、無意識のうちに意識がその確信であったところなのだ。それは命題のかたちをとっているが、その命題は理性の概念のなかにふくまれているものなのである。当の命題は無限判断[*1]であり、「自己とは一箇の事物である」というものとなる。これはひとつの判断でありながら、みずから自身を廃棄するものである。――このような結果をつうじて、したがって、カテゴリーにはっきりと付けくわわったことがらがある。それは「カテゴリーとはこのように、みずからを廃棄する対立である」ということだ。純粋なカテゴリーは存在あるいは直接性という形式において意識に対して存在するものであるから、それはなお媒介されていない、ただ目のまえにある対象である。そこで意識のほうも、同様に媒介されていないふるまいをすることになる。ところで例の無限判断という契機は直接性から移行して、媒介もしくは否定性へといたるものである。目のまえにある対象はそれゆえ、〔意識にとって〕否定的な対象として規定され、意識はいっぽう自己意識としてそのような対象に抗するものとして規定されている。ことばをかえれば、カテゴリーは存在の形式が観察するさなかで遍歴したものであるから、カテゴリーはいまや対自的存在《フュールジッヒザイン》〔自覚的存在〕の形式で定立されていることになる。意識が意欲するところはもはやみずからを直接に見いだすことではない。意識はむしろ、じぶんの活動をつうじて自己自身を産出しようとする。意識自身が、みずからにとってその行為の目的となるのであって、それは意識

Ⅲ261

にとって、観察にあってはただ事物だけが問われていたのと同様なのである。

＊1　カントにおいて「無限判断」とはたとえば――肯定判断「たましいは死すべきものである」、否定判断「たましいは死すべきものではない」に対して――「たましいは不死的なものである」というものであった。ヘーゲルにあっては、相反するふたつのものが主語と述語として直接にむすびつけられたものが無限判断と呼ばれる。

観察する理性の帰結――生殖器官と排泄器官

結果の第二の意義については、すでに考察されているところである。観察が概念を欠いたものとなるということだ。観察がみずからを把握し言明するさいに心得ているすべといえば、無邪気なことに〔頭蓋〕骨を――それが感覚的事物として見いだされ、また事物としてのその対象性を意識に対して同時にまだ失っていないすがたで――自己意識が現実にあるありかたであると言表する以外にはほかにない。観察はたほうまた、じぶんがこのようなことを語っているというのに、その件についてなんら明晰な意識を持っていない。だからみずからの命題を、その命題の主語と述語それぞれの規定されたありかたにおいて、また両者の関係にあって把握しない。ましてや無限判断という意味で把握することがない。つまり自身を解消する判断と概念の意味にそくしてとらえるところがないのである。観察はむしろ隠してしまう。根底ふかく存する、精神の自己意識にも

とづいて――この自己意識はここでは自然な率直さというかたちで現象する――、概念
を欠いた裸の思想にまとわりつく恥辱を隠してしまう。その裸の思想とは、自己意識の
II 270 現実的《ヴィルクリッヒカイト》なありかたは〔頭蓋〕骨であると考えるものであって、観察はこの思想を「白く
塗りたてる」〔マタイ伝二三―二七〕のに、それじしん思想を欠落させたやりくちをもっ
てするのだ。つまり、原因と結果、しるし、器官等々、ここではなんの意味ももたない
ことどもにまつわる、さまざまな関係をごた混ぜにし、いくつもの区別だてをそれらの
254 関係から掠めとってきて、命題のけばけばしさに蓋をかぶせるのである。

脳線維であるとか、そういったものであるならば、それらが精神の存在として考察さ IX 192
れるかぎりではすでに思考された現実であり、たんなる仮説的な現実にすぎない。つま
り現に存在し、ふれられ、見られる現実、要するに真の現実ではないということである。 III 262
これらが現に存在するとき、すなわち目で見られる場合には、それらは死せる対象であ
って、そこではもはや精神の存在として妥当することがない。しかし対象ほんらいのあ
りかたは、直接的で感覚的なものでなければならないから、精神は死せる対象性として
のこの対象性〔頭蓋論における頭蓋骨〕にあって――なぜ「死せる」対象性であるかとい
えば、〔頭蓋〕骨は生けるもの自身にそくして存在するかぎりでの死せるものだからで
ある――、現実的なものとして定立されることになる。〔頭蓋論の〕そのような発想《フォアシュテルング》
がふくんでいる概念は「理性とはそれ自身あらゆる事物であることであり、しかも純粋

に対象的な事物であることでさえある」というものである。理性は、とはいえ概念においてこのようなものなのであって、ことばをかえればひとり概念のみが理性の真のありかた《ヴァールハイト》にほかならない。だから概念そのものが純粋なものとなるほど、概念はそれだけ愚かしい表象《フォアシュテルング》へと引きさげられてしまう。それは、概念の内容が概念として存在するのではなく、表象として存在している〔にすぎない〕場合なのである。つまり、こういうことだ。〔無限〕判断はじぶん自身を廃棄する。このような判断が、意識によってその無限性においては受けとられることがなく、むしろ持続的な命題としてとらえられるときには、概念が愚かしい表象となる。その場合には主語と述語がそれぞれ独立《フユール・ジッヒ》に妥当すべきものとされ、自己は自己として、事物は事物として固定されながら、それでも一方が他方であるべきだ、とされるのである。——理性とは、本質的にいえば概念である。そのような理性はただちにじぶん自身と、その反対のものというふたつに分裂《エントツヴァイエン》する。こうして対立が生じるけれども、その対立はまさしくそれゆえに〔もともと理性自身の分裂であるから〕直接に廃棄されている。とはいえ理性がこのように、じぶん自身とその反対のものというかたちで呈示され、しかも固定されて、この分裂にぞくするまったく個々別々な契機となっているときには、理性は理性に反するしかたで把握されているのである。そこで、くだんの分離にぞくする契機が純粋なものとなるだけ、その内容が現象するかたちはけばけばしいものとなる。この内容にかぎって、〔表象にとらわれている〕意識に対しては存在するか、あるいはそのような内容だけを、そうした意識はひたすら無邪気に口にするか、そのどちらかなのだ。――ここにはたしかに或る深みが存在する。その深みは、精神がその内面からとり出すものであるとはいえ、精神はただそれをみずからの表象する意識まで押しだすだけで、深みをその意識のうちで滞らせてしまう。だから、この意識にとって知られていないことがあるのであって、それはそもそも、じぶんが語っているのがなんであるか、ということなのだ。そこには深みと無知〔知られていないこと〕《ウンヴィッセンハイト》との結合があり、その結合は高きものと低きものとの結合とひとしい。そのような結合なら、生けるものにかんして自然が、その最高の完成の器官つまり生殖器官と、放尿の器官とを結合したことにおいて、むぞうさに表現しているところである。無限判断は無限なものとしては、じぶん自身を把握する生命の完成ということになるだろう。意識は、それが生命の意識であるにしても、表象のうちにとどまったままであるならば、しかしながら放尿めいたふるまいを示すだけなのである。

B　理性的な自己意識がじぶん自身をつうじて現実化されること

自己意識としての理性の現段階

自己意識は、事物とはじぶんであることを見いだすいっぽう、みずからを事物として発見した。その意味するところは、自己意識に対して、じぶんがそれ自体としては、対象的で現実的なありかた《ヴィルクリッヒカイト》をしているしだいが自覚的に存在しているということである。自己意識はもはや直接的な確信として、いっさいの実在性であるわけではない。むしろその確信にとって直接的なものは一般に、廃棄されたものという形式をそなえている。そのけっか自己意識にとっての対象的なありかたは、いまだなお表面的なものとみなされているにすぎず、その表面的なものにぞくする内なるものとその実在は、自己意識そのものなのである。――対象は、ここでは自己意識が肯定的に関係してゆくものであるから、したがってそれもまた一箇の自己意識である。対象はそれでも事物であるという形式において存在し、つまりは自立的なものであるとはいえ、自己意識が確信するところ、この自立的な対象は自己意識に対してなんら異他的なものではない。かくてまた自己意識は、じぶんがそれ自体としては対象によって承認されていることを知っているのだ。自己意識とは、ここで精神である。その精神の確信によれば、みずからがふたつの自己意識に二重化しながら、その両者が自立的なものであることにおいて、じぶん自身とのみずからの統一性を手にしているのである。この確信が、自己意識にとっていまや真理へと高められなければならない。自己意識にとってみずからがそれ自体として、またその内的な確信にあってはそうであるものと妥当していることがらが、自己意識の意

Ⅲ263
Ⅸ193

識するところへと入りこみ、かくて自己意識に対して生成すべきなのである。

観察する理性と活動する理性*1——あるいは意識と自己意識

どのような普遍的宿駅がこの現実化にさいしてあらわれることになるかを、一般的なかたちでしるしづけるためには、これまでのみちゆきと比較してみることだけですでにII272 充分である。すなわちこうである。観察する理性はカテゴリーという境位にあって意識の運動、つまり感覚的確信、知覚と悟性とを反復することになった。それとおなじようにこの〔みずからを現実化する〕理性はまた、自己意識の二重の運動をふたたび遍歴して、256 自立性から自己意識の自由へと移行してゆくことだろう。最初この活動する理性は、じぶん自身をただ個体として意識しているだけである。だから個体として当の理性は、みずからの現実的なありかた《ヴィルクリッヒカイト》を他のもののうちに要求し、また他のもののうちで生みだすほかはない。第二にしかし、個体の意識が高まって、普遍的なありかた《アルゲマインハイト》を手にするようになると、個体は普遍的な理性となって、じぶんが理性であることを意識するにいたる。つまりそれ自体として、またそれだけですでに承認されたものであるはこびを意識するのである。このように承認されていることが、その純粋な意識において、いっさいの自III264 己意識を合一させているのだ。そのようにあらゆる自己意識を合一させるものこそが単純な精神的実在であり、その実在が同時に意識をもつにいたると、それは実在的な実体となる。その実体のうちへと、これまでのさまざまな形式は立ちかえってゆくが、それはくだんの実体が諸形式の根拠だからである。だから形式のさまざまは、この根拠と引きくらべるなら、その根拠が生成するさいにあらわれる個々の契機であるにすぎない。それらの契機はたしかにおのおの分離して、それぞれ固有の形態として現象する。じっさいには、とはいえ諸契機はひとえにその根拠《グルント》によってになわれて、現存在と現実とを有し、いっぽうその真なるありかたを手にするのはただ、それらが基底《グルント》そのもののうちにあり、またそこにありつづけるかぎりにあってのことなのである。

＊1　Stationen.「序論」における用法を参照。本書、一三六頁。

習俗、人倫、人倫的実体

この目標をとり上げてみよう。目標とは概念であり、その概念が私たちにとってはすでに発生している。つまり承認された自己意識がそれであって、当の自己意識は他の自由な自己意識のなかでじぶん自身であるという確信《ゲヴィスハイト》を有し、かくてほかでもなくその消息にあってみずからの真のありかた《ヴァールハイト》を手にしているものである。ここで、そうした概念である目標をその実在性においてとり上げてみるわけである。ことばをかえれば、私たちが取りだすことになるのは、なお内なる精神であるけれども、その精神はすでに現に存在《ダーザイン》するありかたにまで成長してきた実体であるということだ。その場合この概念

IX 194

のなかで開示されるものが、人倫の国なのである。人倫とは、諸個体が自立的な現実性をたもちながらも、みずからの本質《ヴェーゼン》にあって絶対的に精神的なしかたで統一されているありかたにほかならないからである。すなわち人倫はそれ自体として普遍的な自己意識であって、その自己意識は他の意識のなかでみずからにとって〔自覚的に〕現実的なものである。そのさいこの他の意識は完全な自立性を有しており、つまり自己意識に対して一箇の事物でありながら、まさにそのことにおいて自己意識は、他の意識と統一されていることを意識している。つまり、そのような対象的な実在《ヴェーゼン》と統一されていることではじめて自己意識なのである。この人倫的実体は、それを普遍的なありかたにおいて抽象した場合、たんに思考された法則であるにすぎない。とはいえ人倫的実体は、法則であるのと同様に直接にまた現実的な自己意識であり、いいかえれば〔諸個人にとって存在する〕習俗なのだ。個別的な意識が逆にただこの存在する「一」であるのも、その意識が普遍的な意識を──じぶんの個別的なありかたにおいて、しかしみずからの存在として──意識している場合である。つまり意識の行為と現にあるありかた《ダーザイン》が普遍的な習俗である場合なのである。[*1]

＊1　以下、「習俗」は Sitte.「人倫」は Sittlichkeit.「人倫的実体」は sittliche Substanz. 人倫とは、家族や民族、国家〔ポリス〕といった、具体的人間関係にもとづくもので、そのような人間関係において成立する共同体が人倫的組織と呼ばれる。そのばあい「実体」と呼ばれているものは──「序文」

が主張していたとおり——同時に「主体 Subjekt」として、諸主体の行為と仕事として捉えかえされることになる。

257 ひとつの民族の生活のうちにふくまれているのはじっさい、自己を意識した理性が現実化した概念である。その概念は、他者が自立的なありかた《ゼルプシュテンディッヒカイト》をしていながら、その自　立　性《ゼルプシュテンディッヒカイト》のうちでこの他者とかんぜんに統一されていることを直観するものでなければならない。いいかえれば、私の目のまえに見いだされる、他者が事物のかたちをとって「私からは」自由なありかたを——そのありかた《ディングハイト》は私自身を否定するものであるにもかかわらず——私に対する私の存在（*mein Fürmichsein*）として対象のかたちで有することとなのである。ひとつの民族のうちには、そのような概念がかんぜんに実在的《レアリ》なかたち《テート》でふくまれている必要があるのだ。理性が目のまえに存在するのは、流動的で普遍的な実体としてであり、不変的で単純な事物というかたちを取ってのことである。理性は同様にまた多くのかんぜんに自立的な存在者《ヴェーゼン》へと分散しているけれども、それは光が星々のなかに、無数の、それだけで《フュール・ジッヒ》輝く光点というかたちで分散しているようなものである。それらの存在者は、おのおの絶対的な自立的存在《フュールジッヒザイン》でありながら、それ自体として単純な自立的実体のなかで解消されている。それればかりではない。みずから対自的に

III 265

も〔自覚的にも〕解消されているのである。つまりこれらの存在者がみずから意識しているところでは、それらの個別的で自立的《ゼルプシュテンディッヒ》な存在者が存在しているのは、かれらがみずからの個別性を犠牲にして、この普遍的な実体をじぶんのたましいとし、本質《ヴェーゼン》とすることによってなのだ。おなじようにこの普遍的なものの側もまた、個別的な者としてのかれらの行為であり、つまりじぶんたちによって生みだされた仕事である。

各人は意識的－無意識的に万人の労働を遂行する

個体が遂行する純粋に個別的な行為といとなみは、さまざまな欲求と関係している。それらの欲求は、個体が自然的存在者として、すなわち存在する個別性として有しているものである。個体にぞくするこのもっともありふれた機能さえ、それが無に帰することなく、現実性《ヴィルクリッヒカイト》を手にするために、〔個体を〕維持する普遍的な媒体をつうじて生起している。つまり、民族全体の威力によって生起しているのである。しかも、みずからの行為一般について、それがこのように存立する形式だけを個体は、普遍的な実体において手にしているだけではない。（Ⅱ274）同様にまたその内容をも得ているのだ。個体のなす《トゥーン》ところは、すべてのひとが一般に熟練していることがらであり、習俗である。この内容がかんぜんに個別化されているかぎり、それが現実《ヴィルクリッヒカイト》に存在するありかたについていえば、すべてのひとびととの行為《トゥーン》のうちへ組みこまれている。（Ⅸ195）個体はみずからの欲求のために労

258

働するが、この労働は個体自身の欲求を充足するのと同様に、他者たちの欲求をも満足させている。たほう個体自身の満足に個体が到達するのは、ひとえに他者たちの労働をつうじてのことなのだ。——個別的な者はその個別的な労働にあってすでに、一箇の普遍的な労働を意識することなく遂行している。そればかりではなく、個別的な者はまた、普遍的な労働をじぶんの意識的な対象としてもふたたび遂行する。全体的なものが全体的なものとして個別者の仕事となり、その仕事のために個別的な者はみずからを犠牲にするとともに、まさにそのことをつうじてじぶん自身を全体的なものから受けもどしている。ここには、相互的でないようなことがらはなにひとつ存在せず、そのどれをとってみても、そこでは個体の自立性《ゼルプシュテンディッヒカイト》に対して、みずからの自立的存在《フュールジッヒザイン》を解消し、自立性そのものを否定することにおいて、じぶんに対して存在《フュール・ジッヒ・ザイン》するという肯定的な意義が与えられているのである。ここには統一が、他のものに対して存在すること、あるいはみずからを事物とすることと、じぶんだけで存在《フュールジッヒザイン》することとのあいだでなりたっている。この統一、つまりそのような普遍的実体が語りだすのは、その普遍的なことばであって、それはひとつの民族の習俗と法《ゲゼッツ》〔則〕とにおいて語られるのだ。いっぽう〔習俗と法といった〕このような存在し、不変な実在《ヴェーゼン》であっても、これらが表現するところは、それらに対立するものであるかに見える、個別的な個体性そのものにほかならない。さまざまな掟《ゲゼッツ》が言明するのは、おのおのの個別的な者がなんであり、なにをなすかであ

III266

る。個体が認識するところは、法則であり法律《ゲゼッツ》であるものとは、じぶんが普遍的なかたちで対象として事物となったもの《ディングハイト》であることである。だがそればかりではない。個体は同様にまた、みずからを事物であるありかた《ディングハイト》のうちに認識している。ことばをかえれば、この事物であるありかたが個別化されて、じぶん自身の個体性のうちにあり、またみずからと共にある市民のおのおののなかにあることを認識するのである。普遍的な精神のうちにあるときには、したがってそれぞれの人間はただ、じぶん自身であるという確信を有しているにすぎない。すなわちじぶん自身以外のなにものも、存在する現実のうちに見いだすことがない、ということである。各人は、みずからについてと同様に他者たちにかんしても確信している。——私がすべてのひとのなかで直観するところは、かれらがじぶん自身に対して《フュール・ジッヒ・ゼルプスト》そのような自立的な存在者《ヴェーゼン》であることであるけれども、それはひとえに私もまたそうであるかぎりにおいてのことである。私は他者たちとの自由な統一を、他者たちにおいて直観するが、それはこの統一が私をつうじて存在するように、他者自身たちによっても存在することとして直観されるのである。私は他者たちを私として、他者たちは私を他者たちとして直観するのだ。

自由な民族の幸福な共同体《ポリス》とその限界

ひとつの自由な民族〔古代ギリシア人〕にあってはそれゆえ、理性がその真のありかた《ヴァールハイト》において実現されている。理性は〔その民族のもとで〕現在する生ける精神であり、そこで個体はみずからの使命、すなわちじぶんの普遍的かつ個別的な本質《ヴェーゼン》がただたんに言明されて、事物《ディング》というありかた《ハイト》で目のまえにあるのを見いだすばかりではない。自身がこの実在《ヴェーゼン》であり、それゆえみずからの使命をも達成しているのである。古代のもっとも智慧あるひとびとは、だからこういう格言を口にしたのだ。「智慧と徳がなりたつのは、みずからの民族の習俗にしたがって生きることにおいてである」。*1

＊1　ディオゲネス・ラエルティオスの伝える、ピタゴラス学派のことばによるもの。

　ここには幸福があり、その幸福とはみずからの使命を達成して、使命のうちで生きるということであった。そうした幸福についていえば、しかし自己意識は、それがさしあたりはただ直接に、つまり概念にしたがって〔のみ〕精神であるかぎり、その外部に出てしまっている。またことばをかえれば、自己意識はなお幸福に到達していないとも言えるのであって、その両者は同等のかたちで語られうるのである。

　理性はこのような幸福の外部に踏みだざるをえない。ただたんに自体的にあるいは
直接的に、自由な民族が有する生命は、実在的な人倫であるにすぎないからである。い III267
いかえれば、人倫はここでは存在する人倫である〔にすぎない〕。かくてまたそのよう IX196
な〔人倫である〕普遍的な精神とはいっても、それ自身ひとつの個別的な精神なのであ

り、習俗と掟《ゲゼッツ》の全体とはいえ、一定の〔制限された〕人倫的実体なのである。くだんの人倫的実体は、より高次な契機に到達してはじめて——つまり人倫的実体の本質にかんする意識を獲得することで——制限を抜けだしてゆく。だから、このような認識においてのみ、人倫的実体はその絶対的な真理《ヴァールハイト》を手にすることになる。いっぽう直接にこの実体が存在するさいには、そうではないのだ。直接的に存在するばあい人倫的実体は、ひとつには制限された実体である。もうひとつには、この絶対的制限とはほかでもなく、精神が存在という形式において存在する、ということなのである。

　さらにいえば、したがって個別的な意識は、みずからの現実存在を直接的なしかたで実在的な人倫つまり民族のうちで有するかぎりでは、〔実在的な人倫的実体に対して〕確乎たる信頼を懐いている。そのような信頼にとって、精神がその抽象的な契機へと分解してしまっているわけではないから、くだんの信頼もかくしてまた、純粋な個別性としてそれだけで存在するすべを知らない。いっぽうこの個別的意識が〔それだけで存在するという〕この思想に到達するのは、しかるべきところである。その思想に達すれば、それゆえ精神との直接的な統一、いいかえれば精神における個別的意識の存在、要するに〔実体に対する〕その信頼は失われてしまっている。個別的意識がこのようにそれだ《フュール》けで《ジッヒ》孤立化すれば、いまや当の意識自身がじぶんにとって実在《ヴェーゼン》となるのであり、もはや普遍的精神がそうであるのではない。自己意識にぞくするこの個別性の契機が普遍的な精神そのもののうちにあるのはたしかである。とはいえそれは「消失する量」というかたちで存在するにすぎず、個別性がそれだけで登場する場合には普遍的精神のうちで同様に直接的に解消されてしまう。だから個別性〔の契機〕は、信頼というしかたで意識にあらわれてくるにすぎない。しかし個別性の契機がそのように固定されてしまえば——しかもおのおのの契機はそれぞれに実在《ヴェーゼン》の契機であるかぎり、どれもそれ自身として到達するところ、本質《ヴェーゼン》として呈示されるほかはないわけである——、個体はさまざまな律法《ゲゼッツ》や習俗に対立するかたちで立ちあらわれてくる。律法と習俗とは一箇のたんなる思想であって、そこには絶対的に本質的なありかた《ヴェーゼンハイト》が欠けている。つまり、現実的《ヴィルク》なありかた《リッヒカイト》を欠落させた、抽象的理論であるにすぎない。個体はしかしこの〈私〉として、みずからにとって生きた真のありかた《ヴァールハイト》なのである。

自己意識と世界との関係——実践的な意識について

以上のことがらについてべつの言いかたをすれば、自己意識はなお右にあげた幸福には到達していないのだ。その幸福とは、人倫的実体、ひとつの民族の精神である、ということである。観察〔という外的段階〕から立ちかえってきたばかりであるかぎり、精神はとりあえず、いまだ精神として自己自身によって実現されているわけではない。精神はただたんに内的な実在《ヴェーゼン》として、すなわち抽象として定立されているにすぎないと

いうことだ。ことばをかえれば精神は、ようやく直接的なものとして存在するにすぎな
いわけである。直接的に存在するものであるかぎり、しかし精神は個別的なものである。 III268
すなわち精神とはここでは実践的な意識なのであって、その意識は目のまえに見いださ
れる世界へと、目的をいだいて乗りだしてゆく。「目的をいだく」とは〔ここではさしあ
たり〕意識が個別的なものとして規定されていながら、みずからを二重化することであ
り、じぶんを「このもの」、つまり対となるかたちで存在するものとして生みだすこと
である。かくて統一が、みずからの現実《ヴィルクリッヒカイト》と対象的な実在とのあいだで意識される
のである。そのさい実践的意識は、この統一にかんして確信を有している。意識にとっ
てそう見なされるところでは、その統一がそれ自体としては存在しており、いいかえれ
ば一致が、自己であることと事物《ディングハイト》であることとにかんして、すでに現に存在《フォアハンデン》する。必要
なのはただ意識にとって、この件が生成することなのである。いいかえれば一致をつく
260 り出すことが、当の一致を見いだすこととひとしい。このような統一が幸福と呼ばれる
のだから、この〔観察する意識をはなれ、実践的意識となった〕個体はかくして、じぶん
の幸福を探しもとめ、みずからの精神から出発して、世界のうちへと送りだされること
になる。

人倫的な世界の経験——人倫性と道徳性

II 277

したがって、こうなるだろう。この理性的な自己意識にとっての真理は、私たちに対しては人倫的実体である。そうであるとすれば、ここで意識に対して出発点となるものは、自己意識の人倫的な世界経験なのである。一面からするならば、自己意識はなおこの人倫的実体とはなっていないのだから、この世界経験という運動は人倫的実体へと迫ってゆくものであり、その運動のうちで廃棄されるのは個別的なさまざまな契機であって、その諸契機は自己意識にとって孤立したかたちで妥当している。孤立した契機が有する形式は、それぞれに直接的な意欲、あるいは自然的衝動であるというものであり、その衝動が満足に到達しても、満足そのものがあらたな衝動の内容となるのである。――もう一方ではしかし自己意識は、実体のうちに存在する幸福を喪失している。この側面からすれば、自然的衝動はその衝動がふくむ目的の意識とむすびついており、そのばあい自然的衝動の目的こそが真の使命であり、本質的なありかたであると意識されているのである。人倫的実体は自己を欠いた述語にまで引きさげられ、その述語にとっての生き生きとした主語が個体ということになる。諸個体はみずからの普遍的なありかたをじぶん自身で充足し、みずからの使命についてもじぶんから配慮しなければならないわけである。――さきに挙げた〔第一の〕意義においては、したがって、くだんの形態のさまざまは人倫的実体の生成であり、それらは人倫的実体に先行する。いま見た〔第二の〕意義にあって諸形態が人倫的実体のあとにつづき、だからここでは自己意識に対

IX 197

261

して、その使命がなんであるかが形態によって解決される。前者の側面からいえば、「さまざまな衝動の真のありかたはなにか」が経験される運動のなかで、衝動の直接的で生まのありかたが喪われ、衝動の内容がより高次のものへと移行する。後者の側面からすればたほう、失われるのは意識のあやまった表象、つまりみずからの使命を衝動のうちに定立する意識の表象である。前者からすると、衝動が達成する目標は直接的な人倫的実体であり、いっぽう後者からみれば、目標は人倫的実体の意識であって、しかも III269 その意識は、人倫的実体がじぶん自身の本質《ヴェーゼン》*1であるしだいを知っていなければならない。そのかぎりでこの〔第二の〕運動は道徳性の生成であり、道徳性とは前者〔人倫的実体もしくは人倫性〕よりも高い形態であることになる。しかしながら、これらの形態がかたちづくるのは同時に、道徳性が生成するさいのひとつの側面であるにすぎない。その側面とはつまり、自己に対する存在〔自覚的存在《フュールジッヒザイン》〕にぞくする側面、ことばをかえれば、そこで意識がじぶんの目的を廃棄する側面である。要するに、道徳性が〔人倫的〕実体そのものから生まれでてくる側面ではない、ということだ。この契機にとっては、それがいまだ有するにいたることがかなわない意義がある。その意義とは、喪われた人倫に対抗するかたちで目的とされるものである、ということなのである。そのような意義を有していないかぎり、それらの契機がここでは、たしかに素朴な内容からすれば妥当するものとされるにしても、契機が迫ってゆこうとする目標は、やはり人倫的実体であるほかはない。とはいえ私たちの時代にとってその両者の〔側面の〕うちより近い形式は、当の形式において諸形態のあらわれるのが、意識がその人倫的生を喪失したのちに、その生をもとめて〔人倫的な生の〕くだんの形式を反復するような形式である。それゆえに諸契機を、どちらかといえばこの様式をとった表現で表象しておいてもよいだろう。

＊1 Moralität. やがて「精神」章で、「人倫 Sittlichkeit」のあとに論じられる。のちの『法哲学』の体系構成とは、順序がことなるわけである。

世界のなかで活動する理性の諸段階

ここで自己意識は、まだようやく精神の概念であるにすぎない。そのような自己意識が、いま見たようなみちゆきに歩みいるとき、自己意識がともなっている規定性は、みずからを個別的な精神として実在《ヴェーゼン》とみなすというものである。この自己意識の目的は、したがって、個別的なものとしてのじぶんに現実化〔の道程〕を与え、個別的なものとしての自己を、このような現実化にあって享受しようとするものとなる。

自己意識の規定《ベシュティムング》は、対自的に存在するもの（*Fürsichseiendes*）である自己が実在《ヴェーゼン》であるとするものである。そのような規定をともなう自己意識は他のものを否定するありかた〔否定する力《ネガティヴィテート》〕である。このように〔否定性《ネガティヴィテート》を〕意識することによって、したがって自己意識は自身が肯定的なものとして、他のものに対立してあらわれてくる。この他のものも存在するのはたしかであるとはいえ、自己意識に対しては、自体的には存在しないものという意義をともなっているのである。かくて意識が現象するさい、それはこの目のまえに見いだされる現実《ヴィルクリッヒカイト》と、目的とのふたつに分裂《エントツヴァイエン》している。この目的を意識は、現実を廃棄することをつうじて実現し、〔目のまえの〕現実にかえて、むしろ目的を現実《ヴィルクリッヒカイト》にあるものとしようとする。意識の第一の目的はたほう、みずからが直接的に抽象的なしかたでそれだけで存在すること（*Fürsichsein*）である。いいかえれば、じぶんを「この個別的なもの」として他のもののうちに直観すること、つまりはひとつの他の自己意識をみずからとして直観することだ。この目的について、その真のあり《ヴァールハ》かた《イト》が経験されることで、自己意識はさらに高次なものとなる。かくて、自己意識にとっていまや目的であるのは、同時に普遍的なものであり、法則を直接にそなえているかぎりでの自己意識であることになる。みずからの心情（*Herz*）にぞくするこの法則を実現しようとするにさいして、自己意識が経験するところは、しかしながら、個別的な存在者《ヴェーゼン》がそこで維持されているのではなく、かえって善なるもの《ダス・グーテ》はひとえに個別的なものが犠牲とされることで実現されうるということなのである。こうして自己意識は徳となる。この徳が積みかさねる経験は、〔いっぽう〕以下のようなものとなる以外にはありえない。つまり徳の目的とするところは、それ自体としてすでに実現されているとい

Ⅲ270

Ⅸ198

II 279

うことだ。幸福は直接に行為そのもののなかに見いだされるのであって、行為そのものが善《ダス・グーテ》なのである。これから辿られるこういった領圏全体の概念は、事物《ディングハイト》であることこそが、精神自身がみずからに対して存在するありかた（*Fürsichsein*）であるというものであった。この概念が、当の領圏全体の運動のなかで、自己意識に対して生成する。自己意識がこの概念を見いだすはこびとなったとき、自己意識にとってかくて実在《レアリテート》となるものは、直接にみずからを言明する個体性としての自己である。この個体性はおよそなんの抵抗も、対立する現実《ヴィルクリッヒカイト》においてもはや見いだすことがなく、くわえてこの個体性にとってはひたすら、このように言明することそのものこそが対象であり、目的となるのである。

a　快楽と必然性

262

「はじめに行為があった」（ゲーテ）

自己意識にとって、一般にみずからが実在（*Realität*）である。そのような自己意識は、じぶんの対象をじぶん自身でそなえているとはいえ、その対象は自己意識がなおようやくじぶんだけで〔対自的に《フュール・ジッヒ》〕有しているものであるにすぎない。つまりその対象はまだ存在するものとはなっていないのだ。存在は自己意識にとって他の現実であり、それはみずからの現実とはべつのものとして対立しているのである。かくて自己意識が向かうところは、自己意識のじぶんにとっての存在《フュールジッヒザイン》をかんぜんに実現することによって、みずからを他の自立的な存在者《ヴェーゼン》として直観することである。この最初の目的とは、個別的な実在《ヴェーゼン》としてのじぶんを他の自己意識のうちで意識するようになることなのだ。ことばをかえれば、この他のものをじぶん自身としようとすることである。自己意識が〔もともと〕懐いている確信は、それ自体としてはすでにこの他のものが自己意識自身であることだったのである。――自己意識は人倫的実体から、また思考することの静謐な存在から、みずからの対自的存在へと高められている。そのかぎりで自己意識が背後に置きざりにしてしまっているものは、習俗と生存《ダーザイン》の掟《ゲゼッツ》であり、観察の知識と、その理論である。それらは「灰色の」〔ゲーテ〕、まさに消えさろうとしている影なのだ。そのようなものが一箇の知識であるとはいっても、そうした知識がかかわるのはむしろ、その自立的存在《フュールジッヒザイン》や現実が、自己意識のそれとはことなったものだからである。天上に輝ける聖霊が、知と行為の普遍性にかかわって、個別性の感受と享受とを沈黙させるのではない。それにかかわって、地霊が自己意識のうちへと入りこんできたのだ。地霊にとってはただ存在だけが、しかも個別的な意識にとって現実である存在のみが、真の現実として妥当しているのである。

III271

それは悟性と学問、 IX 199
この人間にとってゆいいつ最高のたまものを蔑み――
悪魔に身をゆだねて
滅びゆくほかはない〔『ファウスト』のパロディ〕

自己意識と快楽と、その享受

自己意識はかくて生のうちへと飛びこんで、純粋な個体性を、自己意識が登場するさいにまとっていたすがたのままに実現しようとする。自己意識はみずからの幸福をみずから造りなすというよりは、むしろその幸福を直接に受けとって、これを享受するのである。
II 280
学問や法律《ゲゼッツ》や原則の影のみが、自己意識と、自己意識自身が現実にあるありかた《ヴィルクリッヒカイト》とのあいだに立ちはだかっているが、それらは生命なき霧のように消えうせてしまう。
263
霧ともなれば、自己意識が実在《レアリテート》であるという確信とは張りあうべくもない。自己意識の側は生命《レーベン》を受けとるけれども、それは熟れた果実を摘みとるようなものである。果実のほうも歓んで迎えいれさえするように、摘みとられるものなのである。

自己意識の行為は、ひとえにひとつの契機にしたがい、欲望にとって一箇の行為となる。つまり自己意識がむかうのは、対象的な実在《ヴェーゼン》のすべてを廃滅することではなく、ただその実在が他のもの《アンデルスザイン》であるという形式、あるいはその自立性の形式〔を否定すること」に向かうだけである。そういった形式は本質《ヴェーゼン》を欠いた仮象であるからだ。その理由は、対象的な実在もそれ自体としては自己意識にとって、同等の存在者《ヴェーゼン》、いいかえればそれじたい自己である《ゼルプストハイト》ものとして妥当しているという点にある。ひとつの境位にあって、欲望とその対象がたがいに没交渉的に、自立して存立しているとすれば、その境位とは生きてそこに存在すること（das *lebendige Dasein*）である。欲望が享受をはたすとき、この現にある《ダーザイン》ものは、それが欲望の対象に帰属するかぎりで廃棄される。しかしここで境位が自己意識とその対象の双方に対して、分離された現実《ヴィルクリッヒカイト》のありかたを与えるとすれば、そのような境位とはむしろカテゴリーとなる。つまり一箇の存在であるとはいえ、その存在は本質的には表象された存在なのである。それゆえ自立性の意識こそが――その意識が自然的な意識であろうと、法則《ゲゼッツ》の体系まで形成された意識であろうと――、諸個体をそれぞれ自立《フュール・ジッヒ》的なものとして支えていることになる。このような分離は、それ自体としては自己意識に対して存在しない。自己意識は、他の自己意識がじぶん自身の自己である《ゼルプストハイト》ありかたであると知っているからだ。自己意識はこうして快楽を享受することへと到達する。つまり、みずからが実現されているという意識に到達している。自己意識は、自立的なものとして現象する意識において実現されるのであって、ことばをかえればここで自己意識は、ふたつの自立的な自己意識がひとつのものであ《アィンハ》る《イト》ことの直観へと到達しているのである。自己意識はかくてじぶんの目的を達成し、た

Ⅲ272

Ⅱ281

ほうまさにそれを達成することで、「じぶんの目的の真のありかた《ヴァールハイト》がなんであるか」を経験することになる。自己意識がみずからを把握するのは、この個別的な、じぶんに対して存在する実在としてである。たほうこの目的が現実化されることは、それ自身その目的が廃棄されてしまうことである。自己意識がじぶんにとって対象となるのは、この個別的なものとしてではなく、かえって自己自身と他の自己意識との統一としてであるからだ。つまりは、廃棄された個別的なものとして、あるいは普遍的なものとしてだからである。

必然性あるいは運命（Notwendigkeit）のありか

264

快楽が享受されると、それはたしかに肯定的な意義をもつ。じぶん自身が対象的な自己意識となっているからである。しかしここには同様に否定的な意義もあるのであって、それはじぶん自身が廃棄されてしまっているからだ。自己意識はみずからの実現をただ前者の〔肯定的な〕意義においてのみ把握していたのだから、自己意識の経験は矛盾をふくむものとして、自己意識が意識するところに入りこんでくる。そのような意識をもつかぎり、自己意識の個別性が到達されて現実となったありかた《ヴィルクリッヒカイト》は、否定的な実在によって無化されたものと見えてくる。その否定的実在《ヴェーゼン》は、現実性を欠いたままに、自己意識によって到達された現実《ヴィルクリッヒカイト》にむなしく対立していながら、それでも自己意識を

Ⅸ200

喰いつくす威力となっているのだ。この否定的実在こそが概念にほかならず、ここで概念とは問題の「個体性とはそれ自体《アン・ジッヒ》においてなんであるか」をしめす概念なのである。個体性はしかしなお、もっとも貧しい形態において、みずからを実現する精神であるにすぎない。個体性とは、じぶんに対してようやく理性の抽象的なありかたとなったものであり、ことばをかえれば、対自的存在と自体的存在との統一が直接的なありかたをとったものにすぎないからである。個体性の本質《ヴェーゼン》も、したがってただ抽象的なカテゴリーたるにとどまっている。しかしながら〔抽象的であるとはいっても〕カテゴリーはもはや、直接的で単純な存在という形式をともなうものではない。観察する精神にとってはそのとおり〔カテゴリーは直接的で単純な存在〕であったのであり、つまりそこではカテゴリーは抽象的な存在、あるいはその存在が異他的なものとして定立された場合には、事物であることと一般であったのである。いまやこの事物であること《ディングハイト》のうちへ対自的存在と媒介とが入りこんでいる。カテゴリーはそれゆえ円環として登場しており、その円環の内容においては、単純に本質的《ヴェーゼンハイト》なありかたをともなったもののあいだで、純粋な関係が展開されているのである。このような個体性が現実化して、それが達成されるとは、したがって以下の消息にほかならない。すなわち、個体性が、さまざまな抽象からなりたっているこの円環を――その円環は、単純な自己意識のうちに封じこめられたありかたを取っていたわけであるが、そこから――、意識に対して存在するという境位《エレメント》、つ

III273

まり対象的なひろがりという場面《エレメント》へと投げだした、ということだ。自己意識にとって、かくて享受する快楽にあって、みずからの本質《ヴェーゼン》として対象となるものは、くだんの空虚な本質的なありかたのひろがり、つまり純粋な統一の、純粋な区別とその関係のひろがりである。これ以上のいかなる内容も、対象は――このばあい対象は、個体性がみずからの実在（*Wesen*）として経験するものである――有していない。この対象こそが、必然性と呼ばれるものなのだ。必然性、運命等々といったものは、ほかでもなく、ひとがそれにかんしてなんとも語るすべも持たないものだからである。すなわち、それが「なにをなすのか」、その「規定された法則がどのようなものであり、積極的な内容がなんであるのか」について語られようもない、ということである。その理由は、運命とは絶対的な、存在として直観された純粋な概念そのものであり、単純で空虚な関係である点にある。その関係はそれでいて止めがたく、破りがたいものなのであって、その所業《ヴェルク》はひとえに個別性を無とすることなのだ。この関係がかくも鞏固な連関であるのは、連関しているものが純粋に本質的なありかた、あるいは空虚な抽象だからである。統一、区別ならびに関係はどれもカテゴリーであり、それぞれはそれ自体として、それだけで《アン・ウント・フュール・ジッヒ》はなにものでもない。つまり、ただじぶんの反対のものとの関係のうちにあるにすぎず、それゆえ離ればなれになることができないものである。これらのカテゴリーは、みずからの概念をつうじてたがいに関係づけられているのである。それらは純粋な概念そのものであるからだ。そしてこういった絶対的な関係と抽象的な運動こそが、必然性をかたちづくっている。個別的なものにすぎない個体性は、ようやく理性の純粋概念をその内容とするものにとどまっている。そういった個体性であれば、死せる理論を飛びだして、生《レーベン》のうちへと降りたっていったとはいえない。個別性はそのかわりに、こうしてむしろひたすらじぶんが生命を欠いたものであるとする意識へと転落したことになる。個別性《アインツェルハイト》に分かちあたえられたものは、空虚で異他的な必然性としての、死せる現実である自己であったにすぎないのである。

快楽に生きる意識の没落

ここで生起している移行は、「一」という形式から普遍性という形式へのそれである。移行はつまり、ひとつの絶対的な抽象からもうひとつの絶対的抽象へ、純粋な対自的存在〔自立的存在《フュールジッヒザイン》〕にぞくする目的から――そのような存在は他者たちとの共同を投げすてているものだ――純粋にその反対となるものへ、しかしそのことでおなじく抽象的な自体的存在であるものへと生起している。この件は、かくてその現象からすると、個体がただ没落し〔その根拠へといたり《ツーグルンデ・ゲーヘン》〕、個別的なありかた《アインツェルハイト》の絶対的な儚さが、やはり酷薄で、しかし継ぎ目のない現実に突きあたって砕けてしまったかのものであるように見える。――個体も〔とはいえ〕意識であるかぎり、じぶん自身とじぶんとは反対のものと

IX201

II 283

の統一であるから、この没落はそれでもなお個体に対して《フュール・エス》存在している。個体が目的とし、また実現したところも個体に意識され《フュール・エス》ている。それは個体にとって本質《ヴェーゼン》であったものと、それ自体として実在《ヴェーゼン》であるものとのあいだの矛盾についても同様である。個体が経験するのは二重の意味であって、その二重の意味は個体がなしたところにふくまれている。個体のなしたこととはすなわち、みずからの生命《レーベン》を受けとることであったが、個体が生命を受けとったことによって、しかし個体はむしろ死を摑んでしまったのである〔ゲーテ『ファウスト』〕。

III 274

移行の意味と自己意識のあらたな形態

ここで移行は、個体の生ける存在から、生命のない必然性へとむかって生起している。この移行が個体にとってあらわれるのは、したがって一箇の転換としてであり、その転換はなにものによっても媒介されていないかに見える。媒介するものがあるとすれば、それはそのうちでふたつの側面がひとつとなるものだろう。意識はしたがってそこで、ひとつの契機をもうひとつの契機のうちで認識することだろう。つまり、みずからの目的と行為を運命のうちで認識し、じぶんの運命をその目的と行為《トゥーン》のうちに、要するにみずから自身の本質をこの必然性のなかで認識するにいたるはずである。しかしながらこういった統一は、この意識に対してはまさに快楽自身にほかならない。快楽とはいいかえれば単純で個別的な感情であって、だから当の移行、このじぶんの目的という契機から、みずからの真の本質という契機への移行は、当面の意識に対しては、対立しているものへの純然たる跳躍なのだ。これらの契機の双方が感情のうちで内含され、結合されているわけではないからである。それらが内含され結合されているのは、むしろただ純粋な自己においてのことであり、純粋な自己とはひとつの普遍的なもの、いいかえれば思考なのである。くだんの意識は、こうしてじぶんの経験をつうじて、その経験のなかで意識にとってはみずからの真のありかた《ヴァールハイト》が生成してくるはずであったにもかかわらず、かえってじぶんにとって一箇の謎となってしまっている。意識の行為《タート》から帰結したことも、意識にとってはみずからのなしたところ《タート》そのものではない。この意識が出遭うものは、当の意識に対しては、意識がそれ自体としてなんであるかをめぐる経験ではないのである。かくてここで移行は、たんなる形式の変化が、同一の内容と本質のあいだで起こることではない。すなわち、一方では意識の内容と本質《ヴェーゼン》として表象され、他方では対象として、いいかえればじぶん自身の直観された本質として表象されたもののあいだで生起しているのではない。抽象的な必然性が妥当するのは、かくしてたんに否定的で摑みがたい、普遍性の威力としてであって、その威力に突きあたり、個体性は砕けちることになるのである。

　自己意識のこの形態にぞくする現象がすすんでゆくのは、この点までである。その形

Ⅱ284

態が現実存在する最終的な契機は、必然性のうちでみずからを喪失するという思考《ゲダンケ》であり、その思想《ゲダンケ》はいいかえれば、必然性そのものをじぶんとは絶対的に異他的な実在《ヴェーゼン》とみなすものなのである。自己意識はそれ自体としては、しかしこの喪失を超えて生きのびる。ここで必然性あるいは純粋な普遍性と呼ばれているものは、みずから自身の、実在《ヴェーゼン》であり本質であるものだからだ。意識がこのようにじぶんのうちへと反省的に立ちかえり、必然性を自己として知るにいたると、そこには意識のあらたな形態が生じているのである。 Ⅲ275

b　心情の法則とうぬぼれの狂気

心情の内なる法則へ

その真のありかたにおける必然性とは、自己意識にそくしてなんであるか。この件が、 Ⅸ202 自己意識のあらたな形態に対しては存在するところである。その形態にあって自己意識は自己自身《ジッヒ・ゼルプスト》にとって、必然的なものとして存在しているからだ。いまや自己意識が知っているのは、普遍的なものを直接に、あるいは法則を直接的にみずからのうちに有していることなのである。ここで法則が負っている規定は、直接に、意識のじぶんに対する《フュールジッヒ》存在《ザイン》のうちにあるというものであるから、その法則は心情の法則（*Gesetz des Herzens*）

と呼ばれる。いま問題の形態もそれだけで（*für sich*）個別性として実在《ヴェーゼン》であることは、以前の形態とかわらない。いっぽう現下の形態がより豊かなものとなっているのは、その規定が、この自覚されたありかた（*Fürsichsein*）は現在の形態にとって、必然的もしくは普遍的なものとして妥当している、というものだからである。

法則が、したがって直接に自己意識にとって固有のものであるとき、ことばをかえれば、心情でありながらもしかし、一箇の法則を懐いているような心情が問題である場合、そうした法則や心情が、自己意識が実現しようと向かってゆく目的である。ここで見てとられなければならないのは、目的の実現がその概念〔目的の実現であるということそのもの〕に対応しているかどうか、自己意識はその実現にあって、このみずからの法則が本質《ヴェーゼン》であるはこびを経験することになるのかどうか、なのである。

心情の法則と現実の法則

267 こうした心情に対して、ひとつの現実が対抗している。心情において法則はようやくじぶんに対して〔自覚的に《フュール・ジッヒ》〕存在しはじめたにすぎず、いまだ実現されてはいないのであって、したがって同時に、その概念とはべつの或るものだからだ。この他のものが規定されているありかたも、そのことによって、ひとつの現実、しかも実現されるべきものとは対立した現実というかたちをとっている。この現実はかくてまた法則に矛盾した

Ⅱ285

もの、個別性にも矛盾したものとなる。現実はこうして一方では一箇の法則、それによって個々の個体性が抑圧されている法則であり、つまり世界の暴力的な秩序であって、その秩序は心情の法則と矛盾している。——現実は他方ではまた、その秩序のもとで苦悩《ライデン》する人類であり、かれらは心情の法則にしたがうのではなく、むしろ異他的な必然性のもとに隷属しているのである。——この現実は、意識の現下の形態に対立してあらわれてきているとはいえ、その現実はあきらかに、先行する形態にあってふたつに分裂していた関係にほかならない。分裂していたのは個体性とその真のありかたであり、その関係とは残酷な必然性であって、その必然性によって個体性が禁圧されていたのである。私たちにとっては、先行する運動があらたな形態に対抗してあらわれるのは、あらたな形態がそれ自体としては先行する運動から発現するからである。これはあらたな形態がそこに由来する契機であり、したがってその形態に対して必然的なものである。あらたな形態〔そのもの〕にとっては、しかし当の契機がまえに見いだされたものとして現象してくる。形態はいかなる意識も、じぶんの源泉にかんして有しておらず、形態にとって本質であるものはむしろじぶん自身だけで存在すること、ことばをかえれば、この積極的で自体的なものに対して、それを否定するものであるからである。

Ⅲ276

心情の法則による個体性と必然性の統一

心情の法則にとってこの必然性は矛盾しており、その必然性による受難《ライデン》が目のまえにある。それらを廃棄することへと、したがって個体性は向かっていることになる。個体性はかくてまた、もはや先行していた形態のように浅薄なものではない。つまり、個別的な快楽のみを意欲することがない。むしろ高邁な目的をいだく真摯なありかたをそなえたものであって、その求める快楽は、自身の卓越した本質を呈示すること、人類の福祉をつくり出すことにある〔シラー『群盗』〕。個体性が実現するものはそれじしん法則であり、そのもとめる快楽はそれゆえ同時に万人の心情にとって普遍的な快楽である。両者はこの個体性にとって分かちがたい。個体性の快楽は合法則的なものであり、普遍的な人間性《メンシュハイト》の法則を実現することは、個体性にとっての個別的な快楽を準備することである。個体性自身の内部で、個体性と必然的なものとが直接にひとつになっているからであり、法則は心情の法則だからである。個体性はいまだ個体性という位置を脱しておらず、個体性と必然性の統一も双方を媒介する運動によって実現されていないうえに、なお訓練をつうじて成就されているわけでもない。実現されるものは、直接的で訓練を経ていない本質であることが、卓越したありかたを呈示することと見なされ、人類《メンシュハイト》の福祉を生みだすことであると見なされるのである。

IX 203

法則は、これに対して、それが心情の法則に対立している場合には、心情から切りは

Ⅱ286

なされ、それだけで解きはなたれて《フライ・フユール・ジッヒ》存在している。前者の法則に従属している人類は、法則と心情との幸福な統一のうちに生きているわけではなく、残酷な分離と受難とのなかで生きている。あるいはすくなくとも、自己自身を享受することもなく生きているのである。それはこの法則を遵守している場合であるが、いっぽう自身が卓越しているという意識を欠いたまま生きているとすれば、それは当の法則を蹂躙している場合なのだ。権力をともなうくだんの秩序、「神々と人間たちの秩序」は、心情からは切断されている。それゆえその秩序は心情にとって一箇の仮象なのであって、そこからやがて剥奪されるべきものが、その仮象にはなおまとわりついている〔だけ〕である。要するに権力と現実性ということだ。この秩序はその内容からすれば、もちろん偶然的なしかたで心情の法則と一致することもあるだろう。その場合なら、心情がその秩序を放置しておくこともありうる。しかしながら合法則的なことがらが、純粋にそのものとして、心情にとって本質的なもの《ヴェーゼン》なのではない。みずからが、法則的なものにおいて自己自身であるという意識を有すること、自己がそのうちで満足していることこそが、本質的なのだ。普遍的な必然性にぞくする内容が、いっぽう心情と一致しないところでは、この必然性はその内容からしてもまた、それ自体《アン・ジッヒ》としてなにものでもないのであって、心情の法則のまえで譲らざるをえないのである。

Ⅲ277

心情の法則の実現とその解消

269

個体が遂行するのは、こうしてみずからの心情の法則である。心情の法則が普遍的秩序となり、快楽はそれ自体として、またそれ自身に対して合法則的な現実となる。しかしこのように実現されることにあって、法則は個体にとってじっさいには逃れさって、法則はただちに、ただ廃棄されなければならない関係となってしまう。心情の法則は、ほかでもなくそれが実現されることをつうじて、心情の法則であることをやめてしまう。法則は、それが実現されることで存在の形式を獲得し、いまや普遍的威力となるからだ。その威力に対しては、この心情はどうでもよいものであり、そのけっか個体はじぶん自身の秩序を、その秩序を設定することによって、もはやみずからの秩序としては見いださない。じぶんの法則を実現することで個体が生みだすものは、それゆえじぶんの法則ではない。当の秩序はそれ自体としてはみずからの秩序であるにせよ、それは個体に対してはかえって一箇の異他的な秩序である。そうであるからには、個体が生みだすのは、現実的な秩序へとじぶんが巻きこまれるという消息にほかならない。この秩序はしかも、個体にとって異他的なものであるばかりではなく、個体にとって敵対的な圧倒的威力なのだ。――みずからがなすところ《タート》によって個体がじぶんを定立するのは、存在する現実という普遍的境位のなかに、あるいはむしろそのような境位としてなのである。だから個体のなしたもの《タート》はそれ自身、その意味にしたがえば、普遍的な秩序という価値を

IX204

有することになるべきである。とはいえ、かくてまた個体はみずからをじぶん自身から自由なものとし、個体は普遍的なありかた《アルゲマインハイト》をともなってそれだけで成長していって、個別的なありかた《アインツェルハイト》から純化されてゆく。個体は、普遍性《アルゲマインハイト》をひたすらじぶんが直接に対自的に存在《フュールジッヒザイン》するという形式にあって認識しようとする場合には、したがってこの自由な普遍性のなかにみずからを認識することがない。そのいっぽうで個体は同時に普遍的なありかたに所属しているのであって、それも普遍的なありかたはじぶんの行為《トゥーン》からなるものであるからだ。個体のふるまい《トゥーン》には、〔個体が普遍性に対抗しようとする以上〕それゆえ顛倒された意義があることになる。それは、普遍的な秩序と矛盾し、これに抗議する（*widersprechen*）というものであって、それも、個体のなすところ《タート》は個体の個別的な心情からなされたこと《タート》であるはずであり、自由な普遍的現実であってはならないからである。たほう個体は同時に、この現実をじっさいには〔その行為においては《イン・デア・タート》〕承認してしまっている。行為の有する意味とは、個体の本質《ヴェーゼン》を自由な現実として定立することであり、つまり現実を個体にとっての実在《ヴェーゼン》として承認することであるからだ。

実現された現実が心情の法則を解体する

個体が、じぶんの行為《トゥーン》の概念をつうじてより立ちいって規定したことがらがある。それは、現実の普遍的なありかたが、そこに個体が帰属するものとされていながら、個体に対して立ちむかう、その様式である。個体によってなされたこと《タート》は、それが現実的なものであるかぎり、普遍的なものにぞくしている。その内容はたほう個体自身の個体性であって、個体性は「この」個別的な個体性であり、普遍的なものに対立した個体性であることを維持しようとするものなのだ。なんらか特定の法則について、ここでその創設が問題となっているのではないはずである。問題はむしろ個別的な心情が普遍性と直接にひとつになったありかた《アインハイト》であり、この統一《アインハイト》こそが法則まで高められ、妥当すべき思想《ゲダンケ》なのであって、その思考《ゲダンケ》するところによれば、法則であるもののうちで、それぞれの心情はじぶん自身を認識しなければならない。しかしながら〔当面の場面では〕ひとり「この」個人にぞくする心情のみが、みずからの現実的なありかた《ヴィルクリッヒカイト》をそのなしたところ《タート》のうちに定立したにすぎない。当の個体にかぎっていえば、なされたこと《タート》が個体の対自的存在あるいはその快楽を表現しているのである。このなされたことがただちに普遍的なものとして妥当《ゲルテン》すべきだとされるわけである。この件が意味するのは、なされたところはほんとう《イン・ヴァールハイト》は或る特殊なものであるということであって、それがただ普遍性という形式をまとっているにすぎないというしだいなのだ。その特殊な内容が、特殊な内容のままに普遍的なものと見なされる《ゲルテン》べきだというのである。だからこの内容のうちに、他者たちが見いだすものはじぶんたちの心情の法則ではない。かえって〔じぶんたちとは〕べつの者の法則が実現したことを発見するのだ。ほかでもなく、普遍的な法則にしたが

えば、法則であるもののうちで各人はみずからの心情を見いだすべきだとされるのであ
るから、他者たちがまさに立ちむかう現実は、くだんの個体が創設した現実なのであっ
て、それは当の個体が他者たちにとっての現実に立ちむかったのとおなじことである。
270 個体はかくてまず硬化した法則のみを、しかしいまや人間たちの心情自身を、みずから
の卓越した意図に反したもの、だから忌みきらうべきものとみとめるのである。

心情の法則をめぐる知と不知

この意識は普遍性を最初はただ、直接的な普遍性として知っているにすぎず、必然性
II 288 を心情の必然性として知っているにすぎない。だから意識にとっては、現実となること《フェアヴィルクリッフング》
や現実にはたらくこと《ヴィルクザームカイト》の本性はなお知られていない。つまり意識が知らないのは、そう
したものの本性が、その真のありかたにあって存在するものであるかぎり、むしろそれ
自体として普遍的なものであって、そこで意識の個別的なありかた《アインツェルハイト》は、現実にみずから III 279
を委ね、この直接的な個別性として存在しようとすれば、かえって没落してゆく、とい
う消息なのである。「この」みずからの存在へと到達するかわりに意識は、したがって
〔現実となった〕存在のなかでは、じぶん自身とは疎遠なものとなる《エントフレムドゥング》にいたるのだ。意識 IX 205
がここでそのうちにみずからを認識しないものとは、しかしもはや死せる必然性という
わけではない。必然性とはいってもむしろ、普遍的な個体性をつうじて活かされている

必然性である。この意識の〔かつて〕解するところでは、この「神々と人間たちの秩序」は、それが現に妥当するものとしてまえに見いだされるかぎり、死せる現実であった。その現実にあって意識自身も――意識はみずからを「この」心情として、それだ《フュール・》けで《ジッヒ》存在し、普遍的なものに対立する心情として固定する――、この現実に参与する者たちも、その現実がじぶん自身であるとする意識を有してはいなかったはずである。当の意識が、とはいえ〔いまや〕見いだすところでは、この現実はむしろ万人の意識によって活かされ《ベレープト》、すべてのひとびとの心情の法則として存在するものなのである。意識が経験したのは、現実とは生命を与えられた《ベレープト》秩序であるということだ。同時にじっさい《イン・》〔そのなすところにおいて《デア・タート》〕この件が経験されるのはまさに、意識が心情の法則を実現《フェアヴィルクリッヘン》することによってなのである。「現実化する《フェアヴィルクリッヘン》」ことが意味するのは、ほかでもなく、個体性がみずからにとって普遍的なものとして対象となりながらも、いっぽう意識がその対象のうちでじぶんを認識してはいないことだからである。

心情の法則の錯乱（Verrücktheit）と狂気（Wahnsinn）

こうして自己意識のくだんの形態にとって、その経験から、真なるものとして生まれてくることがらがある。そのことがらはしかし、当の形態がじぶんに対して〔自覚的なし《フュール・》かたで《ジッヒ》〕存在するところとは矛盾しているのだ。この形態が対自《フュール・ジッヒ》的に存在するありかたも、〔一方〕しかしそれじしん絶対的な普遍性という形式を、その形態に対してはそなえている。だからそれは心情の法則ということになるのであって、その法則が自己意識と直接にひとつのものなのである。同時に〔他方では〕存立し、しかも生き生きとした秩序も、同様に自己意識自身の本質であり、その仕事であって、自己意識の生みだすものといえば、この秩序以外になにも存在しない。その秩序も同時に〔心情の法則と〕おなじく直接的に、自己意識と統一されている。自己意識はこのようにして、対立した二重の本質的なありかた《ヴェーゼンハイト》にぞくするものであるがゆえに、それ自体そのものとして矛盾しており、その深奥にあって錯乱している。この心情の法則とは、ひとえにそのうちでのみ、自己意識がみずから自身を認識するものである。いっぽう普遍的に妥当する秩序
271 も、心情の法則が現実化することをつうじて、同様に自己意識にとって自身の本質とな
Ⅱ289 り、じぶん自身の現実となっている。自己意識の意識するところにおいて、したがってたがいに矛盾するものについていえば、それらは双方ともに、本質という形式のうちでも、じぶん自身の現実という形式のなかでも、自己意識に対して存在しているのである。
自己意識はみずからの没落を意識している。自己意識はこの没落という契機を言明し、Ⅲ280
またそうすることでじぶんの経験から帰結することがらを言明している。そのことによって自己意識がみずから示すところによれば、自己意識とはそれ自身がこのように内面的に顛倒されたものであり、意識の錯乱なのである。つまり自己意識にとってじぶんの

本質《ヴェーゼン》がただちに本質ならざるもの《ウンヴェーゼン》であり、みずからの現実《ヴィルクリッヒカイト》がただちに非現実的なありかた《ウンヴィルクリッヒカイト》なのだ。――「錯乱」とはいっても、こう考えられることはできない。つまり、一般に本質を欠いたものが本質的なものと見なされ、非現実的な或ることがらが現実的なことがらと考えられるというわけではない。その場合には、ある者に対して本質的であり、あるいは現実的であるものが、他の者に対してはそうではなく、かくて現実性《ヴィルクリッヒカイト》の意識と非現実性《ウンヴィルクリッヒカイト》の意識、ことばをかえれば本質的なもの《ヴェーゼンハイト》の意識と非本質的なもの《ウンヴェーゼンハイト》の意識とが乖離していることになる〔けれども、ここでいう「錯乱」とはそうしたものではない〕。或るものがじっさい意識一般に対して現実的であり本質的であるにもかかわらず、私に対してはしかしそうではないことがある。その場合なら私としては、その或るものがなにものでもないこと《ニヒティッヒカイト》を意識しつつも、同時に、なにしろ私も意識一般なのだから、そのものが現実的であること《ヴィルクリッヒカイト》を意識していることになる。さらに〔現実性の意識と非現実性の意識といった〕両者が固定される場合には、これは一箇の統一であるにしても、ふつう「狂気」といわれる統一なのである。――このような〔ふつうの〕狂気であるならば、しかしただ対象だけが意識に対しては錯乱し〔たかたちであらわれ〕ているわけではない。つまり意識そのものが、意識自身において、また意識自身に対して錯乱しているわけではない。ここで経験されたことの結果は、あきらかとなったとおりのものであって、そこではすなわちたほう意識がみずからの〔心情の〕法則のうちで、じぶん自身を

「この」現実的なものとして意識しながら、同時に意識にとって一箇同一の本質的なありかた、まったくおなじ現実が異他的なものとなって（*entfremdet*）いる。そのかぎりでは意識は自己意識として、つまり絶対的な現実性として、みずから自身を非現実的な《ウンヴィルクリッヒカイト》ものとして意識しているのである。ことばをかえれば、この〔現実性と非現実性という〕両側面が意識にとって、その矛盾したすがたのまま、ただちにみずからの本質であるものとして妥当しているのだ。この意識の本質は、かくてその内奥にあって錯乱している。 IX 206

うぬぼれの錯乱と、心情の顛倒

II 290
272
人類の福祉をもとめて胸《ヘルツ》は鼓動する。その鼓動がやがて移ってゆくところは、それゆえ錯乱したうぬぼれの生む激昂であり、意識から生まれる焦燥である。その焦燥は、意識がじぶんの破滅に抗してみずからを保とうとするものだ。激昂し、また焦燥するのは、意識が顛倒を、それが意識自身のものであるのに、意識のそとに投げだして、〔じぶんとは〕べつのもの《アンデレス》と見なそうとし、またそう言明しようとあいつとめるからである。意識がこうして言明するところ、「普遍的な秩序とは、狂信的な僧侶や、美食にふける暴君、それに双方の従者たち――かれらは僧侶や暴君から被った屈辱を、下の者たちに屈辱を与えて、抑圧することで晴らそうとするのである――によって捏造され、欺かれた人類の名づけようもない悲惨を操るために、心情《ヘルツ》の法則とその幸福を顚倒させたものである」といったしだいである。意識はこのようにみずから錯乱するなかで、個体性こそ錯乱させ、また顚倒したものであると宣言する。とはいえここで言われる「個体性」とは、他者の、偶然的な個体性のことなのだ。けれども心情が、ことばをかえれば、意識の個別性がただちに普遍的なものであろうとするならば、そのような個別性こそが、この錯乱させ、顚倒したものそれ自身である。かくて心情の行為から生みだされるものとはただ、このような矛盾がじぶんの意識にとって生成してくるという消息だけである。真なるものとはじぶんの意識にとって心情の法則のことであって、これは思いこまれたものにすぎないからだ。思いこまれたものであれば、現に存立している秩序とはことなり、陽の光に耐えてきたものではなく、むしろその光に晒されれば没落してしまうものなのである。だからこの心情の法則も、現実性を手にするべきであるとされる。この点からするなら心情にとっても、その法則が現実として、妥当している秩序として、目的であり、本質《ヴェーゼン》となる。けれども直接的なかたちでは、心情にとって現実とはまさに法則であり、妥当している秩序であるから、それはむしろ空無なのである。——おなじように、心情自身の現実、つまり心情そのものも、意識の個別的なありかた《アインツェルハイト》としてはじぶんにとって実在《ヴェーゼン》である。いっぽう心情にとって目的とは、みずからの個別性《アインツェルハイト》を存在するものとして定立することとなる。心情にとってはこうして、直接的なしかたではか

III 281

II 291

えって、個別的ではないみずからの「自己」のほうが本質である。あるいは法則としての目的なのである。この目的は、まさしく法則であることで普遍性《アルゲマインハイト》をともなっており、そのような普遍的なありかた《アルゲマインハイト》として、心情はみずからの意識そのものに対して存在するものとされるのだ。心情にかんするこのような概念が、心情が行為することをつうじてその対象となる。そこで心情にとっての「自己」を、心情はこのようにむしろ非現実的なものとして経験し、非現実的なありかたをみずからの現実的なありかた《ヴィルクリッヒカイト》として経験する。かくして偶然的な、他者《フレムト》の個体性ではなく、かえってほかでもなく「この」心情こそが、あらゆる側面からして自身のうちで顚倒しており、また顚倒するものなのである。

心情の法則と「おおやけの秩序 öffentliche Ordnung」

しかしながら、ただちに普遍的である〔ことを欲する〕個体性とは、顚倒されたものであり、顚倒するものである。その場合「この」普遍的な秩序も、個体性におとらず――その秩序は万人の心情の法則であり、すなわち顚倒されたものの法則であるから――、それじしん自体的《アン・ジッヒ》に顚倒したものである。この件は、錯乱が激昂して宣言したところだ。ひとつには、普遍的な秩序が抵抗を感じ、その抵抗はひとりの心情の法則が、他の個別的な者たちにおいて見いだすものであるかぎり、その秩序は万人が有する心情

273
の法則であるしだいを証示している。現に存立している法則が、ひとつの個体の法則に抗して擁護されるとすれば、その理由は、それらの法則が意識を欠いた、空虚で死せる必然性というわけではなく、精神をともなう普遍性であり、実体である点にある。その実体のうちでひとびとは、実体がそのひとびとのうちでみずからの現実的《ヴィルクリッヒカイト》なありかたを手にする場合には、個体として生き、またじぶんたち自身を意識している。だからひとびとが、そうした秩序をめぐって――あたかもそれが内的な法則に逆行するものであるかのように――嘆いて、心情が思いなすところをその秩序に対して突きつけたとしても、かれらはじっさいには〔そのなすところにおいては《イン・デア・タート》〕みずからの心情をもって、じぶんたちの本質《ヴェーゼン》であるこの秩序にしがみついている。そこで当の秩序がひとびとから奪いとられ、あるいは自身がその秩序の外に置かれたときには、かれらはいっさいを失うのである。この点においてこそ、ほかでもなく、現実性と威力とがおおやけの秩序にかんして存立している。そのかぎりで、したがってこの秩序がみずからとひとしくありつづけ、普遍的に活かされた実在《ヴェーゼン》としてあらわれてくるのであり、個体性の側はこの秩序が有する形式というかたちであらわれくる。――いっぽう、くだんの秩序もまたおなじく顚倒されたものなのだ。

自他の個別性の解消と「世のなりゆき Weltlauf」の成立

Ⅲ282
Ⅸ207

おおやけの秩序〔が同様に顚倒されたものであるのは、その秩序〕とは万人の心情の法則であり、いっさいの個体はただちにこの普遍的なものとなるかぎり、くだんの秩序は一箇の現実であるとはいっても、それが現実であるのはひとえに、じぶんだけで存在する個体性の、いいかえれば心情の現実としてであるにすぎないからである。意識がみずからの心情の法則を創設する場合、意識は、したがって他者たちからの抵抗を経験する。その理由は、当の法則が同様に個別的な、他者たちの心情の法則と矛盾するものである点にある。いっぽう他者たちがその抵抗にあってなしうるところも、じぶんたちの法則を創設し、妥当させるという以上のものではない。ここで目のまえにある普遍的なものとは、それゆえひたすら一般的な抵抗であり、「万人の相互に対する戦い」〔ホッブズ〕であるにすぎず、その戦いのなかで各人はじぶん自身の個別性を妥当させようとするとはいえ、同時にそこまでにはいたらないのだ。なぜなら万人が同一の抵抗を経験し、かくて他者たちによってたがいに解体されてしまうからである。おおやけの秩序であるかに見えるものは、こうして一般的な争闘なのである。そこで各人はじぶんのほうに《アン・ジッヒ》奪えるかぎりのものを奪いとり、じぶんの側の正義を他者たちの個別性《アインツェルハイト》に対し行使して、みずからの個別的なありかた《アインツェルハイト》を押しとおそうとする。そのような個別性すらもやはり、他者たちによって消えうせてゆくのである。——おおやけの秩序とは世のなりゆきのことである。それは恒常的なみちすじのような外観を呈しているとはいえ、その普遍性はただ思いこまれたものにすぎない。世のなりゆきは、その内容からすればかえって本質を欠いたたわむれであって、そこでたわむれているのはさまざまな個別的なありかたが固定されては、解体してゆくさまなのである。

私たちとしては、普遍的な秩序が有するこのふたつの側面をたがいに引きくらべて考察してみよう。そうしてみると、後者の普遍性〔一般的な争闘〕がその内容として有しているのは、休息することのない個体性なのであって、その個体性に対しては思いなし、もしくは個別性こそが法則であり、現実的なものは非現実的に、非現実的なものが現実的なものとなる。ここで問題となっている普遍性は、しかし同時に秩序が現実的なものとなる側面である。その普遍性にぞくしているのは、個体性が自立的に存在するありかた〔それだけで存在すること《フュールジッヒザイン》〕であるからだ。――〔普遍的な秩序が有する〕もうひとつの側面は、静謐な実在《ヴェーゼン》としての普遍的なものである。そのような普遍的なものは、けれどもほかでもなくそれゆえに、たんに内なるものであるにすぎない。それはまったく存在しないというわけではないにしても、いかなる現実的なありかた《ヴィルクリッヒカイト》でもなく、ただ個体性の廃棄をつうじて――この個体性が現実《ヴィルクリッヒカイト》性を僭称していたからだ――じしん現実的なものたりうるにすぎない。ここに意識のあらたな形態が生じてくる。その形態はみずからを法則のうちに、つまりそれ自体として真にして善きもののなかにみとめる《ヴィッセン》ものである。しかも個別性としてではなく、むしろただ本質〔実在《ヴェーゼン》〕となるものとしてだ

Ⅲ283

Ⅱ293

け、みずからをみとめるのである。個体性《アインツェルハイト》についてはいっぽう、それが顚倒され、また顚倒するものであることを知って《ヴィッセン》おり、それゆえ意識の個別的なありかた《アインツェルハイト》は犠牲にされざるをえないことになる。そのような意識の形態が徳なのだ。

c　徳と世のなりゆき

先行する形態とあらたな形態との差異について

活動する理性の第一の形態にあっては、自己意識はみずからにとって純然たる個体性であり、その個体性の対極に、空虚な普遍性が屹立していたことになる。第二の形態においては、対立するふたつの部分の双方ともに、それぞれが両方の契機、つまり法則と個体性をともにそなえていた。一方の部分、すなわち心情は、しかし両契機の直接的な統一であり、他方の部分〔法則〕では両者が対立していたのである。ここで〔第三のものとして問題となる形態にあって〕は、「徳」と「世のなりゆき」の関係のなかで、双方の項おのおののもとで、〔法則と個体性という〕これらの契機が統一されているとともに対立している。いいかえれば、法則と個体性とがたがいに対抗して運動しており、その運動〔の方向〕はしかし相反するものとなる。徳の意識にとっては、法則が本質的なものであって、個体性は廃棄されるべきものである。したがって、徳の意識自身にあって

Ⅸ208

も世のなりゆきについてと同様に、個体性は廃棄されるべきものとなる。徳の意識のもとでは、自身の個体性は訓練されて、普遍的なもの、つまりそれ自体《アン・ジッヒ》として真にして善なるもののもとにもたらされるべきものであるとはいえ、そこではなお個別人格的《ペルゼーンリッヒ》な意識が残存している。真の訓練としてはただ、全人格を犠牲とすることがあるばかりであり、その犠牲が保証するのは、じっさいに〔そのなすところにおいて《イン・デア・タート》〕個別的なありかた《アインツェルハイト》がもはや執着されていないということである。このように個別的なものが犠牲にされることで、個体性は同時に〔徳の意識においてと同様〕世のなりゆきにあっても根絶されるはこびとなるのである。個体性は単純な契機でありながらも、〔徳と世のなりゆきの〕双方に共通な契機であるからだ。ただし世のなりゆきのなかで個体性がふるまうしかたは、個体性が有徳な意識のうちで定立されているしかたを顚倒したものである。すなわちじぶんが本質《ヴェーゼン》であるとみなし、これに対して、それ自体として善にして真なるものを、みずからのもとに従属させようとするわけである。――世のなりゆきはさらにまた、徳に対してもやはりこうした普遍的なもの、個体性によって顚倒された普遍的なものであるばかりではない。絶対的な秩序であることも、同様に〔徳と世のなりゆきに〕共通した契機であって、世のなりゆきにかんしてはただ、その秩序が存在する現実として意識に対して目のまえにあるのではなく、世のなりゆきの内的な本質となっているにすぎない。絶対的な秩序はそれゆえ、徳をつうじてはじめてほんらい産出されるべきものでは

Ⅲ284

ない。産出とは行為であり、個体性の意識にぞくしているものであって、個体性はかえって廃棄されなければならないものだからである。個体性がこのように廃棄されることによって、いっぽう世のなりゆきの〔内的本質である〕自体的なものにいわば余地が空けられ、自体的なものがそれ自体として、それ自身《アン・ウント・フュール・ジッヒ・ゼルプスト》だけで現実存在するにいたる〔可能性が拓かれる〕ようになるだけなのである。

徳のいきつくところとはなにか

現実的な世のなりゆきにふくまれる一般的な内容は、すでにあきらかとなっている。さらに立ちいって考察すると、その内容とはふたたびまた、自己意識の先行するふたつの運動以外のものではない。その運動から、徳という形態が出来してきたわけである。先行する運動が徳の根源であるから、徳はそれらの運動を目のまえにしている。徳が向かうところは、とはいえみずからの根源を廃棄することで、みずからを実在的なもの《レアリジー》とすることだ。徳は、ことばをかえれば、それだけで存在するものとなろうとするのである。世のなりゆきとは、したがって一面では個々の個体性のことであり、そうした個体性はみずからの快楽と享受をもとめながら、そうすることでじぶんが没落することを見いだして、かくてまた普遍的なものを満足させるのはたしかなところである。けれどもこの満足そのものも、〔快楽と必然性という〕くだんの関係が有するその他の契機とおな

II 294

じように、普遍的なものにぞくする顚倒された形態であり、運動である。現実的なあり《ヴィルクリッヒ》 IX 209 かた《カイト》をしているものは、ひとえに快楽と享受がしめす個別的なありかた《アインツェルハイト》であるにすぎず、普遍的なものはいっぽうこの個別《アインツェルハイト》性に対立して、一箇の必然性となっている。この必然性はただ、普遍的なものが空虚な形態を取ったものであるにとどまるわけである。それはたんに否定的な反動であり、内容を欠いたはたらき《トゥーン》であるにすぎない。——世のなりゆきにぞくするもうひとつの契機は、個体性であるとはいっても、それ自体として《アン・ウント・フ》、みずからに対して《ユール・ジッヒ》法則であろうとし、そのように自負していることで現に存立している秩序を攪乱する。普遍的な法則がこういったうぬぼれに対して維持されることはたしかであって、そうした法則が立ちあらわれるのは、もはや意識に対立した空虚なもの、死 III 285 せる必然性としてではない。法則はむしろ、意識自身における必然性として登場しているのだ。しかしながら普遍的法則が意識された関係であり、その関係が絶対的に矛盾し 276 た現実にかんするものであるかぎり、その法則が現実に存在しているさまは、まぎれもなくひとつの錯乱である。たほう法則が対象的な現実として存在するのは、一般に顚倒されたものとしてなのである。普遍的なものが呈示されるのは、したがってたしかに以上の両側面にあって、そのおのおのの側面の運動にぞくする威力としてであるとはいえ、この威力が現実に存在するのはひとえに、一般的な顚倒としてであるにすぎない。

徳と世のなりゆきとのたたかい

徳が存在することによって普遍的なものはいまや、その真の現実性を手にすべきはこびとなるけれども、それは〔徳が〕個体性を廃棄し、〔個体性という〕顚倒の原理を廃棄することをつうじてである。徳が目的とするところはこうして、顚倒した世のなりゆきをふたたび顚倒し、その真のありかた《ヴァーレス・ヴェーゼン》を生みだすこととなる。こうした真の実在《ヴァーレス・ヴェーゼン》は、世のなりゆきについていえば、なおようやくその自体的なありかたであるにすぎない。その本質《ヴェーゼン》はいまだ現実的ではないのであって、徳はそれゆえただそれを信じているばかりである。この信を徳は、「観ること《シャウエン》」にまで高めることへとむかうとはいえ、そのばあいみずからの労働と犠牲の果実を享受するにいたることはない。徳も個体性〔にぞくするもの〕であるかぎり、徳とはたたかいという行為であって、そのたたかいを徳は世のなりゆきとのあいだで開始することになるからである。徳が目的とし、真の実在《ヴェーゼン》とするところは、ところで、世のなりゆきの現実を征服することだ。それが征服されることで善なるものの現実存在が呼びおこされ、かくてまた徳の行為は終焉する。いいかえれば、個体性の意識が終息するのである。——どのようにこのたたかい自身が耐えぬかれるか。なにを徳はそのたたかいにあって経験するのか。犠牲を徳の側が引きうけるとして、その犠牲によって世のなりゆきは屈服し、徳がいっぽう勝利をおさめるにいたるのか。これらの件が決せられざるをえないのは、戦士たちがたずさえた、生ける武器の本性によってである。武器とはほかでもなく戦士たち自身の本質、ただ双方に対して、相対するときにのみ立ちあらわれる本質であるからだ。両者の武器は、かくしてまたすでにあきらかである。それはつまり、このたたかいにおいて自体的に現に存在《フォアハンデン》するものからあきらかとなっているのである。

徳にあって、善はなお潜在的で普遍的なものである

普遍的なものは有徳な意識に対して、信のうちで、あるいはそれ自体として〔のみ〕
真なるものである〔にすぎない〕。それはつまり、いまだ現実的な普遍性ではなく、抽象
的な普遍性である。この有徳な意識自身にそくしていえば、普遍的なものは目的として
存在し、世のなりゆきにあっては内なるものというかたちで存在している。まさにこの
ような規定において、普遍的なものはまた、世のなりゆきに対して存在する徳にそくし
て呈示される。徳は善なるものをはじめて遂行しようと意欲しているのであって、自身 III286
なお善なるものを現実であるとは公言してはいないからである。このように〔なお自体
的なものにすぎないと〕規定されたありかたについては、つぎのように考えることもで
きる。善なるものは、それがたたかいにあって世のなりゆきに対抗して立ちあらわれる IX210
277 さいには、かくてまたひとつの他のものに対して存在するものとして呈示される。つま
り、自体的にそれ自身だけで（*an und für sich selbst*）存在するわけではない或るものと

して、ということである。かりにそうでないなら善なるものは、じぶんと反対のものを征服することをつうじてはじめて、みずからにその真のありかた《ヴァールハイト》を与えようなどとはしないはずであるからだ。善なるものはようやくひとつの他のものに対して（*für ein Anderes*）存在するにすぎない。その意味するところは、さきに善なるものにかんして、これとは反対方向からの考察にあって示された件とひとしい。すなわち、善なるものはかろうじて一箇の抽象たるにとどまるということである。そのような抽象〔にすぎない善なるもの〕は、ひとえに〔他のものとの〕関係において実在性を有するのであって、自体《アン・》的にそれだけで《ウント・フュール・ジッヒ》実在性を手にしているのではない。

　善なるもの、あるいは普遍的なものは、このようなかたちで当面の場面に登場してくるかぎりでは、天賦であるとか、能力、力であるとか名づけられるものである。それは精神的なものが存在するひとつの様式であって、そこでは精神的なものが一箇の普遍的なものとして表象されている。このような普遍的なものがみずからの生命をえて、運動するには、個体性の原理を必要とするのであり、個体性にあってその現実的なありかたを手にするのである。当の個体性の原理について、それが徳の意識においてあるかぎりで、くだんの普遍的なものはただしく適用され、おなじその原理にかんしてたほう、それが世のなりゆきにそくして存在するかぎりでは、あやまって用いられる〔とみなされる〕のだ。——ということは、普遍的なものが、ここではなにか受動的な道具といったものとなる。この道具は自由な個体性の手のもとで操縦され、個体性がその道具をどのように使用しようと無関心《グライヒギュルティッヒ》であり、なんらかの現実を生みだすためにあやまって使用されて、かくて生みだされた現実が普遍的なものを破壊することになってもかまわないわけである。普遍的なものは〔そうした受動的な道具であるかぎり〕、生命をもたない、固有の自立性を欠いたひとつの素材となる。そのような素材なら、このようにも、またべつのようにもかたち《フォルメン》を与えられ、当の素材をだいなしにするためにすら形成《フォルメン》されうることになるだろう。

徳の騎士と世のなりゆきとのあいだの奇妙なたたかい

右に挙げたような普遍的なものであるならば、それは徳の意識にとっても世のなりゆきにとっても、おなじようなかたちで思うままに使われる。そのばあい見こまれようもないことがらがある。それは、このような〔普遍的なものを手に〕武装をしているのでは、はたして徳が悪徳を征服するはこびとなるかどうか、ということだ。武器なら、〔徳と悪徳の双方について〕同等である。さまざまな能力と力がそれである。たしかなのは、徳がみずから信じているところ、根源的な統一が、徳の目的と、世のなりゆきの本質とのあいだに存在しており、徳の側はそのような信を罠として隠している。そうした根源的統一が〔仕掛けられた罠となって〕たたかいのさなか敵に背後から襲いかかって、

それ自体として目的を完遂するはずなのだ。その結果、このような〔もともと統一が見
こまれているという〕事情からして、じっさいのところ「徳の騎士」〔たとえばドン・キホ
ーテ〕にとってみれば、じぶん自身の行為であり、たたかいであるものはもともと見せ
かけのたたかい〔八百長〕であって、徳の騎士といえどもそれをまじめに〔真剣な勝負
と〕考えることができない。なぜなら、この騎士がじぶんの真の強さとして恃むところ Ⅲ287
があるのは、善なるものは自体的にそれ自身だけで存在するものであり、つまりは自身
を完遂するものであるはず〔である以上、たたかうまでもない〕という消息だからである。
――だから見せかけのたたかいということになるのであって、騎士はそれをまじめに受
けとってはならないこととなるのである。騎士が敵の喉もとに突きつけ、じぶんにも
突きつけられていると思うものも、それが磨りへり、傷つくことになるものも――騎士
はじぶん自身の側でも敵の側でも、そのおなじものを懸《ヴァーゲン》けていることになる――善なる
278 ものそのものであるはずもないからだ。そもそもその善なるものを保証し、実現するた
めにこそ騎士はたたかいを挑んでいるわけで、磨りへって、傷つくことが賭《ヴァーゲン》されている
のはむしろ、どのようにも〔使用されることに〕なる《グライヒギュルティッヒ》天賦であり、能力にすぎない。し
かしながらこういった天賦や能力こそが、じっさいにはほかでもなく、まさに個体性を
欠落させた普遍的なものそれ自身なのであって、その普遍的なものがたたかいをつうじ
て維持され、実現されるべきだとされているのである。――こういった普遍的なものな

II 297

ら、ところでそれは同時にたたかいそのものの概念によって、直接にあらかじめ実現されている。それは自体的なものであり、普遍的なものであって、それが実現されるとはただ、自体的なものが同時に他のものに対して存在するようになることを意味するにすぎない。さきにふたつの側面を挙げて、その両側面のそれぞれにしたがって、普遍的なものは一箇の抽象と化するしだいを示しておいた。その双方の側面が、ここではもはや分離されていない。たたかいのなかで、またたたかいをつうじて、かえって善なるものがふたつのしかたでいちどきに定立されているのである。――有徳な意識は、しかしたたかいに踏みきり、世のなりゆきを善なるものに対立するものと見たてて、これに対抗する。世のなりゆきが有徳な意識に対してそのさい呈示するものは、〔それじしん〕普遍的なものである。しかもそれは抽象的に普遍的なものであるばかりではない。むしろ個体性によっていのちを与えられ、かくて他のものに対しても存在する普遍的なものである。ことばをかえれば、それは現実的に善なるものなのだ。だから徳としては、世のなりゆきのどこを捕まえるにしても、徳がふれることになるところはいつでも、そこで善なるもの自身が現実存在している場所である。善なるものは、世のなりゆきのすべての現象のうちで――善とは世のなりゆきにあって自体的なものである以上――分かちがたく絡まりあっており、かくて善なるものは世のなりゆきが現実に存在するありかた《ヴィルクリッヒカイト》のなかで、それが現にあるありかた《ダーザイン》をも手にしている。世のなりゆきを、したがって徳が傷

IX 211

つけることはかなわない。ほかでもなく、善なるもののこのような現実存在であり、かくてまた蹂躙しえない関係こそが、例のいっさいの契機なのであって、その契機とは、徳自身がじぶんの側で危険にさらし、犠牲に供しようとしたものであるはずなのだ。〔徳が世のなりゆきと〕たたかっている場合おこりうることは、それゆえたんなる動揺であって、その動揺は保持と犠牲とのあいだで生じているのである。いいかえれば、むしろこうなるだろう。じぶんのものを犠牲とすることも、疎遠なもの《ダス・フレムデ》〔敵〕を傷つけることも、およそ生じえない。徳〔の騎士〕が似ているのは例の〔奇妙な〕剣闘士であって、かれがたたかいのなかで気にかけていることといえば、みずからの剣を血塗られたものとしないことだけなのだ。それだけではない。徳がそもそも争闘をはじめたのは、じぶんの武器を守るためである。しかも徳はただみずからの武器を使用するわけにはいかないというばかりではなく、敵の武器をも無傷のままにたもち、じぶんの側〔からの攻撃〕に対して防御しなければならない。これらはすべて〔自他いずれの武器にしても〕、善なるものの高貴な部分をなしており、〔元来〕その善なるもののためにこそ、徳〔の騎士〕はたたかいへと踏みきったからなのである。

Ⅲ288

世のなりゆきの強さと確実さ

この敵にとっては、これに対して、自体的なものではなく、個体性の側が実在《ヴェーゼン》である。敵にとっての力は、だから否定的な原理であることになるけれども、その原理にとってはなにものも存立しつづけることがなく、なにものもまた神聖ではない。むしろくだんの原理は、ありとあらゆるものの喪失を賭し、またその喪失に耐えることができる。だからこそ敵にとっては、勝利が敵自身にそくしていって確実であるのみならず、〔敵にとっての〕敵手が巻きこまれる矛盾からしても、勝利することは確実となるのである。徳にとって自体的に存在するものが、世のなりゆきにとってはただじぶんに対して存在するにすぎない。世のなりゆきならそこから自由になる契機が、徳に対しては確乎たるものであり、徳はそれに束縛されている。世のなりゆきはそうした契機を思うがまま手のうちにおさめているのであって、それはくだんの契機が世のなりゆきに対して妥当するのは、ひとえに世のなりゆきによってその契機が廃棄もされ、存続もさせられうるからである。世のなりゆきはかくてまた、そういった契機に釘づけにされている有徳な騎士をも思いのままにしているのである。騎士の側はこうした契機を、それが外から被せられた外套であるかのように脱ぎすて、それを後ろにおいて自由になることができない。当の契機は有徳な騎士にとって、捨てさることのできない本質《ヴェーゼン》だからである。

さいごに「罠」について言っておこう。その罠から、善き自体的なものが世のなりゆきを、狡智《リスト》にみちたしかたで背後から襲いかかるはずであった。そうした希望もそれ自体《アン・ジ》として虚しい《ッヒ・ニヒティッヒ》ものだ。世のなりゆきとは、覚醒した、じぶん自身を確信している意識であって、そうした意識は背後からじぶんに《アン・ジッヒ》近よることを許さない。むしろいたるところに額をむけているのである。世のなりゆきとは、すべてのものがそれに対して存在し、いっさいがそのまえにあるものだからである。善き自体的なものは一方、それがみずからの敵に対して存在する場合には、たたかいのうちにある。このたたかいについては、私たちとしてはすでに見てきたところである。善き自体的なものが他方じぶんに対して IX212
あるのではなく、それ自体として存在するかぎりでは、自体的なものは受動的な道具、天賦や能力といったものからなる道具であって、要するに現実的なありかた《ヴィルクリッヒカイト》を欠いた素材にすぎない。現にある《ダーザイン》ものとして考えられれば、それは眠りこんだ意識であり、どことも ――分からない背後にとどまりつづけている意識ということになるだろう。

世のなりゆきの勝利と、徳の敗北

徳はこうして、世のなりゆきによって打ちまかされる。その理由はひとつには、抽象 III289
的で非現実的な実在がじっさいには徳の目的とするところである点にある。もうひとつには、現実性にかんしていえば、徳の行為はもろもろの区別にもとづいているとはいえ、その区別はことばのうちでなりたつものにすぎないからだ。徳がなりたつとすれば、それは個体性を犠牲にすることをつうじ、善なるものを現実性へともたらそうと欲することにおいてであった。とはいえ現実性の側面とはそれじしん個体性の側面にほかならない。善なるものがそれであるべきものは、自体的であって、存在するものとは対立しているとされたけれども、自体的なものとは、それが実在的で真にあるありかた《レアリテート・ウント・ヴァールハイト》から考えれば、かえって存在そのものなのである。自体的なものとはさしあたり本質を抽象したものであり、これは現実と対立している。しかし抽象とはほかでもなく、真ならざるものであって、むしろ意識に対して存在するにすぎないものである。その意味するところはしかし、自体的なものがそれじしん現実的と名づけられるものにほかならないということである。現実的なものとは、本質的にいって他のものに対して存在するものであり、いいかえれば存在であるからだ。徳の意識がもとづいているのはいっぽう、自体的なものと存在とのこのような区別であって、その区別にはおよそいかなる真理もぞくしていない。――世のなりゆきとは、善なるものを顛倒するものであるとされていた。世のなりゆきは個体性をみずからの原理としていたからである。しかしながら個体性こそが、現実性の原理なのだ。個体性とはまさに意識であって、意識を介して自体的に存在するものが同様にまた他のものに対して存在することになるからである。世のなりゆきはたしかに不変的なものを顛倒する。しかし世のなりゆきがそれを顛倒するとはじっさいには、抽象という無から、実在性という存在へと変じることなのだ。

世のなりゆきが勝利をおさめるのは、したがって、世のなりゆきとの対立にあって徳をかたちづくっているものに対してである。世のなりゆきは徳に勝利する。徳にとっては、実在《ヴェーゼン》なき抽象がその本質《ヴェーゼン》だったからである。世のなりゆきはしかし、なにか実在的なものに対して勝利をえたわけではない。それが勝利したのはむしろいかなる区別でもないような、区別を捏造することに対してであり、かくも華麗な演説に対してである。演説は人類の福祉について、また人類の抑圧にかんして、さらに善なるもののための犠牲や天賦の濫用をめぐってなされるものだ。――こういった理想めかした実在《ヴェーゼン》や目的は、空虚なことばとなって霧散してしまう。そうしたことばは心情なら高めるけれども、理性を空虚なままにし、建徳《エアバウエン》ならおこなうが、建築《アウフバウエン》は捨ててかえりみない。それは長々しい演説であるとはいっても、その演説がはっきり内容として言明しているところは、〔演説をぶつ当の本人である〕個体が、かくも高貴な目的にむけて行動すると公言し、かくも卓越した口ぶりで熱弁をふるうことで、じぶんのことを卓越した存在《ヴェーゼン》とみなしている、というしだいにすぎない。これは思いあがりというものであって、それはじぶんであれ他者たちであれ、そのあたまを大きくするとはいえ、大きくなるのは空しい尊大さを詰めこまれることによってなのだ。――古代〔ギリシア〕の徳であるならば、みずから一定のたしかな意義をそなえていた。そこで徳は民族の実体〔的共同体〕において、その内容にみちた基礎と、ひとつの現実的な、すでに存在している善なるものとを、みずからの目的としていたからである。そうした徳はそれゆえまた、現実を一般的な顛倒とみなして、これに対抗したり、世のなりゆきに刃向ったりすることもなかった

III 290

II 300
281

のである。ここで考察された徳はいっぽう、実体〔的共同体〕の外にあって実在《ヴェーゼン》〔実質〕を欠いた徳であり、それは徳であるとはいっても、たんなる表象と、ことばのうえでの徳であるにすぎず、かの〔ギリシア的な〕内容を欠いているのだ。このような空々《レール》しさ《ハイト》が、世のなりゆきとたたかう演説口調にはまとわりついている。その空々しさがただちに露見してしまうとすれば、それは「その語り口がなにを意味しているのか」を語りださなければならない場合ということになるだろう。くだんの演説口調はそれゆえつまり、よく知られたものとして前提とされているのだ。要求されて、当のよく知られたものを語りだす段ともなると、その要求を充たすものが、語り口のあらたな洪水となるか、あるいはその要求に対抗するのに、心情への訴えが持ちだされるか、そのいずれかである。心情が、心中ではその演説口調が意味するところを語りだしている、というわけである。これはつまり、じっさいには〔行為《タート》としては〕それを語ることができないという、その無能さを告白するものにほかならないことだろう。くだんの演説口調の空虚《ニヒティツヒカイト》さは、無意識的なかたちにおいてであれ、私たちの時代の教養にとっては確信されるにいたっているものと思われる。例の演説口調はおびただしく積みかさなり、その口調は尊大なそぶりに使われるやりくちとなっている。そういったものからは、いまやすべての関心が消えうせてしまっているのである。そうした喪失を表現している消息を挙げるなら、それは、例の演説口調が呼びおこすものといえば、退屈にかぎられると

IX 213

いうことだろう。

徳と世のなりゆきの対立から帰結するもの

帰結が、したがって、右にみた対立から生じるとすれば、それは以下のとおりのものとなるだろう。意識はそれ自体として善なるもの、つまりいまだなんら現実性を有していないはずのものについて、その表象を——あたかもそれが一枚の虚しい外套であったかのように——脱ぎすてる、ということだ。意識がみずからのたたかいにあって経験したことは、世のなりゆきが、一見そう見えるほどには悪しきものではない、という消息である。世のなりゆきの現実的なありかた《ヴィルクリッヒカイト》とは、普遍的なものの現実性《ヴィルクリッヒカイト》だからである。こうした事情が経験されるとともに、なんらかの手段によって、個体性を犠牲にすることで善なるものを生みだすすべは崩れさってしまう。個体性とはほかでもなく、自体的に存在するものを現実化するものであるからだ。かくて顛倒は、善なるものの顛倒とは見なされなくなる。顛倒とはむしろまさしく、たんに目的であった善なるものを顛倒して、現実へと変えることであるからである。個体性が運動することこそが、普遍的なものが実在的《レアリテート》であるしだいなのである。 III291

じっさいのところ、かくてまた他方ではおなじく克服され、消えうせたものがある。それは世のなりゆきというかたちで、自体的に存在するものにかんする意識に対立していたものである。個体性の対自的存在（*Fürsichsein*）は世のなりゆきにあって、実在《ヴェーゼン》もしくは普遍的なものに対立させられていた。個体性が現象するのは、かくて自体的存在（*Ansichsein*）から切りはなされた現実としてなのであった。とはいえ示されてきたところであるとおり、現実が不可分に統一されたありかたを普遍的なものとともにかたちづくっているかぎり、世のなりゆきがそれだけで存在するということ（*Fürsichsein*）も――徳が自体的なものであるということが、たんにひとつの見かた（*Ansicht*）であるにすぎないのと同様に――、もはやなりたたないというしだいも証示されている。世のなりゆきにぞくする個体性が、ひとえにじぶんのために（*für sich*）、つまりは利己的にふるまっていると思いこん《マイネン》でいることはありうる。そうであるとしても、個体性はそれがみずから思いなし《マイネン》ているよりも善きものなのであって、個体性の行為は同時にそれ自体いて存在する、普遍的な行為なのである。個体性が利己的にふるまっているという場合には、個体性はたんにじぶんがなしているところを知らないだけなのだ。たほう個体性が断言して、「すべての人間は利己的にふるまう」と語るとき、その主張するところはひとえに、「人間はすべていかなる意識も、行為とはなんであるかについて手にしていない」という消息であるにすぎない。個体性がじぶんのためにふるまったとしてみよう。それはほかでもなく、ようやく自体的に存在するにすぎないものを、現実へともたらすことである。したがって対自的存在がいだく目的も、それが自体的なものに対立するものと思いこんでいるにしても――また同様に対自的存在がしめす空しい狡猾さや、それが精妙な説明を繰りだして、利己心をいたるところに暴露してみせるすべを心得ていることも――、それらはひとしく消えさってしまっている。これは、自体的なものという目的や、それをめぐる演説口調が、ともども消えうせているのと同様なのである。

こうして、個体性の行為といとなみが目的自体そのものとなる。さまざまな力を使用し、それらの力の外化とたわむれることこそが、これらの力に――そうでなければ力は、死せる自体的なものであるはずなのだ――生命を与えるゆえんである。自体的なものもその場合には、実現されておらず、現実存在を欠落させた、抽象的に普遍的なものではない。自体的なものはかえってそれじしん直接に、個体性のしめす過程の現在であり、現実となるのである。 IX214

283

C　自身にとって、それ自体として、それ自身だけで実在的である個体性

III292

ここで理性が立つにいたった立場はどのようなものか？

自己意識はいまや、みずからの概念を把握するにいたったことになる。当の概念は、最初はただ私たちの側が自己意識にかんして手にしているだけであったけれども、その

概念〔の内容〕はつまり、自己意識とは「じぶん自身の確信においていっさいの実在性である」とするものであった。かくて目的と本質も自己意識にとって今後は、普遍的なもの――さまざまな天賦と能力――と個体性とが、たがいに運動して相互に浸透しあうこととなる。個別的な契機がこうした内実と相互浸透にはぞくしているが、そういった諸契機は、ひとつのありかた（*Einheit*）に帰一する以前には、これまで考察された目的というかたちを取っていたわけである。これらの諸契機が〔いまや〕抽象的でキマイラ的なもの*1として消えさってしまっている。それらの契機は、例の最初にあらわれ、いまでは気の抜けてしまった、精神的な自己意識の形態にぞくするものであって、それらが真理であるのはただ、心情の思いこまれた存在、うぬぼれや演説のそれのうちにかぎられる。そうした契機のさまざまは、つまり理性のなかで真理を有するものではないのである。理性はいまでは絶対的《アン・ウント・フュール・ジッヒ》にみずからの実在性を確信しているのであるから、もはやみずからを目的というかたちで、直接的に存在する現実との対立のなかではじめて生みだそうと求めるものではない。理性はむしろみずからの意識の対象として、カテゴリーそのものを有しているのだ。すなわち、それだけで存在するもの、あるいは否定的なものであるというのが、〔活動する〕理性が登場したさいの自己意識の規定であった。この規定が〔ここではすでに〕廃棄されている。〔かつて〕自己意識が目のまえに見いだしたのは一箇の現実であり、その現実は自己意識を否定するもの《ザイナー・ネガティーヴェ》であった。だからこの現実を廃棄することで、自己意識ははじめてみずからの目的を実現する、とされたのである。しかし目的であり、自体的に存在するものは、〔いまでは〕あきらかとなったとおり、他のものに対する存在であり、目のまえに見いだされる現実であるものとおなじものである。そうである以上、真理《ヴァールハイト》はもはや確信から分離されていない。だからいまや、定立された目的の側を自己自身の確信であると考え、目的が実現されることを真のありかた《ヴァールハイト》と考えようと、あるいは逆に目的こそ真理であるとし、現実のほうを確信ととらえようと、おなじことなのである。ここではむしろ、本質《ヴェーゼン》であり目的であるものが、それ自体として、それ自身そのまま《アン・ウント・フュール・ジッヒ・ゼルプスト》、直接的な実在《レアリテート》そのものを確信することである。つまり、自体的存在と対自的存在〔自覚的存在〕とがたがいに浸透しあうことであり、普遍的なものと個体性とが相互に浸透しあうことなのだ。かくて行為することが、それ自身にそくして行為の真理であり現実であって、個体性を呈示し、もしくは言明することが行為にとっては、それ自体として、またそれ自身に対して《アン・ウント・フュール・ジッヒ》目的となるのである。

＊1　Abstraktionen und Chimären. キマイラは、ギリシア神話に登場する想像上の怪物。

自己意識とカテゴリー、円環としての行為

Ⅲ293
Ⅸ215
〔個体性にかんする〕このような概念が獲得されるとともに、こうして自己意識は、た

がいに対立している規定から脱しているはこびとなる。その対立する規定は、〔一方で〕カテゴリーが自己意識に対して、他方ではカテゴリーに対する自己意識のかかわりが――〔第一に〕観察する自己意識として、第二には活動する自己意識というかたちで――有していたものだ。自己意識はいまではこのような規定から抜けでて、みずからのうちへと立ちかえっているのである。自己意識は純粋なカテゴリーそのものをじぶんの対象としている。いいかえれば自己意識がカテゴリーなのであって、カテゴリーがみずから自身を意識するにいたっていることになる。こうして清算が、自己意識のこれまでのさまざまな形態とのあいだで完了しているわけである。これらの形態は、自己意識の背後で忘れさられており、〔もはや〕自己意識がみずからの目のまえに見いだす世界として、反対側に立ちあらわれることがない。それらの形態が展開されるのはかえって、自己意識自身の内部においてのみのことであり、形態はしかも〔すでに〕見とおされた契機というかたちで展開されるのである。もっともこれらの契機も、なおそれが意識される場面では、一箇の運動として、区別された契機のあいだで離ればなれに立ちあらわれてくる。その運動はいまだ、それらの契機を実体的な統一のうちに総括してはいないわけである。しかしながら、これらの契機のいっさいにおいて、自己意識は単純な統一を、存在と自己とのあいだで堅持している。この統一こそが、それらの契機にとっての類なのである。

285

意識はかくしてあらゆる対立と条件のすべてとを、みずからの行為にかんして投げすてしまっている。意識は清新の気をもってじぶんから出発してゆくけれども、意識はなにか他のものへと向かうわけではない。むしろ自己自身へと向かってゆくのだ。個体性はみずから自身において現実であるから、はたらきかける素材と行為の目的は、行為そのものにそくして存在する。それゆえ行為が呈することになる外観は、一箇の円環の運動となる。その円環はなにもないもの《ダス・レーレ》のうちで自由にじぶん自身の内部で運動しながら、妨げられることもなく、あるときはひろげられ、あるときは狭められながらも、かんぜんに自足している。円環はただじぶんのうちで、またひとえにみずから自身とたわむれているにすぎない。この境位のなかで、個体性がその形態を呈示することになるが、その境位が有する意義とは、この形態を純粋に受けいれるところというものであるにすぎない。この境位とはつまり、もともと陽のあかるみであって、そのあかるみで、意識がみずからを示そうとするのである。行為はなにものも変化させず、なにごとにも刃向うものではない。行為とは純粋な形式であって、それは見られないものを見られるものへと移行させるだけである。ここで内容は、それが陽のひかりのもとへもたらされ、呈示されるにいたる場合でも、当の行為がすでにそれ自体《アン・ジッヒ》として当のものであったものであるにすぎない。行為がそれ自体として存在する。この件が行為の形式であり、しかも思考された統一としての形式である。かくて行為は現実的なものとなる。この件は行為

Ⅱ304

の形式であるとはいえ、存在する統一としての形式なのである。行為そのものが内容であるのは、ただ単純なありかた《アインファッハハイト》として規定されることでなりたつものにすぎず、その単一性《アインファッハハイト》が対抗しているのは、行為が〔陽のあかるみのうちへと〕移行し、運動してゆくという規定に対してなのだ。

Ⅲ294

a　精神的な動物の国と欺瞞、あるいはことがらそのもの

ここで個体性はそれ自体として実在的なものとなっているけれども、その個体性はとりあえずやはりふたたび個別的なものであり、規定された個体性である。みずからが絶対的な実在性であることを、個体性はわきまえているとはいえ、それゆえこの絶対的実在性は、個体性がそれを意識しているかぎりでは、抽象的で普遍的な実在性であり、そこには充実と内容が欠けている。実在性はここではなお、〔抽象的で普遍的なものという〕このカテゴリーがふくむ空虚な思想にすぎないのである。——だから見てとられる必要があるのは、この概念、つまりそれ自体そのものとしては実在であるような個体性の概念が、どのようにしてその契機にそくして規定されているかである。さらにはこの個体性にとって、どのようなかたちでじぶん自身の概念が意識のうちへと立ちあらわれてくるか、が見てとられなければならないのである。

Ⅸ216

根源的に規定された自然

ここで獲得されている個体性の概念は、「個体性はそのものとして、それ自身に対《フュール・ジッヒ・ゼル》して《ブスト》いっさいの実在性である」とするものである。そのような概念は、さしあたりは結果である〔にすぎない〕。この個体性はみずからの運動と実在性をいまだ呈示しておらず、かくて当面は直接に、単純な自体的存在として定立されている。ところで否定性は、運動として現象してくるものと同一のものであるとはいえ、単純な自体的なものにそくしていえば、規定されたありかたとして存在している。だから存在あるいは単純な自体的なものは、規定された範囲をもつことになる。個体性が立ちあらわれるのは、それゆえ根源的に規定された自然〔限定された才能〕としてなのである。――根源的な自然であるのは、それが自体的に存在するからだ。根源的に規定されているのは、否定的なものが自体的なものにおいて存在し、この否定的なものはかくて一箇の質だからである。――存在にかかわるこういった制限によっても、しかしながら意識の行為は制限されることができない。行為するとはここでは、完結したかたちで自己自身へと関係してゆくことだからだ。他のものへの関係は〔すでに〕廃棄されているわけで、他のものへの関係が存在するならば、それは行為を制限するものとなったことだろう。自然の根源的に規定されたありかた《ベシュティムトハイト》とは、したがってたんに単純な原理であるにすぎない。それは透明で普遍的な境位《エレメント》であって、そのうちで個体性は自由でありつづけ、じぶん自身とひと

しいものでありつづける。それと同様に個体性はその境位のうちでまた、妨げられるこ
となくみずからのふくむ区別を展開し、じぶんとのあいだの純粋な交互作用を、みずか
らを実現することにおいて繰りひろげるのである。この件は、規定を受けていない動物
286 の生の場合にひとしい。そのような生も、たとえば水、大気、あるいは大地といった
四大《エレメント》に、またそれらの内部でさらに限定された原理に、みずからの息吹を吹きこみ、 Ⅲ295
自身にぞくする契機のすべてをその原理に浸しながら、しかしじぶんの有する諸契機を
――場面《エレメント》に依存するくだんの制限が存在するにもかかわらず――みずからの威力のな
かに封じこめて、かくてみずからの「一」であるありかたのうちに保っている。かくて
動物の生は、このように特殊な有機的組織を有することで、同一の普遍的な動物の生で
ありつづけているのである。
　このように規定された根源的な自然は、そのうちで自由に全体的なものでありつづけ
る意識にぞくしている。そうした自然が、直接的でゆいいつの本来的な内容として現象
することになる。その内容とは、個体にとっては目的であるものにかかわるものだ。そ
Ⅱ305 の内容が規定された内容であることはたしかであるとはいえ、当の内容が総じて内容で
あるのは、ひとえに私たちが自体的存在を孤立させて考察するかぎりでのことにすぎな
い。その真のありかた《ヴァールハイト》にあってしかし内容は、個体性によって浸透された実在性であり、
現実性である。そのような現実性とは、意識が個別的なものでありながらもじぶん自身 Ⅸ217

でそなえているものである。けれどもそれは、さしあたり存在するものとして定立されているのであって、いまだ行為するものとしては定立されていない。行為することにとってもいっぽう、一面からすれば、さきに述べた規定性《ベシュテイムトハイト》が制限となって、行為がそれを超えでてゆこうとする、というわけではない。規定されたありかた《ベシュティムトハイト》とは、存在する質とみなされる場合には、境位《エレメント》の単純な色調であって、行為はその場面《エレメント》のうちで運動するものであるからだ。とはいえ他面では、否定性《ネガティヴィテート》が規定性であるのは、ただ存在にそくしてのことにすぎない。いっぽう行為することはそれじしん否定的な力《ネガティヴィテート》にほかならない。行為する個体性にあっては、したがって規定性《ベシュテイムトハイト》が否定的なありかた《ネガティヴィテート》一般のうちに解消されている。いいかえれば、規定されたありかたすべての総括のなかで解消されているのである。

行為における目的、手段、対象について

単純で根源的な自然も、ところで行為と行為の意識となる場合には、区別へ、行為に帰属する区別へと入りこんでゆく。行為は第一に対象として存在する。そのさいの対象はしかも対象とはいっても、なお意識に所属しているから、目的として現に存在《フォアハンデン》し、かくて目のまえにある《フォアハンデン》現実と対置させられている。〔行為の〕第二の契機は、静的に表象された目的を運動させることであり、現実化である。現実化とはいっても〔まずは〕、

Ⅱ306

287

目的を、まったく形式的なものである現実に関係づけることであって、その現実化とはかくてまた移行そのものを表象することである。第二の契機とは、いいかえれば手段なのである。第三の契機が、さいごに対象である。このばあい対象はもはや目的ではなく——目的であれば、行為する者が直接にじぶんのものとして意識していることになる——、行為する者の外部に存在し、行為する者に対して一箇の他のものである。こうしたたがいにあいことなる側面も、ところでたほう目下の領域の概念にしたがって摑みなおされるなら、こうなるはずである。すなわち、内容はそれらの側面にあって、どれもおなじものであり、どのような区別も入りこんでいない、ということだ。つまり、個体性と存在一般とのあいだの区別も、目的が根源的自然としての個体性に対して有する区別も、おなじく目のまえにある現実に対してもつ区別も、さらに同様に手段が絶対的な目的としての現実に対して切りむすぶ区別も、引きおこされた現実が目的に対して、あるいは根源的自然や手段に対して置かれた区別も、なにひとつ入りこまないのである。

Ⅲ296

素質（根源的自然）と行為と目的との円環

第一に、かくて個体性が有する根源的に規定された自然、その直接的な本質《ヴェーゼン》は、いまだ行為するものとしては定立されておらず、そこで特殊な能力、才能、性格等々と呼ばれる。精神に特有なそういった色あいが、目的そのものに唯一ぞくする内容として、まったくそれのみが実在《レアリテート》として考察されなければならない。ひとが意識を、この根源的に規定された自然を踏みこえて、なにかべつの内容を現実《ヴィルクリッヒカイト》へともたらそうとするものとして表象するとすれば、意識が表象されるありかたは、無から無へはたらきかけるものということになるだろう。根源的な実在《ヴェーゼン》はさらに、目的の内容であるばかりではない。それ自体としてまた現実でもある。この現実は通常ならば、行為にさいして与えられた素材、目のまえに見いだされ、行為のなかで形成されるべき現実としてあらわれるものなのである。行為とは〔その場合なら〕すなわちたんに純粋な移行になり、いまだ呈示されていない存在という形式から、呈示された存在という形式へと移ってゆくものということになる。くだんの現実が〔そこでは〕意識に対立させられており、その現実が自体的なものであるはこびとなるけれども、その自体的なものがたんなる空虚な仮象へと引きさげられているわけである。この意識は、それが行為するべく規定されているさいに、こうして目のまえにある現実という仮象によって惑わされることがない。また同様に意識は、彷徨することで空虚な思想や目的へと迷いこむこともなく、みずからの本質《ヴェーゼン》である根源的な内容に集中しなければならない。――この根源的な内容が意識に対してはじめて存在することになるのはたしかに、意識がその内容を現実化したときである。区別はしかし、意識に対してただ意識の内部に存在する内容と、意識の外部でそれ自体として存在する現実とのあいだでなりたつものとしては、すでに崩れさって

IX218

Ⅱ307
288

しまっている。――ただし、意識に対して〔自覚的に〕、じぶんが「それ自体としてなんであるか」が存在するようになるためには、意識は行為しなければならない。つまり行為とはほかでもなく、意識として精神が生成することなのである。意識がそれ自体としてなんであるかを、意識はしたがって、みずからの現実から知る。個体がそれゆえ「じぶんがなんであるか」を知るのは、行為をつうじて、みずからを現実にもたらしてからでないとありえないことになる。――個体がしかしかくてまた、じぶんの行為《トゥーン》の目的を規定することができるのも、個体が行為したのちのことであるはこびとなるかに見える。たほう同時に個体は、意識であるかぎりで、行為《ハンドルング》をあらかじめかんぜんにじぶんの行為として、すなわち目的として目のまえにせざるをえない。行為へとむかう個体は、かくして一箇の円環のうちにあるかのように思われる。その円環のなかでそれぞれの契機は、他の契機をすでに前提としているのであって、かくてまたいかなるはじまり《アンファング》も見いだしえないかに見えるのだ。個体はじぶんの根源的な本質、みずからの目的となるはずの本質をなされたこと（*Tat*）からはじめて学びしるにいたるからである。いっぽう行為するためには、個体はあらかじめ目的を持たざるをえないのである。まさにそれゆえに、とはいえ個体は無媒介的（*unmittelbar*）〔直接〕に開始する《アンファンゲン》必要がある。だからどのような事情《ウムシュテンデ》のもとであれ個体は、はじまり、あいだ、またおわり（*Anfang, Mittel* und *Ende*）〔目的、手段、結果〕についてまったく逡巡することなく、活動へと踏

Ⅲ297

みだしてゆかなければならない。個体の本質であり、それ自体として存在する自然であるものは、ひとつのことである、はじまり、あいだ、またおわりであるものにおけるいっさいであるからだ。はじまりとしてその自然は、行為をとりかこむ環境《ウムシュテンデ》のなかで目のまえに存在《フォアハンデン》している。関心を個体がなにものかについて見いだすとすれば、その関心とはすでに問いに対して与えられた回答である。問いとはつまり「ここで果たしてなにかが為されるべきか、またなにが為されるべきか」というものだ。目のまえに見いだされた現実であるかのように見えるものも、それ自体としては個体の根源的自然であるからである。ただその自然が一箇の存在であるかのような見かけ《シャイン》を呈するにすぎないのだ。この仮象《シャイン》は〔はじまりとあいだとおわりへと〕分裂してゆく行為の概念のうちにふくまれているものであるとはいえ、個体の根源的自然としては、関心のなかで、その関心を個体が現実のうちに見いだすものであるかぎり、表明されているものなのである。——おなじようにいかに〔行為するか〕、つまり〔行為の〕手段もまたそれ自体として《アン・ウント・フュ》、それだけで《ール・ジッヒ》規定されている。才能なるものもおなじく、規定された根源的個体性にほかならず、内的な手段、あるいは目的の現実への移行として見られた個体性にほかならない。現実的な手段であり、実在的な移行であるものはたほう、才能と、関心のうちに現に存在《フォアハンデン》することがらの本性とが統一《アインハイト》されたものであって、前者は手段にあって行為する側面をあらわし、後者は内容の側面を代表しているいっぽう、両者ともに個体性それ

自身、存在と行為とが相互に浸透している個体性なのである。目のまえにあるもの《フォアハンデン》は、
したがって現に見いだされる環境であり、環境とはそれ自体として、個体の根源的自然
なのだ。ついで関心についていえば、それは環境をまさにじぶんの環境、いいかえれば Ⅲ298
Ⅱ308 目的として定立するものである。さいごにこうした対立が、手段のうちで結合され廃棄
されることになる。このような結合にしても、それ自身なお意識の内部にぞくしている Ⅸ219
のであるから、たったいま考察されたものの全体も、対立のひとつの側面である。かく
て対立がなお残っているかに見えるが、そのような見かけ《シャイン》も移行そのもの、もしくは手
段をつうじて廃棄される。手段とは外なるものと内なるものとの統一であり、手段が内
なる手段〔才能〕として有していた規定性《ベシュティムトハイト》とは反対のものであるからだ。手段によ
って、したがってこの規定されたありかた《ベシュティムトハイト》が廃棄され、この〔外なるものと内なるものと
289 の〕統一が、行為と存在とのあいだで同様に外なるものとしても定立される。それは現
実的となった個体性自身が外なるものとして定立されるのとひとしく、すなわちそれ自
身だけで、存在するものとして定立されるわけである。行為の全体はこのようにして、
環境としても目的としても、手段としてであれ仕事としてであれ、じぶんの外へと踏み
だすことがない。

「仕事」の成立と才能の比較——あるいは、個体性の自足

仕事《ヴェルク》とともにしかし一見したところ区別が、さまざまな根源的自然のあいだで登場してくるように思われる。仕事とは、それが表現する根源的自然とおなじように、ひとつの規定されたもの〔限定を受けたもの〕である。行為することから解きはなたれ〔行為が終了し〕、存在する現実となったことで、〔限定を受けて〕否定的なありかた《ネガティヴィテート》は仕事にそくしたかたちでは質として存在するからだ。意識がいっぽう規定されるのは、仕事とは逆むきに、否定性《ネガティヴィテート》一般である規定されたありかた《ベシュティムトハイト》を、つまり行為というかたちでそなえているものとしてである。意識はしたがって普遍的なものであり、仕事が有するくだんの規定されたありかたと対立している。意識はこうして〔一方の〕仕事を他方の仕事と比較することができ、そのように比較することにもとづいて、個体性そのものをことなったものとしてとらえることもできるのだ。〔たとえば〕みずからの仕事について、より包括的なものであることを示す個体があるとすれば、その個体は、より強力なエネルギーをそなえた意志として、あるいはよりゆたかな本性《ナトゥーア》をもったもの、すなわちその根源的な規定性にかんして限定がよりちいさなものであるととらえられ、他の個体はこれにくらべて、天分《ナトゥーア》がより弱く、より貧しいものとしてとらえられるわけである。

右に挙げたようなものは、量にかかわる非本質的な区別であって、これに対してすぐれているとか、劣っているとかいったことが絶対的な区別を表現するものである、と言われるかもしれない。とはいえこの場面では、そういった区別は生じない。優れた《グート》もの

ととらえられようと、劣《シュレヒト》ったものと考えられようと、おなじようにひとつの行為であり、
いとなみであり、なんらかの個体性を呈示し、言いあらわすものである。それゆえに、
すべてはよい《グート》のである。だからほんらい、「なにが劣ったものとされるか」などは語ら
れようもないだろう。劣った仕事と呼ばれるかもしれないものであっても、個体的な生
II309 〔のあらわれ〕であって、その生には一定の天分《ナトゥーア》がそなわっており、これが仕事のうち III299
で実現しているのである。劣った仕事になり果てるとすれば、それはただ、比較すると
いう考え《ゲダンケ》をつうじてだけである。そうした思想《ゲダンケ》にはしかしどこか空虚なところがあるの
であって、それは当の思想が、仕事というものの本質、つまり個体性の自己表明である
ということを越えでてしまい、なんだかわからないべつのものを、仕事のうちにもとめ、
要求するものだからである。――だからひとり、さきに言及した区別のみがかかわって
いるはずである。その区別はけれどもそれ自体としては量の区別なのだから、非本質的
な区別であって、しかもここでその理由ははっきりしている。複数のさまざまな仕事、
あるいは個体性が存在し、それらがたがいに比較されるとはいっても、これらは相互に
かかわりあうところがないからである。それぞれが関係するのは、ひたすらじぶん自身
290 に対してだけなのである。根源的な自然《ナトゥーア》がただひとつ自体的なものであり、ことばを
かえれば、仕事を判定するさいに尺度として根底に置かれうるものであって、またその
逆でもあるはずだ。両者はしかしたがいに釣りあっていて、個体性に対して存在するも

ので、個体性をつうじて存在しないものはなにひとつない。いいかえると、現実であるもので、個体性の天分と行為でないものはなにもなく、また個体性の行為であり、自体的なものであれば、現実的でないものはひとつも存在しないのだ。だからこれらの〔天分、行為、現実という〕契機にかぎって、比較されることができるのである。

なにかが生じるとすれば、それはこのゆえに総じて昂揚でもなければ悲嘆でもなく、悔恨ですらもない。そういったいっさいが由来するのは、なんらかの思考《ゲダンケ》からなのであり、その思考はなにかべつの内容、なにかべつの自体的なものを空想している。それらは個体の根源的な自然とも、現実のうちに現に存在《フォアハンデン》するその自然の実現ともことなったものなのだ。個体のなすところがなんであり、個体が出遭うものがなんであろうと、それを個体はなしたのであり、それが個体そのものなのである。個体がもちうる意識があるとすれば、それはただ、じぶん自身を純粋に移して、可能性の夜から現在の白昼へ移行させ、抽象的に自体的なものを現実的な存在という意義へと移行させるというにすぎない意識である。だから個体が手にすることのできる確信といえば、白昼にあってじぶんに現前するものが、ほかでもなく、夜のなかで微睡んでいたものとべつのものではないという確信だけである。このふたつがひとつのもの《アインハイト》であるという意識もやはり、一箇の比較〔から生まれるもの〕であることはたしかである。とはいえ、ここで比較されるものにぞくしているのは、ほかでもなくただ対立の見せかけ《シャイン》だけである。それは形式の

IX220

Ⅱ310

うむ見せかけなのであって、理性の自己意識に対しては――理性は、個体性がそれ自身において現実であることをみずから意識しているのだから――仮象《シャイン》以上のなにものでもない。個体はしたがって――個体の知るところによれば、個体がみずからの現実のうちに見いだしうるものはほかでもなく、この現実がじぶんとひとつのもの《アインハイト》になっており、いいかえるとただ、じぶん自身を現実の真のありかた《ヴァールハイト》においてのみ確信し、かくてまたつねに目的に到達していることだけなのであるから――、自身においてひたすら喜びのみを体験しうるにすぎないのである。

Ⅲ300

根源的自然における限定性と普遍性

以上の件が、意識がじぶんについて有している概念であり、そのばあい意識は、みずからが個体性と存在との絶対的な相互浸透であると確信している。私たちが見てとりたいのは、はたしてこの概念が意識にとって、経験をつうじて確証されるものであるか、概念の実在《レアリテート》するありかたが当の概念と一致するかどうか、である。仕事とは実在《レアリテート》であって、意識がこれをみずからに与える。仕事は、そのなかで個体がじぶんに対して《フュール・エス》〔自覚的に〕みずからがそれ自体として存在するところとなるものである。だから意識は、それに対して〔自覚的に〕個体が仕事のなかで生成するものであるかぎり、特殊な意識ではなく、普遍的な意識なのである。意識は仕事のうちで、総じて普遍性という境位、存在という、規定を欠いた空間のうちへとみずからを押しだしている。みずからの仕事から意識が身を退いているとき、その意識はじっさいには普遍的な意識である。そのばあい意識はこの対立にあって、絶対的な否定性あるいははたらき《トゥーン》となるからである。意識がここで対立しているのはじぶんの仕事に対してであり、仕事の側は規定されたものであるからだ。意識はこうして、仕事というかたちで〔限定を受けた〕自身を超えてゆき、それ自身が規定を欠いた空間となる。その空間は意識の仕事によっては充たされていない状態にあるわけである。さきには、概念においてそれでも意識と仕事の統一が維持されていた。そこでこのような事態が生起したのは、ほかでもなく、仕事が存在する仕事としては廃棄されていたからである。にもかかわらず、仕事は存在するべきである。だから見てとられなければならないのは、仕事が存在しながらも、どのようにして個体性がみずからの普遍性を維持し、じぶんを満足させるすべをこころえているか、という件なのである。――とりあえず、生成してきた仕事が独立《フュール・ジッヒ》に考察される必要がある。仕事は、個体性がそなえている天分《ナトゥーア》の全体をことごとく受けいれている。仕事が存在しているということは、それゆえそのものとして一箇のはたらき《トゥーン》であって、そのはたらきのなかでいっさいの区別が相互に浸透しあい、かくて解消されていることになる。仕事はかくてまた、ひとつの存立している状態に投げこまれ、その状態のなかで根源的自然《ナトゥーア》の規定されたありかたがじっさいに他の規定された天分《ナトゥーア》に対抗し、外へと刃向か

IX 221

II311

い、それらのうちへと侵入している。これは、それらの他の〔根源的〕自然《ナトゥーア》が〔一方の〕規定されたありかた《ベシュティムトハイト》に侵入してゆくのと同様である。こうして〔もともとの根源的自然の〕規定性《ベシュティムトハイト》は、消失してゆく契機として、この普遍的運動のうちで失われてゆくのである。それ自体として、それ自身にとって《アン・ウント・フュール・ジッヒ・ゼルプスト》実在的な個体性の概念〔についてはさきに見たところである。その概念〕の内部では、すべての契機、すなわち環境、目的、手段、実現といったものがたがいにひとしく、根源的な規定された自然はひとえに普遍的な境位《エレメント》としてのみ妥当している。それに対して、この境位が対象的なかたちで存在するにいたると、その境位の規定性がそのもの〔限定されたありかた《ベシュティムトハイト》〕として、仕事というかたちで陽の光のもとにあきらかとなり、その真のありかた《ヴァールハイト》をむしろ規定性《ベシュティムトハイト》の解体において手にすることになる。この解体のさまをより立ちいって呈示してみよう。右にいう規定されたありかた《ベシュティムトハイト》のなかで、個体は「このもの」としてみずからにとって現実的なものとなっている。いっぽう規定性とはただたんに、現実の内容となるばかりではない。それは同様に現実の形式である。ことばをかえれば現実そのものとは、総じてこの規定されたありかたにほかならず、つまり自己意識に対置されて存在することなのである。この側面からあきらかとなるように、現実とは概念の外へと消えうせて、ひたすら目のまえに見いだされる疎遠な（*fremd*）現実であることなのだ。仕事は存在する。その意味するところは、仕事が他の個体性に対して存在するということであり、しかも他

III301

の個体性に対しては異他的《フレムト》な現実であるということである。だからそのような現実に代えて、他の個体性の側ではじぶんの現実を定立して、みずからの行為をつうじてじぶんに対して、現実とみずからが統一されているという意識を与えなければならない。いいかえればこうなるだろう。他の個体性もじぶんの根源的自然をつうじて、くだんの〔第一の〕仕事に対して関心をいだいている。この関心は〔しかし〕当の仕事にかかわる特有の関心とはべつのものだ。だからこの〔元来の〕関心も、この〔他の個体性が定立する〕関心によって、なにかべつのものとなっている、というしだいなのである。仕事とはしたがって、総じて移ろいゆくなにごとかなのであって、他のさまざまな力や関心が反作用することによって解消されてしまう。仕事が個体性の実在的なありかた《レアリテート》を呈示するものであるにしても、それをかえって消失してゆくものとして呈示するのであって、完成され〔揺るがないものとして〕呈示するわけではない。

仕事における行為と存在の対立、概念と実在性の対立

意識にとって、かくてみずからの仕事のなかで生成してくるものは、行為《トゥーン》と存在との対立である。その対立は、先行する意識の形態にあっては同時に行為のはじまりでもあったのに反して、ここではただ結果であるにすぎない。この対立がしかし、じっさいにはおなじく根底に置かれていたことは、意識がそれじたい実在的な個体性として行為《ハンデルン》

Ⅱ312

へと向かっていたさいにもかかわることがない。行為にとっては、規定された根源的自然が自体的なものとして前提とされていたからである。だから、たとえ実現のための純然たる《ライン》実現といったものであったにせよ、行為することはこの根源的自然を内容としていたのである。純粋に行為すること《ダス・ライネ・トゥーン》はたほう、じぶん自身にひとしい形式であって、この形式にとっては、だから根源的自然の規定されたありかたは〔じぶんとは〕ひとしくないものである。ほかの場合とおなじように、ここでもどちらでもよいこととなるのは、この両者のどちらを概念と呼び、どちらを実在性と名づけるか、なのである。根源的自然が思考されたもの、あるいは自体的なものであって、行為することと対立し、行為することのなかで根源的自然ははじめてその実在性を手にする。もしくは根源的自然が存在であり、それは個体性そのものにとっても仕事としての個体性にとってもかかわることがなく、行為がいっぽう根源的な概念であって、その概念は絶対的な移行、あるいは生成としての概念なのである〔ともされるけれども、そのどちらであっても、おなじことである〕。概念と実在性とは、このように適合していない。この件は〔当面の〕意識の本質にぞくしており、それを意識が経験するにいたるのはみずからの仕事においてのことである。仕事において意識は、したがってじぶんが真《イン・ヴァールハイト》に存在するとおりのすがたでみずからにとって生成することになり、かくて意識がじぶん自身にかんして有していた空虚な概念が消失してゆくことになるのである。

Ⅲ302

仕事における偶然性の契機とその克服

ここに仕事にまつわる根本的な矛盾がある。仕事とは個体性の真のありかた《ヴァールハイト》であり、そのばあい個体性はみずからにとって自体的に《ジッヒ・アン・ジッヒ》実在的な個体性なのであるから、そのような根本的矛盾においては、かくしてまた個体性のあらゆる側面がふたたびたがいに矛盾しあうものとして立ちあらわれてくる。いいかえればこうなるだろう。仕事とは個体性全体の内容が、行為することから——行為とはここで否定的な統一であって、いっさいの契機を拘束しているものである——存在することへと外に押しだされたものであったから、仕事はそれらの契機をいまや解放してゆく。だから存立という場面《エレメント》では、これらの契機はたがいに没交渉なものとなる。概念と実在性とは、かくて〔第一に〕目的であり、根源的に本質的なありかたであるものとして、たがいから切りはなされてゆく。こうして、目的が真の実在《ヴェーゼン》を有しているべきこと、あるいは自体的なものが目的とさるべきことは、偶然的なことがらとなる。おなじくふたたび、概念と実在性は〔第二に〕現実への移行としても、目的としてもばらばらに立ちあらわれるのだ。いいかえれば、いまや偶然的となるのは、目的を表現するべき手段が選択されるべきである〔ということそのもの〕なのである。さいごに〔第三には〕、これらの内的な契機を総括して——いまそれらの契機が自身のうちで統一を有するか、有さないかはべつとして——、個体の行為であるものが、現実一般に対してふたたび偶然的なものとなる。つまり運に

IX 222

II 313

よってひとしく決せられることがあり、それは、拙劣に規定された目的と、拙劣に選択された手段とが、たまたま行為のためになるか、それに逆らうことになるのか、ということなのである。

かくていまや意識にとって、みずからの仕事にそくして対立が生じている。その対立は、意欲と遂行、目的と手段、さらにはこうした内面的なすべてを統合したものと、現実そのものとのあいだに存在するのだ。その対立は総じて、意識の行為にぞくする偶然性をみずからのうちに総括したものなのである。そのいっぽう同様にまた、行為することの統一と必然性も現に存在《フォアハンデン》している。後者の側面のほうが前者の〔偶然性の〕側面を超えて、それを包括するものである。そこで行為の偶然性をめぐる経験は、それ自身ただ偶然的な経験にすぎないことになる。行為《トゥーン》することの必然性がなりたつのは、目的が端的に現実へと関係づけられていることによるけれども、かくてこの〔目的と現実の〕統一こそが行為の概念なのである。行為すること《ハンデルン》がなされるその理由は、行為《トゥーン》がそれ自体、それ自身だけで《アン・ウント・フュール・ジッヒ・ゼルプスト》現実の本質《ヴェーゼン》であるからなのだ。仕事のなかで生じてくるものが、偶然性であることはたしかである。その偶然性を、遂行されたことが意欲することと遂行することとに対してふくんでいるわけである。だからここで経験は、それが真のありかた《ヴァールハイト》として妥当せざるをえないように見える場合であっても、さきに挙げた行為《ハンドルング》の概念と矛盾している。私たちが、しかしながら当の経験の内容をその完全なす

III 303

がたにおいて考察してみるとしよう。そうすれば内容とは、消失してゆく仕事のこととなる。ここで持続するのは、消失することではない。かえって消失することがそれじしん現実的であって、仕事とむすびついており、じしん仕事とともに消失してゆく。否定的なものが、その否定である肯定的なものとともに、それじしん没落して根底へといたる*1のである。

*1 *geht mit dem Positiven, dessen Negation es ist, selbst zugrunde.* 本書、一〇八頁の訳註参照。

294

行為と存在の統一と「ことがらそのもの」の成立

こうして消失することが消失する。この件は、それ自体として《アン・ジッヒ》実在的な個体性という概念そのもののうちに存しているところである。そこで仕事が消失するもの、あるいは仕事において消失するもの、また経験と名づけられたものに概念に対する優位を——その概念とは、個体性がじぶん自身にかんして有するものである——与えるはずであったものは、対象的な現実だからである。この対象的現実は、とはいえひとつの契機なのであり、この契機もまたこの意識自身にあってはいかなる真理《ヴァールハイト》もそれだけで《フュール・ジッヒ》はもはやそなえていない。真のありかた《ヴァールハイト》が存するのはひとえに、この〔対象的現実という〕契機と行為《トゥーン》との統一においてなのである。真の仕事とは、かくてひたすら、行為と存在が、意欲と遂行が統一されている、くだんのありかたにある。意識にとっては、したがって

――意識の行為《ハンデルン》の根底に存している確信のゆえに――この確信に対置された現実は、それ自身ただ意識に対して存在するにすぎない。かくて〔意識は〕自身のうちへ立ちかえった自己意識〔となるけれども、その自己意識〕としての意識にとって、いっさいの対立は消失してしまっている。だから対立はもはや、自己意識が現実に対して対自的に存在すること（*Fürsichsein*）という、当面の形式のなかでは生じることができない。むしろ対立と否定性――この否定性は、仕事において前景にあらわれてくる――がかかわるのは、こうしてただ仕事の内容だけではない。いいかえるならば、また意識の内容にのみではない。かえって現実そのものに、かくて現実をつうじてだけ、また現実において目のまえにある《フォアハンデン》対立に、かくてまた仕事の消失にかかわるものなのである。このようなしかたでしたがって意識は、移ろいゆくみずからの仕事から、じぶんのうちへと反省的に立ちかえり、かくしてじぶんの概念と確信とを、存在し持続するものとして、行為にぞくする偶然性の経験に対抗して主張する。意識が経験しているのは、じっさいにはみずからの概念であり、その概念のうちで現実とは一箇の契機にすぎない。現実とはつまり、意識に対して存在する或るものであって、それ自体として、それだけであるもの（das Anundfürsich）ではないのである。意識が現実を経験するのは、消失する契機としてであるから、現実は意識にとってそれゆえにただ存在一般として、しかもその普遍性が行為とおなじものである存在一般として見なされるにすぎない。このような統一が真

Ⅲ304

Ⅸ223

の仕事であり、真の仕事こそが「ことがらそのもの die *Sache selbst*」である。ことがらそのものが端的に主張され、持続するものとして経験される。それはしかもことがらとは独立に経験されるけれども、その場合の「ことがら」とは個別的な行為としての行為そのものにぞくする偶然性、つまり環境、手段や現実の偶然性のことなのである。

現実と個体性の統一としての「ことがらそのもの」

ことがらそのものはこれらの〔環境、手段や現実といった〕さまざまな契機に対置されているけれども、それはただ、それらが単独に妥当すると見なされているかぎりでのことである。ことがらそのものはしかし本質的にいえば、現実と個体性が相互に浸透したものとして、くだんの諸契機の統一なのである。ことがらそのものはおなじくまた〔第一に〕行為《トゥーン》であり、しかも行為として純粋な行為すること一般であって、かくてまた同様に「この」個体が行為することである。そのうえこの行為することは、なお個体に所属して、現実に対して対立しているものとしては、目的として存在しているのである。同様に「ことがらそのもの」はまた移行であり、このように〔目的として〕規定された《ベシュティ》ありかた《ムトハイト》から、対立した規定性《ベシュティムトハイト》へと移ってゆくことである。かくてさいごに〔第三には〕、ことがらそのものは一箇の現実であって、その現実は意識に対して現に存在《フォアハンデン》している。

II 315
295

ことがらそのものが表現するのは、かくて精神的な本質的ありかた《ヴェーゼンハイト》であり、そのうちでこれらすべての契機がそれだけで《フュール・ジッヒ》妥当するものとしては廃棄されており、したがってひとえに普遍的な契機として妥当するものとなっている。だからこの本質的ありかたのなかでは、意識にとってじぶん自身にかかわるその確信が対象のかたちをした実在《ヴェーゼン》、すなわちひとつのことがらなのである。このばあい対象とは、自己意識からじぶんの対象として取りだされたものであるけれども、なお自由なほんらいの対象であることを止めてはいない。――感覚的確信ならびに知覚にとっての事物が、いまや自己意識に対して、ひとり自己意識をつうじてだけ意義を有している。この点に事物とことがらとの区別がもとづいているのだ。感覚的確信と知覚には、〔それぞれの〕運動が対応していた。いまやその運動が、「ことがらそのもの」についても経めぐられることになる。

普遍的なものとしての「ことがらそのもの」

ことがらそのものにおいては、対象的なかたちをとって個体性と対象性自身が相互に浸透している。そのような「ことがらそのもの」にあって、したがって自己意識にとってはみずからにかんする真の概念が生成しており、ことばをかえれば自己意識は、じぶんの実体を意識するにいたっているのである。自己意識は同時に、ここで存在するすがたにおいては、たったいま生成したばかりの、それゆえ実体についての直接的な意識であり、その意識はなお限定〔規定〕されたしかたで、精神的な実在《ヴェーゼン》をここで現に存在《フォアハンデン》

Ⅲ305

Ⅸ224

させるものであるから、その本質《ヴェーゼン》はいまだ真に実在的な実体となるまでは成長していない。ことがらそのものが、実体についての直接的意識においてこのようにそなえている形式は、単純な実在であるというものである。その実在《ヴェーゼン》は普遍的なものであるから、じぶんにぞくすることとなった契機のいっさいをみずからのうちにふくんでおり、この普遍的な本質《ヴェーゼン》はそれらの契機に帰属している。その本質はしかしまたふたたび、規定された契機であるかぎりでのこれらの契機に対して無関心で、自由にじぶんだけで存在し、かく自由で単純な、抽象的なことがらそのものとして、つまり実在であり本質であるもの（*das Wesen*）として妥当しているのである。あいことなるさまざまな契機が、根源的規定性について、あるいはことがらにかんして、「この」個体《フェアシーデン》には存在する。それらの契機、つまり目的や手段、行為そのものや現実は、この〔直接的な〕意識に対して、一方では個別的な契機であって、それらの契機を意識は、ことがらそのものに抗して捨てさって、廃棄することもできる。他方ではしかし当の諸契機はすべて、ことがらそのものを本質として有している。ただそれは、ことがらそのものがこれらの契機が有する抽象的に普遍的なものとして、くだんのさまざまな契機のそれぞれにぞくして見いだされ、諸契機の述語となりうる、ということにかぎられる。ことがらそのものは、いまだ主体《ズブィエクト》ではない。むしろ主語《ズブィエクト》として妥当しているのは、いま挙げた諸契機の側である。なぜならそれらの契機は、個別性一般の側面にぞくしているいっぽう、ことがらそのものはようやく単純に普遍的なものとなっているにすぎないからである。「ことがらそのもの」は類であり、その類は、これらすべての契機を種としてそのうちで見いだされ、たほうでは同様にそれらの契機から自由なのである。

「ことがらそのもの」における意識の誠実と不実

意識が誠実なものと呼ばれる場合、その意識は一面では右にみたような観念論に到達している。その観念論は、ことがらそのものが表現するところである。意識はそのとき他面では、右でみたような形式的普遍性である「ことがらそのもの」において、真なるものを有しているのである。そのような〔誠実な〕意識にとってはつねにひとえに、ことがらそのもののみが問題であるから、意識はそれゆえことがらそのものにぞくするさまざまな契機、あるいは種のうちを彷徨する。そこで意識はことがらそのものに、これらの契機のひとつにおいて、もしくはひとつの意義にあって到達することがない場合でも、まさにそのことをもって、他の契機のなかで「ことがらそのもの」を摑みとる。意識はかくして満足を、じっさいにはいついかなるときでも獲得するのだ。その満足はこの意識にとっては、みずからの概念からして分かちあたえられるはずのものであったからである。どのように進もうとするのであれ、意識はことがらそのものを完遂し、それに到達したことになる。ことがらそのものは、さきに挙げた諸契機にとってこのように

普遍的な類であるかぎり、それらいっさいの契機にとって述語となるからである。Ⅲ306

こうした〔誠実な〕意識がなんらかの目的を現実にもたらさないとしても、それでも意識は当の目的をなお意欲したことになる。この件が意味するところは、意識が目的としての目的を、つまりなにごとも為さない純粋な行為をことがらそのものとする、ということである。意識はそれゆえこう表現して、みずからを慰めることができるのだ。「なんといってもなにごとかがなされ、いとなまれたのである」。普遍的なもの自身は否定的なもの、もしくは消失することをじしん内包しているのだから、じぶんの仕事が無に帰したことでさえ、それ自身みずからの行為なのである。〔当人の〕意識が他者たちをそのように刺戟したのであり、〔仕事という〕みずからの現実が消失することにも、意識はやはり満足を見いだす。いたずら坊主どもが横っ面を張られて、それでもじぶん自身でも愉しんで満足しているようなものである。つまり「じぶんがその件の原因となった」というわけだ。あるいはこういう場合もある。意識はことがらそのものを実現しようなどとただの一度もこころみたことさえなく、まったくなにもなさなかったとしよう。とすれば、意識はそれを願わなかったのである。ことがらそのものは意識にとって、じぶんの決意と実在との統一である。意識が主張するところでは、現実とはみずからの願望にほかならないはずなのだ。——さいごに、意識にとってなにか総じてじぶんの関心を惹くものが、意識の手だしなしに生じてきたものとしよう。その場合でも意識にとっ

Ⅱ317

てこの現実は「ことがらそのもの」なのであり、それはほかでもなく、意識がその現実に関心を見いだすことにおいてなのである。当の現実を意識がもたらしたものではないことなど、かかわりがないのだ。関心を引くものが一箇の運であって、意識はその運に個人的に遭遇したものとしよう。意識はそれをもって、じぶんの所業（*Tat*）であり、功績であると考える。いっぽうそれが〔じぶんにとっての運ではなく〕世界のできごとのひとつであり、意識はそれ以上なにもかかわりを持っていないものとしよう。そのときでも意識は、できごとを同様にじぶんのものとしてしまう。なにもせずに関心をもったという件が、意識にとっては党派性をもったという意義を有する。その党派性にしたがって意識は、そのできごとに賛成し、あるいは反対して、そのためにたたかい、もしくは抗してたたかったということになるのである。

IX 225

297

意識の誠実さはその不実にほかならない

この意識の誠実さ、ならびにその満足——これを当の意識はいたるところで体験するのだ——がなりたつのは、あきらかにじっさいには、じぶんが考えたこと（*Gedanken*）を、それぞれが「ことがらそのもの」についてのものであるのに、総合してとらえてはいないことによるものである。ことがらそのものはくだんの意識にとって、じぶんのことがらであるのと同様、いかなる仕事でもないものである。ことばをかえれば純粋にただ行為することであり、空虚な目的でもある。さらにいえばまた、なすところのない現実なのである。誠実な意識はこれらの意義を、ひとつひとつ〔ことがらそのものという〕主語に対する「この」〔特定の〕述語とし、たほうでそれをつぎからつぎへと忘れてゆくのだ。いまただ意欲しただけである、あるいはまた願望しなかったにすぎないという場合、ことがらそのものが有する意義は、空虚な目的であり、思考のなかで意欲と遂行が統一されているというものである。目的が無に帰したとしても慰めはある。それでも意欲はしたのだし、あるいはやはり純粋な行為はなされたのである。おなじように満足もある。他者たちに対して、なすべきなにごとかは与えたわけである。こういった場合には、純粋な行為もしくはまったく拙劣な仕事が実在《ヴェーゼン》とされている。そもそも拙劣な仕事と呼ばれなければならないのは、まったく仕事でもない〔ので、無に帰するような〕仕事だからだ。かくてしまいには、幸運によって現実を目のまえに見いだす場合ならば、所業《タート》なきこの存在がことがらそのものとされているのである。

このような誠実さの真のすがた《ヴァールハイト》は、しかしながらそう見えるほどには誠実なものではない。誠実であるというなら、かくも考えもなしに《ゲダンケンロース》、これほどまでにさまざまに契機をじっさい〔その所業において《イン・デア・タート》〕あれほどばらばらにしておくことなどできないからである。むしろ誠実である以上は、ただちに契機のあいだの対立を意識せざるをえない。なぜなら諸契機は、端的にたがいに関係しあっているからである。純粋な行為《トゥーン》とは本質的

III307

にこの個体の行為であり、「この」行為はおなじく本質的に一箇の現実もしくはひとつのことがらである。逆にいえば、現実とは本質的にただ個体の行為としてのみ、おなじく行為一般としてだけ存在する。いっぽう個体の行為は同時にたんに、行為一般とおなじようにまた現実なのである。個体にとって問題であるのが、したがってひとえに抽象的な現実としてのことがらそのものであるかのように見えたとしても、おなじくまた現になりたって《フォアハンデン》いるのは、個体にとってはみずからの行為としてのことがらそのものが問題となっているという消息である。たほうではまったく同様に——個体にとってはひたすら行為といとなみが問題であるときにも——個体は行為といとなみを真剣に問題とはしていない。かえって個体にとっての問題はひとつのことがらであり、しかもこのことがらはじぶんのことがらなのである。さいごに個体がただじぶんのことがらとじぶんの行為とを意欲しているにすぎないかのように見える場合であっても、個体はふたたびことがら一般を、ことばをかえるならば、それ自体、それだけで《アン・ウント・フュール・ジッヒ》持続する現実を問題としているのだ。

「ことがらそのもの」における意識のからくり

ことがらそのものとそのさまざまな契機は、ここでは内容として現象している。たほう同様に必然的に、諸契機はまた形式としても意識にそくして存在する。〔おのおのの〕

契機は内容として立ちあらわれては、ただ消えさってゆき、ひとつずつ他の契機に場所を譲ってゆく。めいめいの契機はそれゆえ廃棄されたものという規定をともなって目のま《イン・デア・ベシュティムトハイト・フォ》えにある《アハンデン》ほかはない。とはいえそのばあい諸契機は、意識自身のそれぞれの側面なのである。ことがらそのものが現に存在する《フォアハンデン》のは、自体的なものとして、あるいは意識が自己へと反省的に立ちかえったものとしてである。さまざまな契機がたがいに押しのけあうさまが、いっぽう意識にそくして表現されるとすれば、それは諸契機がそれ自体としてではなく、かえって他の意識に対してだけ意識において定立されるというかたちにおいてのことである。内容にかかわる契機のうちのひとつが、意識によって陽のあかるみのもとにさらけ出され、他者たちに対して目のまえに置かれる。意識はしかし同時にこの契機をはなれて自己のうちに反省的に立ちかえり、〔さきの契機とは〕対立する契機も III308
おなじく意識のうちで目のまえにあることになる。意識は対立する契機を、それだけで《フューール・ジッヒ》じぶんのものとして保持しているわけである。同時にまた契機のうちでどれかひとつがただ差しだされるにとどまって、他の契機がたんに内なるもののうちで保持されるというわけではない。むしろ意識は、それらの契機を交替させるのである。意識は一方の契機とおなじく他方の契機も、じぶんに対して《フューール・ジッヒ》も他者たちに対しても本質的なものとせざるをえないからである。ここで全体は、みずから動きながら個体性と普遍的なものを相互に浸透させている。いっぽうで当の全体がこの意識に対して現にある《フォアハンデン》のは、ひとえに

IX226

単純な実在《ヴェーゼン》として、かくてまたことがらそのものという抽象としてであるがゆえに、この全体にぞくする諸契機は、切りはなされて《ゲトレント》「ことがらそのもの」の外に、またたがいの外に剝がれおちてしまう。だから全体としての全体はひたすら、分離する《トレネン》交替によって――この交替は、外に押しだすことと、じぶんのために《フュールジッヒ》保存することとのあいだで起こるのだ――汲みつくされ、また呈示されるわけである。そのような交替のただなかで意識は、ひとつの契機をじぶんで《フュール・ジッヒ》取っておき、みずからが反省的に立ちかえるさいにも本質的なものとして持しておいて、いっぽう他の契機はたんに外的なものとしてじぶんのなかで持っておく。いいかえれば、他者たちに対して有しておくのだ。かくてまた登場するのは、個体性どうしのたわむれである。そのたわむれのなかでそれぞれの個体性は、みずから自身も、おたがい同士をも欺き、また欺かれていることを見いだすのである。

欺きの具体相――「制作」と「批評」という欺瞞

ある個体性が、かくてなにごとか《エトヴァス》を実現しようとする。そのばあい当の個体性はかくてまた、或るもの《エトヴァス》をことがらとしたかのように見える。個体性は行為し《ハンデルン》、そのことで他者たちに対するものとなる。その個体性にとって問題なのは、現実であるかに見えよう。他者たちはしたがって、くだんの個体性の行為《トゥーン》をことがらとしてのことがらに対して関

299

心をいだくものと考え、その目的は「ことがらそれ自体が実現されることである」ととらえて、そのことがらを実現するのが最初の個体性であろうと、他者であるじぶんたちであろうと関係がないものと受けとるのである。他者たちはこうして、当のことがらをじぶんがすでに成しとげていると指摘したり、あるいはそうでなければ、じぶんたちの側から助力を申しでて、じっさいそうしたりもする。そのようなことがあれば、前者の〔個体性の〕意識は、その意識はそこにいるものと他者たちが思いこんでいた場所から、もはや外に出てしまっている。すなわち、じぶんの行為といとなみこそ、ことがらにさいしてくだんの意識の関心を惹いているところである。他者たちが気づいて、「この件が〔個体性にとって問題となる〕ことがらそのものであったのだ」とわかると、かれらはかくて錯覚していたのを見いだすしだいとなるのである。――たほうでじっさいには〔その所業《イン・デア・タート》においては〕、他者たちが馳せさんじて、助力しようとすること自身、ほかでもなく、かれらがことがらそのものではなくみずからの行為を見てとろうとも、示そうとも意欲していたということだ。その意味するところは、かれらもまた他者たちをおなじしかたで欺こうとしていたということであって、それは、じぶんが騙されていたと訴えているそのやりかたとかわらない。つまりいまやことは逆さまになっているのであって、じぶんの行為といとなみ、つまりみずからの力のたわむれが、ことがらそのものと見なされている。そうである以上くだんの意識は一見したところ、みずからの本質《ヴェーゼン》を

Ⅲ309

Ⅱ320

じぶんのために（*für sich*）、つまり他者たちに対してではなく追っているのであり、その配慮するところはひとえにじぶんのものとしての行為だけであって、それを他者たちの行為としては考慮しないかにみえる。かくてまた他者たちも同様に、かれら自身のことがらへと委ねられているかに見えよう。——しかしながら、他者たちはここでもふたたび思いちがいをしている。〔もともとの個体性の〕意識はまたもやすでに外に出てしまっており、そこにいるものと他者たちが思いこんでいた場所にはもういないのだ。その意識にとって問題であるのは、じぶんの「この」個別的なもののとしてのことがらではない。ことがらが問題であるのはかえって、ことがらとして、すべてのひとびとに対して存在する普遍的なものとしてなのである。例の意識は、だからこそ他者たちの行為と仕事に口をだす。そこで意識が他者たちの手からその仕事をもはや奪いとることができないようになっても、意識がなおその仕事に対して関心をもつとすれば、それはすくなくとも、〔仕事に〕判定をくわえて、それにかかわることによってである。意識が仕事に刻印を押して、みずからの是認とみずからの賞賛を示すとしよう。そのばあい心づもり《ゲマイント》としては、意識はその仕事について、ただ仕事そのものを賞賛しているのではなく、むしろ同時にじぶん自身の寛大さと節度とを自賛するのだ。仕事を仕事としてだめにせず、またじぶんが批難することで損なうこともなかった、というわけである。意識はなんらかの関心を仕事について示していながら、意識は意識自身をそこで享受している。同様

Ⅸ227

に意識にとって仕事は、それがじぶんの批難するようなものであっても歓迎すべきものである。まさにじぶん自身のはたらき《トゥーン》を享受することができるからであり、その享受は意識にとって批難することで造りだされる。いっぽうひとびとが、意識のこのような口だしによって欺かれたと考え、あるいはそう言いふらすとしても、かれらはむしろ自身もおなじしかたで欺こうとしていたのだ。かれらが公言するところでは、じぶんたちの行為といとなみはただじぶん自身のためにあるなにごとか《エトヴァス》であり、そこでかれらはひたすらみずからとじぶん自身の本質だけに狙いをさだめていたことになる。しかしながら〔その逆に〕かれらがおよそ或ること《エトヴァス》をなし《トゥーン》、そのことでみずからを呈示して、陽のもとにさらすかぎりは、かれらはその所業《タート》をつうじてただちにみずから公言するところと矛盾することになる。かれらは陽光そのもの、普遍的な意識とすべてのひとびとの関与を排除するのだと言いたてていたからだ。〔なにごとかを〕実現するということはむしろ、
300
「じぶんのもの」を普遍的な境位へと提起することであり、そのことでじぶんのものはすべてのひとびとの「ことがら」となり、またそうなるべきである。

あらゆるひとびとの、またおのおののひとの行為である「ことがらそのもの」

だからここではじぶん自身も、他者たちもおなじく欺かれているのであって、それにもかかわらず、問題はひとえに純粋なことがらにあるとされているのである。ひとつの

Ⅲ310

意識が、なんらかのことがらを提供する場合、その意識がかえって経験するところは、他者たちが、搾りたての牛乳にたかるハエのように駆けさんじてきて、じぶんもその件にかかわりがあるのだと言いたがるということである。——いっぽう他者たちがこの意識に出遭って経験するのは、意識にとっても同様に、問題となるのは対象としてのことがらではなく、じぶんのものであるということなのである。これに対してただ行為することそのもの、つまり力と能力を使用すること、いいかえれば「この」個体性を表明することが本質的なことがらであるはずだといわれる。その場合でもおなじく〔ひとつの意識と他者たちが〕相互に経験するところは、すべてのひとびとがたがいにふれあい、招きいれられているということである。だからひとつの純粋な行為、あるいは特有な個別的行為ではなく、かえってひとしく他者たちに対して存在するなにごとか《エトヴァス》、すなわち一箇のことがらそのものが提供されたことになる。生起するところは、いずれの場合にしても同一であるいっぽう、どちらの場合にせよただそれぞれにあいことなる意味を、そこで想定され、妥当すべきだとされた意味に対して有しているのである。意識はこの両側面を同等に本質的な契機として経験し、そのことでまたことがらそのものの本性がなんであるかを経験する。その本性とはすなわち、たんなることがら、つまり行為一般と個別的な行為に対立したことがらではなく、また〔ただの〕行為、つまり存立するものに対置された行為でもないということである。くわえて「ことがらそのもの」は、これらの契機を種としながらも、その種という契機から自由な類というわけでもない。ことがらそのものはむしろ一箇の実在であって、その実在が存在することは、個別的な個体の行為〔によるもの〕であり、かつまたあらゆる諸個体の行為〔によるもの〕なのである。だからその実在の行為もただちに他者たちに対して存在し、いいかえればことがらであって、しかも「ことがら」であるのはひとえに、あらゆるひとびとの行為であり、それぞれのひとびとの行為であるかぎりにおいてのことなのだ。かくて「ことがらそのもの」という実在は、いっさいの実在《ヴェーゼン》の本質《ヴェーゼン》であり、精神的な実在であり本質（das *geistige Wesen*）にほかならない。意識がかくて経験するのは、くだんの諸契機のいずれも主語ではなく、むしろみずからを普遍的なことがらそのもののうちへ解消するという消息である。個体性にぞくするさまざまな契機を、とうめん問題となっていた〔誠実な〕意識は、思想を欠いたやりかた《ゲダンケンロージッヒカイト》でつぎつぎに主語として妥当させていた。その契機が〔いまや〕単純な個体性のうちで統合され、「この」個体性でありながら同様に直接的に普遍的なものとなる。ことがらそのものがかくて喪失することになるのは、述語という関係と、生命なき抽象的普遍性として規定されたありかた《ベシュティムトハイト》である。「ことがらそのもの」とはかえって、個体性によって浸透された実体なのだ。いっぽうそれは主体でもあるのであって、その主体のうちで個体性はおなじくまさに個体性そのものとして存在する。あるいは「この」個体性であるのと同様に、いっさいの個体として存在するので

301

IX 228

Ⅱ322

ある。だからことがらそのものは普遍的なものでもあり、その普遍的なものは、このよ
うにすべてのひとびとの行為であり、おのおののひとの行為であるかぎりでのみ、一箇 Ⅲ311
の存在である。それがひとつの現実であるのは、「この」意識が現実を、みずからの個
別的な現実であるとともに万人の現実であると知っていることにおいてである。純粋な
ことがらそのものとは、さきにカテゴリーと規定されたものなのである。つまり〈私〉
である存在であり、存在である〈私〉である。いっぽうそれは思考として存在しながら、
当の思考は現実的な自己意識からはなお区別されている。ここではとはいえ、現実的自
己意識にぞくする諸契機は、私たちがそれらを自己意識の内容、目的、行為および現実
と呼ぶかぎりで――ならびにまた自己意識の形式、すなわち「対自的存在」と「他のも
のに対する存在」と呼ぶかぎりでは――、単純なカテゴリーそのものとひとつであるも
のとして定立されている。カテゴリーとはかくて、同時にいっさいの内容なのである。

b　法則を定立する理性

「ことがらそのもの」から「人倫的実体」へ

精神的本質とは、その単純な存在にあって純粋な意識であり、この自己の意識である。
個体には根源的に規定された自然《ナトゥーア》があり、その本性《ナトゥーア》が有する積極的な意義は、それ自

体として個体の活動の境位であり、目的であるというものであったとはいえ、そのような意義が〔ここではもはや〕失われてしまっている。その自然本性《ナトゥーア》はたんに廃棄された契機であるにすぎず、個体は一箇の「自己」でありながらも、普遍的な自己なのである。反対に、形式的な「ことがらそのもの」がみずからの内実を有するのは、行為し、かつじぶんのなかでじぶんを区別する個体性においてのことである。この個体性がみずから設定する区別が、例の普遍的なもの〔ことがらそのもの〕の内容をかたちづくっているからだ。カテゴリー〔は、さきに説いたとおり、これもことがらそのものであるけれども、それ〕は、自体的には純粋な意識という普遍的なものとして存在するいっぽう、カテゴリーは同様に対自的にも存在している。意識にとって「自己」もまたおなじくカテゴリーの契機だからである。カテゴリーとは絶対的な存在であって、それもくだんの〔ことがらそのものの〕普遍的なありかた《アルゲマインハイト》は、存在が単純に自己自身とひとしいありかた（die einfache *Sichselbstgleichheit des Seins*）だからなのである。

IX229 　こうして、意識にとって対象となるものは、「真なるものである」という意義を有している。それが存在し、妥当するのは、それ自体において、またそれ自身に対して存在し、妥当するという意味にあってのことなのだ。意識にとっての対象は絶対的なことがらであり、それはもはや対立に――確信とその真理、普遍的なものと個別的なもの、目的とその実在性といった対立に――煩わされることがない。かえって絶対的なことがら

Ⅱ323
302

が現に存在《ダーザイン》するのは、自己意識の現実的なありかた（*Wirklichkeit*）ならびにその行為としてである。このような絶対的なことがらがそれゆえ人倫的実体であり、その実体にかかわる意識は人倫的意識なのである。人倫的意識の対象は、当の意識にとっておなじく真なるものとして妥当する。人倫的意識は、自己意識と存在とを一箇の統一のうちで統 Ⅲ312
合するものであるからだ。人倫的意識にとっての対象は絶対的なものとして妥当している。なぜなら自己意識はもはや、この対象を超えでてゆくことができず、またそう欲することもないからである。自己意識はその対象のうちで、自己自身のもとに《バイ・ジッヒ・ゼルプスト・ザイン》あるからだ。「でき」ないというのは、対象が存在と力とのいっさいであるからである。「欲し」ないというのは、対象こそが「自己」であり、いいかえれば「この」自己の意志するところであるからなのである。この対象が実在的な対象であるのは、それ自身において対象として存在することによる。というのも対象は、意識の有する区別をみずからそなえているからである。そこで対象がいくつかの群に区分されるけれども、その群とは絶対的な実在《ヴェーゼン》にぞくするそれぞれに規定された法則〔限定的法則〕なのである。このような群が存在することで、しかし概念が攪乱されるわけではない。概念のうちにふくまれつづける契機があるからであって、その契機とは存在と純粋意識ならびに自己ということになるだろう。これらの群の本質《ヴェーゼン》がかたちづくるのは一箇の統一であり、その統一が存在することによって、それらの群という区別があるにしても、右に挙げた諸契機はもはやばらばらにあらわれることがない。

人倫的実体、自己意識、〔道徳〕法則

人倫的実体には、このように諸法則あるいはさまざまな群がある。それらは直接的に承認されているのであるから、その源泉や正当化を問い、それらとはべつのもの《アイン・アンデレス》を求めたりすることができない。他のもの《アイン・アンデレス》として、自体的にそれだけで存在する実在《ヴェーゼン》があるとすれば、それはただ自己意識そのものだけだろう。しかし自己意識はほかでもなくこの実在なのであって、というのも、自己意識そのものとは当の実在が自覚されて《フュールジッヒ》存在《ザイン》することだからである。この実在が真なるありかた《ヴァールハイト》を示しているのは、くだんの実在も意識の自己にほかならず、それは当の実在が意識にとっての自体的なもの、つまり純粋意識であるのと同様であるからだ。

自己意識としては、じぶんはこの実体が自覚されて存在するもの（*Fürsichsein*）の契機であるしだいをこころえている。自己意識はそれゆえ、法則がじぶんのうちで現に存在《ダーザイン》するしかたを表現することになるけれども、その表現は健全な理性〔常識。カント的な表現〕が「なにが正しく、また善であるか」を直接的に知っているとおりのものとなるだろう。健全な理性は直接的にその件を知っているのであるが、それとおなじように直接的に《ウンミッテルバー》健全な理性にとってもまた「なにが正しく、また善であるか」が妥当している

ことになる。だから、この理性がただちに《ウンミッテルバー》語るところでは「これが正しく、また善である」。しかも「これが」というからには、規定されたさまざまな法則が存在し、充実され、内容ゆたかな「ことがらそのもの」が存在するわけである。

このように直接的なかたちで与えられるものについては、おなじく直接的なしかたで受けとられ、考察されなければならない。ちょうど感覚的確信が直接に存在するものと言明することがらにかんしてそうしたのとおなじように、この人倫的〔倫理的〕に直接
303 的な確信が言明する存在をめぐっても――あるいは直接に存在する、人倫的実在のさま
Ⅱ324 ざまな群についても――それらがどのような性状をしたものであるかが、見てとられな
Ⅲ313 ければならないのである。そういった法則のいくつかにかんする実例によって、この件が示されることだろう。そのばあい私たちとしてはそれらの法則を、それを知っている健全な理性が与える言明の形式のとおりに受けとるのであるから、私たちの側が最初から持ちこむわけにはいかない契機が存在するわけである。その契機というのは、これらの法則にかんして、それらが直接的な人倫的法則と見なされた場合に、妥当すべきものとされるような契機なのである。

法則の例㈠――「だれもが真実を語るべきである」

「各人は真実を語るべきである」。――この義務は無条件的に言明されているにしても、

そのさいただちに条件が附加されることになるだろう。つまり「各人が真実《ヴァールハイト》を知っているならば」ということだ。命令はかくして、いまやつぎのようなものとなるだろう。「各人は真実を口にすべきであるが、それはそのつど真実についての各人の知識と確信とにしたがってのことである」。健全な理性は――健全な理性とは、ほかでもなく人倫的な意識のことであり、その直接に知るところは「なにが正しく、また善であるか」なのである――こうも説明することだろう。「そのような条件はじぶんが普遍的な言明を立てたさいに、すでにそれと結合していたのだ」。だから、健全な理性としては、くだんの命令がそのような意味と考えていた（*gemeint* habe）、というわけである。かくてしかし理性がみとめることになるのは、じっさいにはじぶんがむしろすでに、その命令を言明するやただちに当の命令を蹂躙していた、ということである。健全な理性が語ったのは「各人は真実を口にすべきである」ということだ。この理性が意味し考えていたのは、いっぽう「各人は真実を語るべきであるが、それは真実についてのみずからの知識と確信にしたがってのことである」というものであった。すなわち健全な理性は、じぶんが意味し考えていたのとはべつのことを口にしたことになる。そして、じぶんが意味《マイ》し考えて《ネン》いたのとはべつのことを語るとは、真実を語らないことである。ここには真実《ウンヴ》ではない点《アールハイト》、あるいは不適切《ウンゲシックリッヒカイト》な面がある。それを訂正すると、いまやこう表現されることになるだろう。「各人は真実を語るべきであるが、それは真実についての各人その

IX230

つどの知識と確信とにしたがってのことである」。――このように言えば、とはいえ普
遍的に必然的なもの、それ自体として妥当するものは、それを命題が言明しようと意欲
したにせよ、かえって一箇のかんぜんな偶然性へと顚倒されてしまっている。真実が言
明されるということが偶然に委ねられ、私がそれを知り、それについて確信しうるかに
左右されるしまつとなっているからだ。ここで言われているのは、真なるものと偽なる
ものとはたがいに入りまじったかたちで、だれかがそれを知り、思いなし《マイネン》、把握すると
いったことが起こるのに応じて、語られるべきである、ということ以上のなにものでも
II 325 ないしだいとなる。内容はかくて偶然的なもの（*Zufälligkeit*）である。この偶然性が普
遍性を手にするとすれば、それはただ、当の偶然性が表現される命題の形式についてで
あるにすぎない。いっぽう人倫的〔倫理的〕命題であるくだんの命題が与えると約束し
たのは、普遍的で必然的な内容であり、命題が矛盾するにいたるのはこうして、その命 III 314
題が偶然的なものであるかぎり、じぶん自身に対してなのである。――さいごに、命題
304 を訂正して、「知識と確信の偶然性が真理《ヴァールハイト》から除去され、真実《ヴァールハイト》は同時に知られる
べきである」とされたとしよう。そうなればこれは、そこから出発したのとは真っ向か
ら矛盾する命令であろう。健全な理性は、最初は真実を言明する能力を直接に有してい
るべきであるとされたにもかかわらず、いまや語られているのは「健全な理性は真理を
知っているべきである」ということである。つまり理性は、直接には〔真実を〕言明す

るすべをもたない、ということだ。——内容の側面から考察すれば、内容は「ひとは真理を知るべきである」とする要求にあって捨てさられてしまっている。その要求が関係するのは、知ること一般だからである。つまり「ひとは知るべきだ」ということになる。要求されているのは、したがってむしろ、特定《ベシュティムト》の内容のすべてから自由なものである。しかし〔法則を定立する《ゲゼッツゲーベント》、つまり立法的な gesetzgebend 理性が問われている〕ここで問題であったのは規定された（*bestimmt*）内容であり、人倫的実体におけるひとつの区別であった。にもかかわらず右でみたように、実体を直接に〔無媒介的に〕規定しようとすれば、内容が示すものはかえって完全な偶然性であったことになる。たほう内容を普遍性と必然性にまで高めようとして、知ることを法則として言明すれば、かえって内容は消えうせてしまうのである。

法則の例㈡——「きみの隣人を君自身のように愛せ」

もうひとつの有名な命令は「きみの隣人をきみ自身のように愛せ」というものである。この命令は個別者に向けられており、その個別者は個別者との関係のうちにある。当の命令が主張するところによれば、そこで関係は個別者の個別者に対する関係であり、つまり情緒的感覚《エムプフィンドゥング》をともなう関係なのである。これは活動的な愛であって——活動しない愛なら存在をもたず、だからここではおそらく考えられてはいないからだ——、その目

IX231

ざすところは、災厄をある人間から遠ざけ、その者に良いこと《グーテス》を与えるものとなる。そ
のために区別されなければならないのは、「なにがその者にとって災厄《ユーベル》であり、この災
厄に対してなにが目的にかなった良いことであって、総じてなにがその者の幸福《ヴォール》となる
か」ということである。この件が意味するところは、私はその者を、悟性をもって愛さ
なければならない、ということだ。悟性を欠いている〔分別のない《ウンフエアシュテンディッヒ》〕愛はその者を害
Ⅱ326 し、その害はおそらく憎しみにもまさることだろう。悟性をともない、実質《ヴェーゼン》のある
慈善《ヴォールトゥーン》ということになれば、しかしそのもっとも豊かで重要な形態にあっては、国家
に帰属する悟性的で普遍的な行為《トゥーン》ということになる。この行為と比較すれば、個別者と Ⅲ315
しての個別者の行為などは、一般に些細きわまるものとなり、ほとんどそれを手間ひま
かけて語るにあたいしないほどである。国家の行為の側がそこではきわめて大きな威力
をともなっているので、個別者の行為がそれに対抗しようとするならば、それはただち
にそれだけで《フューール・ジッヒ》犯罪たろうと欲するものであるか、あるいは或る他者への愛に牽かれて、
305 普遍的なものから権利と関与を——そういったものは、普遍的なものこそがその者に対
して有するのである——騙しとろうと意欲するものとなる。個別者の行為はいずれにし
ても無益であり、抗するべくもなく破壊されるはこびとなるはずである。慈善に残され
ているのは、それが情緒的感覚に発するものであるならば、ただひとつの意義であって、
それはまったく個別的な行為であり、つまり危急にさいしての助力ということになるけ

れども、そういったものは偶然的であり、一時的なものにすぎない。ここで偶然によって規定されるのは、たんにそうした行為の〔可能となる〕機会ばかりではない。およそそうした行為がひとつの仕事となり、ただちにふたたび解消され、それ自身かえって災厄へと転じないかどうかも、偶然が規定する。右に挙げたような行為は、したがって他者の幸福のためであり、必然的なものとも言明されるとはいえ、その行為の性状にいたっては、おそらくは現実に存在《エクジスティーレン》しうるかもしれず、おそらくはそうではないかもしれない、といったところである。つまり〔ふさわしい〕場面が偶然に提供されれば、くだんの行為はおそらく一箇の「仕事」となり、おそらくは良いものでもあるが、おそらくはまたそうはならないということだ。ここで挙げた法則がこうして、普遍的な内容をともなっていないことは、第一の、すでに考察された法則と同様である。問題の法則が表現するものは――絶対的な人倫法則ならそうでなければならないように――それ自体としてそれだけで存在する或るものではない。ことばをかえれば、そういった〔ふたつの〕法則はただ「すべし」〔当為《ゾレン》〕に止まっており、いっぽういかなる現実性もともなっていないのだ。これらはいずれも法則ではない。むしろただの命令なのである。

法則を定立する理性から、法則を吟味する理性への移行

たほうじっさい、ことがら自身の本性からあきらかとなることがらがある。普遍的で

絶対的な内容は断念されざるをえないということだ。単純な〔人倫的〕実体には――その本質は単純なものであることである――、どのような規定されたありかた〔限定《ベシュティムト》性《ハイト》〕も、その実体において定立されるには相応しくないからである。命令がその単純な絶対性にあって言明するのは、それじしん直接的な人倫的存在である。区別がその存在にそくしてあらわれる場合、その区別は一箇の規定《ベシュティムト》性《ハイト》であり、かくてひとつの内 Ⅱ327 容となるが、その内容は絶対的な普遍性のもとに立っており、この普遍性はくだんの単純な存在にぞくしている。かくして、絶対的な内容は断念されざるをえないのだから、命令にはひとり形式的普遍性のみが帰属することができる。ことばをかえれば、帰属しうるのは、命令がみずからと矛盾してはならないという消息だけである。内容を欠いた普遍性とは形式的な普遍性のことであるからだ。絶対的な内容といわれる場合、その意 Ⅲ316 味するところはそれ自身、区別ではない区別であること、あるいは内容を欠いていることとひとしい。

法則を定立すること〔立法すること《ゲゼッツゲーベン》〕にかんして残されているのは、したがって普遍性の純粋な形式、いいかえればじっさいには意識の同義反復であるにすぎない。この同義反復が内容に対立してあらわれ、それは一箇の知であるとはいっても、その知は存在 Ⅸ232 する内容、もしくはほんらいの内容をめぐる知ではない。むしろ本質についての、いいかえれば本質《ヴェーゼン》が自己自身とひとしいことにかんする知なのである。

人倫的な実在《ヴェーゼン》は、かくて直接それ自身としてひとつの内容となるのではない。それはかえって一箇の尺度なのであり、その尺度は「ある内容が法則たりうるかどうか」を、その内容がじぶん自身と矛盾して〔いるか、矛盾して〕いないかによって決定する。法則を与える理性〔立法的理性〕はここで、たんに吟味する理性〔査法的理性［Gesetz *prüfende Vernunft*〕へと切りさげられているのだ。

c　法則を吟味する理性

法則を定立する理性と吟味する理性とのことなり

なんらかの区別が単純な人倫的実体について存在するとすれば、その区別は人倫的実体に対しては一箇の偶然である。この偶然性は、私たちが見てとったところでは、規定された〔一定の〕命令にかんして、知の偶然性として、現実と行為の偶然性として立ちあらわれる。前者の〔人倫的実体にぞくする〕単純な存在と、その存在には対応しない規定性〔限定されたありかた〕とを比較することは、私たちがおこなうところであって、単純な実体はこの比較において、形式的な普遍性あるいは純粋な意識であることが示された。この純粋意識は内容から自由であり、内容に対立してあらわれる。だからその意識は内容についての知であって、その内容を規定されたものとして知るものなのである。

この普遍性は、このようなかたちで、「ことがらそのもの」とおなじものなのだ。いっぽうこの普遍性が意識のうちにある場合には、それはひとつのべつのものである。普遍性はつまり、もはや思想を欠いた、惰性的な「類」ではなく、特殊なものに関係づけられ、この特殊なものに対して妥当するものとして、その威力であり、真のありかた《ヴァールハイト》なのである。――ここで問題となる意識も、さしあたり一見したところ吟味するものであることは、私たち〔の意識〕が以前〔前章で〕そうであったのとかわらないように見える。また意識のはたらき《トゥーン》も、すでに生起したそれとおなじものであるほかはありえないかに見える。つまりここでもそのはたらきは、普遍的なものと規定されたものを比較することであり、そこであきらかになるのは両者の不適合であって、これもさきの場合とおなじであるように思われよう。しかし内容の普遍的なものへの関係は、この場面ではべつのものとなっている。関係がべつの意義を獲得しているからだ。ここで普遍的なものは形式的な普遍性《アルゲマインハイト》となっており、そのような普遍的なありかた《アルゲマインハイト》を、規定〔限定〕された内容もまた持つことができる。この普遍性のうちで内容はただ、じぶん自身への関係において考察されるからである。私たちが吟味するにさいして、〔前章の場面では〕普遍的で確乎とした実体が、規定〔限定〕されたありかた《ベシュティムトハイト》に対立していた。この規定《ベシュ》〔限定〕性《ティムトハイト》が、意識の偶然性であり、実体がそこに入りこんでゆくものとして展開されたわけである。この〔本章の〕場面では、比較される一方の項が消えさってしまっている。普遍的なものはもはや、存在し、また妥当する実体ではない。ことばをかえれば、絶対的に正しい《ダス・アン・ウント・フュール・ジッヒ・レヒテ》ことではない。普遍的なものはいまやかえって単純な知もしくは形式であり、その形式がなんらかの内容をひとえに形式自身と比較して、その内容を考察し、当の「内容が同義反復となっているかどうか」をたしかめるのである。もはや法則が与えられるのではない。吟味されるのである。つまり法則は、吟味する意識に対してあらかじめ与えられているわけである。意識は法則の内容を、その単純なありかたのままにとり上げる。そのさい考察は、内容の現実的なありかた《ヴィルクリッヒカイト》に貼りついている個別性や偶然性に立ちいることがない。私たちとしては、以前はそこまで立ちいったのであるけれども、ここではむしろ命令としての命令のもとで立ちとどまり、命令に対して単純明快《アインファッハ》に、じぶんが命令の尺度であるのとおなじくかかわることになるのである。

法則の吟味の実例――「所有」と「非所有」

このような吟味がおよぶところは、とはいえ以上の理由からして、さしてひろいものではない。ほかでもなく、尺度となるものが同義反復〔かどうか〕であり、内容とはかかわりのない《グライヒギュルティッヒ》ものである以上、尺度はどのような内容であれ、それと対立する内容ともども取りこむことになる。――問われているのが、「所有（*Eigentum*）が存在すべきことは絶対的《アン・ウント・フュール・ジッヒ》な法則であるべきか」であるとしよう〔ルソー的な問題設定〕。「そ

IX 233

れ自体として、それだけで」(*an und für sich*) というのは、他の目的に対する有用性のゆえにではない、ということだ。人倫的〔倫理的〕に本質的なありかた《ヴェーゼンハイト》が存立するのは、〔人倫的〕法則がひたすらじぶん自身とひとしく《グライヒ》、自身とのこの同等性《グライヒハイト》をつうじて、かくてみずからに固有の本質において基礎づけられており、かくてまた条件づけられたものではない、という消息においてのことにほかならない。ところでそのものとしての《アン・ウント・フュール・ジッヒ》所有は、自身と矛盾していない。所有は〔対立する規定からはなれて〕それだけでとり出された規定性《ベシュテイムトハイト》、いいかえればただじぶん自身とのみひとしいかたちで定立された、規定されたありかた《ベシュティムトハイト》である。〔たほう〕非所有(Nichteigentum)、つまり事物が無主の状態にあること、あるいは財の共有も、まったく同様にみずからと矛盾するところがない。或るものがだれにも所属していないこと、もしくは最初にそれを占有(Besitz)する任意のだれかに帰属すること、あるいはすべてのひとの共有にぞくし、だれであれその必要《ベデュルフニス》におうじて、もしくはひとしい分けまえで配分されることも、単純に規定されたありかたのひとつ、つまり一箇の形式的な思想であることは、その反対、すなわち所有〔にかかわるそれ〕とかわらない。——無主物であるとはいっても、もちろん考察のしかたにおうじて欲求(*Bedürfnis*)にとって必然的な対象である。その場合おなじく必然的となるのは、その無主物がだれか個別者の占有と化することである。だとすれば矛盾するにいたるのは、かえって事物の〔所有からの〕自由をもって法則と見なすことだ

III 318

ろう。事物が無主であることのもとで、しかしまたまったく《アブゾルート》無主であることが考えられて《ゲマイント》いるわけではなく、むしろ当の事物は個別者の必要（*Bedürfnis*）にしたがって占有に帰するべきであり、しかも貯蔵されるためではなく、ただちに使用されるために占有に帰するべきである〔とも考えられている〕。いっぽうこのようにまったくただ偶然によって、必要のみを顧慮することは、意識をともなう存在者の本性《ヴェーゼン》に——ここで問題となっているのはそうした存在者にかぎられる——矛盾している。意識をともなう存在者であるならば、みずから欲求し必要とするもの《ベデュルフニス》を普遍性の形式において表象し、じぶんの現存《エクジステンツ》の全体を顧慮して、持続する財《グート》を獲得しようとするはずであるからだ。したがって、なんらかの事物が任意の自己意識をともなう生命に、その必要におうじて偶然的なしかたで分かちあたえられるべきであると考えるなら、そうした思想は自己自身と一致したものではないしだいとなるだろう。財を共有することで、普遍的かつ持続的なかたちで財にかんして配慮されることになるとしても、そのような財の共有にあっては、一方で各人に分かちあたえられるものは、かれが必要とするだけのものであることになる。この場合にはそこで生じる不平等と、意識の本質とがたがいに矛盾する。意識にとっては、個別者どうしのあいだの平等が原理となるからである。あるいは他方では最後の〔平等の〕原理にしたがって、平等に分かちあたえられるとすれば、そのばあい分け前が欲求《ベデュルフニス》と関係していないことになる。ところがこの必要《ベデュルフニス》との関係のみが、分け

II 330

前〔を決めるさい〕の概念〔原理〕なのである。

所有と非所有をめぐる検討の総括——吟味の基準は失効する

しかしながら、このようなしかたで非所有が矛盾しているものとしてあらわれるにせよ、その件が生起した理由はひとえに、非所有が単純な規定性として放置されていなかった〔こと、むしろその契機に解体されて考察された〕という点にある。所有についても同様のことがらが起こるのは、それがさまざまな契機へと分解される場合である。個別的な事物は、それが私の所有であるときには、そのことで一箇の普遍的なもの、固定されたもの、持続するものとして妥当する。これはしかし個別的な事物の本性と矛盾している。その本性は、使用され、消失することにあるからである。個別的なものは〔所有物となると〕同時に私のものとして妥当し、その「私のもの」を他のすべてのひとびとが承認し、他者たちはすべてそこから排除される。とはいえ、私が承認されているという消息のうちに存するのはかえって、私が他のひとびとみなと平等であることだ。これは排除のまさに反対である。——私が占有するものは、ひとつの事物である。ひとつの事物であるとは、他者一般に対して一箇の存在であることを意味し、まったく普遍的であり、それゆえただたんに私に対して存在するものとは規定されていないしだいを意味している。〈私〉が事物を所有するとは、事物が一般に事物《ディングハイト》であることと矛盾している。

III 319

IX 234

所有はかくて、あらゆる側面からしてみずからと矛盾しているのであり、それは非所有もそうであるのと同様である。両者のいずれにしても、対立する双方の契機をそなえているのであって、その両契機とはたがいに矛盾する、個別性と普遍性という契機なのである。いっぽう〔個別性と普遍性という〕これらの規定されたありかた《ベシュティムトハイト》のおのおのが単純に表象されて、それぞれが所有と非所有ということになり、それ以上は展開されないものとしよう。その場合には一方は他方とおなじく単純に規定性《ベシュティムトハイト》であって、すなわちみずからと矛盾するものではない。法則を吟味する尺度、つまりここで理性がじぶん自身でそなえている〔ものとされる〕尺度は、したがって、いっさいのことがらにひとしくじゅうぶん適合するのだから、かくてじっさいにはいかなる尺度でもないことになる。かくてまた奇妙ななりゆきとされざるをえないのは、ここで同義反復つまり矛盾律――これは理論的な真理の認識にさいして、ひたすら形式的な基準にすぎない〔カント〕ことが承認されており、この件が意味するところは、それが真理と非真理に対してまったく無関係な或るものであるということだ――が、実践的な真理の認識に対しては、形式的な基準以上のものであるはずだと考えられている、ということなのである。

立法的理性、査法的理性、ことがらそのもの

たったいま考察されたふたつの契機〔法則を定立することと法則を吟味すること〕が充

足するのは、精神的な実在《ヴェーゼン》であり、その実在はかつて空虚なものなのであった。その契機のうちで〔第一に〕直接的に規定されたありかた《ベシュティムトハイト》を人倫的な実体において定立することが断念《アウフヘーベン》され、第二にこれらの規定性《ベシュティムトハイト》について、「それらが法則であるかどうか」を知るこころみも廃棄《アウフヘーベン》させられた。そこから帰結する結果は一見したところ、規定〔限定〕されたさまざまな法則も、法則にかんする知も生じえないというものであるかに思える。しかしながら〔人倫的〕実体は、みずからが絶対的に本質的なありかたであることを意識してもいるのであるから、その意識はかくてまた、この本質的なありかた《ヴェーゼンハイト》における区別も、その区別についての知も断念《アウフゲーベン》することができない。法則を与えることと法則を吟味することが、空しいものであることが証示された経緯には意義がある。つまり両者ともに、個別的に孤立したものと考えられる場合には、たんに支えを欠いた契機として人倫的な意識にぞくするものであるにすぎない、ということである。だから運動には、それが双方ともに登場してきたさいに示すものとしては、形式的な意味がある。すなわち、人倫的実体はこの運動をつうじて、意識であるはこびが呈示されるということだ。

この〔立法と査法という〕ふたつの契機は、より立ちいった規定として、ことがらそのものの意識にぞくしている。そのかぎりで両契機は〔「ことがらそのもの」にあって問題とされた〕誠実さの〔ふたつの〕形式であると見なされることができる。誠実さはかつてその形式的な諸契機を追いまわしていた。それとおなじようにいまでは、「善く、正しいもの」のそうあるべき《ザインゾレン》内容や、そのように固定された真理を吟味することのあいだをさまよい、かくて健全な理性〔常識〕と悟性的な洞察のうちに、力と妥当性とを命令にかんして手にしているものと思いなしているのである。

Ⅲ320

このような誠実さが存在しないのであれば、いっぽう法則は〔人倫的な〕意識の本質として妥当せず、吟味もまたおなじく当の本質の内部でなされたもの《トゥーン》としては妥当しない。その場合にはこれら〔立法と査法というふたつ〕の契機が表現するのは――それらの契機がそれぞれそれだけで《フュール・ジッヒ》直接的に一箇の現実として立ちあらわれているのだから――、一方の契機についていえば、現実の諸法則が設定され存在しながらも、その設定と存在が妥当していないということであり、他方の契機にかんしては、そういった法則から自由にされていながら、その解放《ベフライウング》もやはり妥当なものではないという消息である。法則は、それが限定〔規定〕された法則であるかぎり、偶然的な内容をともなっている。この件がここで意味《ベディトゥング》するところは、くだんの法則が、個別的意識の法則であって、その意識には恣意的な内容しかふくまれていないということである。例の直接的な立法《ゲゼッツゲーベン》は、したがって暴君のふるう暴虐であり、恣意を法則とし、人倫《ジットリッヒカイト》〔倫理性〕をもって恣意への服従とするものなのだ。ここで恣意とは、法則《ゲゼッツ》ではあってもただたんに法律《ゲゼッツ》であるにすぎず、同時に命令とはならないもののことである。おなじように第二の契機も、

Ⅸ235

310

それが孤立しているかぎりでは、法則の吟味であるとはいえ、その吟味とは動かしえないものを動かそうとすることを意味している。それは知の暴虐をも意味しているのであって、そういった暴虐ともなれば、絶対的な法則からはなれて《フライ》理屈をこね、法則をじぶんには疎遠《フレムト》な恣意とみなすものなのだ。

定立する理性と吟味する理性の統一と「精神的実在」の成立

このふたつの〔それぞれ孤立した〕形式にあって、これら〔立法的理性と査法的理性という〕両契機は、〔人倫的〕実体に対して、いいかえれば実在的な精神的実在《ヴェーゼン》に対して否定的な関係をむすんでいる。あるいは、それらの形式をとる場合に、実体はなおみずからの実在性を手にしておらず、意識が実体をふくんでいるにしても、そこで実体がとっているのは、意識に固有の直接性という形式なのである。だからここで実体が存在するのは、いまだようやく「この」個体が意欲し、知ることとしてであるにすぎない。いい

II 332

かえれば実体はなお「すべき」というかたちで非現実的な命令にぞくしているにすぎず、知はいまだ形式的な普遍性というそれであるにすぎないのだ。いっぽう〔立法と査法という〕これらのふたつの様式がたがいに廃棄《アウフヘーベン》しあってしまっている以上、意識は普遍的なものへと立ちかえっている。だから、右にいう両者の対立も消えさっているわけである。精神的な実在が現実的な実体となるのは、これら両様式が個々別々に妥当する

のではなく、ひとえに止揚《アウフヘーベン》されたものとして妥当するにすぎないことによってである。こうして統一が生まれ、そこでは両契機はひたすら契機であるにすぎないが、その統一こそが意識の「自己」である。この自己がことここにいたると、精神的実在のうちで定立されて、この実在を現実的な、充実され、自己を意識した実在とするのである。

精神的実在はこうして、第一に自己意識に対してそれ自体として存在する法則となる。III321
吟味の普遍性とは形式的な普遍性であって、それ自体として存在する普遍性ではなかったけれども、ここではそうした形式的普遍性は廃棄されている。精神的な実在は〔第二には〕一箇の永遠的な法則であり、それは「この」個体の意志のうちにみずからの根拠を有するものではない。永遠的な法則はかえってそれ自体として、またそれだけであらゆるひとびとの絶対的で純粋な意志であり、この意志が直接的な存在という形式を有しているのである。この純粋な意志はまた命令ではなく、つまりたんにあるべきであるとする命令ではない。その意志は存在し、妥当するのだ。くだんの精神的実在はカテゴリーという普遍的な〈私〉であり、この〈私〉は直接的に現実である。だから世界とはただ、「この」現実のことにほかならない。いっぽうこの存在する法則が端的に妥当する場合、自己意識の服従は主人に対する奉仕といったものではない。主人の命ずるところは恣意にもとづき、そこで自己意識はみずからを認識するところがなかったからだ。これに対して法則とは考えられた《ゲダンケ》ものであって、その思想《ゲダンケ》は自己意識に固有な絶対的意識

にぞくしている。つまり、自己意識そのものが直接にそれを有しているのである。自己
意識はたほう、その思想を信仰しているのでもない。信仰が直観するところもたしかに
また実在《ヴェーゼン》であろうが、その実在はしかし異他的なものである。人倫的な自己意識は、
その「自己」が普遍的なものであることをつうじて、直接に実在とひとつである。信仰
は、これに対して、個別的な意識からはじまり、また個別的な意識の運動であって、そ
の運動がつねにこの〔人倫的な自己意識にぞくするような〕統一に迫ってゆくものである
311 としても、実在の現在に到達することがない。――前者の〔人倫的〕意識は、これとく
らべるなら、個別的なものであるみずからを廃棄《アウフヘーベン》しており、そこでは止揚《アウフヘーベン》という
II 333 この媒介が完成している。そしてこの媒介が完遂されていることによってのみ、くだ
んの意識は人倫的実体にぞくする直接的な自己意識なのである。

立法し、査法する理性から、ほんらいの「人倫的」実体への移行

ここでも自己意識は実在《ヴェーゼン》から区別されているけれども、その区別は、したがってか
んぜんに見とおされるものとなっている。そのことによって、区別されたものは実在自
身にそくして、〔もはや〕偶然的な規定性などではない。むしろ実在と自己意識とが統
IX 236 一されているのであるから――およそ自己意識からだけ、ひとしくないありかた《ウングライヒハイト》は由来
するものでありえようが――、区別項《ウンターシーデ》は群をなしているとはいえ、その群はこの統一

の生命によって差しつらぬかれた分肢からなっているのである。これらの分肢はたがいにとってそれじしん目にもあきらか《クラール》な、分裂することのない霊《ガイスト》であり、汚れのない天上的な形態である。それらの形態は、それぞれが区別されていながらも、踏みにじられることのない無垢と調和を、おのおのの本質において維持しているのだ。――自己意識はおなじように単純で透明《クラール》な関係を、これらの区別されたもの《ウンターシーデ》に対して有している。区別項は〔さまざまな掟《ゲゼッツ》として〕存在する。しかしそれ以上のなにものでもないのである。この件が、自己意識が〔諸法則《ゲゼッツ》としての掟に〕関係するさいに、その意識をかたちづくっている。かくてこれらの区別〔されたさまざまな掟〕が、ソフォクレス描くところのアンティゴネー〔四五六―四五七行〕にとっては、神々による書かれざる、偽りなき法であり正義であるもの《レヒト》として妥当するのである。 Ⅲ322

この法は、昨日や今日のものではなく、つねにあって、
生きており、それがいつあらわれたものなのか、だれひとり知る者はない

それらは存在する。私がその〔掟の〕なりたちを問い、それらを源泉となる一点にかぎってしまえば、私はそれを超えでてしまう。私のほうがそうなれば普遍的なものとなり、それらの〔法《ゲゼッツ》の〕側はたほう条件づけられ、制限されたものとなるからだ。さま

ざまなもの〔諸法則〕が私の洞察に対して正当化されるべきであるというならば、私はすでにその揺らぐことなき自体的存在《アンジッヒザイン》を揺るがし、かくてそれら〔諸法則〕を、私にとっておそらくは真であり、おそらくはまた真ではない或るものと見なすにいたる。人倫的な心情《ゲジヌング》がなりたつのはほかでもなく、動ずることなく、堅く法であり正義であるもの《レヒト》を保持しつづけ、それを動かすいっさいのもの、揺るがし、揺りもどすあらゆるものを遠ざけることにおいてである。――なんらかの寄託物が、私の手もとに置かれたとする〔カントの例〕。それは他者の所有であり、私がそれを承認するのは、それがそうであるからである。そこで私は、この〔所有の〕関係のうちに揺らぐことなく止まることになる。かりにじぶんでその寄託物を取ってしまうとしても、じぶんの吟味の原理である同義反復ということからすれば、私はなんらまったく矛盾を犯したことにはならない。そのときには私はその寄託物を、もはや或る他者の所有とはみなさないからである。或るものを取ってしまうといっても、それを私が他者の所有とみなさないとすれば、それはかんぜんに首尾一貫したことがらである。見かたが変更されることは、すこしも矛盾ではない〔アリストテレス〕。〔吟味にあっては〕見かたとしての見かたではなく、むしろ対象と内容が問題であるからだ。矛盾してはならないのは、内容のほうなのである。それは、私がなにかを贈与するときに行うのとおなじことである。そのばあい私は、或るものがじぶんの所有であるという見かたを、それが他者の所有であるとする見かたへと変更することができる。そうすることでじぶんとしては、矛盾を犯した責めを負うことはない。おなじように私は、それとは逆のみちゆきを辿ることもできるわけである。――したがって、私が或ることがらにかんして、そこに矛盾を見いださないという理由をもって、それが法であり正義である《レヒト》のではない。むしろ法であり正義であるがゆえに、それは正しいこと《レヒト》なのである。或るものは他者の所有である。この件が根底に存するのであって、それをめぐって私は理屈を捏ねてはならない。私としては色とりどりな思想《ゲダンケ》や連関、観点を探しだそうとしたり、思いつこうとしたりすることも許されない。これは法則を定立することについて考えるにしても、吟味するにさいして思考するとしてもおなじことである。そうしたしかたでじぶんの思考《ゲダンケ》を動かそうとすれば、私はくだんの〔所有という〕関係を錯乱させることになるだろう。その場合には私としてはじっさい思いつくままに、じぶんの定めなき同義反復的な知に、正反対のことがらをまったく同様に適合させることも、したがってそれを法則とすることもできるだろう。そうではないのだ。この規定あるいは反対の規定が正しいもの《レヒト》であるかどうかは、絶対的に（*an und für sich*）定まっている。私はじぶんに対しては、欲する規定を法則とし、またおなじくいかなる規定も法則とはしないこともできるだろう。だから私は、じぶんで吟味をはじめるとき、すでに人倫に悖る《ウンジットリッヒ》方途についているのである。法であり正義であるもの《レヒト》は、私にとってそれ自体としてそれだけで（*an und für sich*）存在する。そのことによって

Ⅲ323

Ⅸ237

私は、人倫的実体のうちに存在することになる。かくて人倫的実体は、自己意識にとって実在である。自己意識の側はたほう、人倫的実体が現実にあり、現にあるありかたであって、その「自己」であり「意志」なのである。[*1]

＊1　最後の部分の原文は、so ist sie〔=die sittliche Substanz〕das *Wesen* des Selbstbewußtseins; dieses aber ist *ihre Wirklichkeit* und *Dasein*, ihr *Selbst* und *Willen*.

ちくま学芸文庫

精神現象学《せいしんげんしょうがく》　上

二〇一八年十二月　十　日　第一刷発行
二〇二三年　四　月二十五日　第五刷発行

著　者　G・W・F・ヘーゲル
訳　者　熊野純彦（くまの・すみひこ）
発行者　喜入冬子
発行所　株式会社　筑摩書房
東京都台東区蔵前二―五―三　〒一一一―八七五五
電話　〇三―五六八七―二六〇一（代表）
装幀者　安野光雅
印刷所　株式会社精興社
製本所　加藤製本株式会社

ISBN978-4-480-09701-9 C0110